IL CORTEGIANO

DEL CONTE

BALDESSAR CASTIGLIONE

PUBLICATO PER CURA

DEL CONTE CARLO BAUDI DI VESME

Senatore del Regno di Sardegna.

FIRENZE.
FELICE LE MONNIER.
—
1854.

Nel ripublicare, corretta sopra i migliori testi, la principale fra le opere del Conte BALDASSAR CASTIGLIONE, alla quale va più particolarmente debitore dell'alta sua fama come scrittore, non è nostra intenzione di farla precedere dalla esposizione della vita e dall'esame degli altri scritti letterarii e politici dell'Autore; chè l'uno e l'altra aggiungeremo in luogo più opportuno dove ne publicheremo le Lettere, in parte inedite, e gli altri scritti latini e volgari. Crediamo tuttavia non inutile premettere al presente Volume alcuna parola intorno a questa sua opera, che fu accolta con universale applauso fino dal primo apparire, e che, unica nel suo genere in Italia, viene meritamente reputata fra le più leggiadre scritture che vanti la lingua nostra.

Movevasi il Castiglione, com'egli stesso riferisce, a scrivere il Dialogo del CORTEGIANO per la grata memoria degli anni passati a'servigii di Guidubaldo da Montefeltro duca d'Urbino; ed, introducendo ad interlocutori i principali fra i personaggi che con lui si trovavano in quella Corte, ne traeva occasione di encomio ai principi di Urbino, ed a'suoi compagni ed amici erigeva in quest'opera un monumento non perituro.

Nel presente Dialogo tolse il Castiglione ad imitare Platone, Senofonte, e sopratutto Cicerone, nelle opere dove cercarono ritrarre l'idea della perfetta Republica, del perfetto Re, del perfetto Oratore, come il Castiglione l'idea del perfetto Cortegiano. Se non che mal si apporrebbe chi, dalle cose dei nostri tempi o di quelli a noi più vicini estimando gli usi del tempo del Castiglione, e dell' opera traendo giudizio dal solo titolo, credesse raccogliersi in questo libro ridotte ad arte le vanità o nequizie che troppo spesso infettano le corti. Lo stesso universale consenso, con che fino dai tempi dell'Autore quest'opera fu ricercata e tenuta in sommo pregio dentro e fuori d'Italia, dimostra come, sebbene col titolo e con la scelta degli interlocutori il Castiglione intendesse a pagare alla corte di Urbino un tributo di gratitudine e di lode, pure in realtà nel suo Dialogo non tanto espresse l'idea di un perfetto Cortegiano, quanto sodisfece ad un più vero ed universale bisogno. Il Dialogo del Cortegiano del Castiglione difatti nella massima sua parte altro non è, che un trattato di morale e di bel costume, nel quale con fine giudizio e bello stile si espone, secondo i consigli della ragione e della esperienza, di quali doti da natura e dall'arte debba essere fornito chi voglia procacciarsi la stima e l'affetto delle persone che lo circondano; soltanto in una parte del IV Libro trattandosi dei doveri del Cortegiano come tale, ed insieme di quelli del principe.

Il libro incomincia con un elogio di Federico da Montefeltro e del suo figliolo Guidubaldo duchi di Urbino, e di varii fra gli uomini insigni che praticavano in quella corte. Finge poscia l'Autore proposto da Federico Fregoso e scelto ad argomento di conversazione, il formare con parole un perfetto Cortegiano; onde si dimostrasse, « che in tutta Italia forse con fatica si ritrovariano altrettanti cavalieri così singolari, ed, oltre alla principal profession della cavalleria, così eccellenti in diverse cose, » come allora si trovavano alla corte di Urbino. Il Conte Ludovico da Canossa, al quale ne fu dato l'incarico, descrive le qualità di corpo, d'animo e di fortuna, che o per sè stesse, o nella opinione altrui, valgono ad aggiunger pregio, o siano esse dono di natura, od opera dello studio e dell'arte, come scienza di lettere, cognizione di varie lingue, di musica, di disegno, di pittura. Nel primo libro inoltre v'ha una lunga ed importante digressione, nella quale il Castiglione esprime le sue opinioni intorno al modo di parlare e di scrivere la nostra lingua. Avendo cioè il Canossa dichiarato, doversi in ogni cosa con sommo studio fuggire l'affettazione, e perciò anche nello scrivere e nel parlare: Ludovico da Canossa condanna l'uso di parole e di modi antiquati e caduti in desuetudine; laddove Federico Fregoso vuole si adoprino, e crede aggiungano spesso grazia e gravità al discorso. Colla stessa occasione l'Autore espone la sua dottrina intorno alla ortografia: nel che, come noteremo più sotto, dà senza dubio in grave eccesso, svestendo la lingua italiana del proprio carattere, troppo concedendo alla etimologia e ritraendo la nostra lingua alla forma latina.

Federico Fregoso, quegli stesso che aveva proposto il gioco o ragionamento del Cortegiano, fu incaricato di proseguirlo la seguente sera, e nominatamente di esporre, quando e come si abbia a far uso delle buone qualità descritte dal Conte Ludovico. Essendo quindi caduta menzione delle *facezie,* Bernardo Bibiena ne discorre ampiamente, portandone molti esempii. Tutto questo lungo tratto, nel quale, ma non servilmente, è seguito Cicerone nel secondo Libro *De Oratore,* è uno dei più ameni del Dialogo, e quasi un riposo fra i gravi ragionamenti delle qualità richieste nel Cortegiano.

Tolta occasione da alcuna parola che pone in bocca a Gasparo Pallavicino contro le femine, nel terzo Libro, sotto la persona di Giuliano de' Medici il Magnifico, l'Autore espone di quali doti debba essere ornata una perfetta Donna di Palazzo; passa indi agli elogi delle donne, e adduce esempii di molte che furono insigni per ogni genere di virtù; tratta del modo con che debbano comportarsi con chi loro parli di amore; ed infine, tornando Gaspar Pallavicino a dir mal delle donne, l'Autore, per bocca di Ottaviano Fregoso, conchiude, la verità essere nel mezzo, fra i troppi biasimi del signor Gasparo, e le troppe laudi che da altri erano loro state prodigate.

La prima parte del quarto Libro riguarda più direttamente i doveri del Cortegiano, officio e fine del quale è guidare al bene il suo principe. Di qui si toglie occasione di parlare delle varie forme di reggimento degli stati, nonchè dei doveri dei principi, e come abbiano a procurare la felicità dei loro popoli. Passa infine a trattare per bocca di Pietro Bembo delle cose di Amore, seguendo le dottrine dei Platonici; in tutto il qual tratto il Castiglione è mirabile di eloquenza quanto forse non in altra fra le più belle parti dell'opera: e così componsi i discorsi della quarta sera, e il Dialogo del Cortegiano.

Il Castiglione scrisse questo Dialogo nel 1514, e compitolo in breve tempo, a più riprese diede poi opera in limarlo ed accrescerlo. Nel 1518 essendo stimolato dagli amici a darlo in luce, lo mandò a Giacomo Sadoleto e a Pietro Bembo, richiedendoli di consiglio. Lo communicò anche a Vittoria Colonna marchesa di Pescara: il che fu poscia occasione della publicazione dell'opera; poichè avendone Vittoria Colonna, contro la fede data, fatto trascrivere gran parte, onde se ne sparsero copie: il Castiglione, sebbene allora distratto in altre cose, ed inoltre avesse in mente di aggiungere al libro parecchie cose, che già aveva ordinate nell'animo, pensò non dover più oltre differire a publicarlo, affinchè intanto non venisse in luce mutilo e corrotto per mano d'altri. Due lettere del nostro Autore, recentemente publicate dal Conte Valdrighi, forniscono curiose ed importanti notizie intorno alla prima edizione del Cortegiano, che il Castiglione, allora Nunzio in Ispagna, fece eseguire in Venezia presso Aldo, in foglio, l'anno 1528: bella e nitida edizione, ma macchiata di non pochi e talor gravi errori.

Poco sopravisse il Castiglione alla publicazione del suo Cortegiano, che intanto era stato l'anno stesso ristampato in

Firenze dagli eredi di Filippo Giunta, edizione che fu in breve seguita da altre parecchie. Nel 1533 gli eredi d'Aldo lo ristampavano in minore formato, dicendo essere *più corretto del primo, secondo l'esemplare iscritto di mano propria d'esso Autore;* ma fatto sta che nulla vi è mutato, e soltanto corretti i manifesti errori di impressione. Non così la terza Aldina, fatta da Giovanni Padovano, ma ad istanza e spesa di Messer Federico Torresano d'Asola (1538); poichè in questa il testo in più luoghi è mutato in modo, da non potersi attribuire fuorchè ad una più diligente collazione del manoscritto. Tracce ancor più evidenti di un nuovo esame del manoscritto si trovano nella quarta Aldina (1541), sebbene abbia pure non pochi proprii errori. L'ultima Aldina (1547) non è che una materiale ristampa della terza; come la quinta, in foglio (1545), è a un di presso una ripetizione dell'edizione originale del 1528.

Numerosissime sono le ristampe di quest'opera nel secolo decimosesto, contandosene presso a quaranta oltre le Aldine, e oltre le traduzioni che tosto se ne fecero in quasi tutte le lingue di Europa; e ben può dirsi, che fra le opere in prosa che illustrarono la letteratura italiana nel secolo di Leone X, non altra fu accolta con più universale favore.—Le anzidette edizioni, fino a quelle del Dolce del 1556 e del 1559, sono una materiale ristampa di alcuna delle Aldine. Il Dolce poi asserisce bensì avere emendato il testo *secondo l'esemplare del proprio Autore;* ma è evidente ch'ei non ebbe sott'occhio il manoscritto originale, nè appare ben certo se abbia raffrontato almeno l'edizione Aldina del 1528; le mutazioni nel testo che s'incontrano nelle edizioni del Dolce scorgonsi fatte ad arbitrio, sebbene alcune colgano nel segno. Il testo del Dolce fu seguito in tutte le altre edizioni di quel secolo, compresa quella del Ciccarelli (1584), che diede il Cortegiano *espurgato,* e fu più volte ripetuta gli anni seguenti. Se non che appunto pei vincoli frapposti alla libera publicazione di quest'opera, più non ne fu publicata in Italia che una sola edizione intera nei secoli decimosettimo e decimottavo, e sole tre secondo la correzione del Ciccarelli; fra le quali tuttavia è degna di memoria quella dei fratelli Volpi (1733), che, oltre all'avere restituito alcuni più innocenti fra i passi tolti dal Ciccarelli, corresse accuratamente il testo con un diligente confronto dell'edizione originale del 1528; e su questa edizione, ma coll'aggiunta dei passi omessi dal Volpi, è fatta l'edizione di Vicenza, come pure, quantunque assai negligentemente, quella di Milano detta dei Classici, dalla quale derivano tutte le edizioni posteriori.

In difetto del manoscritto originale, il quale sembra essere passato in Francia, e, venuto in potere del Professore Guglielmo Libri, trovarsi ora colla maggior parte della ricca sua biblioteca in Inghilterra:[1] abbiamo creduto dover seguire esclusivamente le edizioni Aldine, tratte dall'esemplare spedito di Spagna per la stampa dall'Autore. A fondamento dell'edizione abbiamo posto quella del 1528, la quale, non tenuto conto degli evidenti errori tipografici, pel testo e per l'ortografia appare avvicinarsi più che alcun'altra all'originale dell'Autore; nè mai da questa ci siamo dipartiti senza avvertirne in nota il lettore: sebbene siansi tenute ad accurato confronto anche le seguenti Aldine, delle quali abbiamo portato in nota le principali varianti. Restano tuttavia alcuni luoghi, dove la lezione di tutte le Aldine è evidentemente falsa; e quivi, avvertendone il lettore, abbiamo ricevuto le emendazioni del Dolce o dei Volpi, e rare volte alcuna nostra congettura. In fine dell'opera riproduciamo alcuni passi del Cortegiano diversi da quelli che si trovano nelle edizioni, i quali furono per la prima volta publicati dall'Abbate Pierantonio Serassi, tratti dalla prima bozza del Cortegiano, che si conservava e sembra conservarsi tuttora presso gli eredi del Castiglione. Nè vi ha dubio, che il confronto di quella bozza

[1] *Revue des Deux-Mondes*, 1852, cahier de mai, page 525.

sarebbe di grande utilità in correggere molti luoghi dubii od errati delle edizioni.

Non lieve difficoltà ci si presentava nella scelta della ortografia, in che si avessero a publicare le opere del nostro Autore. La maggior parte degli scrittori di quella età posero alla ortografia poca cura, scrivendo spesso le stesse parole con diversa forma, ora strettamente attenendosi all'etimologia, ora seguendo la pronunzia volgare. Non così il Castiglione, il quale, non nella tessitura dei periodi, ma nella scrittura dei vocaboli, reputa doversi conservare e conserva difatti la forma latina in modo, che le sue opere a' nostri giorni riescirebbero di pressochè impossibile lettura. Noi pure opiniamo, e l'abbiamo altrove [1] dichiarato, doversi nella scrittura delle voci italiane seguire piuttosto l'etimologia, che non l'incerta ed incostante pronunzia del volgo. Ma questa regola non deve estendersi tant'oltre, che più che l'ortografia si muti la forma stessa dei vocaboli, ovvero si ammettano modi repugnanti all'indole della nostra lingua, figliola bensì della latina, ma avente regole, carattere, scrittura propria. Chi tolererebbe, che per *popolo* scrivessimo *populo*, come vuole il Castiglione, ed *Hercule*, ed *excepto*, e così via? Ritenemmo adunque bensì costantemente la forma di vocaboli adottata dall'Autore; ma quanto all'ortografia non la seguimmo se non in parte, onde non allontanarci di troppo dalla scrittura che l'Autore professa voler seguire, nè tuttavia rendere il libro illegibile.

Abbiamo conservato le più importanti fra le annotazioni dei precedenti editori, ed aggiuntone alcune nostre; alle annotazioni abbiamo premesso brevi cenni biografici sui personaggi introdotti dal Castiglione ad interlocutori nel Dialogo. Il testo fu con somma diligenza e a più riprese confrontato e

---

[1] *Dialogo di Santo Gregorio: Volgarizzamento di Fra Domenico Cavalca. Testo di lingua ridotto alla vera lezione da* Carlo Baudi di Vesme. Torino, Stamperia Reale, *1851:* nella prefazione, a pag. XII.

corretto sulle edizioni Aldine. Insomma non fu da noi omessa cura o fatica, affinchè questa nostra riesca ottima fra le edizioni del Cortegiano; e simile diligenza porremo intorno agli altri scritti del Conte Baldassar Castiglione, che daremo fra breve, accresciuti di un gran numero di lettere inedite, non meno importanti per argomento, che notevoli per purezza di lingua, e per chiarezza, semplicità e nobiltà di dettato.

CARLO VESME.

1 gennajo 1854.

Al reverendo ed illustre signor

DON MICHEL DE SILVA

VESCOVO DI VISEO.

Quando il signor Guid'Ubaldo di Montefeltro, duca d'Urbino, passò di questa vita, io, insieme con alcun'altri cavalieri che l'aveano servito, restai alli servizii del duca Francesco Maria dalla Rovere, erede e successor di quello nel stato; e come nell'animo mio era recente l'odor delle virtù del duca Guido, e la satisfazione che in quegli anni aveva sentito dell'amorevole compagnia di così eccellenti persone, come allora si ritrovarono nella corte d'Urbino, fui stimolato da quella memoria a scrivere questi Libri del CORTEGIANO: il che io feci in pochi giorni, con intenzione di castigar col tempo quegli errori, che dal desiderio di pagar tosto questo debito erano nati. Ma la fortuna già molt'anni m'ha sempre tenuto oppresso in così continui travagli, che io non ho mai potuto pigliar spazio di ridurgli a termine, che il mio debil giudicio ne restasse contento. Ritrovandomi adunque in Ispagna, ed essendo d'Italia avvisato, che la signora Vittoria dalla Colonna, marchesa di Pescara, alla quale io già feci copia del libro, contra la promessa sua ne avea fatto trascrivere una gran parte, non potei non sentirne qualche fastidio, dubitandomi di molti inconvenienti, che in simili casi possono occorrere; nientedimeno mi confidai che l'ingegno e prudenza di quella Signora (la virtù della quale io sempre ho tenuto in venerazione come cosa divina) bastasse a rimediare che pregiudicio alcuno non mi venisse dall'aver obedito a' suoi comandamenti. In ultimo seppi, che quella parte del libro si ritrovava in Napoli in mano di molti; e, come sono gli uomini sempre cupidi di novità, parea che quelli tali tentassero di farla imprimere. Ond'io, spaventato da questo pericolo, determinaimi di riveder subito nel libro quel poco che mi comportava il tempo, con intenzione di publicarlo; estimando men male lasciarlo veder poco castigato per mia mano, che molto lacerato per man d'altri. Così, per eseguire questa deliberazione, cominciai a rileggerlo; e subito nella prima fronte, ammonito dal titolo, presi non mediocre tristezza, la qual ancora nel passar più avanti molto si accrebbe, ricordandomi, la maggior parte di coloro che sono introdotti nei ragionamenti, esser già morti: chè, oltre a quelli de chi si fa menzione nel proemio dell'ultimo, morto è il medesimo messer Alfonso Ariosto, a cui il libro è indrizzato; giovane affabile, discreto, pieno di soavissimi costumi, ed atto ad ogni cosa conveniente ad uomo di corte. Medesimamente il duca Juliano de' Medici, la cui bontà e nobil cortesia meritava più lungamente dal mondo esser goduta. Messer Bernardo, cardinal di Santa Maria in Portico, il quale per una acuta e piacevole prontezza d'ingegno fu gratissimo a qualunque lo conobbe, pur è morto. Morto è il signor Ottavian Fregoso, uomo a' nostri tempi rarissimo; magnanimo, religioso, pien di bontà, d'ingegno, prudenza e cortesia, e veramente amico d'onore e di virtù, e tanto degno di laude, che li medesimi inimici suoi furono sempre costretti a laudarlo; e quelle disgrazie che esso costantissimamente sopportò, ben furono bastanti a far fede che la fortuna, come sempre fu, così è ancor oggidì contraria alla virtù. Morti sono ancor molti altri dei nominati nel libro, ai quali parea che la natura promettesse lunghissima vita. Ma quello che senza lacrime raccontar non si devria, è che la signora Duchessa essa ancor è morta; e se l'animo mio si turba per la perdita di tanti amici e signori miei, che m'hanno lasciato in questa vita come in una solitudine piena d'affanni, ragion è che molto più acerbamente senta il dolore della morte della signora Duchessa, che di tutti gli altri, perchè essa molto più che tutti gli altri valeva, ed io ad essa molto più che a tutti gli altri era tenuto. Per non tardare adunque a pagar quello che io debbo alla memoria di così eccellente signora, e degli altri che più non vivono, indotto ancora dal pericolo del libro, hollo fatto imprimere e publicare tale qual dalla brevità del tempo m'è stato concesso. E perchè voi nè della signora Duchessa nè degli altri che son morti, fuor che del duca Juliano e del Cardinal di Santa Maria in Portico, aveste notizia in vita loro, acciò che, per quanto io posso, l'abbiate dopo la morte, mandovi questo libro, come un ritratto di pittura della corte d'Urbino, non di mano di Rafaello o Michel Angelo, ma di pittor ignobile, e che solamente sappia tirare le linee principali, senza adornar la verità di vaghi colori, o far parer per arte di prospettiva quello che non è. E come ch'io mi sia sforzato di dimostrar coi ragionamenti le proprietà e condizioni di quelli che vi sono nominati, confesso non avere non che espresso ma nè anco accennato le virtù della signora Duchessa; perchè non solo il mio stile non è sufficiente ad esprimerle, ma pur l'intelletto ad imaginarle: e se circa questo o altra cosa degna di riprensione (come ben so che nel libro molte non mancano) sarò ripreso, non contradirò alla verità.

Ma perchè talor gli uomini tanto si dilettano di riprendere, che riprendono ancor quello che non merita riprensione, ad alcuni che mi biasimano perch'io non ho imitato il Boccaccio, nè mi sono obligato alla consuetudine del parlar toscano d'oggidì, non restarò di dire, che ancor che 'l Boccaccio fosse di gentil ingegno, secondo quei tempi, e che in alcuna parte scrivesse con discrezione ed industria, nientedimeno assai meglio scrisse quando si lasciò guidar solamente dall'ingegno ed instinto suo naturale, senz'altro studio o cura di limare i scritti suoi, che quando con diligenza e fatica si sforzò d'esser più culto e castigato. Perciò li medesimi suoi fautori affermano, che esso nelle cose sue proprie molto s'ingannò di giudicio, tenendo in poco quelle che gli hanno fatto onore, ed in molto quelle che nulla vagliono. Se adunque io avessi imitato quella maniera di scrivere che in lui è ripresa da chi nel resto lo lauda, non poteva fuggire almen quelle medesime calunnie che al proprio Boccaccio son date circa questo; ed io tanto maggiori le meritava, quanto che l'error suo allor fu credendo di far bene, ed or il mio sarebbe stato conoscendo di far male. Se ancora avessi imitato quel modo che da molti è tenuto per buono, e da esso fu men apprezzato, parevami con tal imitazione far testimonio d'esser discorde di giudicio da colui che io imitava: la qual cosa, secondo me, era inconveniente. E quando ancora questo rispetto non m'avesse mosso, io non poteva nel subietto imitarlo, non avendo esso mai scritto cosa alcuna di maniera simile a questi Libri del CORTEGIANO: e nella lingua, al parer mio, non doveva; perchè la forza e vera regola del parlar bene consiste più nell'uso che in altro, e sempre è vizio usar parole che non siano in consuetudine. Perciò non era conveniente, ch'io usassi molte di quelle del Boccaccio, le quali a' suoi tempi s'usavano, ed or sono disusate dalli medesimi Toscani. Non ho ancor voluto obligarmi alla consuetudine del parlar toscano d'oggidì; perchè il commercio tra diverse nazioni ha sempre avuto forza di trasportare dall'una all'altra, quasi come le mercanzie, così ancor nuovi vocaboli, i quali poi durano o mancano, secondo che sono dalla consuetudine ammessi o reprobati: e questo, oltre il testimonio degli antichi, vedesi chiaramente nel Boccaccio, nel qual son tante parole franzesi, spagnole e provenzali, ed alcune forse non ben intese dai Toscani moderni; che chi tutte quelle levasse, farebbe il libro molto minore. E perchè, al parer mio, la consuetudine del parlare dell'altre città nobili d'Italia, dove concorrono uomini savii, ingegnosi ed eloquenti, e che trattano cose grandi di governo dei stati, di lettere, d'arme e negozii diversi, non deve essere del tutto sprezzata: dei vocaboli che in questi lochi parlando s'usano, estimo aver potuto ragionevolmente usar scrivendo quelli che hanno in sè grazia, ed eleganza nella pronunzia, e son tenuti communemente per buoni e significativi, benchè non siano toscani, ed ancor abbiano origine di fuor d'Italia. Oltre a questo, usansi in Toscana molti vocaboli chiaramente corrotti dal latino, li quali nella Lombardia e nell'altre parti d'Italia son rimasti integri e senza mutazione alcuna, e tanto universalmente s'usano per ognuno, che dalli nobili sono ammessi per buoni, e dal volgo intesi senza difficoltà. Perciò, non penso aver commesso errore, se io scrivendo ho usato alcuni di questi, e piuttosto pigliato l'integro e sincero della patria mia, che 'l corrotto e guasto della aliena. Nè mi par buona regola quella che dicon molti, che la lingua volgar tanto è più bella, quanto è men simile alla latina; nè comprendo perchè ad una consuetudine di parlare si debba dar tanto maggiore autorità che all'altra, che, se la toscana basta per nobilitare i vocaboli latini corrotti e manchi, e dar loro tanta grazia che, così mutilati, ognun possa usarli per buoni (il che non si nega), la lombarda o qualsivoglia altra non debba poter sostener li medesimi latini puri, integri, proprii, e non mutati in parte alcuna, tanto che siano tolerabili. E veramente, sì come il voler formar vocaboli nuovi o mantenere gli antichi in dispetto della consuetudine, dir si può temeraria presunzione: così il voler contra la forza della medesima consuetudine distruggere e quasi sepelir vivi quelli che durano già molti secoli, e col scudo della usanza si son difesi dalla invidia del tempo, ed han conservato la dignità e 'l splendor loro, quando per le guerre e ruine d'Italia si son fatte le mutazioni della lingua, degli edifizii, degli abiti e costumi; oltra che sia difficile, par quasi una impietà. Perciò, se io non ho voluto scrivendo usare le parole del Boccaccio che più non s'usano in Toscana, nè sottopormi alla legge di coloro che stimano che non sia licito usar quelle che non usano li Toscani d'oggidì, parmi meritare escusazione. Penso adunque, e nella materia del libro e nella lingua, per quanto una lingua può ajutar l'altra, aver imitato autori tanto degni di laude quanto è 'il Boccaccio; nè credo che mi si debba imputare per errore lo aver eletto di farmi piuttosto conoscere per Lombardo parlando lombardo, che per non Toscano parlando troppo toscano: per non fare come Teofrasto, il qual, per parlare troppo ateniese, fu da una semplice vecchiarella conosciuto per non Ateniese. Ma perchè circa questo nel primo Libro si parla a bastanza, non dirò altro, se non che, per rimover ogni contenzione, io confesso ai miei riprensori, non sapere questa lor lingua toscana tanto difficile e recondita; e dico aver scritto nella mia, e come io parlo, ed a coloro che parlano come parl'io: e così penso non avere fatto ingiuria ad alcuno; chè, secondo me, non è proibito a chi si sia scrivere e parlare nella sua propria lingua; nè meno alcuno è astretto a leggere o ascoltare quello che non gli aggrada. Perciò, se essi non vorran leggere il mio Cortegiano, non mi tenerò io punto da loro ingiuriato.

Altri dicono, che essendo tanto difficile e quasi impossibile trovar un uomo così perfetto come io voglio che sia il Cortegiano, è stato superfluo il scriverlo, perchè vana cosa è insegnar quello che imparar non si può. A questi rispondo, che mi contenterò aver errato con Platone, Senofonte e Marco Tullio, lasciando il disputare del mondo intelligibile e delle Idee; tra le quali, sì come (secondo quella opinione) è la Idea della perfetta Repubblica, e del perfetto Re, e del perfetto Oratore, così è ancora quella del perfetto Cortegiano: alla imagine della quale s'io non ho potuto approssimarmi col stile, tanto minor fatica averanno i cortegiani d'approssimarsi con l'opere al termine e mèta, ch'io collo scrivere ho loro proposto; e se, con tutto questo, non potran conseguir quella perfezion, qual che ella si sia, ch'io mi sono sforzato d'esprimere, colui che più se le avvicinerà sarà il più perfetto; come di molti arcieri che tirano ad un bersaglio, quando niuno è che dia nella brocca, quello che più se le accosta senza dubio è miglior degli altri. Alcuni ancor dicono, ch'io ho creduto formar me stesso, persuadendomi che le condizioni ch'io al Cortegiano attribuisco, tutte siano in me. A questi tali non voglio già negar, di non aver tentato tutto quello ch'io vorrei che sapesse il Cortegiano; e penso che chi non avesse avuto qualche notizia delle cose che nel libro si trattano, per erudito che fosse stato, mal averebbe potuto scriverle: ma io non son tanto privo di giudicio in conoscere me stesso, che mi presuma saper tutto quello che so desiderare.

La difesa adunque di queste accusazioni, e forse di molt'altre, rimetto io per ora al parere della commune opinione; perchè il più delle volte la moltitudine, ancor che perfettamente non conosca, sente però per instinto di natura un certo odore del bene e del male, e, senza saperne rendere altra ragione, l'uno gusta ed ama, e l'altro rifiuta ed odia. Perciò, se universalmente il libro piacerà, terròllo per buono, e penserò che debba vivere; se ancor non piacerà, terròllo per malo, e tosto crederò che se n'abbia da perder la memoria. E se pur i miei accusatori di questo commun giudicio non restano satisfatti, conténtinsi almeno di quello del tempo; il quale d'ogni cosa al fin scopre gli occulti difetti, e, per esser padre della verità e giudice senza passione, suol dare sempre della vita o morte delle scritture giusta sentenza.

BALDESAR CASTIGLIONE.

IL PRIMO LIBRO DEL CORTEGIANO

DEL CONTE BALDESAR CASTIGLIONE

A MESSER ALFONSO ARIOSTO.

---

1. Fra me stesso lungamente ho dubitato, messer Alfonso carissimo, qual di due cose più difficil mi fosse; o il negarvi quel che con tanta instanza più volte m'avete richiesto, o il farlo: perché da un canto mi parea durissimo negar alcuna cosa, e massimamente laudevole, a persona ch'io amo sommamente, e da cui sommamente mi sento esser amato; dall'altro ancor, pigliar impresa, la qual io non conoscessi poter condur a fine, pareami disconvenirsi a chi estimasse le giuste riprensioni quanto estimar si debbano. In ultimo, dopo molti pensieri, ho deliberato esperimentare in questo, quanto ajuto porger possa alla diligenza mia quella affezione e desiderio intenso di compiacere, che nelle altre cose tanto suole accrescere la industria degli uomini.

Voi adunque mi richiedete ch'io scriva, qual sia al parer mio la forma di Cortegiania più conveniente a gentiluomo che viva in corte de' principi, per la quale egli possa e sappia perfettamente loro servir in ogni cosa ragionevole, acquistandone da essi grazia, e dagli altri laude; in somma, di che sorte debba esser colui, che meriti chiamarsi perfetto Cortegiano, tanto che cosa alcuna non gli manchi. Onde io, considerando tal richiesta, dico, che se a me stesso non paresse maggior biasimo l'esser da voi reputato poco amorevole, che da tutti gli altri poco prudente, arei fuggito questa fatica, per dubio di non esser tenuto temerario da tutti quelli che conoscono, come difficil cosa sia, tra tante varietà di costumi che s'usano nelle corti di Cristianità, eleggere la più perfetta forma, e quasi il fior di questa Cortegianìa; perchè la consuetudine fa a noi spesso le medesime cose piacere e dispiacere: onde talor procede, che i costumi, gli abiti, i riti, e i modi, che un tempo son stati in pregio, divengon vili, e per contrario i vili divengon pregiati. Però si vede chiaramente, che l'uso più che la ragione ha forza d'introdur cose nuove tra noi, e cancellar l'antiche; delle quali chi cerca giudicar la perfezione, spesso s'inganna. Per il che, conoscendo io questa e molte altre difficoltà nella materia propostami a scrivere, son sforzato a fare un poco di escusazione, e render testimonio che questo errore (se pur si può dir errore) a me è commune con voi, acciò che se biasimo avvenire me ne ha, quello sia ancor diviso con voi; perchè non minor colpa si dee estimar la vostra avermi imposto carico alle mie forze diseguale, che a me averlo accettato.

Vegniamo adunque ormai a dar principio a quello che è nostro presupposto, e, se possibil è, formiamo un Cortegian tale, che quel principe che sarà degno d'esser da lui servito, ancor che poco stato avesse, si possa però chiamar grandissimo signore. Noi in questi Libri non seguiremo un certo ordine o regola di precetti distinti, che 'l più delle volte nell'insegnare qualsivoglia cosa usar si suole; ma, alla foggia di molti antichi, rinovando una grata memoria, recitaremo alcuni ragionamenti, i quali già passarono tra uomini singolarissimi a tale proposito: e benchè io non v'intervenissi presenzialmente, per ritrovarmi, allor che furon detti, in Inghilterra, avendogli poco apresso il mio ritorno intesi da persona che fedelmente me gli narrò, sforzerommi a punto, per quanto la memoria mi comporterà, ricordarli, acciò che noto vi sia quello che abbiano giudicato e creduto di questa materia uomini degni di somma laude, ed al cui giudizio in ogni cosa prestar si potea indubitata fede. Nè fia ancor fuor di proposito, per giungere ordinatamente al fine dove tende il parlar nostro, narrar la causa dei successi ragionamenti.

II. Alle pendici dell'Appennino, quasi al mezzo della Italia verso il mare Adriatico, è posta, come ognun sa, la piccola città d'Urbino; la quale, benchè tra monti sia, e non così ameni come forse alcun' altri che veggiamo in molti lochi, pur di tanto avuto ha il cielo favorevole, che intorno il paese è fertilissimo e pien di frutti; di modo che, oltre alla salubrità dell' aere, si trova abondantissima d'ogni cosa che fa mestieri per lo vivere umano. Ma tra le maggior felicità che se le possono attribuire, questa credo sia la principale, che da gran tempo in qua sempre è stata dominata da ottimi signori; avvenga che, nelle calamità universali delle guerre della Italia, essa ancor per un tempo ne sia restata priva. Ma non ricercando più lontano, possiamo di questo far buon testimonio con la gloriosa memoria del duca Federico, il quale a' dì suoi fu lume della Italia; nè mancano veri ed amplissimi testimonii, che ancor vivono, della sua prudenza, della umanità, della giustizia, della liberalità, dell'animo invitto e della disciplina militare: della quale precipuamente fanno fede le sue tante vittorie, le espugnazioni de' lochi inespugnabili, la subita prestezza nelle espedizioni, l'aver molte volte con pochissime genti fugato numerosi e validissimi eserciti, nè mai esser stato perditore in battaglia alcuna; di modo che possiamo non senza ragione a molti famosi antichi aguagliarlo. Questo, tra l'altre cose sue lodevoli, nell'aspero sito d'Urbino edificò un palazzo, secondo la opinione di molti il più bello che in tutta Italia si ritrovi; e d'ogni oportuna cosa sì ben lo fornì, che non un palazzo ma una città in forma di palazzo esser pareva; e non solamente di quello che ordinariamente si usa, come vasi d'argento, apparamenti di camere di ricchissimi drappi d'oro, di seta e d'altre cose simili, ma per ornamento v'aggiunse una infinità di statue antiche di marmo e di bronzo, pitture singolarissime, instrumenti musici d'ogni sorte; nè quivi cosa alcuna volse, se non rarissima ed eccellente. Appresso, con grandissima spesa adunò un gran numero di eccellentissimi e rarissimi libri greci, latini ed ebraici, quali tutti ornò d'oro e d'argento, estimando che questa fosse la suprema eccellenza del suo magno palazzo.

III. Costui adunque, seguendo il corso della natura, già di sessantacinque anni, come era visso, così gloriosamente morì; ed un figliolino di diece anni, che solo maschio aveva, e senza madre, lasciò signore dopo sè; il qual fu Guid' Ubaldo. Questo, come dello stato, così parve che di tutte le virtù paterne fosse erede, e subito con maravigliosa indole cominciò a promettere tanto di sè, quanto non parea che fosse licito sperare da uno uom mortale; di modo che estimavano gli uomini, delli egregii fatti del duca Federico niuno esser maggiore, che l'avere generato un tal figliolo. Ma la fortuna, invidiosa di tanta virtù, con ogni sua forza s'oppose a così glorioso principio; talmente che, non essendo ancor il duca Guido giunto alli venti anni, s'infermò di podagre, le quali con atrocissimi dolori procedendo, in poco spazio di tempo talmente tutti i membri gl'impedirono, che nè stare in piedi nè mover si potea; e così restò un dei più belli e disposti corpi del mondo deformato e guasto nella sua verde età. E non contenta ancor di questo la fortuna, in ogni suo disegno tanto gli fu contraria, ch'egli rare volte trasse ad effetto cosa che desiderasse; e benchè in esso fosse il consiglio sapientissimo e l'animo invittissimo, parea che ciò che incominciava, e nell'arme e in ogni altra cosa o picciola o grande, sempre male gli succedesse: e di ciò fanno testimonio molte e diverse sue calamità, le quali esso con tanto vigor d'animo sempre tolerò, che mai la virtù dalla fortuna non fu superata; anzi, sprezzando con l'animo valoroso le procelle di quella, e nella infermità come sano e nelle avversità come fortunatissimo, vivea con somma dignità ed estimazione appresso ognuno; di modo che, avvenga che così fosse del corpo infermo, militò con onorevolissime condizioni a servizio dei serenissimi re di Napoli Alfonso e Ferrando minore; appresso con papa Alessandro VI, coi signori Veneziani, e Fiorentini. Essendo poi asceso al pontificato Julio II, fu fatto capitan della Chiesa; nel qual tempo, seguendo il suo consueto stile, sopra ogni altra cosa procurava che la casa sua fosse di nobilissimi e valorosi gentiluomini piena, coi quali molto familiarmente viveva, godendosi della conversazione di quelli: nella qual cosa non era minor il piacer che esso ad altrui dava, che quello che d'altrui riceveva, per esser dottissimo nell'una e nell'altra lingua, ed aver insieme con la affabilità e piacevolezza congiunta ancor la cognizione d'infinite cose: ed, oltre a ciò, tanto la grandezza dell'animo suo lo stimolava, che, ancor che esso non potesse con la persona esercitar l'opere della cavalleria come avea già fatto, pur si pigliava grandissimo piacer di vederle in altrui; e con le parole, or correggendo or laudando ciascuno secondo i meriti, chiaramente dimostrava quanto giudicio circa quelle avesse; onde nelle giostre, nei torniamenti, nel cavalcare, nel maneggiare tutte le sorti d'arme, medesimamente nelle feste, nei giochi, nelle musiche, in somma in tutti gli esercizii convenienti a nobili cavalieri, ognuno si sforzava di mostrarsi tale, che meritasse esser giudicato degno di così nobile commercio.

IV. Erano adunque tutte l'ore del giorno divise in onorevoli e piacevoli esercizii così del corpo come dell'animo; ma perchè il signor Duca continuamente, per la infirmità, dopo cena assai per tempo se n'andava a dormire, ognuno per ordinario dove era la signora duchessa Elisabetta Gonzaga a quell'ora si riduceva; dove ancor sempre si ritrovava la signora Emilia Pia, la qual per esser dotata di così vivo ingegno e giudicio, come sapete, pareva la maestra di tutti, e che ognuno da lei pigliasse senno e valore. Quivi adunque i soavi ragionamenti e l'oneste facezie s'udivano, e nel viso di ciascuno dipinta si vedeva una gioconda ilarità, talmente che quella casa certo dir si poteva il proprio albergo della allegria: nè mai credo che in altro loco si gustasse quanta sia la dolcezza che da una amata e cara compagnia deriva, come quivi si fece un tempo; chè, lasciando quanto onore fosse a ciascun di noi servir a tal signore come quello che già di sopra ho detto, a tutti nascea nell'animo una somma contentezza ogni volta che al cospetto della signora Duchessa ci riducevamo; e parea che questa fosse una catena che tutti in amor tenesse uniti, talmente che mai non fu concordia di volontà o amore cordiale tra fratelli maggior di quello, che quivi tra tutti era. Il medesimo era tra le donne, con le quali si aveva liberissimo ed onestissimo commercio; chè a ciascuno era licito parlare, sedere, scherzare e ridere con chi gli parea: ma tanta era la reverenza che si portava al voler della signora Duchessa, che la medesima libertà era grandissimo freno; nè era alcuno che non estimasse per lo maggior piacere che al mondo aver potesse il compiacer a lei, e la maggior pena il dispiacerle. Per la qual cosa, quivi onestissimi costumi erano con grandissima libertà congiunti, ed erano i giochi e i risi al suo cospetto conditi, oltre agli argutissimi sali, d'una graziosa e grave maestà; chè quella modestia e grandezza che tutti gli atti e le parole e i gesti componeva della signora Duchessa, motteggiando e ridendo, facea che ancor da chi mai più veduta non l'avesse, fosse per grandissima signora conosciuta. E così nei circostanti imprimendosi, parea che tutti alla qualità e forma di lei temperasse; onde ciascuno questo stile imitare si sforzava, pigliando quasi una norma di bei costumi dalla presenza d'una tanta e così virtuosa signora: le ottime condizioni della quale io per ora non intendo narrare, non essendo mio proposito, e per esser assai note al mondo, e molto più ch'io non potrei nè con lingua nè con penna esprimere; e quelle che forse sariano state alquanto nascoste, la fortuna, come ammiratrice di così rare virtù, ha voluto con molte avversità e stimoli di disgrazie scoprire, per far testimonio che nel tenero petto d'una donna in compagnia di singolar bellezza possono stare la prudenza e la fortezza d'animo, e tutte quelle virtù che ancor ne' severi uomini sono rarissime.

V. Ma lasciando questo, dico, che consuetudine di tutti i gentiluomini della casa era ridursi subito dopo cena alla signora Duchessa; dove, tra l'altre piacevoli feste e musiche e danze che continuamente si usavano, talor si proponeano belle questioni, talor si faceano alcuni giochi ingegnosi ad arbitrio or d'uno or d'un altro, nei quali sotto varii velami spesso scoprivano i circonstanti allegoricamente i pensier sui a chi più loro piaceva. Qualche volta nasceano altre disputazioni di diverse materie, ovvero si mordea con pronti detti; spesso si faceano imprese, come oggidì chiamiamo: dove di tali ragionamenti maraviglioso piacere si pigliava, per esser, come ho detto, piena la casa di nobilissimi ingegni; tra i quali, come sapete, erano celeberrimi il signor Ottavian Fregoso, messer Federico suo fratello, il Magnifico Julian de' Medici, messer Pietro Bembo, messer Cesar Gonzaga, il conte Ludovico da Canossa, il signor Gaspar Pallavicino, il signor Ludovico Pio, il signor Morello da Ortona, Pietro da Napoli, messer Roberto da Bari, ed infiniti altri nobilissimi cavalieri: oltra che molti ve n'erano, i quali, avvenga che per ordinario non stessino quivi fermamente, pur la maggior parte del tempo vi dispensavano; come messer Bernardo Bibiena, l' Unico Aretino, Joan Cristoforo Romano, Pietro Monte, Terpandro, messer Nicolò Frisio; di modo che sempre poeti, musici, e d'ogni sorte uomini piacevoli, e li più eccellenti in ogni facoltà che in Italia si trovassino, vi concorrevano.

VI. Avendo adunque papa Julio II con la presenza sua e con l'ajuto de' Franzesi ridotto Bologna alla obedienza della sede apostolica nell'anno MDVI, e ritornando verso Roma, passò per Urbino; dove quanto era possibile onoratamente, e con quel più magnifico e splendido apparato che si avesse potuto fare in qualsivoglia altra nobil città d'Italia, fu ricevuto: di modo che, oltre al papa, tutti i signor cardinali ed altri cortegiani restarono sommamente satisfatti; e furono alcuni, i quali, tratti dalla dolcezza di questa compagnia, partendo il papa e la corte, restarono per molti giorni ad Urbino; nel qual tempo non solamente si continuava nell'usato stile delle feste e piaceri ordinarii, ma ognuno si sforzava d'accrescere qualche cosa, e massimamente nei giochi, ai quali quasi ogni sera s'attendeva. E l'ordine d'essi era tale, che, subito giunti alla presenza della signora Duchessa, ognuno si ponea a sedere a piacer suo, o come la sorte portava, in cerchio; ed erano sedendo divisi un uomo ed una donna, fin che donne v'erano, chè quasi sempre il numero degli uomini era molto maggiore; poi, come alla signora Duchessa pareva si governavano, la quale per lo più delle volte ne lasciava il carico alla signora Emilia. Così il giorno apresso la partita del papa, essendo all'ora usata ridotta la compagnia al solito loco, dopo molti piacevoli ragionamenti la signora Duchessa volse pur che la signora EMILIA cominciasse i giochi; ed essa, dopo l'aver alquanto rifiutato tal'impresa, così disse: Signora mia, poichè pur a voi piace ch'io sia quella che dia principio ai giochi di questa sera, non possendo ragionevolmente mancar d'obedirvi, delibero proporre un gioco, del qual penso dover aver poco biasimo e men fatica: e questo sarà, che ognun proponga secondo il parer suo un gioco non più fatto; da poi si eleggerà quello che parerà esser più degno di celebrarsi in questa compagnia.—E così dicendo, si rivolse al signor GASPAR PALLAVICINO, imponendogli che 'l suo dicesse; il qual subito rispose: A voi tocca, signora, dir prima il vostro. — Disse la signora EMILIA: Eccovi ch'io l'ho detto; ma voi, signora Duchessa, comandategli ch'e' sia obediente. — Allor la signora DUCHESSA ridendo, Acciò, disse, che ognuno v'abbia ad obedire, vi faccio mia locotenente, e vi do tutta la mia autorità. —

VII. Gran cosa è pur, rispose il signor GASPAR, che sempre alle donne sia licito aver questa esenzione di fatiche, e certo ragion saria volerne in ogni modo intender la cagione; ma per non esser io quello che dia principio a disobedire, lascierò questo ad un altro tempo, e dirò quello che mi tocca; — e cominciò: A me pare, che gli animi nostri, si come nel resto, così ancor nell'amare siano di giudicio diversi: e perciò spesso interviene, che quello che all'uno è gratissimo, all'altro sia odiosissimo; ma con tutto questo, sempre però si concordano in aver ciascuno carissima la cosa amata; talmente che spesso la troppo affezion degli amanti di modo inganna il lor giudicio, che estiman quella persona che amano esser sola al mondo ornata d'ogni eccellente virtù, e senza difetto alcuno; ma perchè la natura umana non ammette queste così compite perfezioni, nè si trova persona a cui qualche cosa non manchi, non si può dire che questi tali non s'ingannino, e che lo amante non divenga cieco circa la cosa amata. Vorrei adunque che questa sera il gioco nostro fosse, che ciascun dicesse, di che virtù precipuamente vorrebbe che fosse ornata quella persona ch'egli ama; e, poichè così è necessario che tutti abbiano qualche macchia, qual vizio ancor vorrebbe che in essa fosse: per veder chi saprà ritrovar più lodevoli ed utili virtù, e più escusabili vizii, e meno a chi ama nocivi ed a chi è amato. — Avendo così detto il signor Gaspar, fece segno la signora Emilia a

madonna Costanza Fregosa, per esser in ordine vicina, che
seguitasse: la qual già s'apparecchiava a dire; ma la signora
Duchessa subito disse: Poichè madonna Emilia non vuole
affaticarsi in trovar gioco alcuno, sarebbe pur ragione che
l'altre donne participassino di questa commodità, ed esse
ancor fossino esente di tal fatica per questa sera, essendoci
massimamente tanti uomini, che non è pericolo che manchin
giochi. — Così faremo, — rispose la signora Emilia; ed imponendo silenzio a madonna Costanza, si volse a messer
Cesare Gonzaga che le sedeva a canto, e gli comandò che
parlasse; ed esso così cominciò:

VIII. Chi vuol con diligenza considerar tutte le nostre
azioni, trova sempre in esse varii difetti; e ciò procede
perchè la natura, così in questo come nell' altre cose varia,
ad uno ha dato lume di ragione in una cosa, ad un altro in
un'altra: però interviene, che sapendo l'un quello che l'altro non sa, ed essendo ignorante di quello che l'altro intende, ciascun conosce facilmente l'error del compagno e non
il suo, ed a tutti ci par esser molto savii, e forse più in
quello in che più siamo pazzi; per la qual cosa abbiam veduto in questa casa esser occorso, che molti i quali al principio sono stati reputati saviissimi, con processo di tempo si
son conosciuti pazzissimi: il che d'altro non è proceduto,
che dalla nostra diligenza. Chè, come si dice che in Puglia
circa gli atarantati s'adoprano molti instrumenti di musica,
e con varii suoni si va investigando, fin che quello umore
che fa la infirmità, per una certa convenienza ch'egli ha
con alcuno di quei suoni, sentendolo, subito si move, e tanto
agita lo infermo, che per quella agitazion si riduce a sanità:
così noi, quando abbiamo sentito qualche nascosa virtù di
pazzia, tanto sottilmente e con tante varie persuasioni l'abbiamo stimolata e con sì diversi modi, che pur al fine inteso
abbiamo dove tendeva; poi, conosciuto lo umore, così ben
l'abbiam agitato, che sempre s'è ridotto a perfezion di publica pazzia: e chi è riuscito pazzo in versi, chi in musica,
chi in amore, chi in danzare, chi in far moresche, chi in
cavalcare, chi in giocar di spada, ciascun secondo la miniera
del suo metallo; onde poi, come sapete, si sono avuti mara-

vigliosi piaceri. Tengo io adunque per certo, che in ciascun di noi sia qualche seme di pazzia, il qual risvegliato, possa moltiplicar quasi in infinito. Però vorrei che questa sera il gioco nostro fosse il disputar questa materia, e che ciascun dicesse: Avendo io ad impazzir publicamente, di che sorte di pazzia si crede ch'io impazzissi, e sopra che cosa, giudicando questo esito per le scintille di pazzia che ogni dì si veggono di me uscire: il medesimo si dica di tutti gli altri, servando l'ordine de' nostri giochi, ed ognuno cerchi di fondar la opinion sua sopra qualche vero segno ed argomento. E così di questo nostro gioco ritrarremo frutto ciascun di noi di conoscere i nostri difetti, onde meglio ce ne potrem guardare; e se la vena di pazzia che scopriremo sarà tanto abondante che ci paja senza rimedio, l'ajuteremo, e, secondo la dottrina di fra Mariano, averemo guadagnato un'anima, che non fia poco guadagno. — Di questo gioco si rise molto, nè alcun era che si potesse tener di parlare: chi diceva, Io impazzirei nel pensare, chi, Nel guardare; chi diceva, Io già son impazzito in amare; e tai cose.

IX. Allor FRA SERAFINO, a modo suo ridendo: Questo, disse, sarebbe troppo lungo; ma se volete un bel gioco, fate che ognuno dica il parer suo, Onde è che le donne quasi tutte hanno in odio i ratti, ed aman le serpi; e vederete che niuno s'apporrà, se non io, che so questo secreto per una strana via. — E già cominciava a dir sue novelle; ma la signora Emilia gl'impose silenzio, e trapassando la dama che ivi sedeva, fece segno all' UNICO ARETINO, al qual per l'ordine toccava; ed esso, senza aspettar altro comandamento, Io, disse, vorrei esser giudice con autorità di poter con ogni sorte di tormento investigar di sapere il vero da' malfattori; e questo per scoprir gl'inganni d'una ingrata, la qual, con gli occhi d'angelo e cor di serpente, mai non accorda la lingua con l'animo, e, con simulata pietà ingannatrice, a niun'altra cosa intende che a far anatomia de' cori: nè si ritrova così velenoso serpe nella Libia arenosa, che tanto di sangue umano sia vago, quanto questa falsa; la qual non solamente con la dolcezza della voce e meliflue parole, ma con gli occhi, coi risi, coi sembianti, e con tutti i modi è verissima Sirena. Però, poi che non m'è licito, com'io vorrei, usar le catene, la fune o 'l foco per saper una verità, desidero di saperla con un gioco, il quale è questo: Che ognun dica ciò che crede che significhi quella lettera S, che la signora Duchessa porta in fronte; perchè, avvenga che certamente questo ancor sia un artificioso velame per poter ingannare, per avventura se gli darà qualche interpretazione da lei forse non pensata, e trovarassi che la fortuna, pietosa riguardatrice dei martirii degli uomini, l'ha indotta con questo piccol segno a scoprire non volendo l'intimo desiderio suo, di uccidere e sepelir vivo in calamità chi la mira o la serve. — Rise la signora Duchessa, e vedendo l'UNICO ch'ella voleva escusarsi di questa imputazione, Non, disse, non parlate, Signora, che non è ora il vostro loco di parlare. — La signora EMILIA allor si volse, e disse: Signor Unico, non è alcun di noi qui che non vi ceda in ogni cosa, ma molto più nel conoscer l'animo della signora Duchessa; e così come più che gli altri lo conoscete per lo ingegno vostro divino, l'amate ancor più che gli altri; i quali, come quegli uccelli debili di vista, che non affisano gli occhi nella spera del sole, non possono così ben conoscer quanto esso sia perfetto: però ogni fatica saria vana per chiarir questo dubio, fuor che 'l giudicio vostro. Resti adunque questa impresa a voi solo, come a quello che solo può trarla al fine. — L'Unico avendo taciuto alquanto, ed essendogli pur replicato che dicesse, in ultimo disse un sonetto sopra la materia predetta, dichiarando ciò che significava quella lettera S; che da molti fu estimato fatto all'improvviso, ma, per esser ingegnoso e colto più che non parve che comportasse la brevità del tempo, si pensò pur che fosse pensato.

X. Così, dopo l'aver dato un lieto applauso in laude del sonetto, ed alquanto parlato, il signor OTTAVIAN FREGOSO, al qual toccava, in tal modo, ridendo, incominciò: Signori, s'io volessi affermare non aver mai sentito passion d'amore, son certo che la signora Duchessa e la signora Emilia, ancor che non lo credessino, mostrarebbon di crederlo, e diriano che ciò procede perch'io mi son diffidato di poter mai indur donna alcuna ad amarmi: di che in vero non ho io insin qui fatto prova con tanta instanza, che ragionevolmente debba esser disperato di poterle una volta conseguire. Nè già son restato di farle perch'io apprezzi me stesso tanto, o così poco le donne, che non estimi che molte ne siano degne d'esser amate e servite da me; ma piuttosto spaventato dai continui lamenti d'alcuni innamorati, i quali pallidi, mesti e taciturni, par che sempre abbiano la propria scontentezza dipinta negli occhi; e, se parlano, accompagnando ogni parola con certi sospiri triplicati, di null'altra cosa ragionano che di lacrime, di tormenti, di disperazioni, e desiderii di morte: di modo che, se talor qualche scintilla amorosa pur mi s'è accesa nel core, io subito sónomi sforzato con ogni industria di spegnerla, non per odio ch'io porti alle donne, come estimano queste signore, ma per mia salute. Ho poi conosciuti alcun' altri in tutto contrarii a questi dolenti, i quali non solamente si laudano e contentano dei grati aspetti, care parole, e sembianti soavi delle lor donne, ma tutti i mali condiscono di dolcezza; di modo che le guerre, l'ire, li sdegni di quelle per dolcissimi chiamano: perchè troppo più che felici questi tali esser mi pajono. Che se negli sdegni amorosi, i quali da quell'altri più che morte sono reputati amarissimi, essi ritrovano tanta dolcezza, penso che nelle amorevoli dimostrazioni debban sentir quella beatitudine estrema, che noi in vano in questo mondo cerchiamo. Vorrei adunque che questa sera il gioco nostro fosse, che ciascun dicesse, avendo ad esser sdegnata seco quella persona ch'egli ama, qual causa vorrebbe che fosse quella che la inducesse a tal sdegno. Che se qui si ritrovano alcuni che abbian provato questi dolci sdegni, son certo che per cortesia desideraranno una di quelle cause che così dolci li fa; ed io forse m'assicurarò di passar un poco più avanti in amore, con speranza di trovar io ancora questa dolcezza, dove alcuni trovano l'amaritudine; ed in tal modo non potranno queste signore darmi infamia più ch'io non ami. —

XI. Piacque molto questo gioco, e già ognuno si preparava di parlar sopra tal materia; ma non facendone la signora Emilia altramente motto, messer PIETRO BEMBO, che era in ordine vicino, così disse: Signori, non piccol dubio ha risvegliato nell' animo mio il gioco proposto dal signor Ottaviano, avendo ragionato de' sdegni d' amore: i quali, avvenga che varii siano, pur a me sono essi sempre stati acerbissimi, nè da me credo che si potesse imparar condimento bastante per addolcirgli; ma forse sono più e meno amari secondo la causa donde nascono. Chè mi ricordo già aver veduto quella donna ch'io serviva, verso me turbata o per sospetto vano che da sè stessa della fede mia avesse preso, ovvero per qualche altra falsa opinione in lei nata dalle altrui parole a mio danno; tanto ch' io credeva niuna pena alla mia potersi agguagliare, e parevami che 'l maggior dolor ch'io sentiva fosse il patire non avendolo meritato, ed aver questa afflizione non per mia colpa, ma per poco amor di lei. Altre volte la vidi sdegnata per qualche error mio, e conobbi l'ira sua proceder dal mio fallo; ed in quel punto giudicava che 'l passato mal fosse stato levissimo a rispetto di quello ch'io sentiva allora; e pareami che l'esser dispiaciuto, e per colpa mia, a quella persona alla qual sola io desiderava e con tanto studio cercava di piacere, fosse il maggior tormento e sopra tutti gli altri. Vorrei adunque che 'l gioco nostro fosse, che ciascun dicesse, avendo ad esser sdegnata seco quella persona ch'egli ama, da chi vorrebbe che nascesse la causa dello sdegno, o da lei, o da sè stesso: per saper qual è maggior dolore, o far dispiacere a chi s' ama, o riceverlo pur da chi s' ama.—

XII. Attendeva ognun la risposta della signora Emilia; la qual non facendo altrimenti motto al Bembo, si volse, e fece segno a messer FEDERIGO FREGOSO che 'l suo gioco dicesse; ed esso subito così cominciò: Signora, vorrei che mi fosse licito, come qualche volta si suole, rimettermi alla sentenza d' un altro; ch' io per me volentieri approvarei alcun de' giochi proposti da questi signori, perchè veramente parmi che tutti sarebbon piacevoli: pur, per non guastar l'ordine, dico, che chi volesse laudar la corte nostra, lasciando ancor i meriti della signora Duchessa, la qual cosa con la sua divina virtù basteria per levar da terra al cielo i più bassi spiriti che siano al mondo, ben poria senza sospetto d' adulazion dire, che in tutta Italia forse con fatica si ritrovariano altrettanti cavalieri così singolari, ed, oltre alla principal profession della cavalleria, così eccellenti in diverse cose, come or qui si ritrovano: però, se in loco alcuno son uomini che meritino esser chiamati buon Cortegiani, e che sappiano giudicar quello che alla perfezion della Cortegianía s'appartiene, ragionevolmente s'ha da creder che qui siano. Per reprimere adunque molti sciocchi, i quali per esser prosuntuosi ed inetti si credono acquistar nome di buon Cortegiano, vorrei che 'l gioco di questa sera fosse tale, che si eleggesse uno della compagnia, ed a questo si desse carico di formar con parole un perfetto Cortegiano, esplicando tutte le condizioni e particolar qualità che si richieggono a chi merita questo nome; ed in quelle cose che non pareranno convenienti sia licito a ciascun contradire, come nelle scole de' filosofi a chi tien conclusioni.— Seguitava ancor più oltre il suo ragionamento messer Federico, quando la signora EMILIA, interrompendolo, Questo, disse, se alla signora Duchessa piace, sarà il gioco nostro per ora.— Rispose la signora DUCHESSA: Piacemi.— Allor quasi tutti i circonstanti, e verso la signora Duchessa e tra sè, cominciarono a dir che questo era il più bel gioco che far si potesse; e senza aspettar l'uno la risposta dell'altro, facevano instanza alla signora EMILIA che ordinasse chi gli avesse a dar principio. La qual, voltatasi alla signora Duchessa, Comandate, disse, Signora, a chi più vi piace che abbia questa impresa; ch'io non voglio, con eleggerne uno più che l'altro, mostrar di giudicare, qual in questo io estimi più sufficiente degli altri, ed in tal modo far ingiuria a chi si sia.— Rispose la signora DUCHESSA: Fate pur voi questa elezione; e guardatevi col disobedire di non dar esempio agli altri, che siano essi ancor poco obedienti. —

XIII. Allor la signora EMILIA, ridendo, disse al conte Ludovico da Canossa: Adunque, per non perder più tempo, voi, Conte, sarete quello che averà questa impresa nel modo che ha detto messer Federico; non già perchè ci paja che voi siate così buon Cortegiano, che sappiate quel che si gli convenga, ma perchè, dicendo ogni cosa al contrario, come speramo che farete, il gioco sarà più bello, chè ognun averà che rispondervi; onde se un altro che sapesse più di voi avesse questo carico, non se gli potrebbe contradir cosa alcuna, perchè diria la verità, e così il gioco saria freddo. — Subito rispose il Conte: Signora, non ci saria pericolo che mancasse contradizione a chi dicesse la verità, stando voi qui presente; — ed essendosi di questa risposta alquanto riso, seguitò: Ma io veramente molto volentier fuggirei questa fatica, parendomi troppo difficile, e conoscendo in me, ciò che voi avete per burla detto, esser verissimo; cioè ch' io non sappia quello che a buon Cortegian si conviene: e questo con altro testimonio non cerco di provare, perchè non facendo l'opere, si può estimar ch' io nol sappia; ed io credo che sia minor biasimo mio, perchè senza dubio peggio è non voler far bene, che non saperlo fare. Pur essendo così che a voi piaccia ch' io abbia questo carico, non posso nè voglio rifiutarlo, per non contravenir all' ordine e giudicio vostro, il quale estimo più assai che 'l mio. — Allor messer Cesare Gonzaga, Perchè già, disse, è passata buon' ora di notte, e qui son apparecchiate molte altre sorti di piaceri, forse buon sarà differir questo ragionamento a domani, e darassi tempo al Conte di pensar ciò ch' egli s' abbia a dire; chè in vero di tal subietto parlare improviso è difficil cosa. — Rispose il Conte: Io non voglio far come colui, che spogliatosi in giuppone saltò meno che non avea fatto col sajo; e perciò parmi gran ventura che l'ora sia tarda, perchè per la brevità del tempo sarò sforzato a parlar poco, e 'l non avervi pensato mi escuserà, talmente che mi sarà licito dire senza biasimo tutte le cose che prima mi verranno alla bocca. Per non tener adunque più lungamente questo carico di obligazione sopra le spalle, dico, che in ogni cosa tanto è difficil conoscer la vera perfezion, che quasi è impossibile; e questo per la varietà dei giudizii. Però si ritrovano molti, ai quali sarà grato un uomo che parli assai, e quello chiameranno piacevole; alcuni si diletteranno più della modestia; alcun' altri d' un uomo attivo ed inquieto; altri di chi in ogni cosa mostri riposo e considerazione: e così ciascuno lauda e vitupera secondo il parer suo, sempre coprendo il vizio col nome della propinqua virtù, o la virtù col nome del propinquo vizio; come chiamando un prosuntuoso, libero; un modesto, arido; un nescio, buono; un scelerato, prudente; e medesimamente nel resto. Pur io estimo, in ogni cosa esser la sua perfezione, avvenga che nascosta; e questa potersi con ragionevoli discorsi giudicar da chi di quella tal cosa ha notizia. E perchè, com'ho detto, spesso la verità sta occulta, ed io non mi vanto aver questa cognizione, non posso laudar se non quella sorte di Cortegiani ch'io più apprezzo, ed approvar quello che mi par più simile al vero, secondo il mio poco giudicio: il qual seguitarete se vi parerà buono, ovvero v'attenerete al vostro, se egli sarà dal mio diverso. Nè io già contrasterò che 'l mio sia miglior che 'l vostro; chè non solamente a voi può parer una cosa ed a me un'altra, ma a me stesso poria parer or una cosa ed ora un' altra.

XIV. Voglio adunque che questo nostro Cortegiano sia nato nobile, e di generosa famiglia; perchè molto men si disdice ad un ignobile mancar di far operazioni virtuose, che ad uno nobile, il qual se desvia del cammino de' suoi antecessori, macula il nome della famiglia, e non solamente non acquista, ma perde il già acquistato; perchè la nobiltà è quasi una chiara lampa, che manifesta e fa veder l'opere buone e le male, ed accende e sprona alla virtù così col timor d'infamia, come ancor con la speranza di laude: e non scoprendo questo splendor di nobilità l'opere degl'ignobili, essi mancano dello stimolo, e del timore di quella infamia, nè par loro d'esser obligati passar più avanti di quello che fatto abbiano i suoi antecessori; ed ai nobili par biasimo non giugner almeno al termine da' suoi primi mostratogli. Però intervien quasi sempre, che e nelle arme e nelle altre virtuose operazioni gli uomini più segnalati sono nobili, perchè la natura in ogni cosa ha insito quello occulto seme, che porge una certa forza e proprietà del suo principio a tutto quello che da esso deriva, ed a sè lo fa simile: come non solamente vedemo nelle razze de' cavalli e d'altri animali, ma ancor negli alberi, i rampolli dei quali quasi sempre s'assimigliano al tronco; e se qualche volta degenerano, procede dal mal agricoltore. E così intervien degli uomini, i quali se di buona creanza sono coltivati, quasi sempre son simili a quelli d'onde procedono, e spesso migliorano; ma se manca loro chi gli curi bene, divengono come selvatichi, nè mai si maturano. Vero è che, o sia per favor delle stelle o di natura, nascono alcuni accompagnati da tante grazie, che par che non siano nati, ma che un qualche dio con le proprie mani formati gli abbia, ed ornati di tutti i beni dell'animo e del corpo; sì come ancor molti si veggono tanto inetti e sgarbati, che non si può credere se non che la natura per dispetto o per ludibrio prodotti gli abbia al mondo. Questi sì come per assidua diligenza e buona creanza poco frutto per lo più delle volte posson fare, così quegli altri con poca fatica vengon in colmo di somma eccellenza. E per darvi un esempio: vedete il signor don Ippolito da Este cardinal di Ferrara, il quale tanto di felicità ha portato dal nascere suo, che la persona, lo aspetto, le parole, e tutti i suoi movimenti sono talmente di questa grazia composti ed accomodati, che tra i più antichi prelati, avvenga che sia giovane, rapresenta una tanto grave autorità, che più presto pare atto ad insegnare, che bisognoso d'imparare; medesimamente, nel conversare con uomini e con donne d'ogni qualità, nel giocare, nel ridere e nel motteggiare tiene una certa dolcezza e così graziosi costumi, che forza è che ciascun che gli parla o pur lo vede gli resti perpetuamente affezionato. Ma, tornando al proposito nostro, dico, che tra questa eccellente grazia e quella insensata sciocchezza si trova ancora il mezzo; e posson quei che non son da natura così perfettamente dotati, con studio e fatica limare e correggere in gran parte i difetti naturali. Il Cortegiano adunque, oltre alla nobiltà, voglio che sia in questa parte fortunato, ed abbia da natura non solamente lo ingegno, e bella forma di persona e di volto, ma una certa grazia, e, come si dice, un sangue, che lo faccia al primo aspetto a chiunque lo vede grato ed amabile, e sia questo un ornamento che componga e compagni tutte le operazioni sue, e prometta nella fronte, quel tale esser degno del commercio e grazia d'ogni gran signore. —

XV. Quivi, non aspettando più oltre, disse il signor Gaspar Pallavicino: Acciò che il nostro gioco abbia la forma ordinata, e che non paja che noi estimiam poco l'autorità dataci del contradire, dico, che nel Cortegiano a me non par così necessaria questa nobiltà; e s'io mi pensassi dir cosa che ad alcun di noi fosse nova, io addurrei molti, li quali, nati di nobilissimo sangue, son stati pieni di vizii; e per lo contrario molti ignobili, che hanno con la virtù illustrato la posterità loro. E se è vero quello che voi diceste dianzi, cioè che in ogni cosa sia quella occulta forza del primo seme: noi tutti saremmo in una medesima condizione, per aver avuto un medesimo principio, nè più un che l'altro sarebbe nobile. Ma delle diversità nostre e gradi d'altezza e di bassezza credo io che siano molte altre cause: tra le quali estimo la fortuna esser precipua; perchè in tutte le cose mondane la veggiamo dominare, e quasi pigliarsi a gioco d'alzar spesso fin al cielo chi par a lei, senza merito alcuno, e sepelir nell'abisso i più degni d'esser esaltati. Confermo ben ciò che voi dite della felicità di quelli che nascon dotati dei beni dell'animo e del corpo: ma questo così si vede negl'ignobili come nei nobili, perchè la natura non ha queste così sottili distinzioni; anzi, come ho detto, spesso si veggono in persone bassissime altissimi doni di natura. Però non acquistandosi questa nobiltà nè per ingegno nè per forza nè per arte, ed essendo piuttosto laude dei nostri antecessori che nostra propria, a me par troppo strano voler che se i parenti del nostro Cortegiano son stati ignobili, tutte le sue buone qualità siano guaste, e che non bastino assai quell'altre condizioni che voi avete nominate, per ridurlo al colmo della perfezione: cioè ingegno, bellezza di volto, disposizion di persona, e quella grazia che al primo aspetto sempre lo faccia a ciascun gratissimo. —

XVI. Allor il conte LUDOVICO, Non nego io, rispose, che ancora negli uomini bassi non possano regnar quelle medesime virtù che nei nobili: ma (per non replicar quello che già avemo detto, con molte altre ragioni che si poriano addurre in laude della nobiltà, la qual sempre ed appresso ognuno è onorata, perchè ragionevole cosa è che de' buoni nascano i buoni) avendo noi a formare un Cortegiano senza difetto alcuno, e cumulato d'ogni laude, mi par necessario farlo nobile, sì per molte altre cause, come ancor per la opinione universale, la qual subito accompagna la nobiltà. Che se saranno dui uomini di palazzo, i quali non abbiano per prima dato impression alcuna di sè stessi con l'opere o buone o male: subito che s'intenda l'un esser nato gentiluomo e l'altro no, appresso ciascuno lo ignobile sarà molto meno estimato che 'l nobile, e bisognerà che con molte fatiche e con tempo nella mente degli uomini imprima la buona opinion di sè, che l'altro in un momento, e solamente con l'esser gentiluomo, averà acquistata. E di quanta importanza siano queste impressioni, ognun può facilmente comprendere: chè, parlando di noi, abbiam veduto capitare in questa casa uomini, i quali essendo sciocchi e goffissimi, per tutta Italia hanno però avuto fama di grandissimi Cortegiani; e benchè in ultimo siano stati scoperti e conosciuti, pur per molti dì ci hanno ingannato, e mantenuto negli animi nostri quella opinion di sè che prima in essi hanno trovato impressa, benchè abbiano operato secondo il lor poco valore. Avemo veduti altri al principio in pochissima estimazione, poi esser all'ultimo riusciti benissimo. E di questi errori sono diverse cause: e tra l'altre, la ostinazion dei signori, i quali, per voler far miracoli, talor si mettono a dar favore a chi par loro che meriti disfavore. E spesso ancor essi s'ingannano; ma perchè sempre hanno infiniti imitatori, dal favor loro deriva grandissima fama, la qual per lo più i giudicii vanno seguendo: e se ritrovano qualche cosa che paja contraria alla commune opinione, dubitano d'ingannar sè medesimi, e sempre aspettano qualche cosa di nascosto: perchè pare che queste opinioni universali debbano pur esser fondate sopra il vero, e nascere da ragionevoli cause; e perchè gli animi nostri sono prontissimi allo amore ed all'odio, come si vede nei spettacoli de' combattimenti e de' giochi e d'ogni altra sorte contenzione, dove i spettatori spesso si affezionano senza manifesta cagione ad una delle parti, con desiderio estremo che quella resti vincente e l'altra perda. Circa la opinione ancor delle qualità degli uomini, la buona fama o la mala nel primo entrare move l'animo nostro ad una di queste due passioni. Però interviene che per lo più noi giudichiamo con amore, ovvero con odio. Vedete adunque di quanta importanza sia questa prima impressione, e come debba sforzarsi d'acquistarla buona nei principii, chi pensa aver grado e nome di buon Cortegiano.

XVII. Ma per venire a qualche particolarità, estimo che la principale e vera professione del Cortegiano debba esser quella dell'arme; la qual sopra tutto voglio che egli faccia vivamente, e sia conosciuto tra gli altri per ardito e sforzato e fedele a chi serve. E 'l nome di queste buone condizioni si acquisterà facendone l'opere in ogni tempo e loco; imperocchè non è licito in questo mancar mai senza biasimo estremo: e come nelle donne la onestà una volta macchiata mai più non ritorna al primo stato, così la fama d'un gentiluomo che porti l'arme, se una volta in un minimo punto si denigra per codardia o altro rimprocchio, sempre resta vituperosa al mondo e piena d'ignominia. Quanto più adunque sarà eccellente il nostro Cortegiano in questa arte, tanto più sarà degno di laude; benchè io non estimi esser in lui necessaria quella perfetta cognizion di cose, e l'altre qualità, che ad un capitano si convengono; che per esser questo troppo gran mare, ne contentaremo, come avemo detto, della integrità di fede e dell'animo invitto, e che sempre si vegga esser tale: perchè molte volte più nelle cose piccole che nelle grandi si conoscono i coraggiosi; e spesso ne' pericoli d'importanza, e dove son molti testimonii, si ritrovano alcuni i quali, benchè abbiano il core morto nel corpo, pur, spinti dalla vergogna o dalla compagnia, quasi ad occhi chiusi vanno inanzi, e fanno il debito loro, e Dio sa come; e nelle cose che poco premono, e dove par che possano senza esser notati restar di mettersi a pericolo, volentier si lasciano acconciare al sicuro. Ma quelli che ancor quando pensano non dover esser d'alcuno nè mirati nè veduti nè conosciuti, mostrano ardire, e non lascian passar cosa, per minima che ella sia, che possa loro esser carico, hanno quella virtù d'animo che noi ricerchiamo nel nostro Cortegiano. Il quale non volemo però che si mostri tanto fiero, che sempre stia in su le brave parole, e dica aver tolto la corazza per moglie, e minacci con quelle fiere guardature che spesso avemo vedute fare a Berto: chè a questi tali meritamente si può dir quello, che una valorosa donna in una nobile compagnia piacevolmente disse ad uno, ch'io per ora nominar non voglio; il quale essendo da lei, per onorarlo, invitato a danzare, e rifiutando esso e questo, e lo udir musica, e molti altri intertenimenti offertigli, sempre con dir, così fatte novelluzze non esser suo mestiero; in ultimo dicendo la donna, Qual è adunque il mestier vostro? — rispose con un mal viso, Il combattere; — allora la donna subito, Crederei, disse, che or che non siete alla guerra nè in termine di combattere, fosse buona cosa che vi faceste molto ben untare, ed insieme con tutti i vostri arnesi di battaglia riporre in un armario, finchè bisognasse, per non rugginire più di quello che siate; — e così, con molte risa de' circonstanti, scornato lasciollo nella sua sciocca prosunzione. Sia adunque quello che noi cerchiamo, dove si veggon gl' inimici, fierissimo, acerbo, e sempre tra i primi; in ogni altro loco, umano, modesto e ritenuto, fuggendo sopra tutto la ostentazione, e lo impudente laudar sè stesso, per lo quale l' uomo sempre si concita odio e stomaco da chi ode.—

XVIII. Ed io, rispose allora il signor Gaspar, ho conosciuti pochi uomini eccellenti in qualsivoglia cosa, che non laudino sè stessi: e parmi che molto ben comportar lor si possa; perchè chi si sente valere, quando si vede non esser per l'opere dagli ignoranti conosciuto, si sdegna che 'l valor suo stia sepolto, e forza è che a qualche modo lo scopra, per non esser defraudato dell' onore, che è il vero premio delle virtuose fatiche. Però, tra gli antichi scrittori, chi molto vale, rare volte si astien da laudar sè stesso. Quelli ben sono intolerabili, che essendo di niun merito, si laudano; ma tal non presumiam noi che sia il nostro Cortegiano. —Allor il Conte, Se voi, disse, avete inteso, io ho biasimato il laudare sè stesso impudentemente e senza rispetto: e certo, come voi dite, non si dee pigliar mala opinion d' un uomo valoroso, che modestamente si laudi; anzi tòr quello per testimonio più certo, che se venisse di bocca altrui. Dico ben che chi, laudando sè stesso, non incorre in errore, nè a sè genera fastidio o invidia da chi ode, quello è discretissimo, ed, oltre alle laudi che esso si dà, ne merita ancor dagli altri; perchè è cosa difficil assai. - Allora il signor Gaspar, Questo, disse, ci avete da insegnar voi.—Rispose il Conte: Fra gli antichi scrittori non è ancor mancato chi l' abbia insegnato; ma, al parer mio, il tutto consiste in dir le cose di modo, che paja non che si dicano a quel fine, ma che caggiano talmente a proposito, che non si possa restar di dirle, e sempre mostrando fuggir le proprie laudi, dirle pure; ma non di quella maniera che fanno questi bravi, che aprono la bocca, e lascian venir le parole alla ventura. Come pochi dì fa disse un de' nostri, che essendogli a Pisa stato passato una coscia con una picca da una banda all'altra, pensò che fosse una mosca che l'avesse punto; ed un altro disse, che non teneva specchio in camera, perchè quando si crucciava diveniva tanto terribile nell'aspetto, che veggendosi aria fatto troppo gran paura a sè stesso. — Rise qui ognuno; ma messer Cesare Gonzaga soggiunse: Di che ridete voi? Non sapete che Alessandro Magno, sentendo che opinion d'un filosofo era che fossino infiniti mondi, cominciò a piangere, ed essendogli domandato, perchè piangeva, rispose, Perch'io non ne ho ancor preso un solo; — come se avesse avuto animo di pigliarli tutti? Non vi par che questa fosse maggior braveria, che il dir della puntura della mosca? — Disse allor il Conte: Anco Alessandro era maggior uomo, che non era colui che disse quella. Ma agli uomini eccellenti in vero si ha da perdonare quando presumono assai di sè; perchè chi ha da far gran cose, bisogna che abbia ardir di farle e confidenza di sè stesso, e non sia d'animo abietto o vile, ma sì ben modesto in parole, mostrando di presumer meno di sè stesso che non fa, pur che quella presunzione non passi alla temerità. —

XIX. Quivi facendo un poco di pausa il Conte, disse ridendo messer Bernardo Bibiena: Ricordomi che dianzi dicesti, che questo nostro Cortegiano aveva da esser dotato da natura di bella forma di volto e di persona, con quella grazia che lo facesse così amabile. La grazia e 'l volto bellissimo penso per certo che in me sia, e perciò interviene che tante donne quante sapete ardeno dell'amor mio; ma della forma del corpo sto io alquanto dubioso, e massimamente per queste mie gambe, che in vero non mi pajono così atte com'io vorrei: del busto, e del resto contentomi pur assai bene. Dichiarate adunque un poco più minutamente questa forma del corpo, quale abbia ella da essere, acciò che io possa levarmi di questo dubio, e star con l'animo riposato. — Essendosi di questo riso alquanto, soggiunse il Conte: Certo, quella grazia del volto, senza mentire, dir si può esser in voi, nè altro esempio adduco che questo, per dichiarire che cosa ella sia; chè senza dubio veggiamo, il vostro aspetto esser gratissimo e piacere ad ognuno, avvenga che i lineamenti d'esso non siano molto delicati; ma tien del virile, e pur è grazioso: e trovasi questa qualità in molte e diverse forme di volti. E di tal sorte voglio io che sia lo aspetto del nostro Cortegiano, non così molle e feminile come si sforzano d'aver molti, che non solamente si crespano i capegli e spelano le ciglia, ma si strisciano con tutti que' modi che si faccian le più lascive e disoneste femine del mondo; e pare che nello andare, nello stare, ed in ogni altro lor atto siano tanto teneri e languidi, che le membra siano per staccarsi loro l'uno dall'altro; e pronunziano quelle parole così afflitte, che in quel punto par che lo spirito loro finisca: e quanto più si trovano con uomini di grado, tanto più usano tai termini. Questi, poi che la natura, come essi mostrano desiderare di parere ed essere, non gli ha fatti femine, dovrebbono non come buone femine esser estimati, ma, come publiche meretrici, non solamente delle corti de' gran signori, ma del consorzio degli uomini nobili esser cacciati.

•XX. Veguendo adunque alla qualità della persona, dico bastar ch'ella non sia estrema in piccolezza nè in grandezza; perchè e l'una e l'altra di queste condizioni porta seco una certa dispettosa maraviglia, e sono gli uomini di tal sorte mirati quasi di quel modo che si mirano le cose mostruose: benchè, avendo da peccare nell'una delle due estremità, men male è l'esser un poco diminuto, che ecceder la ragionevol misura in grandezza; perchè gli uomini così vasti di corpo, oltra che molte volte di ottuso ingegno si trovano, sono ancor inabili ad ogni esercizio di agilità: la qual cosa io desidero assai nel Cortegiano. E perciò voglio che egli sia di buona disposizione e de' membri ben formato, e mostri forza e leggerezza e discioltura, e sappia di tutti gli esercizii di persona che ad uom di guerra s'appartengono: e di questo penso, il primo dover essere maneggiar ben ogni sorte d'arme a piedi ed a cavallo, e conoscere i vantaggi che in esse sono, e massimamente aver notizia di quell'arme che s'usano ordinariamente tra'gentiluomini; perchè, oltre all'operarle alla guerra, dove forse non sono necessarie tante sottilità, intervengono spesso differenze tra un gentiluomo e l'altro, onde poi nasce il combattere, e molte volte con quell'arme che in quel punto si trovano a canto: però il saperne è cosa securissima. Nè son io già di quei che dicono, che allora l'arte si scorda nel bisogno; perchè certamente chi perde l'arte in quel tempo, dà segno che prima ha perduto il core e 'l cervello di paura.

XXI. Estimo ancora, che sia di momento assai il saper lottare, perchè questo accompagna molto tutte l'arme da piedi. Appresso, bisogna che e per sè e per gli amici intenda le querele e differenze che possono occorrere, e sia avvertito nei vantaggi, in tutto mostrando sempre ed animo e prudenza; nè sia facile a questi combattimenti, se non quanto per l'onor fosse sforzato: chè, oltre al gran pericolo che la dubiosa sorte seco porta, chi in tali cose precipitosamente e senza urgente causa incorre, merita grandissimo biasimo, avvenga che ben gli succeda. Ma quando si trova l'uomo esser entrato tanto avanti, che senza carico non si possa ritrarre, dee e nelle cose che occorrono prima del combattere, e nel combattere, esser deliberatissimo, e mostrar sempre prontezza e core; e non far com'alcuni, che passano la cosa in dispute e punti, ed avendo la elezion dell'arme pigliano arme che non tagliano nè pungono, e si armano come s'avessero ad aspettar le cannonate; e parendo lor bastare il non esser vinti, stanno sempre in sul difendersi e ritirarsi, tanto che mostrano estrema viltà; onde fannosi far la baja da'fanciulli: come que'dui Anconitani, che poco fa combatterono a Perugia, e fecero ridere chi gli vide. — E quali furon questi? — disse il signor Gaspar Pallavicino. Rispose messer Cesare: Dui fratelli consobrini. — Disse allora il Conte: Al combattere parvero fratelli carnali; — poi soggiunse: Adopransi ancor l'arme spesso in tempo di pace in diversi esercizii, e veggonsi i gentiluomini nei spettacoli pubblici alla presenza de'popoli, di donne e di gran signori. Però voglio che 'l nostro Cortegiano sia perfetto cavalier d'ogni sella; ed oltre allo aver cognizion di cavalli e di ciò che al cavalcare s'appartiene, ponga ogni studio e diligenza di passar in ogni cosa un poco più avanti che gli altri, di modo che sempre tra tutti sia per eccellente conosciuto. E come si legge d'Alcibiade, che superò tutte le nazioni appresso alle quali egli visse, e ciascuna in quello che più era suo proprio: così questo nostro avanzi gli altri, e ciascuno in quello di che più fa professione. E perchè degli Italiani è peculiar laude il cavalcar bene alla brida, il maneggiar con ragione massimamente cavalli asperi, il correr lance e 'l giostrare, sia in questo dei migliori Italiani: nel torneare, tener un passo, combattere una sbarra, sia buono tra i miglior Franzesi: nel giocare a canne, correr tori, lanciar aste e dardi, sia tra i Spagnoli eccellente. Ma sopra tutto, accompagni ogni suo movimento con un certo buon giudicio e grazia, se vuole meritar quell'universal favore che tanto s'apprezza.

XXII. Sono ancor molti altri esercizii, i quali benchè non dipendano drittamente dalle arme, pur con esse hanno molta convenienza, e tengono assai d'una strenuità virile; e tra questi parmi la caccia esser de' principali, perchè ha una certa similitudine di guerra: ed è veramente piacer da gran signori, e conveniente ad uom di corte, e comprendesi che ancora tra gli antichi era in molta consuetudine. Conveniente è ancor saper nuotare, saltare, correre, gittar pietre, perchè, oltre alla utilità che di questo si può avere alla guerra, molte volte occorre far prova di sè in tai cose; onde s'acquista buona estimazione, massimamente nella moltitudine, con la quale bisogna pur che l'uom s'accomodi. Ancor nobile esercizio e convenientissimo ad uom di corte è il gioco di palla, nel quale molto si vede la disposizion del corpo, e la prestezza e discioltura d'ogni membro, e tutto quello che quasi in ogni altro esercizio si vede. Nè di minor laude estimo il volteggiar a cavallo; il quale benchè sia faticoso e difficile, fa l'uomo leggerissimo e destro più che alcun'altra cosa; ed, oltre alla utilità, se quella leggerezza è compagnata di buona grazia, fa, al parer mio, più bel spettacolo che alcun degli altri. Essendo adunque il nostro Cortegiano in questi esercizii più che mediocremente esperto, penso che debba lasciar gli altri da canto; come volteggiar in terra, andar in su la corda, e tai cose, che quasi hanno del giocolare, e poco sono a gentiluomo convenienti. Ma, perchè sempre non si può versar tra queste così faticose operazioni, oltra che ancor la assiduità sazia molto e leva quella ammirazione che si piglia delle cose rare, bisogna sempre variar con diverse azioni la vita nostra. Però voglio che 'l Cortegiano discenda qualche volta a più riposati e placidi esercizii, e per schivar la invidia e per intertenersi piacevolmente con ognuno, faccia tutto quello che gli altri fanno, non s'allontanando però mai dai laudevoli atti, e governandosi con quel buon giudicio che non lo lasci incorrere in alcuna sciocchezza; ma rida, scherzi, motteggi, balli e danzi, nientedimeno con tal maniera, che sempre mostri esser ingenioso e discreto, ed in ogni cosa che faccia o dica sia aggraziato. —

XXIII. Certo, disse allor messer CESARE GONZAGA, non si dovria già impedir il corso di questo ragionamento; ma se io tacessi, non satisfarei alla libertà ch'io ho di parlare, nè al desiderio di saper una cosa: e siami perdonato s'io, avendo a contradire, dimanderò; perchè questo credo che mi sia licito, per esempio del nostro messer Bernardo, il qual, per troppo voglia d'esser tenuto bell'uomo, ha contrafatto alle leggi del nostro gioco, domandando, e non contradicendo. — Vedete, disse allora la signora DUCHESSA, come da un error solo molti ne procedono. Però chi falla, e dà mal esempio, come messer Bernardo, non solamente merita esser punito del suo fallo, ma ancor dell'altrui. — Rispose allora messer CESARE: Dunque io, Signora, sarò esente di pena, avendo messer Bernardo ad esser punito del suo e del mio errore. — Anzi, disse la signora DUCHESSA, tutti dui devete aver doppio castigo: esso del suo fallo, e dello aver indutto voi a fallire; voi del vostro fallo, e dello aver imitato chi falliva. — Signora, rispose messer CESARE, io fin qui non ho fallito; però, per lasciar tutta questa punizione a messer Bernardo solo, tacerommi. — E già si taceva; quando la signora EMILIA ridendo, Dite ciò che vi piace, rispose, chè, con licenza però della signora Duchessa, io perdono a chi ha fallito e a chi fallirà in così piccol fallo. — Soggiunse la signora Duchessa: Io son contenta: ma abbiate cura che non v'ingannate, pensando forse meritar più con l'esser clemente che con l'esser giusta; perchè, perdonando troppo a chi falla, si fa ingiuria a chi non falla. Pur non voglio che la mia austerità, per ora, accusando la indulgenza vostra, sia causa che noi perdiamo d'udir questa domanda di messer Cesare. — Così esso, essendogli fatto segno dalla signora Duchessa e dalla signora Emilia, subito disse:

XXIV. Se ben tengo a memoria, parmi, signor Conte, che voi questa sera più volte abbiate replicato, che 'l Cortegiano ha da compagnar l'operazion sue, i gesti, gli abiti, in somma ogni suo movimento con la grazia; e questo mi par che mettiate per un condimento d'ogni cosa, senza il quale tutte l'altre proprietà e buone condizioni siano di poco valore. E veramente credo io, che ognun facilmente in ciò si lasciarebbe persuadere, perchè, per la forza del vocabolo, si può dir che chi ha grazia, quello è grato. Ma perchè voi diceste, questo spesse volte esser don della natura e de' cieli, ed ancor quando non è così perfetto potersi con studio e fatica far molto maggiore: quegli che nascono così avventurosi e tanto ricchi di tal tesoro come alcuni che ne veggiamo, a me par che in ciò abbiano poco bisogno d'altro maestro; perchè quel benigno favor del cielo quasi al suo dispetto i guida più alto che essi non desiderano, e fagli non solamente grati ma ammirabili a tutto il mondo. Però di questo non ragiono, non essendo in poter nostro per noi medesimi l'acquistarlo. Ma quegli che da natura hanno tanto solamente, che son atti a poter essere aggraziati aggiugnendovi fatica, industria e studio, desidero io di saper con qual'arte, con qual disciplina e con qual modo possono acquistar questa grazia, così negli esercizii del corpo, nei quali voi estimate che sia tanto necessaria, come ancor in ogni altra cosa che si faccia o dica. Però, secondo che col laudarci molto questa qualità a tutti avete, credo, generato una ardente sete di conseguirla, per lo carico dalla signora Emilia impóstovi siete ancor, con lo insegnarci, obbligato ad estinguerla. —

XXV. Obbligato non son io, disse il Conte, ad insegnarvi

a diventar aggraziati, nè altro; ma solamente a dimostrarvi qual abbia ad essere un perfetto Cortegiano. Nè io già piglierei impresa di insegnarvi questa perfezione; massimamente avendo poco fa detto che 'l Cortegiano abbia da saper lottare e volteggiare, e tant'altre cose, le quali come io sapessi insegnarvi, non le avendo mai imparate, so che tutti lo conoscete. Basta che sì come un buon soldato sa dire al fabro di che foggia e garbo e bontà hanno ad esser l'arme, nè però gli sa insegnar a farle, nè come le martelli o tempri; così io forse vi saprò dir qual abbia ad esser un perfetto Cortegiano, ma non insegnarvi come abbiate a fare per divenirne. Pur per satisfare ancor quanto è in poter mio alla domanda vostra, benchè e' sia quasi in proverbio, che la grazia non s'impari: dico, che chi ha da esser aggraziato negli esercizii corporali, presupponendo prima che da natura non sia inabile, dee cominciar per tempo, ed imparar i principii da ottimi maestri; la qual cosa quanto paresse a Filippo re di Macedonia importante, si può comprendere, avendo voluto che Aristotele, tanto famoso filosofo e forse il maggior che sia stato al mondo mai, fosse quello che insegnasse i primi elementi delle lettere ad Alessandro suo figliolo. E degli uomini che noi oggidì conosciamo, considerate come bene ed aggraziatamente fa il signor Galeazzo Sanseverino gran scudiero di Francia tutti gli esercizii del corpo; e questo perchè, oltre alla natural disposizione ch'egli tiene della persona, ha posto ogni studio d'imparare da buon maestri, ed aver sempre presso di sè uomini eccellenti, e da ognun pigliar il meglio di ciò che sapevano: chè siccome del lottare, volteggiare, e maneggiar molte sorti d'armi, ha tenuto per guida il nostro messer Pietro Monte, il qual, come sapete, è il vero e solo maestro d'ogni artificiosa forza e leggerezza, così del cavalcare, giostrare, e qualsivoglia altra cosa, ha sempre avuto inanzi agli occhi i più perfetti che in quelle professioni siano stati conosciuti.

XXVI. Chi adunque vorrà esser buon discepolo, oltre al far le cose bene, sempre ha da metter ogni diligenza per assimigliarsi al maestro, e se possibil fosse, trasformarsi in lui. E quando già si sente aver fatto profitto, giova molto veder diversi uomini di tal professione, e, governandosi con quel buon giudicio che sempre gli ha da esser guida, andar scegliendo or da un or da un altro varie cose. E come la pecchia ne' verdi prati sempre tra l'erbe va carpendo i fiori, così il nostro Cortegiano averà da rubare questa grazia da que' che a lui parerà che la tenghino, e da ciascun quella parte che più sarà laudevole; e non far come un amico nostro, che voi tutti conoscete, che si pensava esser molto simile al re Ferrando minore d'Aragona, nè in altro avea posto cura d'imitarlo, che nel spesso alzar il capo, torcendo una parte della bocca, il qual costume il re avea contratto così da infirmità. E di questi, molti si ritrovano, che pensan far assai, pur che sian simili ad un grand'uomo in qualche cosa; e spesso si appigliano a quella che in colui è sola viziosa. Ma avendo io già più volte pensato meco onde nasca questa grazia, lasciando quegli che dalle stelle l'hanno, trovo una regola universalissima, la qual mi par valer circa questo in tutte le cose umane che si facciano o dicano più che alcuna altra: e ciò è fuggir quanto più si può, e come un asperissimo e pericoloso scoglio, la affettazione; e, per dir forse una nuova parola, usar in ogni cosa una certa sprezzatura, che nasconda l'arte, e dimostri, ciò che si fa e dice venir fatto senza fatica e quasi senza pensarvi. Da questo credo io che derivi assai la grazia: perchè delle cose rare e ben fatte ognun sa la difficoltà, onde in esse la facilità genera grandissima maraviglia; e per lo contrario, il sforzare, e, come si dice, tirar per i capegli, dà somma disgrazia, e fa estimar poco ogni cosa, per grande ch'ella si sia. Però si può dir quella esser vera arte, che non appare esser arte; nè più in altre si ha da poner studio, che nel nasconderla: perchè se è scoperta, leva in tutto il credito, e fa l'uomo poco estimato. E ricórdomi io già aver letto, esser stati alcuni antichi oratori eccellentissimi, i quali, tra l'altre loro industrie, sforzavansi di far credere ad ognuno, sè non aver notizia alcuna di lettere; e, dissimulando il sapere, mostravan le loro orazioni esser fatte semplicissimamente, e piuttosto secondo che loro porgea la natura e la verità, che lo studio e l'arte: la qual se fosse stata conosciuta, aria dato dubio negli animi del popolo di non dover esser da quella ingannati. Vedete adunque come il mostrar l'arte, ed un così intento studio, levi la grazia d'ogni cosa. Qual di voi è che non rida, quando il nostro messer Pierpaolo danza alla foggia sua, con que' saltetti e gambe stirate in punta di piede, senza mover la testa, come se tutto fosse un legno, con tanta attenzione, che di certo pare che vada numerando i passi? Qual occhio è così cieco, che non vegga in questo la disgrazia della affettazione? e la grazia in molti uomini e donne che sono qui presenti, di quella sprezzata disinvoltura (chè nei movimenti del corpo molti così la chiamano), con un parlar o ridere e adattarsi, mostrando non estimar e pensar più ad ogni altra cosa che a quello, per far credere a chi vede quasi di non saper nè poter errare? —

XXVII. Quivi non aspettando, messer BERNARDO BIBIENA disse: Eccovi che messer Roberto nostro ha pur trovato chi lauderà la foggia del suo danzare, poichè tutti voi altri pare che non ne facciate caso; chè se questa eccellenza consiste nella sprezzatura, e mostrar di non estimare, e pensar più ad ogni altra cosa che a quello che si fa, messer Roberto nel danzare non ha pari al mondo; chè per mostrar ben di non pensarvi, si lascia cader la roba spesso dalle spalle e le pantoffole de' piedi, e senza raccòrre nè l'uno nè l'altro, tuttavia danza. — Rispose allor il CONTE: Poichè voi volete pur ch'io dica, dirò ancor de' vizii nostri. Non v'accorgete che questo, che voi in messer Roberto chiamate sprezzatura, è vera affettazione? perchè chiaramente si conosce che esso si sforza con ogni studio mostrar di non pensarvi: e questo è il pensarvi troppo; e perchè passa certi termini di mediocrità, quella sprezzatura è affettata e sta male; ed è una cosa che appunto riesce al contrario del suo presupposito, cioè di nasconder l'arte. Però non estimo io che minor vizio della affettazion sia nella sprezzatura, la quale in sè è laudevole, lasciarsi cadere i panni da dosso, che nella attillatura, che pur medesimamente da sè è laudevole, il portar il capo così fermo per paura di non guastarsi la zazzera, o tener nel fondo della berretta lo specchio, e 'l pettine nella manica, ed aver sempre drieto il paggio per le strade con la sponga e la scopetta: perchè questa così fatta attilatura e sprezzatura tendono troppo allo estremo; il che sempre è vizioso, e contrario a quella pura ed amabile simplicità, che tanto è grata agli animi umani. Vedete come un cavalier sia di mala grazia, quando si sforza d'andare così stirato in su la sella, e, come noi sogliam dire, alla veneziana, a comparazion d'un altro, che paja che non vi pensi, e stia a cavallo così disciolto e sicuro come se fosse a piedi. Quanto piace più e quanto più è laudato un gentiluom che porti arme, modesto, che parli poco e poco si vanti, che un altro, il qual sempre stia in sul laudar sè stesso, e biastemando con braveria mostri minacciar al mondo! e niente altro è questo, che affettazione di voler parer gagliardo. Il medesimo accade in ogni esercizio, anzi in ogni cosa che al mondo fare o dir si possa. —

XXVIII. Allora il signor Magnifico, Questo ancor, disse, si verifica nella musica, nella quale è vizio grandissimo, far due consonanze perfette l'una dopo l'altra; tal che il medesimo sentimento dell'audito nostro l'aborrisce, e spesso ama una seconda o settima, che in sè è dissonanza aspera ed intolerabile: e ciò procede, che quel continuare nelle perfette genera sazietà, e dimostra una troppo affettata armonia; il che, mescolando le imperfette, si fugge, col far quasi un paragone, donde più le orecchie nostre stanno sospese, e più avidamente attendono e gustano le perfette, e dilettansi talor di quella dissonanza della seconda o settima, come di cosa sprezzata. — Eccovi adunque, rispose il Conte, che in questo nòce l'affettazione, come nell'altre cose. Dicesi ancor esser stato proverbio appresso ad alcuni eccellentissimi pittori antichi, troppo diligenza esser nociva, ed esser stato biasimato Protogene da Apelle, che non sapea levar le mani dalla tavola. — Disse allor messer Cesare: Questo medesimo difetto parmi che abbia il nostro fra Serafino, di non saper levar le mani dalla tavola, almen fin che in tutto non ne sono levate ancora le vivande. — Rise il Conte, e soggiunse: Voleva dire Apelle, che Protogene nella pittura non conoscea quel che bastava; il che non era altro, che riprenderlo d'essere affettato nelle opere sue. Questa virtù adunque contraria alla affettazione, la qual noi per ora chiamamo sprezzatura, oltra che ella sia il vero fonte donde deriva la grazia, porta ancor seco un altro ornamento, il quale accompagnando qualsivoglia azione umana per minima che ella sia, non solamente subito scopre il saper di chi la fa, ma spesso lo fa estimar molto maggior di quello che è in effetto; perchè negli animi delli circonstanti imprime opinione, che chi così facilmente fa bene sappia molto più di quello che fa, e se in quello che fa ponesse studio e fatica, potesse farlo molto meglio. E, per replicare i medesimi esempii, eccovi che un uom che maneggi l'arme, se per lanciar un dardo, ovver tenendo la spada in mano o altr'arma, si pon senza pensar sciolamente in una attitudine pronta, con tal facilità che paja che il corpo e tutte le membra stiano in quella disposizione naturalmente e senza fatica alcuna, ancora che non faccia altro, ad ognuno si dimostra esser perfettissimo in quello esercizio. Medesimamente nel danzare, un passo solo, un sol movimento della persona grazioso e non sforzato, subito manifesta il sapere di chi danza. Un musico, se nel cantar pronuncia una sola voce terminata con soave accento in un groppetto duplicato con tal facilità che paja che così gli venga fatto a caso, con quel punto solo fa conoscere che sa molto più di quello che fa. Spesso ancor nella pittura una linea sola non stentata, un sol colpo di pennello tirato facilmente, di modo che paja che la mano, senza esser guidata da studio o d'arte alcuna, vada per sè stessa al suo termine secondo la intenzion del pittore, scopre chiaramente la eccellenza dell'artefice, circa la opinion della quale ognuno poi si estende secondo il suo giudicio: e 'l medesimo interviene quasi d'ogni altra cosa. Sarà adunque il nostro Cortegiano estimato eccellente, ed in ogni cosa averà grazia, e massimamente nel parlare, se fuggirà l'affettazione: nel qual errore incorrono molti, e talor più che gli altri, alcuni nostri Lombardi; i quali se sono stati un anno fuor di casa, ritornati, subito cominciano a parlare romano, talor spagnolo o franzese, e Dio sa come; e tutto questo procede da troppo desiderio di mostrar di saper assai: ed in tal modo l'uomo mette studio e diligenza in acquistar un vizio odiosissimo. E certo, a me sarebbe non piccola fatica, se in questi nostri ragionamenti io volessi usar quelle parole antiche toscane, che già sono dalla consuetudine dei Toscani d'oggidì rifiutate; e con tutto questo credo che ognun di me rideria. —

XXIX. Allor messer FEDERICO, Veramente, disse, ragionando tra noi come or facciamo, forse saria male usar quelle parole antiche toscane; perchè, come voi dite, dariano fatica a chi le dicesse ed a chi le udisse, e non senza difficoltà sarebbono da molti intese. Ma chi scrivesse, crederei ben io che facesse errore non usandole, perchè dànno molta grazia ed autorità alle scritture, e da esse risulta una lingua più grave e piena di maestà che dalle moderne. — Non so, rispose il CONTE, che grazia o autorità possan dar alle scritture quelle parole che si deono fuggire, non solamente nel modo del parlare, come or noi facciamo (il che voi stesso confessate), ma ancor in ogni altro che imaginar si possa. Chè se a qualsivoglia uomo di buon giudicio occorresse far una orazione di cose gravi nel senato proprio di Fiorenza, che è il capo di Toscana, ovver parlar privatamente con persona di grado in quella città di negozii importanti, o ancor con chi fosse dimestichissimo di cose piacevoli, con donne o cavalieri d'amore, o burlando o scherzando in feste, giochi, o dove si sia, o in qualsivoglia tempo, loco o proposito, son certo che si guarderebbe d'usar quelle parole antiche toscane; ed usandole, oltre al far far beffe di sè, darebbe non poco fastidio a ciascun che lo ascoltasse. Parmi adunque molto strana cosa usare nello scrivere per buone quelle parole, che si fuggono per viziose in ogni sorte di parlare; e voler che quello che mai non si conviene nel parlare, sia il più conveniente modo che usar si possa nello scrivere. Chè pur, secondo me, la scrittura non è altro che una forma di parlare, che resta ancor poi che l'uomo ha parlato, e quasi una imagine o più presto vita delle parole: e però nel parlare, il qual, subito uscita che è la voce, si disperde, son forse tolerabili alcune cose che non sono nello scrivere; perchè la scrittura conserva le parole, e le sottopone al giudicio di chi legge, e dà tempo di considerarle maturamente. E perciò è ragionevole che in questa si metta maggior diligenza, per farla più colta e castigata; non però di modo, che le parole scritte siano dissimili dalle dette, ma che nello scrivere si eleggano delle più belle che s'usano nel parlare. E se nello scrivere fosse licito quello che non è licito nel parlare, ne nascerebbe un inconveniente al parer mio grandissimo: che è, che più licenza usar si poria in quella cosa nella qual si dee usar più studio; e la industria che si mette nello scrivere, in loco di giovar, nocerebbe. Però certo è, che quello che si conviene nello scrivere, si convien ancor nel parlare; e quel parlar è bellissimo, che è simile ai scritti belli. Estimo ancora, che molto più sia necessario l'esser inteso nello scrivere, che nel parlare; perchè quelli che scrivono non son sempre presenti a quelli che leggono, come quelli che parlano a quelli che parlano. Però io laudarei che l'uomo, oltre al fuggir molte parole antiche *toscane*, s'assicurasse ancor d'usare, e scrivendo e parlando, quelle che oggidì sono in consuetudine in Toscana e negli altri lochi della Italia, e che hanno qualche grazia nella pronuncia. E parmi che chi s'impone altra legge, non sia ben sicuro di non incorrere in quella affettazione tanto biasimata, della qual dianzi dicevamo. —

XXX. Allora messer FEDERICO, Signor Conte, disse, io non posso negarvi che la scrittura non sia un modo di parlare. Dico ben, che se le parole che si dicono hanno in sè qualche oscurità, quel ragionamento non penetra nell'animo di chi ode, e passando senza essere inteso, diventa vano: il che non interviene nello scrivere; chè se le parole che usa il scrittore portan seco un poco non dirò di difficoltà, ma d'acutezza recondita, e non così nota come quelle che si dicono parlando ordinariamente, dànno una certa maggior autorità alla scrittura, e fanno che 'l lettore va più ritenuto e sopra di sè, e meglio considera, e si diletta dello ingegno e dottrina di chi scrive; e col buon giudicio affaticandosi un poco, gusta quel piacere che s'ha nel conseguir le cose difficili. E se la ignoranza di chi legge è tanta, che non possa superar quelle difficoltà, non è la colpa dello scrittore, nè per questo si dee stimar che quella lingua non sia bella. Però, nello scrivere credo io che si convenga usar le parole toscane, e solamente le usate dagli antichi Toscani; perchè quello è gran testimonio ed approvato dal tempo che sian buone, e significative di quello perchè si dicono; ed oltra questo, hanno quella grazia e venerazion che l'antiquità presta non solamente alle parole, ma agli edificii, alle statue, alle pitture, e ad ogni cosa che è bastante a conservarla; e spesso solamente con quel splendore e dignità, fanno la elocuzion bella, dalla virtù della quale ed eleganza ogni subietto, per basso che egli sia, può esser tanto adornato, che merita somma laude. Ma questa vostra consuetudine, di cui voi fate tanto caso, a me par molto pericolosa, e spesso può esser mala; e se qualche vizio di parlar si ritrova esser invalso in molti ignoranti, non per questo parmi che si debba pigliar per una regola, ed esser dagli altri seguitato. Oltre a questo, le consuetudini sono molto varie, nè è città nobile in Italia che non abbia diversa maniera di parlar da tutte l'altre. Però non vi ristringendo voi a dichiarir qual sia la migliore, potrebbe l'uomo attaccarsi alla bergamasca così come alla fiorentina, e secondo voi non sarebbe error alcuno. Parmi adunque, che a chi vuol fuggir ogni dubio ed esser ben sicuro, sia necessario proporsi ad imitar uno, il quale di consentimento di tutti sia estimato buono, ed averlo sempre per guida e scudo contra chi volesse riprendere: e questo (nel volgar dico) non penso che abbia da esser altro che il Petrarca e 'l Boccaccio; e chi da questi dui si discosta, va tentoni, come chi cammina per le tenebre senza lume, e però spesso erra la strada. Ma noi altri siamo tanto arditi, che non degnamo di far quello che hanno fatto i buoni antichi; cioè attendere alla imitazione, senza la quale estimo io che non si possa scriver bene. E gran testimonio di questo parmi che ci dimostri Virgilio; il quale, benchè con quello ingegno e giudicio tanto divino togliesse la speranza a tutti i posteri che alcun mai potesse ben imitar lui, volse però imitar Omero. —

XXXI. Allor il signor GASPAR PALLAVICINO, Questa disputazion, disse, dello scrivere, in vero è ben degna d'esser udita: nientedimeno, più farebbe al proposito nostro se voi c'insegnaste di che modo debba parlar il Cortegiano, perchè parmi che n'abbia maggior bisogno, e più spesso gli occorra il servirsi del parlare che dello scrivere. — Rispose il MAGNIFICO: Anzi a Cortegiano tanto eccellente e così perfetto, non è dubio che l'uno e l'altro è necessario a sapere, e che senza queste due condizioni forse tutte l'altre sariano non molto degne di laude: però, se il Conte vorrà satisfare al debito suo, insegnerà al Cortegiano non solamente il parlare, ma ancor il scriver bene. — Allor il CONTE, Signor Magnifico, disse, questa impresa non accetterò io già: chè gran sciocchezza saria la mia voler insegnare ad altri quello che io non so; e, quando ancor lo sapessi, pensar di poter fare in così poche parole quello, che con tanto studio e fatica hanno fatto appena uomini dottissimi; ai scritti de' quali rimetterei il nostro Cortegiano, se pur fossi obligato d'insegnargli a scrivere e parlare. — Disse messer CESARE: Il signor Magnifico intende del parlare e scriver volgare, e non latino; però quelle scritture degli uomini dotti non sono al proposito nostro: ma bisogna che voi diciate circa questo ciò che ne sapete, chè del resto v'averemo per escusato. — Io già l'ho detto, rispose il CONTE; ma, parlandosi della lingua toscana, forse più saria debito del signor Magnifico che d'alcun altro il darne la sentenza. — Disse il MAGNIFICO: Io non posso nè debbo ragionevolmente contradir a chi dice che la lingua toscana sia più bella dell'altre. È ben vero che molte parole si ritrovano nel Petrarca e nel Boccaccio, che or son interlasciate dalla consuetudine d'oggidì; e queste io, per me, non usarei mai, nè parlando nè scrivendo; e credo che essi ancor, se insin a qui vivuti fossero, non le usarebbon più. — Disse allor messer FEDERICO: Anzi le usarebbono; e voi altri signori Toscani dovreste rinovar la vostra lingua, e non lasciarla perire, come fate; chè ormai si può dire che minor notizia se n'abbia in Fiorenza, che in molti altri lochi della Italia. — Rispose allor messer BERNARDO: Queste parole che non s'usano più in Fiorenza, sono restate ne' contadini, e, come corrotte e guaste dalla vecchiezza, sono dai nobili rifiutate. —

XXXII. Allora la signora DUCHESSA, Non usciam, disse, dal primo proposito, e facciam che 'l conte Ludovico insegni al Cortegiano il parlare e scriver bene, e sia o toscano o come si voglia. — Rispose il CONTE: Io già, Signora, ho detto quello che ne so; e tengo che le medesime regole che servono ad insegnar l'uno, servano ancor ad insegnar l'altro. Ma poichè mel comandate, risponderò quello che m'occorre a messer Federico, il quale ha diverso parer dal mio; e forse mi bisognerà ragionar un poco più diffusamente che non si conviene: ma questo sarà quanto io posso dire. E primamente dico, che, secondo il mio giudicio, questa nostra lingua, che noi chiamiamo volgare, è ancor tenera e nuova, benchè già gran tempo si costumi; perchè, per essere stata la Italia non solamente vessata e depredata, ma lungamente abitata da' Barbari, per lo commercio di quelle nazioni la lingua latina s'è corrotta e guasta, e da quella corruzione son nate altre lingue; le quai, come i fiumi che dalla cima dell'Apennino fanno divorzio e scorrono nei due mari, così si son esse ancor divise, ed alcune tinte di latinità pervenute per diversi cammini qual ad una parte e quale all'altra, ed una tinta di barbarie rimasta in Italia. Questa adunque è stata tra noi lungamente incomposta e varia, per non aver avuto chi le abbia posto cura, nè in essa scritto, nè cercato di darle splendor o grazia alcuna: pur è poi stata alquanto più colta in Toscana, che negli altri lochi della Italia; e per questo par che 'l suo fiore insino da que' primi tempi qui sia rimaso, per aver servato quella nazion gentil accenti nella pronunzia, ed ordine grammaticale in quello che si convien, più che l'altre; ed aver avuti tre nobili scrittori, i quali ingeniosamente, e con quelle parole e termini che usava la consuetudine de' loro tempi, hanno espresso i lor concetti: il che più felicemente che agli altri, al parer mio, è successo al Petrarca nelle cose amorose. Nascendo poi di tempo in tempo, non solamente in Toscana ma in tutta la Italia, tra gli uomini nobili e versati nelle corti e nell'arme e nelle lettere qualche studio di parlare e scrivere più elegantemente, che non si faceva in quella prima età rozza ed incolta, quando lo incendio delle calamità nate da' Barbari non era ancor sedato: sonsi lasciate molte parole, così nella città propria di Fiorenza ed in tutta la Tosca-

na, come nel resto della Italia, ed in loco di quelle riprese
dell'altre, e fattosi in questo quella mutazion che si fa in
tutte le cose umane: il che è intervenuto sempre ancor
delle altre lingue. Che se quelle prime scritture antiche latine fossero durate insino ad ora, vederemmo che altramente parlavano Evandro e Turno e gli altri latini di
que' tempi, che non fecero poi gli ultimi re romani e i
primi consoli. Eccovi che i versi che cantavano i Salii a
pena erano dai posteri intesi; ma essendo di quel modo dai
primi institutori ordinati, non si mutavano per riverenza
della religione. Così successivamente gli oratori e i poeti andarono lasciando molte parole usate dai loro antecessori;
chè Antonio, Crasso, Ortensio, Cicerone fuggivano molte di
quelle di Catone, e Virgilio molte d'Ennio; e così fecero gli
altri: che ancor che avessero riverenza all'antiquità, non la
estimavan però tanto, che volessero averle quella obbligazion che voi volete che ora le abbiam noi; anzi, dove lor parea, la biasimavano: come Orazio, che dice che i suoi antichi aveano sciocccamente laudato Plauto, e vuol poter acquistare nuove parole. E Cicerone in molti lochi riprende molti
suoi antecessori; e per biasimare Sergio Galba, afferma che
le orazioni sue aveano dell'antico; e dice che Ennio ancor
sprezzò in alcune cose i suoi antecessori: di modo che, se
noi vorremo imitar gli antichi, non gl'imitaremo. E Virgilio, che voi dite che imitò Omero, non lo imitò nella lingua.

XXXIII. Io adunque queste parole antiche, quanto per
me, fuggirei sempre d'usare, eccetto però che in certi lochi, ed in questi ancor rare volte; e parmi che chi altrimenti le usa, faccia errore, non meno che chi volesse, per
imitar gli antichi, nutrirsi ancora di ghiande, essendosi già
trovata copia di grano. E perchè voi dite che le parole antiche, solamente con quel splendore d'antichità, adornan
tanto ogni subietto, per basso che egli sia, che possono farlo
degno di molta laude: io dico, che non solamente di queste
parole antiche, ma nè ancor delle buone faccio tanto caso,
ch'estimi debbano senza 'l suco delle belle sentenze esser
prezzate ragionevolmente; perchè il dividere le sentenze
dalle parole è un divider l'anima dal corpo: la qual cosa nè

nell'uno né nell'altro senza distrazione far si può. Quello adunque che principalmente importa ed è necessario al Cortegiano per parlare e scriver bene, estimo io che sia il sapere; perchè chi non sa, e nell'animo non ha cosa che meriti esser intesa, non può nè dirla nè scriverla. Appresso, bisogna dispor con bell'ordine quello che si ha a dire o scrivere; poi esprimerlo ben con le parole: le quali, s'io non m'inganno, debbono esser proprie, elette, splendide e ben composte, ma sopra tutto usate ancor dal popolo; perchè quelle medesime fanno la grandezza e pompa dell'orazione, se colui che parla ha buon giudicio e diligenza, e sa pigliar le più significative di ciò che vuol dire, ed inalzarle, e come cera formandole ad arbitrio suo collocarle in tal parte e con tal ordine, che al primo aspetto mostrino e faccian conoscere la dignità e splendor suo, come tavole di pittura poste al suo buono e natural lume. E questo così dico dello scrivere, come del parlare: al qual però si richiedono alcune cose che non son necessarie nello scrivere; come la voce buona, non troppo sottile o molle come di femina, nè ancor tanto austera ed orrida che abbia del rustico, ma sonora, chiara, soave e ben composta, con la pronunzia espedita, e coi modi e gesti convenienti; li quali, al parer mio, consistono in certi movimenti di tutto 'l corpo, non affettati nè violenti, ma temperati con un volto accomodato, e con un mover d'occhi che dia grazia e s'accordi con le parole, e più che si può significhi ancor coi gesti la intenzione ed affetto di colui che parla. Ma tutte queste cose sarian vane e di poco momento, se le sentenze espresse dalle parole non fossero belle, ingegnose, acute, eleganti e gravi, secondo 'l bisogno. —

XXXIV. Dubito, disse allora il signor MORELLO, che se questo Cortegiano parlerà con tanta eleganza e gravità, fra noi si trovaranno di quei che non lo intenderanno. — Anzi da ognuno sarà inteso, rispose il CONTE, perchè la facilità non impedisce la eleganza. Nè io voglio ch'egli parli sempre in gravità, ma di cose piacevoli, di giochi, di motti e di burle, secondo il tempo; del tutto però sensatamente, e con prontezza e copia non confusa; nè mostri in parte alcuna vanità o sciocchezza puerile. E quando poi parlerà di cosa oscura o difficile, voglio che e con le parole e con le sentenze ben distinte esplichi sottilmente la intenzion sua, ed ogni ambiguità faccia chiara e piana con un certo modo diligente senza molestia. Medesimamente, dove occorrerà, sappia parlar con dignità e veemenza, e concitar quegli affetti che hanno in sè gli animi nostri, ed accenderli o moverli secondo il bisogno; talor con una semplicità di quel candore, che fa parer che la natura istessa parli, intenerirgli, e quasi inebbriargli di dolcezza, e con tal facilità, che chi ode estimi ch'egli ancor con pochissima fatica potrebbe conseguir quel grado, e quando ne fa la prova se gli trovi lontanissimo. Io vorrei che 'l nostro Cortegiano parlasse e scrivesse di tal maniera; e non solamente pigliasse parole splendide ed eleganti d'ogni parte della Italia, ma ancor lauderei che talor usasse alcuni di quei termini e franzesi e spagnoli, che già sono dalla consuetudine nostra accettati. Però a me non dispiacerebbe che, occorrendogli, dicesse *primor*; dicesse *accertare, avventurare*; dicesse *ripassare una persona con ragionamento*, volendo intendere riconoscerla e trattarla per averne perfetta notizia; dicesse *un cavalier senza rimproccio, attillato, creato d'un principe*, ed altri tai termini, pur che sperasse esser inteso. Talor vorrei che pigliasse alcune parole in altra significazione che la lor propria; e, traportandole a proposito, quasi le inserisse come rampollo d'albero in più felice tronco, per farle più vaghe e belle, e quasi per accostar le cose al senso degli occhi proprii, e, come si dice, farle toccar con mano, con diletto di chi ode o legge. Nè vorrei che temesse formarne ancor di nuove, e con nuove figure di dire, deducendole con bel modo dai Latini, come già i Latini le deducevano dai Greci.

XXXV. Se adunque degli uomini litterati e di buon ingegno e giudicio, che oggidì tra noi si ritrovano, fossero alcuni, li quali ponessino cura di scrivere del modo che s'è detto in questa lingua cose degne d'esser lette, tosto la vederessimo colta ed abondante di termini e di belle figure, e capace che in essa si scrivesse così bene come in qualsivoglia altra; e se ella non fosse pura toscana antica, sarebbe italiana, commune, copiosa e varia, e quasi come un delizioso giardino pien di diversi fiori e frutti. Nè sarebbe questo cosa nuova; perchè, delle quattro lingue che aveano in consuetudine i scrittori greci, eleggendo da ciascuna parole, modi e figure, come ben loro veniva, ne facevano nascere un'altra che si diceva commune, e tutte cinque poi sotto un sol nome chiamavano lingua greca; e benchè la ateniese fosse elegante, pura e faconda più che l'altre, i buoni scrittori che non erano di nazion Ateniesi non la affettavan tanto, che nel modo dello scrivere, e quasi all'odore e proprietà del suo natural parlare, non fossero conosciuti: nè per questo però erano sprezzati; anzi quei che volevan parer troppo Ateniesi, ne rapportavan biasimo. Tra i scrittori latini ancor furono in prezzo a' suoi dì molti non Romani, benchè in essi non si vedesse quella purità propria della lingua romana, che rare volte possono acquistar quei che son d'altra nazione. Già non fu rifiutato Tito Livio, ancora che colui dicesse aver trovato in esso la patavinità, nè Virgilio, per esser stato ripreso che non parlava romano; e, come sapete, furono ancor letti ed estimati in Roma molti scrittori di nazione Barbari. Ma noi, molto più severi che gli antichi, imponemo a noi stessi certe nuove leggi fuor di proposito; ed avendo inanzi agli occhi le strade battute, cerchiamo andar per diverticoli: perchè nella nostra lingua propria, della quale, come di tutte l'altre, l'officio è esprimer bene e chiaramente i concetti dell'animo, ci dilettiamo della oscurità; e, chiamandola lingua volgare, volemo in essa usar parole che non solamente non son dal volgo, ma nè ancor dagli uomini nobili e litterati intese, nè più si usano in parte alcuna; senza aver rispetto, che tutti i buoni antichi biasimano le parole rifiutate dalla consuetudine. La qual voi, al parer mio, non conoscete bene; perchè dite, se qualche vizio di parlare è invalso in molti ignoranti, non per questo si dee chiamar consuetudine, nè esser accettato per una regola di parlare; e, secondo che altre volte vi ho udito dire, volete poi, che in loco di *Capitolio* si dica *Campidoglio*; per *Jeronimo*, *Girolamo*; *aldace* per *audace*; e per *patrone*, *padro-*

ne, ed altre tai parole corrotte e guaste; perchè così si trovan scritte da qualche antico Toscano ignorante, e perchè così dicono oggidì i contadini toscani. La buona consuetudine adunque del parlare credo io che nasca dagli uomini che hanno ingegno, e che con la dottrina ed esperienza s'hanno guadagnato il buon giudicio, e con quello concorrono e consentono ad accettar le parole che lor pajon buone, le quali si conoscono per un certo giudicio naturale, e non per arte o regola alcuna. Non sapete voi, che le figure del parlare, le quai dànno tanta grazia e splendor alla orazione, tutte sono abusioni delle regole grammaticali, ma accettate e confermate dalla usanza, perchè, senza poterne render altra ragione, piaceno, ed al senso proprio dell'orecchia par che portino soavità e dolcezza? E questa credo io che sia la buona consuetudine; della quale così possono essere capaci i Romani, i Napoletani, i Lombardi e gli altri, come i Toscani.

XXXVI. È ben vero, che in ogni lingua alcune cose sono sempre buone: come la facilità, il bell'ordine, l'abondanza, le belle sentenze, le clausole numerose; e, per contrario, l'affettazione e l'altre cose opposite a queste son male. Ma delle parole son alcune che durano buone un tempo, poi s'invecchiano ed in tutto perdono la grazia; altre pigliano forza e vengono in prezzo: perchè, come le stagioni dell'anno spogliano de' fiori e de' frutti la terra, e poi di nuovo d'altri la rivestono, così il tempo quelle prime parole fa cadere, e l'uso altre di nuovo fa rinascere, e dà lor grazia e dignità, fin che, dall'invidioso morso del tempo a poco a poco consumate, giungono poi esse ancora alla lor morte; perciocchè, al fine, e noi ed ogni nostra cosa è mortale. Considerate che della lingua Osca non avemo più notizia alcuna. La provenzale, che pur mo, si può dir, era celebrata da nobili scrittori, ora dagli abitanti di quel paese non è intesa. Penso io adunque, come ben ha detto il signor Magnifico, che se 'l Petrarca e 'l Boccaccio fossero vivi a questo tempo, non usariano molte parole che vedemo ne' loro scritti: però non mi par bene che noi quelle imitiamo. Laudo ben sommamente coloro che sanno imitar quello che si dee imitare; nientedimeno non credo io già che sia impossibile scriver bene ancor senza imitare; e massimamente in questa nostra lingua, nella quale possiam esser dalla consuetudine ajutati: il che non ardirei dir nella latina. —

XXXVII. Allor messer Federico, Perchè volete voi, disse, che più s'estimi la consuetudine nella volgare che nella latina? — Anzi, dell'una e dell'altra, rispose il Conte, estimo che la consuetudine sia la maestra. Ma perchè quegli uomini, ai quali la lingua latina era così propria come or è a noi la volgare, non sono più al mondo, bisogna che noi dalle lor scritture impariamo quello che essi aveano imparato dalla consuetudine; nè altro vuol dir il parlar antico, che la consuetudine antica di parlare: e sciocca cosa sarebbe amar il parlar antico non per altro, che per voler più presto parlare come si parlava, che come si parla. — Dunque, rispose messer Federico, gli antichi non imitavano? — Credo, disse il Conte, che molti imitavano, ma non in ogni cosa. E se Virgilio avesse in tutto imitato Esiodo, non gli saria passato inanzi; nè Cicerone a Crasso, nè Ennio ai suoi antecessori. Eccovi che Omero è tanto antico, che da molti si crede che egli così sia il primo poeta eroico di tempo, come ancor è d'eccellenza di dire: e chi vorrete voi che egli imitasse? — Un altro, rispose messer Federico, più antico di lui, del quale non avemo notizia per la troppa antiquità. — Chi direte adunque, disse il Conte, che imitasse il Petrarca e 'l Boccaccio, che pur tre giorni ha, si può dir, che son stati al mondo? — Io nol so, rispose messer Federico; ma creder si può che essi ancor avessero l'animo indrizzato alla imitazione, benchè noi non sappiam di cui. — Rispose il Conte: Creder si può che que' che erano imitati fossero migliori che que' che imitavano; e troppo maraviglia saria che così presto il lor nome e la fama, se erano buoni, fosse in tutto spenta. Ma il lor vero maestro cred'io che fosse l'ingegno, ed il lor proprio giudicio naturale; e di questo niuno è che si debba maravigliare, perchè quasi sempre per diverse vie si può tendere alla sommità d'ogni eccellenza. Nè è natura alcuna che non abbia in sè molte cose della medesima sorte dissimili l'una dall'altra, le quali però son tra sè di egual laude degne. Vedete la musica, le armonie della quale or son gravi e tarde, or velocissime e di novi modi e vie; nientedimeno tutte dilettano, ma per diverse cause: come si comprende nella maniera del cantare di Bidon; la quale è tanto artificiosa, pronta, veemente, concitata, e di così varie melodie, che i spiriti di chi ode tutti si commoveno e s'infiammano, e così sospesi par che si levino insino al cielo. Nè men commove nel suo cantar il nostro Marchetto Cara, ma con più molle armonia; chè per una via placida e piena di flebile dolcezza intenerisce e penetra le anime, imprimendo in esse soavemente una dilettevole passione. Varie cose ancor egualmente piacciono agli occhi nostri, tanto che con difficoltà giudicar si può quai più lor son grate. Eccovi che nella pittura sono eccellentissimi Leonardo Vincio, il Mantegna, Rafaello, Michelangelo, Georgio da Castelfranco: nientedimeno, tutti son tra sè nel far dissimili; di modo che ad alcun di loro non par che manchi cosa alcuna in quella maniera, perchè si conosce ciascun nel suo stil esser perfettissimo. Il medesimo è di molti poeti greci e latini, i quali, diversi nello scrivere, son pari nella laude. Gli oratori ancor hanno avuto sempre tanta diversità tra sè, che quasi ogni età ha prodotto ed apprezzato una sorte d'oratori peculiar di quel tempo; i quali non solamente dai precessori e successori suoi, ma tra sè son stati dissimili: come si scrive ne' Greci, d'Isocrate, Lisia, Eschine, e molt'altri, tutti eccellenti, ma a niun però simili fuor che a sè stessi. Tra i Latini poi quel Carbone, Lelio, Scipione Africano, Galba, Sulpizio, Cotta, Gracco, Marc'Antonio, Crasso, e tanti che saria lungo nominare, tutti buoni, e l'un dall'altro diversissimi; di modo che chi potesse considerar tutti gli oratori che sono stati al mondo, quanti oratori tante sorti di dire trovarebbe. Parmi ancor ricordare che Cicerone in un loco introduca Marc'Antonio dir a Sulpizio, che molti sono i quali non imitano alcuno, e nientedimeno pervengono al sommo grado della eccellenza; e parla di certi, i quali aveano introdotto una nova forma e figura di dir, bella, ma inusitata agli altri oratori di quel tempo, nella quale non imitavano se non sè stessi: però afferma ancor che i maestri debbano considerar la natura dei discepoli, e, quella tenendo per guida, indrizzarli ed ajutargli alla via che lo ingegno loro e la natural disposizion gl'inclina. Per questo adunque, messer Federico mio, credo, se l'uomo da sè non ha convenienza con qualsivoglia autore, non sia ben sforzarlo a quella imitazione; perchè la virtù di quell'ingegno s'ammorza e resta impedita, per esser deviata dalla strada nella quale avrebbe fatto profitto, se non gli fosse stata precisa. Non so adunque come sia bene, in loco d'arricchir questa lingua e darli spirito, grandezza e lume, farla povera, esile, umile ed oscura, e cercare di metterla in tante angustie, che ognuno sia sforzato ad imitare solamente il Petrarca e 'l Boccaccio; e che nella lingua non si debba ancor credere al Poliziano, a Lorenzo de' Medici, a Francesco Diaceto, e ad alcuni altri che pur sono Toscani, e forse di non minor dottrina e giudicio che si fosse il Petrarca e 'l Boccaccio. E veramente, gran miseria saria metter fine e non passar più avanti di quello che s'abbia fatto quasi il primo che ha scritto, e disperarsi che tanti e così nobili ingegni possano mai trovar più che una forma bella di dire in quella lingua, che ad essi è propria e naturale. Ma oggidì son certi scrupulosi, i quali, quasi con una religion e misterii ineffabili di questa lor lingua toscana, spaventano di modo chi gli ascolta, che inducono ancor molti uomini nobili e litterati in tanta timidità, che non osano aprir la bocca, e confessano di non saper parlar quella lingua, che hanno imparata dalle nutrici insino nelle fasce. Ma di questo parmi che abbiam detto pur troppo; però seguitiamo ormai il ragionamento del Cortegiano. —

XXXVIII. Allora messer FEDERICO rispose: Io voglio pur ancor dir questo poco, che è, ch'io già non niego che le opinioni e gli ingegni degli uomini non siano diversi tra sè; nè credo che ben fosse che uno, da natura veemente e concitato, si mettesse a scriver cose placide; nè meno un altro severo e grave, a scriver piacevolezze: perchè in questo parmi ragionevole che ognuno s'accommodi allo instinto suo proprio. E di ciò, credo, parlava Cicerone quando disse, che i maestri avessero riguardo alla natura dei discepoli, per non far come i mali agricoltori, che talor nel terreno che solamente è fruttifero per le vigne vogliono seminar grano. Ma a me non può capir nella testa, che d'una lingua particolare, la quale non è a tutti gli uomini così propria come i discorsi ed i pensieri e molte altre operazioni, ma una invenzione contenuta sotto certi termini, non sia più ragionevole imitar quelli che parlan meglio, che parlare a caso; e che, così come nel latino l'uomo si dee sforzar di assimigliarsi alla lingua di Virgilio e di Cicerone, piuttosto che a quella di Silio o di Cornelio Tacito, così nel volgar non sia meglio imitar quella del Petrarca e del Boccaccio, che d'alcun altro; ma ben in essa esprimere i suoi proprii concetti, ed in questo attendere, come insegna Cicerone, allo instinto suo naturale: e così si troverà, che quella differenza che voi dite essere tra i buoni oratori, consiste nei sensi, e non nella lingua. — Allor il CONTE, Dubito, disse, che noi entraremo in un gran pelago, e lasciaremo il nostro primo proposito del Cortegiano. Pur domando a voi: in che consiste la bontà di questa lingua? — Rispose messer FEDERICO: Nel servar ben le proprietà di essa, e tôrla in quella significazione, usando quello stile e que' numeri, che hanno fatto tutti quei che hanno scritto bene. — Vorrei, disse il CONTE, sapere se questo stile e questi numeri di che voi parlate, nascono dalle sentenze o dalle parole. — Dalle parole, rispose messer FEDERICO. — Adunque, disse il CONTE, a voi non par che le parole di Silio e di Cornelio Tacito siano quelle medesime che usa Virgilio e Cicerone? nè tolte nella medesima significazione? — Rispose messer FEDERICO: Le medesime son sì, ma alcune mal osservate e tolte diversamente. — Rispose il CONTE: E se d'un libro di Cornelio e d'un di Silio si levassero tutte quelle parole che son poste in altra significazion di quello che fa Virgilio e Cicerone, che sariano pochissime: non direste voi poi, che Cornelio nella lingua fosse pare a Cicerone, e Silio a Virgilio? e che ben fosse imitar quella maniera di dire? —

XXXIX. Allora la signora EMILIA, A me par, disse, che questa vostra disputa sia mo troppo lunga e fastidiosa; però fia bene a differirla ad un altro tempo. — Messer Federico pur incominciava a rispondere; ma sempre la signora Emilia lo interrompeva. In ultimo disse il CONTE: Molti voglieno giudicare i stili e parlar de' numeri e della imitazione; ma a me non sanno già essi dare ad intendere che cosa sia stile nè numero, nè in che consista la imitazione, nè perchè le cose tolte da Omero o da qualche altro stiano tanto bene in Virgilio, che più presto pajono illustrate che imitate: e ciò forse procede ch' io non son capace d'intendergli. Ma perchè grande argomento che l' uom sappia una cosa è il saperla insegnare, dubito che essi ancora poco la intendano; e che e Virgilio e Cicerone laudino perchè sentono che da molti sen laudati, non perchè conoscono la differenza che è tra essi e gli altri: chè in vero non consiste in avere una osservazione di due, di tre o di dieci parole usate a modo diverso dagli altri. In Salustio, in Cesare, in Varrone e negli altri buoni si trovano usati alcuni termini diversamente da quello che usa Cicerone; e pur l' uno e l' altro sta bene, perchè in così frivola cosa non è posta la bontà e forza d' una lingua: come ben disse Demostene ad Eschine, che lo mordeva, domandandogli d' alcune parole le quali egli aveva usate, e pur non erano attiche, se erano mostri o portenti; e Demostene se ne rise, e rispose gli, che in questo non consistevano le fortune di Grecia. Così io ancora poco mi curarei se da un Toscano fossi ripreso d' aver detto piuttosto *satisfatto* che *sodisfatto*, ed *onorevole* che *orrevole*, e *causa* che *cagione*, e *populo* che *popolo*, ed altre tai cose. — Allor messer FEDERICO si levò in piè, e disse: Ascoltatemi, prego, queste poche parole. — Rispose, ridendo, la signora EMILIA: Pena la disgrazia mia a qual di voi per ora parla più di questa materia, perchè voglio che la rimettiamo ad un'altra sera. Ma voi, Conte, seguitate il ragionamento del Cortegiano; e mostrateci come avete buona memoria, chè, credo, se saprete ritaccarlo ove lo lasciaste, non farete poco. —

XL. Signora, rispose il CONTE, il filo mi par tronco: pur, s' io non m' inganno, credo che dicevamo, che somma disgrazia a tutte le cose dà sempre la pestifera affettazione, e per contrario grazia estrema la semplicità e la sprezzatura: a laude della quale, o biasimo della affettazione, molte altre cose ragionar si potrebbono; ma io una sola ancor dir ne voglio, e non più. Gran desiderio universalmente tengon tutte le donne di essere, e, quando esser non possono, almen di parer belle: però, dove la natura in qualche parte in questo è mancata, esse si sforzano di supplir con l'artificio. Quindi nasce l'acconciarsi la faccia con tanto studio e talor pena, pelarsi le ciglia e la fronte, ed usar tutti que' modi e patire que' fastidii, che voi altre donne credete che agli uomini siano molto secreti, e pur tutti si sanno. — Rise quivi Madonna Costanza Fregosa, e disse: Voi fareste assai più cortesemente seguitar il ragionamento vostro, e dir onde nasca la buona grazia, e parlar della Cortegiania, che voler scoprir i difetti delle donne senza proposito. — Anzi molto a proposito, rispose il Conte; perchè questi vostri difetti di che io parlo vi levano la grazia, perchè d'altro non nascono che da affettazione, per la qual fate conoscere ad ognuno scopertamente il troppo desiderio vostro d'esser belle. Non v'accorgete voi, quanto più di grazia tenga una donna, la qual, se pur si acconcia, lo fa così parcamente e così poco, che chi la vede sta in dubio s'ella è concia o no; che un'altra, empiastrata tanto, che paja aversi posto alla faccia una maschera, e non osi ridere per non farsela crepare, nè si muti mai di colore se non quando la mattina si veste; e poi tutto il remanente del giorno stia come statua di legno immobile, comparendo solamente a lume di torze, come mostrano i cauti mercatanti i lor panni in loco oscuro? Quanto più poi di tutte piace una, dico non brutta, che si conosca chiaramente non aver cosa alcuna in su la faccia, benchè non sia così bianca nè così rossa, ma col suo color nativo pallidetta, e talor per vergogna o per altro accidente tinta d'un ingenuo rossore, coi capelli a caso inornati e mal composti, e coi gesti semplici e naturali, senza mostrar industria nè studio d'esser bella? Questa è quella sprezzata purità gratissima agli occhi ed agli animi umani, i quali sempre temono essere dall'arte ingannati. Piacciono molto in una donna i bei denti, perchè non essendo così scoperti come la faccia, ma per lo più del tempo stando nascosi, creder si può che non vi si ponga tanta cura per fargli belli, come nel volto: pur chi ridesse senza proposito e solamente per mostrargli, scopriria l'arte, e benchè belli gli avesse, a tutti pareria disgraziatissiamo, come lo Ignazio Catulliano. Il medesimo è delle mani; le quali, se delicate e belle sono, mostrate ignude a tempo, secondo che occorre operarle, e non per far veder la lor bellezza, lasciano di sè grandissimo desiderio, e massimamente revestite di guanti; perchè par che chi le ricopre non curi e non estimi molto che siano vedute o no, ma così belle le abbia più per natura che per studio o diligenza alcuna. Avete voi posto cura talor, quando, o per le strade andando alle chiese o ad altro loco, o giocando o per altra causa, accade che una donna tanto della roba si leva, che il piede e spesso un poco di gambetta senza pensarvi mostra? non vi pare che grandissima grazia tenga, se ivi si vede con una certa donnesca disposizione leggiadra ed attilata nei suoi chiapinetti di velluto, e calze polite? Certo a me piace egli molto, e credo a tutti voi altri, perchè ognuno estima che la attilatura in parte così nascosa e rare volte veduta, sia a quella donna piuttosto naturale e propria che sforzata, e che ella di ciò non pensi acquistar laude alcuna.

XLI. In tal modo si fugge e nasconde l'affettazione, la qual or potete comprender quanto sia contraria, e levi la grazia d'ogni operazion così del corpo come dell'animo: del quale per ancor poco avemo parlato, nè bisogna però lasciarlo; chè sì come l'animo più degno è assai che 'l corpo, così ancor merita esser più culto e più ornato. E ciò come far si debba nel nostro Cortegiano, lasciando li precetti di tanti savii filosofi che di questa materia scrivono, e diffiniscono le virtù dell'animo, e così sottilmente disputano della dignità di quelle: diremo in poche parole, attendendo al nostro proposito, bastar che egli sia, come si dice, uomo da bene ed intiero; chè in questo si comprende la prudenza, bontà, fortezza e temperanza d'animo, e tutte l'altre condizioni che a così onorato nome si convengono. Ed io estimo, quel solo esser vero filosofo morale, che vuol esser buono; ed a ciò gli bisognano pochi altri precetti, che tal volontà. E però ben dicea Socrate, parergli che gli ammaestramenti suoi già avessino fatto buon frutto quando per quelli chi si fosse s'incitava a voler conoscer ed imparar la virtù: perché quelli che son giunti a termine che non desiderano cosa alcuna più che l'essere buoni, facilmente conseguono la scienza di tutto quello che a ciò bisogna; però di questo non ragioneremo più avanti.

XLII. Ma, oltre alla bontà, il vero e principal ornamento dell'animo in ciascuno penso io che siano le lettere: benchè i Franzesi solamente conoscano la nobilità delle arme, e tutto il resto nulla estimino; di modo che, non solamente non apprezzano le lettere, ma le aborriscono; e tutti i letterati tengon per vilissimi uomini; e pare lor dir gran villania a chi si sia, quando lo chiamano *clero.* — Allora il Magnifico Juliano, Voi dite il vero, rispose, che questo errore già gran tempo regna tra'Franzesi; ma se la buona sorte vuole che monsignor d'Angolem, come si spera, succeda alla corona, estimo che sì come la gloria dell'arme fiorisce e risplende in Francia, così vi debba ancor con supremo ornamento fiorir quella delle lettere: perchè non è molto ch'io, ritrovandomi alla corte, vidi questo signore, e parvemi che, oltre alla disposizion della persona e bellezza di volto, avesse nell'aspetto tanta grandezza, congiunta però con una certa graziosa umanità, che 'l reame di Francia gli dovesse sempre parer poco. Intesi da poi da molti gentiluomini, e franzesi ed italiani, assai dei nobilissimi costumi suoi, della grandezza dell'animo, del valore e della liberalità; e tra l'altre cose fummi detto, che egli sommamente amava ed estimava le lettere, ed avea in grandissima osservanza tutti e' litterati; e dannava i Franzesi proprii dell'esser tanto alieni da questa professione, avendo massimamente in casa un così nobil Studio come è quello di Parigi, dove tutto il mondo concorre. — Disse allor il Conte: Gran maraviglia è che in così tenera età, solamente per istinto di natura, contra l'usanza del paese, si sia da sè a sè volto a così buon cammino; e perchè li sudditi sempre seguitano i costumi de' superiori, può esser che, come voi dite, i Franzesi siano ancor per estimar le lettere di quella dignità che sono: il che facilmente, se vorranno intendere, si potrà lor persuadere; perchè niuna cosa più da natura è desiderabile agli uomini nè più propria che il sapere; la qual cosa gran pazzia è dire o credere che non sia sempre buona.

XLIII. E s'io parlassi con essi o con altri che fossino d'opinion contraria alla mia, mi sforzarei mostrar loro, quanto le lettere, le quali veramente da Dio son state agli uomini concedute per un supremo dono, siano utili e necessarie alla vita ed alla dignità nostra; nè mi mancheriano esempii di tanti eccellenti capitani antichi, i quali tutti giunsero l'ornamento delle lettere alla virtù dell'arme. Chè, come sapete, Alessandro ebbe in tanta venerazione Omero, che la Iliade sempre si teneva a capo del letto; e non solamente a questi studii, ma alle speculazioni filosofice diede grandissima opera sotto la disciplina d'Aristotele. Alcibiade le buone condizioni sue accrebbe e fece maggiori con le lettere, e con gli ammaestramenti di Socrate. Cesare quanta opera desse ai studii, ancor fanno testimonio quelle cose che da esso divinamente scritte si ritrovano. Scipione Africano dicesi che mai di mano non si levava i libri di Senofonte, dove instituisce sotto 'l nome di Ciro un perfetto re. Potrei dirvi di Lucullo, di Silla, di Pompeo, di Bruto e di molt'altri Romani e Greci; ma solamente ricorderò che Annibale, tanto eccellente capitano, ma però di natura feroce ed alieno da ogni umanità, infedele e dispregiator degli uomini e degli dei, pur ebbe notizia di lettere e cognizion della lingua greca; e, s'io non erro, parmi aver letto già, che esso un libro pur in lingua greca lasciò da sè composto. Ma questo dire a voi è superfluo, chè ben so io che tutti conoscete quanto s'ingannano i Franzesi pensando che le lettere nuocciano all'arme. Sapete che delle cose grandi ed arrischiate nella guerra il vero stimolo è la gloria; e chi per guadagno o per altra causa a ciò si move, oltre che mai non fa cosa buona, non merita esser chiamato gentiluomo, ma vilissimo mercatante. E che la vera gloria sia quella che si commenda al sacro tesauro delle lettere, ognun può comprendere, eccetto quegli infelici che gustate non l'hanno. Qual animo è cosi demesso, timido ed umile, che, leggendo i fatti e le grandezze di Cesare, d'Alessandro, di Scipione, d'Annibale e di tanti altri, non s'infiammi d'un ardentissimo desiderio d'esser simile a quelli, e non posponga questa vita caduca di dui giorni per acquistar quella famosa quasi perpetua, la quale, a dispetto della morte, viver lo fa più chiaro assai che prima? Ma chi non sente la dolcezza delle lettere, saper ancor non può quanta sia la grandezza della gloria così lungamente da esse conservata, e solamente quella misura con la età d'un uomo, e di dui, perchè di più oltre non tien memoria: però questa breve tanto estimar non può, quanto faria quella quasi perpetua, se per sua disgrazia non gli fosse vetato il conoscerla; e non estimandola tanto, ragionevol cosa è ancor credere, che tanto non si metta a pericolo per conseguirla come chi la conosce. Non vorrei già che qualche avversario mi adducesse gli effetti contrarii, per rifiutar la mia opinione, allegandomi, gli Italiani col lor saper lettere aver mostrato poco valer nell'arme da un tempo in qua: il che pur troppo è più che vero; ma certa ben si poria dir, la colpa d'alcuni pochi aver dato, oltre al grave danno, perpetuo biasimo a tutti gli altri; e la vera causa delle nostre ruine e della virtù prostrata, se non morta, negli animi nostri, esser da quelli proceduta: ma assai più a noi saria vergognoso il publicarla, che a' Franzesi il non saper lettere. Però meglio è passar con silenzio quelle che senza dolor ricordar non si può; e, fuggendo questo proposito, nel quale contra mia voglia entrato sono, tornar al nostro Cortegiano.

XLIV. Il qual voglio che nelle lettere sia più che mediocremente erudito, almeno in questi studii che chiamamo d'umanità; e non solamente della lingua latina ma ancor della greca abbia cognizione, per le molte e varie cose che in quella divinamente scritte sono. Sia versato nei poeti, e non meno negli oratori ed istorici, ed ancor esercitato nel scriver versi e prosa, massimamente in questa nostra lingua volgare; chè, oltre al contento che egli stesso piglierà, per questo mezzo non gli mancheran mai piacevoli intertenimenti con donne, le quali per ordinario amano tali cose. E se, o per altre faccende o per poco studio, non giugnerà a tal perfezione che i suoi scritti siano degni di molta laude, sia cauto in sopprimergli, per non far ridere altrui di sè, e solamente i mostri ad amico di chi fidar si possa; perchè almeno in tanto li giovaranno, che per quella esercitazion saprà giudicar le cose d'altrui: chè invero rare volte interviene, che chi non è assueto a scrivere, per erudito che egli sia, possa mai conoscer perfettamente le fatiche ed industrie de' scrittori, nè gustar la dolcezza ed eccellenza de' stili, e quelle intrinseche avvertenze che spesso si trovano negli antichi. Ed oltre a ciò, farànnolo questi studii copioso, e, come rispose Aristippo a quel tiranno, ardito in parlar sicuramente con ognuno. Voglio ben però, che 'l nostro Cortegiano fisso si tenga nell'animo un precetto; cioè che in questo ed in ogni altra cosa sia sempre avvertito e timido più presto che audace, e guardi di non persuadersi falsamente di sapere quello che non sa: perchè da natura tutti siamo avidi troppo più che non si devria di laude, e più amano le orecchie nostre la melodia delle parole che ci laudano, che qualunque altro soavissimo canto o suono; e però spesso, come voci di Sirene, sono causa di sommergere chi a tal fallace armonia bene non se le ottura. Conoscendo questo pericolo, si è ritrovato tra gli antichi sapienti chi ha scritto libri, in qual modo possa l'uomo conoscere il vero amico dall'adulatore. Ma questo che giova? se molti, anzi infiniti son quelli che manifestamente comprendono esser adulati, e pur amano chi gli adula, ed hanno in odio chi dice lor il vero? e spesso parendogli che chi lauda sia troppo parco in dire, essi medesimi lo ajutano, e di sè stessi dicono tali cose, che lo impudentissimo adulator se ne vergogna. Lasciamo questi ciechi nel lor errore, e facciamo che 'l nostro Cortegiano sia di così buon giudicio, che non si lasci dar ad intendere il nero per lo bianco, nè presuma di sè, se non quanto ben chiaramente conosce esser vero; e massimamente in quelle cose, che nel suo gioco, se ben avete a memoria, messer Cesare ricordò che noi più volte avevamo usate per instrumento di far impazzir molti. Anzi, per non errar, se ben conosce le laudi che date gli sono esser vere, non le consenta così apertamente, nè così senza contradizione le confermi; ma piuttosto modestamente quasi le nieghi, mostrando sempre e tenendo in effetto per sua principal professione l'arme, e l'altre buone condizioni tutte per ornamento di quelle; e massimamente tra i soldati, per non far come coloro che ne' studii voglion parere uomini di guerra, e tra gli uomini di guerra litterati. In questo modo, per le ragioni che avemo dette, fuggirà l'affettazione, e le cose mediocri che farà parranno grandissime. —

XLV. Rispose quivi messer PIETRO BEMBO: Io non so, Conte, come voi vogliate che questo Cortegiano, essendo litterato, e con tante altre virtuose qualità, tenga ogni cosa per ornamento dell'arme, e non l'arme e 'l resto per ornamento delle lettere; le quali, senza altra compagnia, tanto son di dignità all'arme superiori, quanto l'animo al corpo, per appartenere propriamente la operazion d'esse all'animo, così come quella delle arme al corpo. — Rispose allor il CONTE: Anzi, all'animo ed al corpo appartiene la operazion dell'arme. Ma non voglio, messer Pietro, che voi di tal causa siate giudice, perchè saresle troppo sospetto ad una delle parti: ed essendo già stata questa disputazione lungamente agitata da uomini sapientissimi, non è bisogno rinovarla; ma io la tengo per diffinita in favore dell'arme, e voglio che 'l nostro Cortegiano, poich' io posso ad arbitrio mio formarlo, esso ancor così la estimi. E se voi sete di contrario parer, aspettate d'udirne una disputazion, nella qual così sia licito a chi difende la ragion dell'arme operar l'arme, come quelli che difendon le lettere oprano in tal difesa le medesime lettere; chè se ognuno si valerà de' suoi instrumenti, vedrete che i litterati perderanno. — Ah, disse messer PIETRO, voi dianzi avete dannati i Franzesi che poco apprezzàn le lettere, e detto quanto lume di gloria esse mostrano agli uomini, e come gli facciano immortali; ed or pare che abbiate mutata sentenza. Non vi ricorda, che

> Giunto Alessandro alla famosa tomba
> Del fero Achille, sospirando disse:
> O fortunato, che sì chiara tromba
> Trovasti, e chi di te sì alto scrisse!

E se Alessandro ebbe invidia ad Achille non de' suoi fatti, ma della fortuna che prestato gli avea tanta felicità che le cose sue fossero celebrate da Omero, comprender si può che estimasse più le lettere d'Omero, che l'arme d'Achille. Qual altro giudice adunque o qual'altra sentenza aspettate voi della dignità dell'arme e delle lettere, che quella che fu data da un de' più gran capitani che mai sia stato? —

XLVI. Rispose allora il Conte: Io biasimo i Franzesi che estiman le lettere nuocere alla profession dell'arme, e tengo che a niun più si convenga l'esser litterato che ad un uom di guerra; e queste due condizioni concatenate, e l'una dall'altra ajutate, il che è convenientissimo, voglio che siano nel nostro Cortegiano: nè per questo parmi esser mutato d'opinione. Ma, come ho detto, disputar non voglio qual d'esse sia più degna di laude. Basta che i litterati quasi mai non pigliano a laudare, se non uomini grandi e fatti gloriosi, i quali da sè meritano laude per la propria essenzial virtute donde nascono; oltre a ciò sono nobilissima materia dei scrittori: il che è grande ornamento, ed in parte causa di perpetuare i scritti, li quali forse non sariano tanto letti nè apprezzati se mancasse loro il nobile suggetto, ma vani e di poco momento. E se Alessandro ebbe invidia ad Achille per esser laudato da chi fu, non conchiude però questo che estimasse più le lettere che l'arme; nelle quali se tanto si fosse conosciuto lontano da Achille, come nel scrivere estimava che dovessero esser da Omero tutti quelli che di lui fossero per scrivere, son certo che molto prima averia desiderato il ben fare in sè, che il ben dire in altri. Però questa credo io che fosse una tacita laude di sè stesso, ed un desiderar quello che aver non gli pareva, cioè la suprema eccellenza d'un scrittore; e non quello che già si presumeva aver conseguito, cioè la virtù dell'arme, nella quale non estimava che Achille punto gli fosse superiore: onde chiamollo fortunato, quasi accennando, che se la fama sua per lo innanzi non fosse tanto celebrata al mondo come quella, che era per così divin poema chiara ed illustre, non procedesse perchè il valore ed i meriti non fossero tanti e di tanta laude degni, ma nascesse dalla fortuna, la quale avea parato inanti ad Achille quel miracolo di natura per gloriosa tromba dell'opere sue; e forse ancor volse eccitar qualche nobile ingegno a scrivere di sè, mostrando per questo dovergli esser tanto grato, quanto amava e venerava i sacri monumenti delle lettere: circa le quali omai s'è parlato a bastanza. —

Anzi troppo, rispose il signor Ludovico Pio; perchè crede che al mondo non sia possibile ritrovar un vaso tanto grande, che fosse capace di tutte le cose che voi volete che stiano in questo Cortegiano. — Allor il Conte, Aspettate un poco, disse, che molte altre ancor ve ne hanno da essere. — Rispose Pietro da Napoli: A questo modo il Grasso de' Medici averà gran vantaggio da messer Pietro Bembo. —

XLVII. Rise quivi ognuno; e ricominciando il Conte, Signori, disse, avete a sapere, ch'io non mi contento del Cortegiano, s'egli non è ancor musico, e se, oltre allo intendere ed esser sicuro a libro, non sa di varii instrumenti: perchè, se ben pensiamo, niuno riposo di fatiche e medicina d'animi infermi ritrovar si può più onesta e laudevole nell'ozio che questa; e massimamente nelle corti, dove, oltre al refrigerio de' fastidii che ad ognuno la musica presta, molte cose si fanno per satisfar alle donne, gli animi delle quali, teneri e molli, facilmente sono dall'armonia penetrati e di dolcezza ripieni. Però non è maraviglia se nei tempi antichi e ne' presenti sempre esse state sono a' musici inclinate, ed hanno avuto questo per gratissimo cibo d'animo. — Allor il signor Gaspar, La musica penso, disse, che insieme con molte altre vanità sia alle donne conveniente sì, e forse ancor ad alcuni che hanno similitudine d'uomini, ma non a quelli che veramente sono; i quali non deono con delizie effeminare gli animi, ed indurgli in tal modo a temer la morte. — Non dite, rispose il Conte; perch'io v'entrarò in un gran pelago di laude della musica: e ricordarò quanto sempre appresso gli antichi sia stata celebrata e tenuta per cosa sacra, e sia stato opinione di sapientissimi filosofi, il mondo esser composto di musica, e i cieli nel moversi far armonia; e l'anima nostra pur con la medesima ragione esser formata, e però destarsi e quasi vivificar le sue virtù per la musica. Per il che si scrive, Alessandro alcuna volta esser stato da quella così ardentemente incitato, che quasi contra sua voglia gli bisognava levarsi dai convivii, e correre all'arme; poi, mutando il musico la sorte del suono, mitigarsi, e tornar dall'arme ai convivii. E dirovvi, il severo Socrate, già vecchissimo, aver imparato a sonare la citara.

E ricordomi aver già inteso, che Platone ed Aristotele vogliono che l'uom bene instituito sia ancor musico; e con infinite ragioni mostrano, la forza della musica in noi essere grandissima, e per molte cause, che or saria lungo a dir, doversi necessariamente imparar da puerizia; non tanto per quella superficial melodia che si sente, ma per esser sufficiente ad indur in noi un nuovo abito buono, ed un costume tendente alla virtù, il qual fa l'animo più capace di felicità, secondo che lo esercizio corporale fa il corpo più gagliardo; e non solamente non nuocere alle cose civili e della guerra, ma loro giovar sommamente. Licurgo ancora, nelle severe sue leggi, la musica approvò. E leggesi, i Lacedemonii bellicosissimi ed i Cretensi aver usato nelle battaglie citare ed altri instrumenti molli; e molti eccellentissimi capitani antichi, come Epaminonda, aver dato opera alla musica; e quelli che non ne sapeano, come Temistocle, esser stati molto meno apprezzati. Non avete voi letto, che delle prime discipline che insegnò il buon vecchio Chirone nella tenera età ad Achille, il qual egli nutrì dallo latte e dalla culla, fu la musica; e volse il savio maestro che le mani che aveano a sparger tanto sangue trojano, fossero spesso occupate nel suono della citara? Qual soldato adunque sarà che si vergogni d'imitar Achille, lasciando molti altri famosi capitani ch'io potrei addurre? Però non vogliate voi privar il nostro Cortegiano della musica, la qual non solamente gli animi umani indolcisce, ma spesso le fiere fa diventar mansuete; e chi non la gusta, si può tener certo che abbia gli spiriti discordanti l'un dall'altro. Eccovi quanto essa può, che già trasse un pesce a lasciarsi cavalcar da un uomo per mezzo il procelloso mare. Questa veggiamo operarsi ne' sacri templi in rendere laude e grazie a Dio; e credibil cosa è che ella grata a lui sia, ed egli a noi data l'abbia per dolcissimo alleviamento delle fatiche e fastidii nostri. Onde spesso i duri lavoratori de' campi sotto l'ardente sole ingannano la lor noja col rozzo ed agreste cantare. Con questo la incolta contadinella, che inanzi al giorno a filare o a tessere si lieva, dal sonno si difende, e la sua fatica fa piacevole; questo è giocondissimo trastullo dopo le piogge, i venti e le tempeste ai miseri marinari; con questo consolansi i stanchi peregrini dei nojosi e lunghi viaggi, e spesso gli afflitti prigioneri delle catene e ceppi. Così, per maggior argomento che d'ogni fatica e molestia umana la modulazione, benchè incolta, sia grandissimo refrigerio, pare che la natura alle nutrici insegnata l'abbia per rimedio precipuo del pianto continuo de' teneri fanciulli; i quali al suon di tal voce s'inducono a riposato e placido sonno, scordandosi le lacrime così proprie, ed a noi per presagio del rimanente della nostra vita in quella età da natura date. —

XLVIII. Or quivi tacendo un poco il Conte, disse il Magnifico Juliano: Io non son già di parer conforme al signor Gaspar; anzi estimo, per le ragioni che voi dite e per molte altre, esser la musica non solamente ornamento, ma necessaria al Cortegiano. Vorrei ben che dichiaraste, in qual modo questa e l'altre qualità che voi gli assegnate siano da esser operate, ed a che tempo e con che maniera: perchè molte cose che da sè meritano laude, spesso con l'operarle fuor di tempo diventano inettissime; e per contrario, alcune che pajon di poco momento, usandole bene, sono pregiate assai. —

XLIX. Allora il Conte, Prima che a questo proposito entriamo, voglio, disse, ragionar d'un'altra cosa, la quale io, perciò che di molta importanza la estimo, penso che dal nostro Cortegiano per alcun modo non debba esser lasciata adietro; e questo è il saper disegnare, ed aver cognizion dell'arte propria del dipingere. Nè vi maravigliate s'io desidero questa parte, la qual oggidì forse par mecanica e poco conveniente a gentiluomo: chè ricordomi aver letto che gli antichi, massimamente per tutta Grecia, voleano che i fanciulli nobili nelle scole alla pittura dessero opera, come a cosa onesta e necessaria, e fu questa ricevuta nel primo grado dell'arti liberali; poi per publico editto vetato che ai servi non s'insegnasse. Presso ai Romani ancor s'ebbe in onor grandissimo; e da questa trasse il cognome la casa nobilissima de' Fabii, chè il primo Fabio fu cognominato Pittore, per esser in effetto eccellentissimo pittore, e tanto dedito alla pittura, che avendo dipinto le mura del tempio della

Salute, gl'inscrisse il nome suo; parendogli che, benchè fosse nato in una famiglia così chiara, ed onorata di tanti titoli di consolati, di trionfi e d'altre dignità, e fosse litterato e perito nelle leggi e numerato tra gli oratori, potesse ancor accrescere splendore ed ornamento alla fama sua lasciando memoria d'essere stato pittore. Non mancarono ancor molti altri di chiare famiglie celebrati in quest'arte; della qual, oltra che in sè nobilissima e degna sia, si traggon molte utilità, e massimamente nella guerra, per disegnar paesi, siti, fiumi, ponti, ròcche, fortezze, e tai cose; le quali se ben nella memoria si servassero, il che però è assai difficile, altrui mostrar non si possono. E veramente, chi non estima questa arte, parmi che molto sia dalla ragione alieno; chè la machina del mondo, che noi veggiamo coll'amplo cielo di chiare stelle tanto splendido, e nel mezzo la terra dai mari cinta, di monti, valli e fiumi variata, e di sì diversi alberi e vaghi fiori e d'erbe ornata, dir si può che una nobile e gran pittura sia, per man della natura e di Dio composta; la qual chi può imitare, parmi esser di gran laude degno: nè a questo pervenir si può senza la cognizion di molte cose, come ben sa chi lo prova. Però gli antichi e l'arte e gli artefici aveano in grandissimo pregio, onde pervenne in colmo di somma eccellenza: e di ciò assai certo argomento pigliar si può dalle statue antiche di marmo e di bronzo che ancor si veggono. E benchè diversa sia la pittura dalla statuaria, pur l'una e l'altra da un medesimo fonte, che è il buon disegno, nasce. Però, come le statue sono divine, così ancor creder si può che le pitture fossero; e tanto più, quanto che di maggior artificio capaci sono. —

L. Allor la signora EMILIA, rivolta a Joanni Cristoforo Romano, che ivi con gli altri sedeva, Che vi par, disse, di questa sentenza? confermarete voi, che la pittura sia capace di maggior artificio che la statuaria? — Rispose JOANNI CRISTOFORO: Io, Signora, estimo che la statuaria sia di più fatica, di più arte e di più dignità, che non è la pittura.— Soggiunse il CONTE: Per esser le statue più durabili, si poria forse dir che fossero di più dignità; perchè, essendo fatte per memoria, satisfanno più a quello effetto perchè son fatte, che la pittura. Ma, oltre alla memoria, sono ancor e la pittura e la statuaria fatte per ornare, ed in questo la pittura è molto superiore; la quale se non è tanto diuturna, per dir così, come la statuaria, è però molto longeva; e tanto che dura, è assai più vaga. — Rispose allor Joanni Cristoforo: Credo io veramente che voi parliate contra quello che avete nell'animo, e ciò tutto fate in grazia del vostro Rafaello; e forse ancor parvi che la eccellenza che voi conoscete in lui della pittura sia tanto suprema, che la marmoraria non possa giungere a quel grado: ma considerate, che questa è laude d'un artefice, e non dell'arte. — Poi soggiunse: Ed a me par bene, che l'una e l'altra sia una artificiosa imitazion di natura; ma non so già come possiate dir che più non sia imitato il vero, e quello proprio che fa la natura, in una figura di marmo o di bronzo, nella qual sono le membra tutte tonde, formate e misurate come la natura le fa, che in una tavola, nella qual non si vede altro che la superficie, e que' colori che ingannano gli occhi: nè mi direte già, che più propinquo al vero non sia l'essere che 'l parere. Estimo poi, che la marmoraria sia più difficile, perchè se un error vi vien fatto, non si può più correggere, chè 'l marmo non si ritacca, ma bisogna rifar un'altra figura; il che nella pittura non accade, chè mille volte si può mutare, giungervi e sminuirvi, migliorandola sempre. —

LI. Disse il Conte ridendo: Io non parlo in grazia di Rafaello; nè mi dovete già riputar per tanto ignorante, che non conosca la eccellenza di Michel'Angelo e vostra e degli altri nella marmoraria: ma io parlo dell'arte, e non degli artefici. E voi ben dite vero, che l'una e l'altra è imitazion della natura; ma non è già così, che la pittura appaja, e la statuaria sia. Chè, avvenga che le statue siano tutte tonde come il vivo, e la pittura solamente si veda nella superficie, alle statue mancano molte cose che non mancano alle pitture, e massimamente i lumi e l'ombre: perchè altro lume fa la carne ed altro fa il marmo; e questo naturalmente imita il pittore col chiaro e scuro, più e meno, secondo il bisogno; il che non può far il marmorario. E se ben il pittore non fa la figura tonda, fa que' muscoli e membri tondeggiati di sorte che vanno a ritrovar quelle parti che non si veggono, con tal maniera, che benissimo comprender si può che 'l pittor ancor quelle conosce ed intende. Ed a questo bisogna un altro artificio maggiore in far quelle membra che scortano e diminuiscono a proporzion della vista con ragion di prospettiva; la qual per forza di linee misurate, di colori, di lumi e d'ombre, vi mostra anco in una superficie di muro dritto il piano e 'l lontano, più e meno come gli piace. Parvi poi che di poco momento sia la imitazione dei colori naturali in contraffar le carni, i panni, e tutte l'altre cose colorate? Questo far non può già il marmorario, nè meno esprimer la graziosa vista degli occhi neri o azzurri, col splendor di que' raggi amorosi. Non può mostrare il color de' capegli flavi, ne 'l splendor dell' arme, non una oscura notte, non una tempesta di mare, non que' lampi e saette, non lo incendio d'una città, no 'l nascere dell' aurora di color di rose, con que' raggi d'oro e di porpora; non può in somma mostrare cielo, mare, terra, monti, selve, prati, giardini, fiumi, città nè case: il che tutto fa il pittore.

LII. Per questo parmi la pittura più nobile e più capace d'artificio che la marmoraria, e penso che presso agli antichi fosse di suprema eccellenza come l'altre cose: il che si conosce ancor per alcune piccole reliquie che restano, massimamente nelle grotte di Roma; ma molto più chiaramente si può comprendere per i scritti antichi, nei quali sono tante onorate e frequenti menzioni e delle opre e dei maestri; e per quelli intendesi quanto fossero appresso i gran signori e le republiche sempre onorati. Però si legge che Alessandro amò sommamente Apelle Efesio, e tanto, che avendogli fatto ritrar nuda una sua carissima donna, ed intendendo, il buon pittore per la maravigliosa bellezza di quella restarne ardentissimamente inamorato, senza rispetto alcuno gliela donò: liberalità veramente degna d'Alessandro, non solamente donar tesori e stati, ma i suoi proprii affetti e desiderii; e segno di grandissimo amor verso Apelle, non avendo avuto rispetto, per compiacer a lui, di dispiacere a quella donna che sommamente amava; la qual creder si può che molto si dolesse di cambiar un tanto re con un pittore. Narransi ancor molti altri segni di benivolenza d'Alessandro verso d'Apelle; ma assai chiaramente dimostrò quanto lo estimasse, avendo per publico comandamento ordinato che niun altro pittore osasse far la imagine sua. Qui potrei dirvi le contenzioni di molti nobili pittori con tanta laude e maraviglia quasi del mondo; potrei dirvi con quanta solennità gli imperadori antichi ornavano di pitture i lor trionfi, e ne' lochi publici le dedicavano, e come care le comperavano; e che siansi già trovati alcuni pittori che donavano l'opere sue, parendo loro che non bastasse oro nè argento per pagarle; e come tanto pregiata fosse una tavola di Protogene, che essendo Demetrio a campo a Rodi, e possendo intrar dentro appiccandole il foco dalla banda dove sapeva che era quella tavola, per non abrusciarla restò di darle la battaglia, e così non prese la terra; e Metrodoro, filosofo e pittore eccellentissimo, esser stato da Ateniesi mandato a Lucio Paolo per ammaestrargli i figlioli, ed ornargli il trionfo che a far avea. E molti nobili scrittori hanno ancora di quest'arte scritto; il che è assai gran segno per dimostrare in quanta estimazione ella fosse: ma non voglio che in questo ragionamento più ci estendiamo. Però basti solamente dire, che al nostro Cortegiano conviensi ancor della pittura aver notizia, essendo onesta ed utile, ed apprezzata in que' tempi che gli uomini erano di molto maggior valore che ora non sono: e quando mai altra utilità o piacer non se ne traesse, oltra che giovi a saper giudicar la eccellenza delle statue antiche e moderne, di vasi, d'edificii, di medaglie, di camei, d'intagli e tai cose, fa conoscere ancor la bellezza dei corpi vivi, non solamente nella delicatura de' volti, ma nella proporzion di tutto il resto, così degli uomini come di ogni altro animale. Vedete adunque come lo aver cognizione della pittura sia causa di grandissimo piacere. E questo pensino quei che tanto godono contemplando le bellezze d'una donna che par lor essere in paradiso, e pur non sanno dipingere: il che se sapessero, arian molto maggior contento, perchè più perfettamente conosceriano quella bellezza, che nel cor genera lor tanta satisfazione. —

LIII. Rise quivi messer CESARE GONZAGA, e disse: Io già

non son pittore; pur certo so aver molto maggior piacere di vedere alcuna donna, che non aria, se or tornasse vivo, quello eccellentissimo Apelle che voi poco fa avete nominato. — Rispose il Conte: Questo piacer vostro non deriva interamente da quella bellezza, ma dalla affezion che voi forse a quella donna portate; e, se volete dir il vero, la prima volta che voi a quella donna miraste, non sentiste la millesima parte del piacere che poi fatto avete, benchè le bellezze fossero quelle medesime: però potete comprender quanto più parte nel piacer vostro abbia l'affezion che la bellezza.— Non nego questo, disse messer Cesare; ma secondo che 'l piacer nasce dalla affezione, così l'affezion nasce dalla bellezza: però dir si può che la bellezza sia pur causa del piacere. — Rispose il Conte: Molte altre cause ancor spesso infiammano gli animi nostri, oltre alla bellezza; come i costumi, il sapere, il parlare, i gesti, e mill'altre cose, le quali però a qualche modo forse esse ancor si poriano chiamar bellezze; ma sopra tutto il sentirsi essere amato: di modo che si può ancor senza quella bellezza di che voi ragionate amare ardentissimamente; ma quegli amori che solamente nascono dalla bellezza che superficialmente vedemo nei corpi, senza dubio daranno molto maggior piacere a chi più la conoscerà, che a chi meno. Però, tornando al nostro proposito, penso che molto più godesse Apelle contemplando la bellezza di Campaspe, che non faceva Alessandro: perchè facilmente si può creder che l'amor dell'uno e dell'altro derivasse solamente da quella bellezza; e che deliberasse forse ancor Alessandro per questo rispetto donarla a chi gli parve che più perfettamente conoscer la potesse. Non avete voi letto, che quelle cinque Fanciulle da Crotone, le quali tra l'altre di quel popolo elesse Zeusi pittore, per far di tutte cinque una sola figura eccellentissima di bellezza, furono celebrate da molti poeti, come quelle che per belle erano state approvate da colui, che perfettissimo giudicio di bellezza aver dovea? —

LIV. Quivi, mostrando messer Cesare non restar satisfatto, nè voler consentir per modo alcuno che altri che esso medesimo potesse gustare quel piacer ch'egli sentiva di contemplar la bellezza d'una donna, ricominciò a dire: ma in quello s'udì un gran calpestare di piedi, con strepito di parlar alto: e così rivolgendosi ognuno, si vide alla porta della stanza comparire un splendor di torchi, e subito drieto giunse con molta e nobil compagnia il signor Prefetto, il qual ritornava, avendo accompagnato il papa una parte del cammino; e già allo entrar del palazzo dimandando ciò che facesse la signora Duchessa, aveva inteso di che sorte era il gioco di quella sera, e 'l carico imposto al conte Ludovico di parlar della Cortegianìa; però quanto più gli era possibile studiava il passo, per giungere a tempo d'udir qualche cosa. Così, subito fatto riverenza alla signora Duchessa, e fatto seder gli altri, che tutti in piedi per la venuta sua s'erano levati, si pose ancor esso a seder nel cerchio con alcuni de' suoi gentiluomini; tra i quali erano il marchese Febus e Ghirardino fratelli da Ceva, messer Ettor Romano, Vincenzo Calmeta, Orazio Florido, e molti altri; e stando ognun senza parlare, il signor PREFETTO disse: Signori, troppo nociva sarebbe stata la venuta mia qui, s'io avessi impedito così bei ragionamenti, come estimo che sian quelli che ora tra voi passavano; però non mi fate questa ingiuria, di privar voi stessi e me di tal piacere. — Rispose allora il conte LUDOVICO: Anzi, signor mio, penso che 'l tacer a tutti debba esser molto più grato che 'l parlare; perchè essendo tal fatica a me più che agli altri questa sera toccata, oramai m'ha stanco di dire, e credo tutti gli altri d'ascoltare, per non esser stato il ragionamento mio degno di questa compagnia, nè bastante alla grandezza della materia di che io aveva carico; nella quale avendo io poco satisfatto a me stesso, penso molto meno aver satisfatto ad altrui. Però a voi, Signore, è stato ventura il giungere al fine; e buon sarà mo dar la impresa di quello che resta ad un altro che succeda nel mio loco; perciò che, qualunque egli si sia, so che si porterà molto meglio ch'io non farei se pur seguitar volessi, essendo oramai stanco come sono. —

LV. Non sopporterò io, rispose il Magnifico JULIANO, per modo alcuno esser defraudato della promessa che fatta m'avete; e certo so che al signor Prefetto ancor non dispiacerà lo intender questa parte. — E qual promessa? — disse il

Conte. Rispose il Magnifico: Di dechiarirci in qual modo abbia il Cortegiano da usare quelle buone condizioni, che voi avete detto che convenienti gli sono. — Era il signor Prefetto, benchè di età puerile, saputo e discreto, più che non parea che s'appartenesse agli anni teneri, ed in ogni suo movimento mostrava con la grandezza dell'animo una certa vivacità dello ingegno, vero pronostico dello eccellente grado di virtù dove pervenir doveva. Onde subito disse: Se tutto questo a dir resta, parmi esser assai a tempo venuto; perchè intendendo in che modo dee il Cortegiano usar quelle buone condizioni, intenderò ancora quali esse siano, e così verrò a saper tutto quello che infin qui è stato detto. Però non rifiutate, Conte, di pagar questo debito, d'una parte del quale già sete uscito. — Non arei da pagar tanto debito, rispose il Conte, se le fatiche fossero più egualmente divise; ma lo errore è stato dar autorità di comandar ad una signora troppo parziale: — e così, ridendo, si volse alla signora Emilia; la qual subito disse: Della mia parzialità non dovreste voi dolervi; pur, poi che senza ragion lo fate, daremo una parte di questo onor, che voi chiamate fatica, ad un altro; — e, rivoltasi a messer Federigo Fregoso, Voi, disse, proponeste il gioco del Cortegiano; però è ancor ragionevole che a voi tocchi il dirne una parte: e questo sarà il satisfare alla domanda del signor Magnifico, dechiarando in qual modo e maniera e tempo il Cortegiano debba usar le sue buone condizioni, ed operar quelle cose che 'l Conte ha detto che se gli convien sapere. — Allora messer Federico, Signora, disse, volendo voi separare il modo e 'l tempo e la maniera delle buone condizioni e ben operare del Cortegiano, volete separar quello che separar non si può, perchè queste cose son quelle che fanno le condizioni buone e l'operar buono. Però, avendo il Conte detto tanto e così bene, ed ancor parlato qualche cosa di queste circostanze, e preparatosi nell'animo il resto che egli avea a dire, era pur ragionevole che seguitasse insin al fine. — Rispose la signora Emilia: Fate voi conto d'essere il Conte, e dite quello che pensate che esso direbbe; e così sarà satisfatto al tutto. —

LVI. Disse allor il Calmeta: Signori, poichè l'ora è tarda, acciò che messer Federico non abbia escusazione alcuna di non dir ciò che sa, credo che sia buono differire il resto del ragionamento a domani; e questo poco tempo che ci avanza si dispensi in qualche altro piacer senza ambizione. — Così confermando ognuno, impose la signora Duchessa a madonna Margherita e madonna Costanza Fregosa, che danzassero. Onde subito Barletta, musico piacevolissimo e danzator eccellente, che sempre tutta la corte teneva in festa, cominciò a sonare suoi instrumenti; ed esse, presesi per mano, ed avendo prima danzato una bassa, ballarono una roegarze con estrema grazia, e singolar piacer di chi le vide; poi, perchè già era passata gran pezza della notte, la signora Duchessa si levò in piedi: e così ognuno reverentemente presa licenza, se ne andarono a dormire.

IL SECONDO LIBRO DEL CORTEGIANO

DEL CONTE BALDESAR CASTIGLIONE

A MESSER ALFONSO ARIOSTO.

I. Non senza maraviglia ho più volte considerato, onde nasca un errore, il quale, perciò che universalmente ne'vecchi si vede, creder si può che ad essi sia proprio e naturale: e questo è, che quasi tutti laudano i tempi passati e biasimano i presenti, vituperando le azioni e i modi nostri e tutto quello che essi nella lor gioventù non facevano; affermando ancor, ogni buon costume e buona maniera di vivere, ogni virtù, in somma ogni cosa, andar sempre di mal in peggio. E veramente par cosa molto aliena dalla ragione e degna di maraviglia, che la età matura, la qual con la lunga esperienza suol far nel resto il giudicio degli uomini più perfetto, in questo lo corrompa tanto, che non si avveggano, che se 'l mondo sempre andasse peggiorando, e che i padri fossero generalmente migliori che i figlioli, molto prima che ora saremmo giunti a quell'ultimo grado di male, che peggiorar non può. E pur vedemo, che non solamente ai dì nostri, ma ancor nei tempi passati, fu sempre questo vizio peculiar di quella età; il che per le scritture di molti autori antichissimi chiaro si comprende, e massimamente dei Comici, i quali più che gli altri esprimono la imagine della vita umana. La causa adunque di questa falsa opinione nei vecchi estimo io per me ch'ella sia, perchè gli anni fuggendo se ne portan seco molte commodità, e tra l'altre levano dal sangue gran parte degli spiriti vitali; onde la complession si muta, e divengon debili gli organi, per i quali l'anima opera le sue virtù. Però dei cori nostri in quel tempo, come allo autunno le foglie degli alberi, caggiono i soavi fiori di contento, e nel loco dei sereni e chiari pensieri entra la nubilosa e torbida tristizia, di mille calamità compagnata; di modo che non solamente il corpo, ma l'animo ancora è infermo; nè dei passati piaceri riserva altro che una tenace memoria, e la imagine di quel caro tempo della tenera età, nella quale quando ci ritrovamo, ci pare che sempre il cielo e la terra ed ogni cosa faccia festa e rida intorno agli occhi nostri, e nel pensiero, come in un delizioso e vago giardino, fiorisca la dolce primavera d' allegrezza. Onde forse saria utile, quando già nella fredda stagione comincia il sole della nostra vita, spogliandoci di quei piaceri, andarsene verso l'occaso, perdere insieme con essi ancor la loro memoria, e trovar, come disse Temistocle, un'arte che a scordar insegnasse; perchè tanto sono fallaci i sensi del corpo nostro, che spesso ingannano ancora il giudicio della mente. Però parmi che i vecchi siano alla condizion di quelli, che partendosi dal porto tengon gli occhi in terra, e par loro che la nave stia ferma e la riva si parta, e pur è il contrario; chè il porto, e medesimamente il tempo ed i piaceri, restano nel suo stato, e noi con la nave della mortalità fuggendo n'andiamo l'un dopo l'altro per quel procelloso mare che ogni cosa assorbe e devora, nè mai più ripigliar terra ci è concesso, anzi, sempre da contrarii venti combattuti, al fine in qualche scoglio la nave rompemo. Per esser adunque l'animo senile subjetto disproporzionato a molti piaceri, gustar non gli può; e come ai febricitanti, quando dai vapori corrotti hanno il palato guasto, pajono tutti i vini amarissimi, benchè preziosi e delicati siano: così ai vecchi per la loro indisposizione, alla qual però non manca il desiderio, pajon i piaceri insipidi e freddi, e molto differenti da quelli che già provati aver si ricordano, benchè i piaceri in sè siano i medesimi; però, sentendosene privi, si dolgono, e biasimano il tempo presente come malo, non discernendo che quella mutazione da sè e non dal tempo procede; e, per contrario, recandosi a memoria i passati piaceri, si arrecano ancor il tempo nel quale avuti gli hanno, e però lo laudano come buono, perchè pare che seco porti un odore di quello che in esso sentiano quando era presente; perchè in effetto gli animi nostri hanno in odio tutte le cose che state sono compagne de' nostri dispiaceri, ed amano quelle che state sono compagne dei piaceri. Onde accade, che ad uno amante è carissimo talor vedere una finestra, benchè chiusa, perchè alcuna volta quivi arà avuto grazia di contemplar la sua donna; medesimamente, vedere uno anello, una lettera, un giardino o altro loco, o qualsivoglia cosa, che gli paja esser stata consapevol testimonio de' suoi piaceri; e, per lo contrario, spesso una camera ornatissima e bella sarà nojosa a chi dentro vi sia stato prigione, o patito v'abbia qualche altro dispiacere. Ed ho già io conosciuto alcuni, che mai non beveriano in un vaso simile a quello, nel quale già avessero, essendo infermi, preso bevanda medicinale; perchè, così come quella finestra, o l'anello o la lettera, all'uno rappresenta la dolce memoria che tanto gli diletta, per parergli che quella già fosse una parte de' suoi piaceri: così all'altro la camera o 'l vaso par che insieme con la memoria rapporti la infermità o la prigionia. Questa medesima cagion credo che mova i vecchi a laudare il passato tempo, e biasimar il presente.

II. Però come del resto, così parlano ancor delle corti, affermando, quelle di che essi hanno memoria esser state molto più eccellenti e piene d'uomini singolari, che non son quelle che oggidì veggiamo; e subito che occorrono tai ragionamenti, cominciano ad estollere con infinite laudi i Cortegiani del duca Filippo, ovvero del duca Borso; e narrano i detti di Nicolò Piccinino; e ricordano che in quei tempi non si saria trovato, se non rarissime volte, che si fosse fatto un omicidio; e che non erano combattimenti, non insidie, non inganni, ma una certa bontà fedele ed amorevole tra tutti, una sicurtà leale; e che nelle corti allor regnavano tanti buoni costumi, tanta onestà, che i Cortegiani tutti erano come religiosi; e guai a quello che avesse detto una mala parola all'altro, o fatto pur un segno men che onesto verso una donna: e per lo contrario dicono, in questi tempi esser tutto l'opposito; e che non solamente tra i Cortegiani è perduto quell'amor fraterno e quel viver costumato, ma che nelle corti non regnano altro che invidie e malivolenze, mali costumi, e dissolutissima vita in ogni sorte di vizii; le donne lascive senza vergogna, gli uomini effeminati. Dannano ancora i vestimenti, come disonesti e troppo molli. In somma riprendono infinite cose, tra le quali molte veramente meritano riprensione, perchè non si può dir che tra noi non siano molti mali uomini e scelerati, e che questa età nostra non sia assai più copiosa di vizii, che quella che essi laudano. Parmi ben che mal discernano la causa di questa differenza, e che siano sciocchi; perchè vorriano che al mondo fossero tutti i beni senza male alcuno; il che è impossibile; perchè essendo il mal contrario al bene, e 'l bene al male, è quasi necessario che per la opposizione e per un certo contrapeso l'un sostenga e fortifichi l'altro, e mancando o crescendo l'uno così manchi o cresca l'altro, perchè niuno contrario è senza l'altro suo contrario. Chi non sa che al mondo non saria la giustizia, se non fossero le ingiurie? la magnanimità, se non fossero li pusillanimi? la continenza, se non fosse la incontinenza? la sanità, se non fosse la infermità? la verità, se non fosse la bugia? la felicità, se non fossero le disgrazie? Però ben dice Socrate appresso Platone, maravigliarsi che Esopo non abbia fatto uno apologo, nel quale finga, Dio, poichè non avea mai potuto unire il piacere e 'l dispiacere insieme, avergli attaccati con la estremità, di modo che 'l principio dell'uno sia il fin dell'altro; perchè vedemo, niuno piacer poterci mai esser grato, se 'l dispiacere non gli precede. Chi può aver caro il riposo, se prima non ha sentito l'affanno della stracchezza? chi gusta il mangiare, il bere e 'l dormire, se prima non ha patito fame, sete e sonno? Credo io adunque, che le passioni e le infermità sian date dalla natura agli uomini non principalmente per fargli soggetti ad esse, perchè non par conveniente, che quella che è madre d'ogni bene dovesse di suo proprio consiglio determinato darci tanti mali; ma facendo la natura la sanità, il piacere e gli altri beni, conseguentemente dietro a questi furono congiunte le infermità, i dispiaceri e gli altri mali. Però, essendo le virtù state al mondo concesse per grazia e don della natura, subito i vizii, per quella concatenata contrarietà, necessariamente le furono compagni; di modo che sempre, crescendo o mancando l'uno, forza è che cosi l'altro cresca o manchi.

III. Però quando i nostri vecchi laudano le corti passate, perchè non aveano gli uomini cosi viziosi come alcuni che hanno le nostre, non conoscono che quelle ancor non gli aveano cosi virtuosi come alcuni che hanno le nostre; il che non è maraviglia: perchè niun male è tanto malo, quanto quello che nasce dal seme corrotto del bene; e però producendo adesso la natura molto miglior ingegni che non facea allora, si come quelli che si voltano al bene fanno molto meglio che non facean quelli suoi, cosi ancor quelli che si voltano al male fanno molto peggio. Non è adunque da dire, che quelli che restavano di far male per non saperlo fare, meritassero in quel caso laude alcuna; perchè avvenga che facessero poco male, faceano però il peggio che sapeano. E che gli ingegni di que' tempi fossero generalmente molto inferiori a que' che son ora, assai si può conoscere da tutto quello che d'essi si vede, cosi nelle lettere, come nelle pitture, statue, edificii, ed ogni altra cosa. Biasimano ancor questi vecchi in noi molte cose che in sè non sono nè buone nè male, solamente perchè essi non le faceano; e dicono, non convenirsi ai giovani passeggiar per le città a cavallo, massimamente nelle mule; portar fodre di pelle, nè robe lunghe nel verno; portar berretta, finchè almeno non sia l'uomo giunto a diciotto anni, ed altre tai cose: di che veramente s'ingannano; perchè questi costumi, oltra che sian commodi ed utili, son dalla consuetudine introdotti, ed universalmente piacciono, come allor piacea l'andar in giornea con le calze aperte e scarpette pulite, e, per esser galante, portar tutto dì un sparvieri in pugno senza proposito, e ballar senza toccar la man della donna, ed usar molti altri modi, i quali, come or sariano goffissimi, allor erano prezzati assai. Però sia licito ancor a noi seguitar la consuetudine de' nostri tempi, senza esser calunniati da questi vecchi, i quali spesso, volendosi laudare, dicono: Io aveva vent'anni, che ancor dormiva con mia madre e mie sorelle, nè seppi ivi a gran tempo che cosa fossero donne; ed ora i fanciulli non hanno appena asciutto il capo, che sanno più malizie che in que' tempi non sapeano gli uomini fatti: nè si avveggono, che dicendo così, confermano i nostri fanciulli aver più ingegno, che non aveano i loro vecchi. Cessino adunque di biasimare i tempi nostri, come pieni di vizii, perchè levando quelli, levariano ancora le virtù; e ricordinsi, che tra i buoni antichi, nel tempo che fiorivano al mondo quegli animi gloriosi e veramente divini in ogni virtù, e gli ingegni più che umani, trovavansi ancor molti sceleratissimi; i quali, se vivessero, tanto sariano tra i nostri mali eccellenti nel male, quanto que' buoni nel bene: e di ciò fanno piena fede tutte le istorie.

IV. Ma a questi vecchi penso che omai a bastanza sia risposto. Però lasciaremo questo discorso, forse ormai troppo diffuso, ma non in tutto fuor di proposito; e bastandoci aver dimostrato, le corti de' nostri tempi non esser di minor laude degne che quelle che tanto laudano i vecchi, attenderemo ai ragionamenti avuti sopra il Cortegiano, per i quali assai facilmente comprender si può, in che grado tra l'altre corti fosse quella d'Urbino, e quale era quel Principe e quella Signora a cui servivano così nobili spiriti, e come fortunati si poteano dir tutti quelli, che in tal commercio viveano.

V. Venuto adunque il seguente giorno, tra i cavalieri e le donne della corte furono molti e diversi ragionamenti sopra la disputazion della precedente sera; il che in gran parte nasceva perchè il signor Prefetto, avido di sapere ciò che detto s'era, quasi ad ognun ne dimandava, e, come suol sempre intervenire, variamente gli era risposto; però che alcuni laudavano una cosa, alcuni un'altra, ed ancor tra molti era discordia della sentenza propria del Conte, chè ad ognuno non erano restate nella memoria così compiutamente le cose dette. Però di questo quasi tutto 'l giorno si parlò; e come prima incominciò a farsi notte, volse il signor Prefetto che si mangiasse, e tutti i gentiluomini condusse seco a cena; e subito fornito di mangiare, n'andò alla stanza della signora DUCHESSA; la quale vedendo tanta compagnia, e più per tempo che consueto non era, disse: Gran peso parmi, messer Federico, che sia quello che posto è sopra le spalle vostre, e grande aspettazion quella a cui corrisponder dovete. — Quivi, non aspettando che messer Federico rispondesse: E che gran peso è però questo? — disse l' UNICO ARETINO: Chi è tanto sciocco, che quando sa fare una cosa non la faccia a tempo conveniente? — Così di questo parlandosi, ognuno si pose a sedere nel loco o modo usato, con attentissima aspettazion del proposto ragionamento.

VI. Allora messer FEDERICO, rivolto all' Unico, A voi adunque non par, disse, signor Unico, che faticosa parte e gran carico mi sia imposto questa sera, avendo a dimostrare in qual modo e maniera e tempo debba il Cortegiano usar le sue buone condizioni, ed operar quelle cose che già s'è detto convenirsegli? — A me non par gran cosa, rispose l'UNICO; e credo che basti tutto questo, dir che 'l Cortegiano sia di buon giudicio, come jersera ben disse il Conte essere necessario; ed essendo così, penso che senza altri precetti debba poter usare quello che egli sa a tempo e con buona maniera: il che volere più minutamente ridurre in regola, saria troppo difficile e forse superfluo; perchè non so qual sia tanto inetto, che volesse venire a maneggiar l'arme quando gli altri fossero nella musica; ovvero andasse per le strade ballando la moresca, avvenga che ottimamente far lo sapesse; ovvero andando a confortar una madre, a cui fosse morto il figliolo, cominciasse a dir piacevolezze e far l'arguto. Certo questo a niun gentiluomo, credo, interverria, che non fosse in tutto pazzo. — A me par, signor Unico, disse quivi messer FEDERICO, che voi andiate troppo in su le estremità: perchè intervien qualche volta esser inetto di modo che non così facilmente si conosce, e gli errori non son tutti pari: e potrà occorrere che l'uomo si asternerà da una sciocchezza publica e troppo chiara, come saria quel che voi dite d'andar ballando la moresca in piazza, e non saprà poi astenersi di laudar sè stesso fuor di proposito, d'usar una prosunzion fastidiosa, di dir talor una parola pensando di far ridere, la qual, per esser detta fuor di tempo, riuscirà fredda e senza grazia alcuna. E spesso questi errori son coperti d'un certo velo, che scorger non gli lascia da chi gli fa, se con diligenza non vi si mira; e benchè per molte cause la vista nostra poco discerna, pur sopra tutto per l'ambizione divien tenebrosa: chè ognun volentier si mostra in quello che si persuade di sapere, o vera o falsa che sia quella persuasione. Però il governarsi bene in questo, parmi che consista in una certa prudenza e giudicio di elezione, e conoscere il più e 'l meno che nelle cose si accresce e scema per operarle opportunamente o fuor di stagione. E benchè il Cortegian sia di così buon giudicio che possa discernere queste differenze, non è però che più facile non gli sia conseguir quello che cerca essendogli aperto il pensiero con qualche precetto, e mostratogli le vie e quasi i lochi dove fondar si debba, che se solamente attendesse al generale.

VII. Avendo adunque il Conte jersera con tanta copia e bel modo ragionato della Cortegiania, in me veramente ha mosso non poco timor e dubio di non poter così ben satisfare a questa nobil audienza in quello che a me tocca a dire, come esso ha fatto in quello che a lui toccava. Pur per farmi partecipe più ch'io posso della sua laude, ed esser sicuro di non errare almen in questa parte, non gli contradirò in cosa alcuna. Onde, consentendo con le opinioni sue, ed, oltre al resto, circa la nobilità del Cortegiano, e lo ingegno, e la disposizion del corpo e grazia dell'aspetto, dico, che per acquistar laude meritamente e buona estimazione appresso ognuno, e grazia da quei signori ai quali serve, parmi necessario che e' sappia componer tutta la vita sua e valersi delle sue buone qualità universalmente nella conversazion di tutti gli uomini senza acquistarne invidia: il che quanto in sè difficil sia, considerar si può dalla rarità di quelli che a tal termine giunger si veggono; perchè in vero tutti da natura siamo pronti più a biasimar gli errori, che a laudar le cose ben fatte, e par che per una certa innata malignità molti, ancor che chiaramente conoscano il bene, si sforzino con ogni studio ed industria di trovarci dentro o errore, o almen similitudine d'errore. Però è necessario, che 'l nostro Cortegiano in ogni sua operazion sia cauto, e ciò che dice o fa sempre accompagni con prudenza; e non solamente ponga cura d'aver in sè parti e condizioni eccellenti, ma il tenor della vita sua ordini con tal disposizione, che 'l tutto corrisponda a queste parti, e si vegga il medesimo esser sempre ed in ogni cosa tal che non discordi da sè stesso, ma faccia un corpo solo di tutte queste buone condizioni; di sorte che ogni suo atto risulti e sia composto di tutte le virtù, come dicono i Stoici esser officio di chi è savio: benchè però in ogni operazion sempre una virtù è la principale; ma tutte sono talmente tra sè concatenate, che vanno ad un fine, e ad ogni effetto tutte possono concorrere e servire. Però bisogna che sappia valersene, e per lo paragone e quasi contrarietà dell'una talor far che l'altra sia più chiaramente conosciuta: come i buoni pittori, i quali con l'ombra fanno apparere e mostrano i lumi de' rilievi; e così col lume profondano l'ombre dei piani, e compagnano i colori diversi insieme di modo, che per quella diversità l'uno e l'altro meglio si dimostra, e 'l posar delle figure contrario l'una all'altra le ajuta a far quell'officio che è intenzion del pittore. Onde la mansuetudine è molto maravigliosa in un gentiluomo il qual sia valente e sforzato nell'arme; e come quella fierezza par maggiore accompagnata dalla modestia, così la modestia accresce e più compar per la fierezza. Però il parlar poco, il far assai, e 'l non laudar sè stesso delle opere laudevoli, dissimulandole di buon modo, accresce l'una e l'altra virtù in persona che discretamente sappia usar questa maniera; e così intervien di tutte l'altre buone qualità. Voglio adunque che 'l nostro Cortegiano in ciò che egli faccia o dica usi alcune regole universali, le quali io estimo che brevemente contengano tutto quello che a me s'appartiene di dire; e per la prima e più importante, fugga, come ben ricordò il Conte jersera, sopra tutto l'affettazione. Appresso, consideri ben che cosa è quella che egli fa o dice, e 'l loco dove la fa, in presenza di cui, a che tempo, la causa perchè la fa, la età sua, la professione, il fine dove tende, e i mezzi che a quello condur lo possono; e così con queste avvertenze s'accomodi discretamente a tutto quello che fare o dir vuole.—

VIII. Poi che così ebbe detto messer Federico, parve che si fermasse un poco. Allor subito, Queste vostre regole, disse il signor Morello da Ortona, a me par che poco insegnino; ed io per me tanto ne so ora, quanto prima che voi ce le mostraste; benchè mi ricordi ancor qualche altra volta averle udite da' frati co' quali confessato mi sono, e parmi che le chiamino le circostanze. — Rise allor messer FEDERICO, e disse: Se ben vi ricorda, volse jersera il Conte che la prima profession del Cortegiano fosse quella dell'arme, e largamente parlò di che modo far la doveva; però questo non replicaremo più. Pur sotto la nostra regola si potrà ancor intendere, che ritrovandosi il Cortegiano nella scaramuzza o fatto d'arme o battaglia di terra, o in altre cose tali, dee discretamente procurar d'appartarsi dalla moltitudine, e quelle cose segnalate ed ardite che ha da fare farle con minor compagnia che può, ed al cospetto di tutti i più nobili ed estimati uomini che siano nell'esercito, e massimamente alla presenza e, se possibil è, inanzi agli occhi proprii del suo re o di quel signore a cui serve; perchè in vero è ben conveniente valersi delle cose ben fatte. Ed io estimo, che siccome è male cercar gloria falsa e di quello che non si merita, così sia ancor male defraudar sè stesso del debito onore, e non cercarne quella laude, che sola è vero premio delle virtuose fatiche. Ed io ricordomi aver già conosciuti di quelli, che, avvenga che fossero valenti, pur in questa parte erano grossieri; e così metteano la vita a pericolo per andar a pigliar una mandra di pecore, come per esser i primi che montassero le mura d'una terra combattuta: il che non farà il nostro Cortegiano, se terrà a memoria la causa che lo conduce alla guerra, che dee esser solamente l'onore. E se poi si ritroverà armeggiare nei spettacoli publici, giostrando, torneando, o giocando a canne, o facendo qualsivoglia altro esercizio della persona; ricordandosi il loco ove si trova, ed in presenza di cui, procurerà esser nell'arme non meno attilato e leggiadro che sicuro, e pascer gli occhi dei spettatori di tutte le cose che gli parrà che possano aggiungergli grazia; e porrà cura d'aver cavallo con vaghi guarnimenti, abiti ben intesi, motti appropriati, ed invenzioni ingeniose, che a sè tirino gli occhi de' circostanti, come calamita il ferro. Non sarà mai degli ultimi che compariscano a mostrarsi, sapendo che i popoli, e massimamente le donne, mirano con molto maggior attenzione i primi che gli ultimi; perchè gli occhi e gli animi, che nel principio son avidi di quella novità, notano ogni minuta cosa, e di quella fanno impressione; poi per la continuazione non solamente si saziano, ma ancora si stancano. Però fu un nobile istrione antico, il qual per questo rispetto sempre voleva nelle fabule esser il primo che a recitare uscisse. Così ancor, parlando pur d'arme, il nostro Cortegiano avrà risguardo alla profession di coloro con chi parla, ed a questo accomodarassi; altramente ancor parlandone con uomini, altramente con donne: e se vorrà toccar qualche cosa che sia in laude sua propria, lo farà dissimulatamente, come a caso e per transito, e con quella discrezione ed avvertenza, che jeri ci mostrò il conte Ludovico.

IX. Non vi par ora, signor Morello, che le nostre regole possano insegnar qualche cosa? Non vi par che quello amico nostro, del qual pochi dì sono vi parlai, s'avesse in tutto scordato con chi parlava e perchè, quando, per intertenere una gentildonna, la quale per prima mai più non aveva veduta, nel principio del ragionar le cominciò a dire che aveva morti tanti uomini, e come era fiero, e sapea giocar di spada a due mani? nè se le levò da canto, che venne a volerle insegnar come s'avessero a riparar alcuni colpi d'azza essendo armato, e come disarmato, ed a mostrar le prese di pugnale; di modo che quella meschina stava in sulla croce, e parvele un'ora mill'anni levarselo da canto, temendo quasi che non ammazzasse lei ancora come quegli altri. In questi errori incorrono coloro che non hanno riguardo alle circostanze, che voi dite aver intese dai frati.

Dico adunque, che degli esercizii del corpo sono alcuni che quasi mai non si fanno se non in pubblico, come il giostrare, il torneare, il giocare a canne, e gli altri tutti che dependono dall'arme. Avendosi adunque in questi da adoperare il nostro Cortegiano, prima ha da procurar d'esser tanto bene ad ordine di cavalli, d'arme e d'abbigliamenti, che nulla gli manchi; e non sentendosi ben assettato del tutto, non vi si metta per modo alcuno: perchè, non facendo bene, non si può escusare che questa non sia la profession sua. Appresso dee considerar molto, in presenza di chi si mostra, e quali siano i compagni; perchè non saria conveniente che un gentiluomo andasse ad onorare con la persona sua una festa di contado, dove i spettatori ed i compagni fossero gente ignobile. —

X. Disse allor il signor GASPARO PALLAVICINO: Nel paese nostro di Lombardia non s'hanno questi rispetti; anzi molti gentiluomini giovani trovansi, che le feste ballano tutto 'l dì nel sole coi villani, e con essi giocano a lanciar la barra, lottare, correre e saltare: ed io non credo che sia male, perchè ivi non si fa paragone della nobilità, ma della forza e destrezza, nelle quai cose spesso gli uomini di villa non vaglion meno che i nobili; e par che quella domestichezza abbia in sè una certa liberalità amabile. — Quel ballar nel sole, rispose messer FEDERICO, a me non piace per modo alcuno, nè so che guadagno vi si trovi. Ma chi vuol pur lottar, correr e saltar coi villani, dee, al parer mio, farlo in modo di provarsi, e, come si suol dir, per gentilezza, non per contender con loro; e dee l'uomo esser quasi sicuro di vincere: altramente non vi si metta; perchè sta troppo male e troppo è brutta cosa e fuor della dignità vedere un gentiluomo vinto da un villano, e massimamente alla lotta: però credo io che sia ben astenersene, almeno in presenza di molti, perchè il guadagno nel vincere è pochissimo, e la perdita nell'esser vinto è grandissima. Fassi ancor il gioco della palla quasi sempre in pubblico; ed è uno di que' spettacoli, a cui la moltitudine apporta assai ornamento. Voglio adunque che questo e tutti gli altri, dall' armeggiar in fuora, faccia il nostro Cortegiano come cosa che sua professione non sia, e di che mostri non cercar o aspettar laude alcuna, nè si conosca che molto studio o tempo vi metta, avvenga che eccellentemente lo faccia; nè sia come alcuni che si dilettano di musica, e parlando con chi si sia, sempre che si fa qualche pausa nei ragionamenti, cominciano sotto voce a cantare; altri, camminando per le strade e per le chiese vanno sempre ballando; altri, incontrandosi in piazza o dove si sia con qualche amico, si metton subito in atto di giocar di spada o di lottare, secondo che più si dilettano. — Quivi disse messer CESARE GONZAGA: Meglio fa un cardinale giovane che avemo in Roma, il qual, perchè si sente ajutante della persona, conduce tutti quelli che lo vanno a visitare, ancorchè mai più non gli abbia veduti, in un suo giardino, ed invitagli con grandissima instanza a spogliarsi in giuppone e giocar seco a saltare. —

XI. Rise messer FEDERICO; poi soggiunse: Sono alcuni altri esercizii, che far si possono nel publico e nel privato, come è il danzare; ed a questo estimo io che debba aver rispetto il Cortegiano: perchè danzando in presenza di molti ed in loco pieno di popolo parmi che si gli convenga servare una certa dignità, temperata però con leggiadra ed aerosa dolcezza di movimenti; e benchè si senta leggierissimo, e che abbia tempo e misura assai, non entri in quelle prestezze dei piedi e duplicati rebattimenti, i quali veggiamo che nel nostro Barletta stanno benissimo, e forse in un gentiluomo sariano poco convenienti: benchè in camera privatamente, come or noi ci troviamo, penso che licito gli sia e questo, e ballar moresche e brandi; ma in publico non così, fuorchè travestito, e benchè fosse di modo che ciascun lo conoscesse, non dà noja; anzi per mostrarsi in tai cose nei spettacoli publici, con arme e senza arme, non è miglior via di quella; perchè lo esser travestito porta seco una certa libertà e licenza, la quale tra l'altre cose fa che l'uomo può pigliare forma di quello in che si sente valere, ed usar diligenza ed attilatura circa la principal intenzione della cosa in che mostrar si vuole, ed una certa sprezzatura circa quello che non importa, il che accresce molto la grazia: come saria vestirsi un giovane da vecchio, ben però con abito disciolto, per potersi mostrare nella gagliardia; un cavaliero in forma di pastor selvatico o altro tale abito, ma con perfetto cavallo, e leggiadramente acconcio secondo quella intenzione: perchè subito l'animo de' circostanti corre ad imaginar quello che agli occhi al primo aspetto s'appresenta; e vedendo poi riuscir molto maggior cosa che non prometteva quell'abito, si diletta e piglia piacere.

Però ad un principe in tai giochi e spettacoli, ove intervenga fizione di falsi visaggi, non si converria il voler mantener la persona del principe proprio, perchè quel piacere che dalla novità viene ai spettatori mancheria in gran parte, chè ad alcuno non è nuovo che il principe sia il principe; ed esso, sapendosi che, oltre allo esser principe, vuol aver ancor forma di principe, perde la libertà di far tutte quelle cose che sono fuor della dignità di principe; e se in questi giochi fosse contenzione alcuna, massimamente con arme, poria ancor far credere di voler tener la persona di principe per non esser battuto, ma riguardato dagli altri; oltra che, facendo nei giochi quel medesimo che dee far da dovero quando fosse bisogno, levaria l'autorità al vero, e pareria quasi che ancor quello fosse gioco: ma in tal caso, spogliandosi il principe la persona di principe, e mescolandosi egualmente con i minori di sè, ben però di modo che possa esser conosciuto, col rifiutar la grandezza piglia un'altra maggior grandezza, che è il voler avanzar gli altri non d'autorità ma di virtù, e mostrar che 'l valor suo non è accresciuto dallo esser *principe*.

XII. Dico adunque che 'l Cortegiano dee in questi spettacoli d'arme aver la medesima avvertenza, secondo il *grado suo*. Nel volteggiar poi a cavallo, lottar, correr e saltare, piacemi molto fuggir la moltitudine della plebe, o almeno lasciarsi veder rarissime volte; perchè non è al mondo cosa tanto eccellente, della quale gli ignoranti non si sazieno, e non tengan poco conto, vedendola spesso. Il medesimo giudico della musica: però non voglio che 'l nostro Cortegiano faccia come molti, che subito che son giunti ove che sia, e alla presenza ancor di signori de' quali non abbiano notizia alcuna, senza lasciarsi molto pregare, si mettono a far ciò che sanno, e spesso ancor quel che non sanno; di modo che par che solamente per quello effetto siano andati a farsi vedere, e che quella sia la loro principal professione. Venga adunque il Cortegiano a far musica, come a cosa per passar tempo, e quasi sforzato, e non in presenza di gente ignobile, nè di gran moltitudine; e benchè sappia ed intenda ciò che fa, in questo ancor voglio che dissimuli lo studio e la fatica che è necessaria in tutte le cose che si hanno a far bene, e mostri estimar poco in sè stesso questa condizione, ma, *col farla eccellentemente, la faccia estimar assai dagli altri*.—

XIII. Allor il signor Gaspar Pallavicino, molte *sorti di musica*, disse, si trovan, così di voci vive, come d'instrumenti: però a me piacerebbe intender qual sia la miglior tra tutte, ed a che tempo debba il Cortegiano operarla. — Bella musica, rispose messer Federico, parmi il cantar bene a libro sicuramente e con bella maniera; ma ancor molto più il cantare alla viola, perchè tutta la dolcezza consiste quasi in un solo, e con molto maggior attenzion si nota ed intende il bel modo e l'aria non essendo occupate le orecchie in più che in una sol voce, e meglio ancor vi si discerne ogni piccolo errore; il che non accade cantando in compagnia, perchè l'uno ajuta l'altro. Ma sopra tutto parmi gratissimo il cantare alla viola per recitare; il che tanto di venustà ed efficacia aggiunge alle parole, che è gran maraviglia. Sono ancor armoniosi tutti gli instrumenti da tasti, perchè hanno le consonanze molto perfette, e con facilità vi si possono far molte cose che empiono l'animo della musical dolcezza. E non meno diletta la musica delle quattro viole da arco, la qual è soavissima ed artificiosa. Dà ornamento e grazia assai la voce umana a tutti questi instrumenti, de' quali voglio che al nostro Cortegian basti aver notizia: e quanto più però in essi sarà eccellente, tanto sarà meglio; senza impacciarsi molto di quelli che Minerva rifiutò ad Alcibiade, perchè pare che abbiano del schifo. Il tempo poi nel quale usar si possono queste sorti di musica estimo io che sia, sempre che l'uomo si trova in una domestica e cara compagnia, quando altre faccende non vi sono; ma sopra tutto conviensi in presenza di donne, perchè quegli aspetti indolciscono gli animi di chi ode, e più i fanno penetrabili dalla soavità della musica, e ancor svegliano i spiriti di chi la fa: piacemi ben, come ancor ho detto, che si fugga la moltitudine, e massimamente degl'ignobili. Ma il condimento del tutto bisogna che sia la discrezione: perchè in effetto saria impossibile imaginar tutti i casi che occorrono; e se il Cortegiano sarà giusto giudice di sè stesso, s'accommoderà bene ai tempi, e conoscerà quando gli animi degli auditori saranno disposti ad udire, e quando no; conoscerà l'età sua: chè in vero non si conviene e dispare assai vedere un uomo di qualche grado, vecchio, canuto e senza denti, pien di rughe, con una viola in braccio sonando, cantare in mezzo d'una compagnia di donne, avvenga ancor che mediocremente lo facesse: e questo, perchè il più delle volte cantando si dicon parole amorose, e ne' vecchi l'amor è cosa ridicola; benchè qualche volta paja che egli si diletti, tra gli altri suoi miracoli, d'accendere in dispetto degli anni i cori agghiacciati. —

XIV. Rispose allora il MAGNIFICO: Non private, messer Federico, i poveri vecchi di questo piacere; perchè io già ho conosciuti *uomini di tempo*, che hanno voci *perfettissime*, e mani dispostissime agl'instrumenti, molto più che alcuni giovani. — Non voglio, disse messer FEDERICO, privare i vecchi di questo piacere, ma voglio ben privar voi e queste donne del ridervi di quella inezia; e se vorranno i vecchi cantare alla viola, facciano in secreto, e solamente per levarsi dell'animo que' travagliosi pensieri e gravi molestie di che la vita nostra è piena, e per gustar quella divinità *ch'io credo che nella musica sentivano Pitagora e Socrate*. E se bene non la eserciteranno, per aver fattone già nell' *animo* un certo abito la gustaran molto più udendola, che chi non avesse cognizione: perchè, sì come spesso le braccia d'un *fabro*, debile nel resto, per esser più esercitate sono più gagliarde che quelle d'un altro uomo robusto, ma non assueto a faticar le braccia, così le orecchie esercitate nell'armonia molto meglio e più presto la discerneno, e con molto maggior piacer la giudicano, che l'altre, per buone ed acute che siano, non essendo versate nelle varietà delle consonanze musicali; perchè quelle modulazioni non entrano, ma senza lasciare gusto di sè via trapassano da canto all'orecchie non assuete d'udirle: avvenga che insino alle fiere sentano qualche dilettazion della melodia. Questo è adunque il piacer, che si conviene ai vecchi pigliare della musica. Il medesimo *dico* del danzare; perchè in vero questi esercizii si deono lasciare prima che dalla età siamo sforzati a nostro dispetto lasciargli. — Meglio è adunque, rispose quivi il signor MORELLO quasi adirato, escludere tutti i vecchi, e dir che solamente i giovani abbiam da esser chiamati Cortegiani. — Rise allor messer FEDERICO, e disse: Vedete voi, signor Morello, che quelli che amano queste cose, se non son giovani, si *studiano* d'apparere; e però si tingono i capelli, e fannosi la barba due volte la settimana: e ciò procede, che la natura tacitamente loro dice, che tali cose non si convengono se non a' giovani. — Risero tutte le donne, perchè ciascuna comprese che quelle parole toccavano al signor Morello; ed esso parve che un poco se ne turbasse.

XV. Ma sono ben degli altri intertenimenti con donne, soggiunse subito messer FEDERICO, che si convengono ai vecchi. — E quali? disse il signor MORELLO; dir le favole? — E questo ancor, rispose messer FEDERICO. Ma ogni età, come sapete, porta seco i suoi pensieri, ed ha qualche peculiar virtù e qualche peculiar vizio; chè i vecchi, come che siano ordinariamente prudenti più che i giovani, più continenti e più sagaci, sono anco poi più parlatori, avari, difficili, timidi; sempre gridano in casa, asperi ai figlioli, vogliono che ognun faccia a modo loro: e per contrario i giovani, animosi, liberali, sinceri, ma pronti alle risse, volubili, che amano e disamano in un punto, dati a tutti i lor piaceri, nimici a chi lor ricorda il bene. Ma di tutte le età la virile è più temperata, che già ha lasciato le male parti della gioventù, ed ancor non è pervenuta a quelle della vecchiezza. Questi adunque, posti quasi nelle estremità, bisogna che con la ragion sappiano correggere i vizii che la natura porge. Però deono i vecchi guardarsi dal molto laudar sè stessi, e dall'altre cose viziose che avemo detto esser loro proprie, e valersi di quella prudenza e cognizion che per lungo uso avranno acquistata, ed esser quasi oracoli a cui ognun vada per consiglio, ed aver grazia in dir quelle cose che sanno, accommodatamente ai propositi, accompagnando la gravità degli anni con una certa temperata e faceta piacevolezza. In questo modo saranno buoni Cortegiani, ed interterrannosi bene con uomini e con donne, ed in ogni tempo saranno gratissimi, *senza cantare o danzare*; e quando occorrerà il bisogno, mostreranno il valor loro nelle cose d'importanza.

XVI. Questo medesimo rispetto e giudicio abbian i giovani, non già di tener lo stile dei vecchi, chè quello che all'uno conviene non converrebbe in tutto all'altro, e suolsi dir che ne' giovani troppo saviezza è mal segno, ma di corregger in sè i vizii naturali. Però a me piace molto veder un giovane, e massimamente nell'arme, che abbia un poco del grave e del taciturno: che stia sopra di sè, senza que' modi inquieti che spesso in tal età si veggono; perchè par che abbian non so che di più che gli altri giovani. Oltre a ciò quella maniera così riposata ha in sè una certa fierezza riguardevole, perchè par mossa non da ira ma da giudicio, e più presto governata dalla ragione che dallo appetito: e questa quasi sempre in tutti gli uomini di gran core si conosce; e medesimamente vedemola negli animali bruti, che hanno sopra gli altri nobilità e fortezza, come nello leone e nella aquila: nè ciò è fuor di ragione, perchè quel movimento impetuoso e subito, senza parole o altra dimostrazion di collera, che con tutta la forza unitamente in un tratto, quasi come scoppio di bombarda, erompe dalla quiete, che è il suo contrario, è molto più violento e furioso che quello che, crescendo per gradi, si riscalda a poco a poco. Però questi che, quando son per far qualche impresa, parlan tanto e saltano, nè posson star fermi, pare che in quelle tali cose si svampino; e, come ben dice il nostro messer Pietro Monte, fanno come i fanciulli, che andando di notte per paura cantano, quasi che con quel cantare da sè stessi si facciano animo. Così adunque come in un giovane la gioventù riposata e matura è molto laudevole, perchè par che la leggerezza, che è vizio peculiar di quella età, sia temperata e corretta, così in un vecchio è da estimare assai la vecchiezza verde e viva, perchè pare che 'l vigor dell' animo sia tanto, che riscaldi e dia forza a quella debile e fredda età, e la mantenga in quello stato mediocre, che è la miglior parte della vita nostra.

XVII. Ma in somma, non basteranno ancor tutte queste condizioni nel nostro Cortegiano per acquistar quella universal grazia de' signori, cavalieri e donne, se non arà insieme una gentil e amabile maniera nel conversare cotidiano: e di questo credo veramente che sia difficile dar regola alcuna, per le infinite e varie cose che occorrono nel conversare, essendo che tra tutti gli uomini del mondo non si trovano dui, che siano d'animo totalmente simili. Però chi ha da accomodarsi nel conversare con tanti, bisogna che si guidi col suo giudicio proprio, e, conoscendo le differenze dell'uno e dell'altro, ogni dì muti stile e modo, secondo la natura di quelli con chi a conversar si mette. Nè io per me altre regole circa ciò dar gli saprei, eccetto le già date, le quali sin da fanciullo, confessandosi, imparò il nostro signor Morello. — Rise quivi la signora EMILIA, e disse: Voi fuggite troppo la fatica, messer Federico; ma non vi verrà fatto, chè pur avete da dire fin che l'ora sia d'andare a letto. — E s'io, Signora, non avessi che dire? — rispose messer FEDERICO. Disse la signora EMILIA: Qui si vedrà il vostro ingegno; e se è vero quello ch'io già ho inteso, essersi trovato uomo tanto ingegnoso ed eloquente, che non gli sia mancato subjetto per comporre un libro in laude d'una mosca, altri in laude della febre quartana, un altro in laude del calvizio: non dà il core a voi ancor di saper trovar che dire per una sera sopra la Cortegianía? — Ormai, rispose messer FEDERICO, tanto ne avemo ragionato, che ne sariano fatti doi libri; ma poi che non mi vale escusazione, dirò pur fin che a voi paja ch'io abbia satisfatto, se non all'obligo, almeno al poter mio.

XVIII. Io estimo che la conversazione, alla quale dee principalmente attendere il Cortegiano con ogni suo studio per farla grata, sia quella che averà col suo principe; e benchè questo nome di conversare importi una certa parità, che pare che non possa cader tra 'l signore e 'l servitore, pur noi per ora la chiameremo così. Voglio adunque che 'l Cortegiano, oltre lo aver fatto ed ogni dì far conoscere ad ognuno, sè esser di quel valore che già avemo detto, si volti con tutti i pensieri e forze dell'animo suo ad amare e quasi adorare il principe a chi serve, sopra ogni altra cosa; e le voglie sue e costumi e modi, tutti indirizzi a compiacerlo. — Quivi non aspettando più, disse PIETRO DA NAPOLI: Di questi Cortegiani oggidì trovarannosi assai, perchè mi pare che in poche parole ci abbiate dipinto un nobile adulatore. — Voi v'ingannate assai, rispose messer FEDERICO; perchè gli adulatori non amano i signori nè gli amici, il che io vi dico che voglio che sia principalmente nel nostro Cortegiano; e 'l compiacere e secondar le voglie di quello a chi si serve si può far senza adulare, perchè io intendo delle voglie che siano ragionevoli ed oneste, ovvero di quelle che in sè non son nè buone nè male, come saria il giocare, darsi più ad uno esercizio che ad un altro; ed a questo voglio che il Cortegiano s'accommodi, sebben da natura sua vi fosse alieno, di modo che, sempre che 'l signore lo vegga, pensi che a parlar gli abbia di cosa che gli sia grata: il che interverrà, se in costui sarà il buon giudicio per conoscere ciò che piace al principe, e lo ingegno e la prudenza per sapersegli accommodare, e la deliberata volontà per farsi piacer quello che forse da natura gli dispiacesse; ed avendo queste avvertenze, inanzi al principe non starà mai di mala voglia nè melanconico, nè così taciturno, come molti che par che tenghino briga coi patroni, che è cosa veramente odiosa. Non sarà maledico, e specialmente dei suoi signori; il che spesso interviene, chè pare che nelle corti sia una procella che porti seco questa condizione, che sempre quelli che sono più beneficati dai signori, e da bassissimo loco ridotti in alto stato, sempre si dolgono e dicono mal d'essi: il che è disconveniente, non solamente a questi tali, ma ancor a quelli che fossero mal trattati. Non usarà il nostro Cortegiano presunzion sciocca; non sarà apportator di nuove fastidiose; non sarà inavvertito in dir talor parole che offendano in loco di voler compiacere; non sarà ostinato e contenzioso, come alcuni, che par che non godano d'altro che d'essere molesti e fastidiosi a guisa di mosche, e fanno profession di contradire dispettosamente ad ognuno senza rispetto; non sarà cianciatore, vano o bugiardo, vantatore nè adulatore inetto, ma modesto e ritenuto, usando sempre, e massimamente in publico, quella reverenza e rispetto che si conviene al servitor verso il signor; e non farà come molti, i quali, incontrandosi con qualsivoglia gran principe, se pur una sol volta gli hanno parlato, se gli fanno inanti con un certo aspetto ridente e da amico, così come se volessero accarezzar un suo equale, o dar favor ad un minor di sè. Rarissime volte o quasi mai non domanderà al signor cosa alcuna per sè stesso, acciò che quel signor avendo rispetto di negarla così a lui stesso, talor non la conceda con fastidio, che è molto peggio. Domandando ancor per altri, osserverà discretamente i tempi, e domanderà cose oneste e ragionevoli; ed assettarà talmente la petizion sua, levandone quelle parti che esso conoscerà poter dispiacere e facilitando con destrezza le difficoltà, che 'l signor la concederà sempre, o se pur la negherà, non crederà aver offeso colui a chi non ha voluto compiacere: perchè spesso i signori, poi che hanno negato una grazia a chi con molta importunità la domanda, pensano che colui che l'ha domandata con tanta instanza la desiderasse molto; onde, non avendo potuto ottenerla, debba voler male a chi glie l'ha negata; e per questa credenza essi cominciano ad odiar quel tale, e mai più nol posson veder con buon occhio.

XIX. Non cercherà d'intromettersi in camera o nei lochi secreti col signor suo non essendo richiesto, sebben sarà di molta autorità; perchè spesso i signori, quando stanno privatamente, amano una certa libertà di dire e far ciò che lor piace, e però non vogliono essere nè veduti nè uditi da persona da cui possano esser giudicati; ed è ben conveniente. Onde quelli che biasimano i signori che tengono in camera persone di non molto valore in altre cose che in sapergli ben servir alla persona, parmi che facciano errore, perchè non so per qual causa essi non debbano aver quella libertà per relasciare gli animi loro, che noi ancor volemo per relasciar i nostri. Ma se 'l Cortegiano, consueto di trattar cose importanti, si ritrova poi secretamente in camera, dee vestirsi un'altra persona, e differir le cose severe ad altro loco e tempo, ed attendere a ragionamenti piacevoli e grati al signor suo, per non impedirgli quel riposo d'animo. Ma in questo ed in ogni altra cosa sopra tutto abbia cura di non venirgli a fastidio, ed aspetti che i favori gli siano offerti più presto, che uccellargli così scopertamente come fan molti, che tanto avidi ne sono, che pare che, non conseguendogli, abbiano da perder la vita; e se per sorte hanno qualche disfavore, ovvero veggono altri esser favoriti, restano con tanta angonia, che dissimular per modo alcuno non possono quella invidia: onde fanno ridere di sè ognuno, e spesso sono causa che i signori dian favore a chi si sia, solamente per far loro dispetto. Se poi ancor si ritrovano in favor che passi la mediocrità, tanto s'inebriano in esso, che restano impediti d'allegrezza; nè par che sappian ciò che si far delle mani nè dei piedi, e quasi stanno per chiamar la brigata che venga a vedergli e congratularsi seco, come di cosa che non siano consueti mai più d'avere. Di questa sorte non voglio che sia il nostro Cortegiano. Voglio ben che ami i favori, ma non però gli estimi tanto, che non paja poter ancor star senz'essi; e quando gli consegue non mostri d'esservi dentro nuovo nè forestiero, nè maravigliarsi che gli siano offerti; nè gli rifiuti di quel modo che fanno alcuni, che per vera ignoranza restano d'accettargli, e così fanno vedere ai circonstanti che se ne conoscono indegni. Dee ben l'uomo star sempre un poco più rimesso che non comporta il grado suo; non accettar così facilmente i favori ed onori che gli sono offerti, e rifiutarli modestamente, mostrando estimargli assai, con tal modo però, che dia occasione a chi gli offerisce d'offerirgli con molto maggior instanza; perchè quanto più resistenza con tal modo s'usa nello accettargli, tanto più pare a quel principe che gli concede d'esser estimato, e che la grazia che fa tanto sia maggiore, quanto più colui che la riceve mostra apprezzarla e più di essa tenersi onorato. E questi son i veri e sodi favori, e che fanno l'uomo esser estimato da chi di fuor li vede; perchè, non essendo mendicati, ognun presume che nascano da vera virtù; e tanto più, quanto sono accompagnati dalla modestia. —

XX. Disse allor messer CESARE GONZAGA: Parmi che abbiate rubato questo passo allo Evangelio, dove dice: *Quando sei invitato a nozze, va, ed assettati nell'infimo loco, acciò che venendo colui che t'ha invitato, dica: Amico, ascendi più su; — e così ti sarà onore alla presenza dei convitati.* — Rise messer FEDERICO, e disse: Troppo gran sacrilegio sarebbe rubare allo Evangelio; ma voi siete più dotto nella Sacra Scrittura ch'io non mi pensava; — poi soggiunse: Vedete come a gran pericolo si mettano talor quelli che temerariamente inanzi ad un signore entrano in ragionamento, senza che altri li ricerchi; e spesso quel signore, per far loro scorno, non risponde e volge il capo ad un'altra mano, e se pur risponde loro, ognun vede che lo fa con fastidio. Per aver adunque favor dai signori, non è miglior via che meritargli; nè bisogna che l'uomo si confidi, vedendo un altro che sia grato ad un principe per qualsivoglia cosa, di dover, per imitarlo, esso ancor medesimamente venire a quel grado: perchè ad ognun non si convien ogni cosa; e trovarassi talor un uomo, il qual da natura sarà tanto pronto alle facezie, che ciò che dirà porterà seco il riso, e parerà che sia nato solamente per quello: e s'un altro che abbia maniera di gravità, avvenga che sia di buonissimo ingegno, vorrà mettersi a far il medesimo, sarà freddissimo e disgraziato, di sorte che farà stomaco a chi l'udirà; e riuscirà appunto quell'asino, che ad imitazion del cane volea scherzar col patrone. Però bisogna che ognun conosca sè stesso e le forze sue, ed a quello s'accommodi, e consideri quali cose ha da imitare e quali no.—

XXI. Prima che più avanti passate, disse quivi VINCENZIO CALMETA, s'io ho ben inteso, parmi che dianzi abbiate detto che la miglior via per conseguir favori sia il meritargli; e che più presto dee il Cortegiano aspettar che gli siano offerti, che presuntuosamente ricercargli. Io dubito assai che questa regola sia poco al proposito, e parmi che la esperienza ci faccia molto ben chiari del contrario: perchè oggidì pochissimi sono favoriti da'signori, eccetto i presuntuosi; e so che voi potete esser buon testimonio d'alcuni, che, ritrovandosi in poca grazia dei lor principi, solamente con la presunzione si son loro fatti grati; ma quelli che per modestia siano ascesi, io per me non conosco, ed a voi ancor do spazio di pensarvi, e credo che pochi ne troverete. E se considerate la corte di Francia, la qual oggidì è una delle più nobili di cristianità, troverete che tutti quelli che in essa hanno grazia universale, tengon del presuntuoso; e non solamente l'uno con l'altro, ma col re medesimo. — Questo non dite già, rispose messer FEDERICO; anzi in Francia sono modestissimi e cortesi gentiluomini: vero è che usano una certa libertà e domestichezza senza cerimonia, la qual ad essi è propria e naturale; e però non si dee chiamar presunzione, perchè in quella sua così fatta maniera, benchè ridano, e piglino piacere dei presuntuosi, pur apprezzano molto quelli che loro pajono aver in sè valore e modestia. — Rispose il CALMETA: Guardate i Spagnoli, i quali par che siano maestri della Cortegiania, e considerate quanti ne trovate, che con donne e con signori non siano presuntuosissimi; e tanto più de'Franzesi, quanto che nel primo aspetto mostrano grandissima modestia: e veramente in ciò sono discreti, perchè, come ho detto, i signori de' nostri tempi tutti favoriscono que' soli che hanno tai costumi. —

XXII. Rispose allor messer FEDERICO: Non voglio già comportar, messer Vincenzio, che voi questa nota diate ai signori de' nostri tempi; perchè pur ancor molti sono che amano la modestia, la quale io non dico però che sola basti per far l'uom grato: dico ben, che quando è congiunta con un gran valore, onora assai chi la possede; e se ella di sè stessa tace, l'opere laudevoli parlano largamente, e son molto più maravigliose che se fossero compagnate dalla presunzione e temerità. Non voglio già negar che non si trovino molti Spagnoli presuntuosi; dico ben, che quelli che sono assai estimati, per il più sono modestissimi. Ritrovansi poi ancor alcun' altri tanto freddi, che fuggono il consorzio degli uomini troppo fuor di modo, e passano un certo grado di mediocrità, tal che si fanno estimare o troppo timidi o troppo superbi; e questi per niente non laudo, nè voglio che la modestia sia tanto asciutta ed arida, che diventi rusticità. Ma sia il Cortegiano, quando gli vien in proposito, facondo, e nei discorsi de' stati prudente e savio, ed abbia tanto giudicio, che sappia accommodarsi ai costumi delle nazioni ove si ritrova; poi nelle cose più basse sia piacevole, e ragioni ben d'ogni cosa; ma sopra tutto tenda sempre al bene: non invidioso, non maldicente; nè mai s'induca a cercar grazia o favor per via viziosa, nè per mezzo di mala sorte. — Disse allora il CALMETA: Io v'assicuro che tutte l'altre vie son molto più dubiose e più lunghe che non è questa che voi biasimate; perchè oggidì, per replicarlo un'altra volta, i signori non amano se non que' che son volti a tal cammino. — Non dite così, rispose allor messer FEDERICO, perchè questo sarebbe troppo chiaro argomento, che i signori de' nostri tempi fossero tutti viziosi e mali; il che non è, perchè pur se ne ritrovano alcuni buoni. Ma se 'l nostro Cortegiano per sorte sua si troverà esser a servizio d'un che sia vizioso e maligno, subito che lo conosca se ne levi, per non provar quello estremo affanno che sentono tutti i buoni che serveno ai mali. — Bisogna pregar Dio, rispose il CALMETA, che ce gli dia buoni, perchè quando s' hanno, è forza patirgli tali quali sono; perchè infiniti rispetti astringono chi è gentiluomo, poi che ha cominciato a servire ad un patrone, a non lasciarlo; ma la disgrazia consiste nel principio: e sono i Cortegiani in questo caso alla condizion di que' malavventurati uccelli, che nascono in trista valle. — A me pare, disse messer FEDERICO, che 'l debito debba valer più che tutti i rispetti; e pur che un gentiluomo non lasci il patrone quando fosse in su la guerra o in qualche avversità, di sorte che si potesse credere che ciò facesse per secondar la fortuna, o per parergli che gli mancasse quel mezzo del qual potesse trarre utilità, da ogni altro tempo credo che possa con ragion e debba levarsi da quella servitù, che tra i buoni sia per dargli vergogna; perchè ognun prosume che chi serve ai buoni sia buono, e chi serve ai mali sia malo. —

XXIII. Vorrei, disse allor il signor LUDOVICO PIO, che voi mi chiariste un dubio ch' io ho nella mente; il qual' è, se un gentiluomo, mentre che serve ad un principe, è obligato ad ubedirgli in tutte le cose che gli comanda, ancor che fossero disoneste e vituperose. — In cose disoneste non siamo noi obligati ad ubedire a persona alcuna, — rispose messer FEDERICO. E come, replicò il signor LUDOVICO, s' io starò al servizio d' un principe il qual mi tratti bene, e si confidi ch'io debba far per lui ciò che far si può, comandandomi ch'io vada ad ammazzare un uomo, o far qualsivoglia altra cosa, debbo io rifiutar di farla? — Voi dovete, rispose messer FEDERICO, ubedire al signor vostro in tutte le cose che a lui sono utili ed onorevoli, non in quelle che gli sono di danno e di vergogna: però se esso vi comandasse che faceste un tradimento, non solamente non sete obligato a farlo, ma sete obligato a non farlo, e per voi stesso, e per non esser ministro della vergogna del signor vostro. Vero è che molte cose pajono al primo aspetto buone che sono male, e molte pajono male e pur son buone. Però è licito talor per servizio de' suoi signori ammazzare non un uomo ma diece milia, e far molte altre cose, le quali, a chi non le considerasse come si dee, parerìano male, e pur non sono. — Rispose allor il signor GASPAR PALLAVICINO: Deh, per vostra fè, ragionate un poco sopra questo, ed insegnateci come si possan discerner le cose veramente buone dalle apparenti. — Perdonatemi, disse messer Federico; io non voglio entrar qua, chè troppo ci saria che dire, ma il tutto si rimetta alla discrezion vostra. —

XXIV. Chiaritemi almen un altro dubio, — replicò il signor Gasparo. E che dubio? — disse messer Federico. Questo, rispose il signor Gasparo. Vorrei sapere, essendomi imposto da un mio signor terminatamente quello ch'io abbia a fare in una impresa o negozio di qualsivoglia sorte, s'io, ritrovandomi in fatto, e parendomi con l'operare più o meno o altrimenti di quello che m'è stato imposto, poter fare succedere la cosa più prosperamente o con più utilità di chi m'ha dato tal carico, debbo io governarmi secondo quella prima norma senza passar i termini del comandamento, o pur far quello che a me pare esser meglio? — Rispose allora messer Federico: Io, circa questo, vi darei la sentenza con lo esempio di Manlio Torquato, che in tal caso per troppo pietà uccise il figliolo, se lo estimassi degno di molta laude, che in vero non l'estimo; benchè anco non oso biasimarlo, contra la opinion di tanti secoli: perchè senza dubio è assai pericolosa cosa desviare dai comandamenti de' suoi maggiori, confidandosi più del giudicio di sè stessi che di quegli ai quali ragionevolmente s'ha da ubedire; perchè se per sorte il pensier vien fallito, e la cosa succeda male, incorre l'uomo nell'error della disubedienza, e ruina quello che ha da far senza via alcuna di escusazione o speranza di perdono; se ancor la cosa vien secondo il desiderio, bisogna laudarne la ventura, e contentarsene: pur con tal modo s'introduce una usanza d'estimar poco i comandamenti de' superiori; e per esempio di quello a cui sarà successo bene, il quale forse sarà prudente ed arà discorso con ragione, ed ancor sarà stato ajutato dalla fortuna, vorranno poi mille altri ignoranti e leggieri pigliar sicurtà nelle cose importantissime di far al lor modo, e, per mostrar d'esser savii ed aver autorità, desviar dai comandamenti de' signori: il che è malissima cosa, e spesso causa d'infiniti errori. Ma io estimo che in tal caso debba quello a cui tocca considerar maturamente, e quasi porre in bilancia il bene e la commodità che gli è per venire del fare contra il comandamento, ponendo che 'l disegno suo gli succeda secondo la speranza; dall'altra banda, contrapesare il male e la incommodità che glie ne nasce se per sorte, contrafacendo al comandamento, la cosa gli vien mal fatta: e conoscendo che 'l danno possa esser maggiore e di più importanza succedendo il male, che la utilità succedendo il bene, dee astenersene, e servar apuntino quello che imposto gli è; e per contrario, se la utilità è per esser di più importanza succedendo il bene, che 'l danno succedendo il male, credo che possa ragionevolmente mettersi a far quello che più la ragione e 'l giudicio suo gli detta, e lasciar un poco da canto quella propria forma del comandamento; per fare come i buoni mercatanti, li quali per guadagnare l'assai avventurano il poco, ma non l'assai per guadagnar il poco. Laudo ben che sopra tutto abbia rispetto alla natura di quel signore a cui serve, e secondo quella si governi; perchè se fosse così austera, come di molti che se ne trovano, io non lo consigliarei mai, se amico mio fosse, che mutasse in parte alcuna l'ordine datogli: acciò che non gl'intravenisse quel che si scrive esser intervenuto ad un maestro ingegnero d'Ateniesi, al quale, essendo Publio Crasso Muziano in Asia, e volendo combattere una terra, mandò a domandare un de'dui alberi da nave che esso in Atene avea veduto, per far uno ariete da battere il muro, e disse voler il maggiore. L'ingegnero, come quello che era intendentissimo, conobbe quel maggiore esser poco a proposito per tal effetto; e per esser il minore più facile a portare, ed ancor più conveniente a far quella machina, mandollo a Muziano. Esso, intendendo come la cosa era ita, fecesi venir quel povero ingegnero, e domandatogli, perchè non l'avea ubedito, non volendo ammettere ragion alcuna che gli dicesse, lo fece spogliar nudo, e battere e frustare con verghe tanto che si morì, parendogli che in loco d'ubedirlo avesse voluto consigliarlo: sì che con questi così severi uomini bisogna usar molto rispetto.

XXV. Ma, lasciamo da canto omai questa pratica de'signori, e vengasi alla conversazione coi pari o poco diseguali; chè ancor a questa bisogna attendere, per esser universalmente più frequentata, e trovarsi l'uomo più spesso in questa che in quella de' signori. Benchè son alcuni sciocchi, che se fossero in compagnia del maggior amico che abbiano al mondo, incontrandosi con un meglio vestito, subito a quel s'attaccano; se poi gli ne occorre un altro meglio, fanno pur il medesimo. E quando poi il principe passa per le piazze, chiese o altri lochi publici, a forza di cubiti si fanno far strada a tutti, tanto che se gli mettono al costato; e se ben non hanno che dirgli, pur lor voglion parlare, e tengono lunga la diceria, e rideno, e battono le mani e 'l capo, per mostrar ben aver faccende d'importanza, acciò che 'l popolo gli vegga in favore. Ma poi che questi tali non si degnano di parlare se non coi signori, io non voglio che noi degnamo parlar d'essi. —

XXVI. Allora il Magnifico JULIANO, Vorrei, disse, messer Federico, poichè avete fatto menzion di questi che s'accompagnano così volontieri coi ben vestiti, che ci mostraste di qual maniera si debba vestire il Cortegiano, e che abito più se gli convenga, e circa tutto l'ornamento del corpo, in che modo debba governarsi; perchè in questo veggiamo infinite varietà: e chi si veste alla franzese, chi alla spagnola, chi vuol parer Tedesco; nè ci mancano ancor di quelli che si vestono alla foggia de' Turchi; chi porta la barba, chi no. Saria adunque ben fatto, saper in questa confusione eleggere il meglio. — Disse messer FEDERICO: Io in vero non saprei dar regola determinata circa il vestire, se non che l'uom s'accomodasse alla consuetudine dei più; e poichè, come voi dite, questa consuetudine è tanto varia, e che gl'Italiani tanto son vaghi d'abigliarsi alle altrui fogge, credo che ad ognuno sia licito vestirsi a modo suo. Ma io non so per qual fato intervenga che la Italia non abbia, come soleva avere, abito che sia conosciuto per italiano; che benchè lo aver posto in usanza questi nuovi faccia parer quelli primi goffissimi, pur quelli forse erano segno di libertà, come questi son stati augurio di servitù; il qual ormai parmi assai chiaramente adempiuto. E come si scrive, che, avendo Dario, l'anno prima che combattesse con Alessandro, fatto acconciar la spada che egli portava a canto, la quale era persiana, alla foggia di Macedonia, fu interpretato dagl' indovini che questo significava, che coloro, nella foggia de' quali Dario aveva tramutato la forma della spada persiana, verriano a dominar la Persia; così l'aver noi mutati gli abiti italiani negli stranieri parmi che significasse, tutti quegli, negli abiti de' quali i nostri erano trasformati, dover venire a subjugarci; il che è stato troppo più che vero, ché ormai non resta nazione che di noi non abbia fatto preda: tanto che poco più resta che predare, e pur ancor di predar non si resta.

XXVII. Ma non voglio che noi entriamo in ragionamenti di fastidio: però ben sarà dir degli abiti del nostro Cortegiano; i quali io estimo che, pur che non siano fuor della consuetudine, nè contrarii alla professione, possano per lo resto tutti star bene, purchè satisfacciano a chi gli porta. Vero è ch' io per me amerei che non fossero estremi in alcuna parte, come talor suol essere il franzese in troppo grandezza, e 'l tedesco in troppo piccolezza, ma come sono e l'uno e l'altro corretti e ridotti in miglior forma dagl' Italiani. Piacemi ancor sempre, che tendano un poco più al grave e riposato, che al vano: però parmi che maggior grazia abbia nei vestimenti il color nero, che alcun altro; e se pur non è nero, che almen tenda al scuro: e questo intendo del vestir ordinario, perchè non è dubio che sopra l'arme più si convengan colori aperti ed allegri, ed ancor gli abiti festivi, trinzati, pomposi e superbi. Medesimamente nei spettacoli publici di feste, di giochi, di mascare, e di tai cose; perchè così divisati portan seco una certa vivezza ed alacrità, che in vero ben s'accompagna con l'armi e giochi: ma nel resto, vorrei che mostrassino quel riposo che molto serva la nazion spagnola, perchè le cose estrinseche spesso fan testimonio delle intrinseche. — Allor disse messer CESARE GONZAGA: Questo a me daria poca noja, perchè, se un gentiluom nelle altre cose vale, il vestire non gli accresce nè scema mai reputazione. — Rispose messer FEDERICO: Voi dite il vero. Pur qual è di noi che, vedendo passeggiar un gentiluomo con una roba adosso quartata di diversi colori, ovvero con tante stringhette e fettuzze annodate e fregi traversati, non lo tenesse per pazzo o per buffone? — Nè pazzo, disse messer PIETRO BEMBO, nè buffone sarebbe costui tenuto da chi fosse qualche tempo vivuto nella Lombardia, perchè così vanno tutti. — Adunque, rispose la signora DUCHESSA ridendo, se così vanno tutti, opporre non se gli dee per vizio, essendo a loro questo abito tanto conveniente e proprio, quanto ai Veneziani il portar le maniche a comeo, ed a' Fiorentini il cappuzzo. — Non parlo io, disse messer FEDERICO, più della Lombardia che degli altri lochi, perchè d'ogni nazion se ne trovano e di sciocchi e d'avveduti. Ma per dir ciò che mi par d'importanza nel vestire, voglio che 'l nostro Cortegiano in tutto l'abito sia pulito e delicato, ed abbia una certa conformità di modesta attilatura, ma non però di maniera feminile o vana, nè più in una cosa che nell'altra, come molti ne vedemo, che pongon tanto studio nella capigliara, che si scordano il resto; altri fan professione di denti, altri di barba, altri di borzacchini, altri di berrette, altri di cuffie; e così intervien che quelle poche cose più colte pajono lor prestate, e tutte l'altre che sono sciocchissime si conoscono per le loro. E questo tal costume voglio che fugga il nostro Cortegiano, per mio consiglio; aggiugnendovi ancor, che debba fra sè stesso deliberar ciò che vuol parere, e di quella sorte che desidera esser estimato, della medesima vestirsi, e far che gli abiti lo ajutino ad esser tenuto per tale ancor da quelli che non l'odono parlare, nè veggono far operazione alcuna. —

XXVIII. A me non pare, disse allor il signor GASPAR PALLAVICINO, che si convenga, nè ancor che s'usi tra persone di valore, giudicar la condizion degli uomini agli abiti, e non alle parole ed alle opere, perchè molti s'ingannariano; nè senza causa dicesi quel proverbio, che l'abito non fa il monaco. — Non dico io, rispose messer FEDERICO, che per questo solo s'abbiano a far i giudicii resoluti delle condizion degli uomini, nè che più non si conoscano per le parole e per l'opere che per gli abiti: dico ben, che ancor l'abito non è piccolo argomento della fantasia di chi lo porta, avvenga che talor possa esser falso; e non solamente questo, ma tutti i modi e costumi, oltre all'opere e parole, sono giudicio delle qualità di colui in cui si veggono. — E che cose trovate voi, rispose il signor GASPARO, sopra le quali noi possiam far giudicio, che non siano nè parole nè opere? — Disse allor messer FEDERICO: Voi siete troppo sottile loico. Ma per dirvi come io intendo, si trovano alcune operazioni, che, poi che son fatte, restano ancora, come l'edificare, scrivere ed altre simili; altre non restano, come quelle di che io voglio ora intendere: però non chiamo in questo proposito che 'l passeggiare, ridere, guardare, e tai cose, siano operazioni; e pur tutto questo di fuori dà notizia spesso di quel dentro. Ditemi, non faceste voi giudicio che fosse un vano e leggier uomo quello amico nostro, del quale ragionammo pur questa mattina, subito che lo vedeste passeggiar con quel torzer di capo, dimenandosi tutto, ed invitando con aspetto benigno la brigata a cavarsegli la berretta? Così ancora quando vedete uno che guarda troppo intento con gli occhi stupidi a foggia d'insensato, o che rida così sciocccamente come que' mutoli gozzuti delle montagne di Bergamo, avvenga che non parli o faccia altro, non lo tenete voi per un gran babuasso? Vedete adunque che questi modi e costumi, che io non intendo per ora che siano operazioni, fanno in gran parte che gli uomini sian conosciuti.

XXIX. Ma un'altra cosa parmi che dia e lievi molto la riputazione, e questa è la elezion degli amici coi quali si ha da tenere intrinseca pratica; perchè indubitatamente la ragion vuol, che di quelli che sono con stretta amicizia ed indissolubil compagnia congiunti, siano ancor le volontà, gli animi, i giudicii e gl'ingegni conformi. Così chi conversa con ignoranti o mali, è tenuto per ignorante o malo; e per contrario chi conversa con buoni e savii e discreti, è tenuto per tale: chè da natura par che ogni cosa volentieri si congiunga col suo simile. Però gran riguardo credo che si convenga aver nel cominciar queste amicizie, perchè di dui stretti amici chi conosce l'uno, subito imagina l'altro esser della medesima condizione. — Rispose allor messer PIETRO BEMBO: Del ristringersi in amicizia così unanime, come voi dite, parmi veramente che si debba aver assai riguardo, non solamente per l'acquistar o perdere la riputazione, ma perchè oggidì pochissimi veri amici si trovano, nè credo che più siano al mondo quei Piladi ed Oresti, Tesei e Piritoi, nè Scipioni e

Lelii; anzi non so per qual destin interviene ogni dì, che dui amici, quali saranno vivuti in cordialissimo amore molt'anni, pur al fine l'un l'altro in qualche modo s'ingannano, o per malignità, o per invidia, o per leggerezza, o per qualche altra mala causa; e ciascun dà la colpa al compagno di quello, che forse l'uno e l'altro la merita. Però essendo a me intervenuto più d'una volta l'esser ingannato da chi più amava, e da chi sopra ogni altra persona aveva confidenza d'esser amato, ho pensato talor da me a me, che sia ben non fidarsi mai di persona del mondo, nè darsi così in preda ad amico, per caro ed amato che sia, che senza riservo l'uomo gli communichi tutti i suoi pensieri come farebbe a sè stesso; perchè negli animi nostri sono tante latebre e tanti recessi, che impossibil è che prudenza umana possa conoscer quelle simulazioni, che dentro nascose vi sono. Credo adunque che ben sia, amare e servire l'un più che l'altro, secondo i meriti e 'l valore; ma non però assicurarsi tanto con questa dolce esca d'amicizia, che poi tardi se n'abbiamo a pentire. —

XXX. Allor messer FEDERICO, Veramente, disse, molto maggior saria la perdita che 'l guadagno, se del consorzio umano si levasse quel supremo grado d'amicizia, che, secondo me, ci dà quanto di bene ha in sè la vita nostra; e però io per alcun modo non voglio consentirvi che ragionevol sia, anzi mi daria il core di concludervi, e con ragioni evidentissime, che senza questa perfetta amicizia gli uomini sariano molto più infelici che tutti gli altri animali; e se alcuni guastano, come profani, questo santo nome d'amicizia, non è però da estirparla così degli animi nostri, e per colpa dei mali privar i buoni di tanta felicità; ed io per me estimo, che qui tra noi sia più di un par di amici, l'amor dei quali sia indissolubile e senza inganno alcuno, e per durar fin alla morte con le voglie conformi, non meno che se fossero quegli antichi che voi dianzi avete nominati; e così interviene quando, oltre alla inclinazion che nasce dalle stelle, l'uomo s'elegge amico a sè simile di costumi: e 'l tutto intendo che sia tra buoni e virtuosi, perchè l'amicizia de' mali non è amicizia. Laudo ben che questo nodo così stretto non comprenda o leghi più che dui, che altramente forse saria pericoloso; perchè, come sapete, più difficilmente s'accordano tre instrumenti di musica insieme, che dui. Vorrei adunque che 'l nostro Cortegiano avesse un precipuo e cordial amico, se possibil fosse, di quella sorte che detto avemo; poi, secondo 'l valore e meriti, amasse, onorasse ed osservasse tutti gli altri, e sempre procurasse d'intertenersi più con gli estimati e nobili e conosciuti per buoni, che con gl'ignobili e di poco pregio; di maniera che esso ancor da loro fosse amato ed onorato: e questo gli verrà fatto se sarà cortese, umano, liberale, affabile e dolce in compagnia, officioso e diligente nel servire e nell'aver cura dell'utile ed onor degli amici così assenti come presenti, sopportando i lor difetti naturali e sopportabili, senza rompersi con essi per piccol causa, e correggendo in sè stesso quelli che amorevolmente gli saranno ricordati; non si anteponendo mai agli altri con cercar i primi e i più onorati lochi; nè con fare come alcuni, che par che sprezzino il mondo, e vogliano con una certa austerità molesta dar legge ad ognuno; ed, oltre allo essere contenziosi in ogni minima cosa e fuor di tempo, riprender ciò che essi non fanno, e sempre cercar causa di lamentarsi degli amici: il che è cosa odiosissima. —

XXXI. Quivi essendosi fermato di parlare messer Federico, Vorrei, disse il signor Gasparo Pallavicino, che voi ragionaste un poco più minutamente di questo conversar con gli amici, che non fate; chè in vero vi tenete molto al generale, e quasi ci mostrate le cose per transito. — Come per transito? rispose messer Federico. Vorreste voi forse che io vi dicessi ancor le parole proprie che si avessero ad usare? Non vi par adunque che abbiamo ragionato a bastanza di questo? — A bastanza parmi, rispose il signor Gasparo. Pur desidero io d'intendere qualche particolarità ancor della foggia dell'intertenersi con uomini e con donne: la qual cosa a me par di molta importanza, considerato che 'l più del tempo in ciò si dispensa nelle corti; e se questa fosse sempre uniforme, presto verria a fastidio. — A me pare, rispose messer Federico, che noi abbiam dato al Cortegiano cognizion di tante cose, che molto ben può variar la conversazione, ed accommodarsi alle qualità delle persone con le quai ha da conversare, presupponendo che egli sia di buon giudicio, e con quello si governi, e secondo i tempi talor intenda nelle cose gravi, talor nelle feste e giochi. — E che giochi? — disse il signor GASPARO. Rispose allor messer FEDERICO ridendo: Dimandiamone consiglio a fra Serafino, che ogni dì ne trova de' nuovi. — Senza motteggiare, replicò il signor GASPARO, parvi che sia vizio nel Cortegiano il giocare alle carte ed ai dadi? — A me no, disse messer FEDERICO, eccetto a cui nol facesse troppo assiduamente e per quello lasciasse l'altre cose di maggior importanza, o veramente non per altro che per vincer danari, ed ingannasse il compagno, e perdendo mostrasse dolore e dispiacere tanto grande, che fosse argomento d'avarizia. — Rispose il signor GASPARO: E che dite del gioco de' scacchi? — Quello certo è gentile intertenimento ed ingegnoso, disse messer FEDERICO, ma parmi che un sol difetto vi si trovi; e questo è, che si può saperne troppo, di modo che a cui vuol esser eccellente nel gioco de' scacchi credo bisogni consumarvi molto tempo, e mettervi tanto studio, quanto se volesse imparar qualche nobil scienza, o far qualsivoglia altra cosa ben d'importanza; e pur in ultimo con tanta fatica non sa altro che un gioco: però in questo penso che intervenga una cosa rarissima, cioè che la mediocrità sia più laudevole che la eccellenza. — Rispose il signor GASPARO: Molti Spagnoli trovansi eccellenti in questo ed in molti altri giochi, i quali però non vi mettono molto studio, nè ancor lascian di far l'altre cose. — Credete, rispose messer FEDERICO, che gran studio vi mettano, benchè dissimulatamente. Ma quegli altri giochi che voi dite, oltre agli scacchi, forse sono come molti ch'io ne ho veduti far pur di poco momento, i quali non servono se non a far maravigliare il vulgo; però a me non pare che meritino altra laude nè altro premio, che quello che diede Alessandro Magno a colui, che, stando assai lontano, così ben infilzava i ceci in un ago.

XXXII. Ma perchè par che la fortuna, come in molte altre cose, così ancor abbia grandissima forza nelle opinioni degli uomini, vedesi talor che un gentiluomo, per ben condizionato che egli sia e dotato di molte grazie, sarà poco grato ad un signore, e, come si dice, non gli arà sangue; e questo senza causa alcuna che si possa comprendere: però giungendo alla presenza di quello, e non essendo dagli altri per prima conosciuto, benchè sia arguto e pronto nelle risposte, e si mostri bene nei gesti, nelle maniere, nelle parole, ed in ciò che si conviene, quel signore poco mostrarà d'estimarlo, anzi più presto gli farà qualche scorno; e da questo nascerà che gli altri subito s'accommodaranno alla volontà del signore, e ad ognun parerà che quel tale non vaglia, nè sarà persona che l'apprezzi o stimi, o rida de' suoi detti piacevoli, o ne tenga conto alcuno; anzi cominciaranno tutti a burlarlo, e dargli la caccia; nè a quel meschino basteran buone risposte, nè pigliar le cose come dette per gioco, chè insino a' paggi se gli metteranno attorno, di sorte che, se fosse il più valoroso uomo del mondo, sarà forza che resti impedito e burlato. E per contrario, se 'l principe si mostrarà inclinato ad un ignorantissimo, che non sappia nè dir nè fare, saranno spesso i costumi ed i modi di quello, per sciocchi ed inetti che siano, laudati con le esclamazioni e stupore da ognuno, e parerà che tutta la corte lo ammiri ed osservi, e ch'ognun rida de' suoi motti, e di certe arguzie contadinesche e fredde, che più presto dovrian mover vomito che riso: tanto son fermi ed ostinati gli uomini nelle opinioni che nascono da' favori e disfavori de' signori. Però voglio che 'l nostro Cortegiano, il meglio che può, oltre al valore, s'ajuti ancor con ingegno ed arte; e sempre che ha d'andare in loco dove sia nuovo e non conosciuto, procuri che prima vi vada la buona opinion di sè che la persona, e faccia che ivi s'intenda che esso in altri lochi, appresso altri signori, donne e cavalieri, sia ben estimato; perchè quella fama che par che nasca da molti giudicii genera una certa ferma credenza di valore, che poi, trovando gli animi così disposti e preparati, facilmente con l'opere si mantiene ed accresce: oltra che si fugge quel fastidio ch'io sento quando mi viene domandato chi sono, e quale è il nome mio. —

XXXIII. Io non so come questo giovi, rispose messer Bernardo Bibiena; perchè a me più volte è intervenuto, e, credo, a molt'altri, che avendomi formato nell'animo, per detto di persone di giudicio, una cosa esser di molta eccellenza, prima che veduta l'abbia, vedendola poi assai mi è mancata, e di gran lunga restato son ingannato di quello ch'io estimava; e ciò d'altro non è proceduto che dall'aver troppo creduto alla fama, ed aver fatto nell'animo mio un tanto gran concetto, che, misurandolo poi col vero, l'effetto, avvenga che sia stato grande ed eccellente, alla comparazion di quello che imaginato aveva m'è parso piccolissimo. Cosi dubito ancor che possa intervenir del Cortegiano. Però non so come sia bene dar queste aspettazioni, e mandar inanzi quella fama; perchè gli animi nostri spesso formano cose alle quali impossibil è poi corrispondere, e cosi più se ne perde che non si guadagna. — Quivi disse messer Federico: Le cose che a voi, ed a molt'altri riescono minori assai che la fama, son per il più di sorte, che l'occhio al primo aspetto le può giudicare; come se voi non sarete mai stato a Napoli o a Roma, sentendone ragionar tanto imaginarete più assai di quello che forse poi alla vista vi riuscirà; ma delle condizioni degli uomini non intervien così, perchè quello che si vede di fuori è il meno. Però se 'l primo giorno, sentendo ragionare un gentiluomo, non comprenderete che in lui sia quel valore che avevate prima imaginato, non così presto vi spogliarete della buona opinione come in quelle cose delle quali l'occhio subito è giudice, ma aspettarete di di in di scoprir qualche altra nascosta virtù, tenendo pur ferma sempre quella impressione che v'è nata dalle parole di tanti; ed essendo poi questo (come io presuppongo che sia il nostro Cortegiano) cosi ben qualificato, ogn'ora meglio vi confermarà a creder a quella fama, perchè con l'opere ve ne darà causa, e voi sempre estimarete qualche cosa più di quello che vederete.

XXXIV. E certo non si può negar che queste prime impressioni non abbiano grandissima forza, e che molta cura aver non vi si debba; ed acciò che comprendiate quanto importino, dicovi che io ho a' miei dì conosciuto un gentiluomo, il quale, avvenga che fosse di assai gentil aspetto e di modesti costumi, ed ancor valesse nell'arme, non era però in alcuna di queste condizioni tanto eccellente, che non se gli trovassino molti pari, ed ancor superiori: pur, come la sorte sua volse, intervenne che una donna si voltò ad amarlo ferventissimamente, e crescendo ogni dì questo amore per la dimostrazion di correspondenza che faceva il giovane, e non vi essendo modo alcun da potersi parlare insieme, spinta la donna da troppo passione scoperse il suo desiderio ad un'altra donna, per mezzo della quale sperava qualche commodità. Questa nè di nobiltà nè di bellezza non era punto inferior alla prima; onde intervenne che sentendo ragionare così affettuosamente di questo giovane, il qual essa mai non aveva veduto, e conoscendo che quella donna, la quale ella sapeva ch'era discretissima e d'ottimo giudicio, l'amava estremamente, subito imaginò che costui fosse il più bello e 'l più savio e 'l più discreto ed in somma il più degno uomo da esser amato, che al mondo si trovasse; e così, senza vederlo, tanto fieramente se ne innamorò, che non per l'amica sua ma per sè stessa cominciò a far ogni opera per acquistarlo, e farlo a sè corrispondente in amore: il che con poca fatica le venne fatto, perchè in vero era donna più presto da esser pregata, che da pregare altrui. Or udite bel caso. Non molto tempo appresso occorse che una lettera, la qual scrivea questa ultima donna allo amante, pervenne in mano d'un'altra pur nobilissima, e di costumi e di bellezza rarissima, la qual essendo, come è il più delle donne, curiosa e cupida di saper secreti, e massimamente d'altre donne, aperse questa lettera, e leggendola, comprese ch'era scritta con estremo affetto d'amore; e le parole dolci e piene di foco che ella lesse, prima la mossero a compassion di quella donna, perchè molto ben sapea da chi veniva la lettera ed a cui andava; poi tanta forza ebbero, che rivolgendole nell'animo, e considerando di che sorte doveva esser colui che avea potuto indur quella donna a tanto amore, subito essa ancor se ne innamorò; e fece quella lettera forse maggior effetto, che non averia fatto se dal giovane a lei fosse stata mandata. E come talor interviene, che 'l veneno in qualche vivanda preparato per un signore ammazza il primo che 'l gusta, così questa meschina, per esser troppo ingorda, bevvè quel veneno amoroso che per altrui era preparato. Che vi debbo io dire? la cosa fu assai palese, ed andò di modo, che molte donne, oltre a queste, parte per far dispetto all'altre, parte per far come l'altre, posero ogni industria e studio per goder dell'amore di costui, e ne fecero per un tempo alla grappa, come i fanciulli delle cerase: e tutto procedette dalla prima opinione che prese quella donna, vedendolo tanto amato da un' altra. —

XXXV. Or quivi ridendo rispose il signor GASPARO PALLAVICINO: Voi per confermare il parer vostro con ragione, m'allegate opere di donne, le quali per lo più son fuori d'ogni ragione; e se voi voleste dir ogni cosa, questo così favorito da tante donne dovea essere un nescio e da poco uomo in effetto; perchè usanza loro è sempre attaccarsi ai peggiori, e, come le pecore, far quello che veggon far alla prima, o bene o male che si sia: oltra che son tanto invidiose tra sè, che se costui fosse stato un mostro, pur averian voluto rubarselo l'una all'altra. — Quivi molti cominciarono, e quasi tutti a voler contradire al signor Gasparo; ma la signora Duchessa impose silenzio a tutti; poi, pur ridendo, disse: Se 'l mal che voi dite delle donne non fosse tanto aliene dalla verità, che nel dirlo piuttosto desse carico e vergogna a chi lo dice che ad esse, io lascierei che vi fosse risposto; ma non voglio che col contradirvi con tante ragioni come si poria, siate rimosso da questo mal costume, acciò che del peccato vostro abbiate gravissima pena; la qual sarà la mala opinion che di voi pigliaran tutti quelli, che di tal modo vi sentiranno ragionare.— Allor messer FEDERICO, Non dite, signor Gasparo, rispose, che le donne siano così fuor di ragione, se ben talor si moveno ad amar più per l'altrui giudicio che per lo loro; perchè i signori e molti savii uomini spesso fanno il medesimo; e, se licito è dir il vero, voi stesso e noi altri tutti molte volte, ed ora ancor, credemo più all'altrui opinione che alla nostra propria. E che sia 'l vero, non è ancor molto tempo, che essendo appresentati qui alcuni versi sotto 'l nome del Sannazaro, a tutti parvero molto eccellenti, e furono laudati con le maraviglie ed esclamazioni; poi, sapendosi per certo che erano di un altro, persero subito la reputazione, e parvero men che mediocri. E cantandosi pur in presenza della signora Duchessa un mottetto, non piacque mai nè fu estimato per buono, fin che non si seppe che quella era composizion di Josquin de Pris. Ma che più chiaro segno volete voi della forza della opinione? Non vi ricordate che, bevendo voi stesso d'un medesimo vino, dicevate talor che era perfettissimo, talor insipidissimo? e questo, perchè a voi era persuaso che eran dui vini, l'un di Riviera di Genoa e l'altro di questo paese; e poi ancor che fu scoperto l'errore, per modo alcuno non volevate crederlo: tanto fermamente era confermata nell'animo vostro quella falsa opinione, la qual però dalle altrui parole nasceva.

XXXVI. Deve adunque il Cortegiano por molta cura nei principii, di dar buona impression di sè, e considerar come dannosa e mortal cosa sia lo incorrer nel contrario: ed a tal pericolo stanno più che gli altri quei che voglion far profession d'esser molto piacevoli, ed aversi con queste sue piacevolezze acquistato una certa libertà, per la qual lor convenga e sia lecito e fare e dire ciò che loro occorre così senza pensarvi. Però spesso questi tali entrano in certe cose, delle quai non sapendo uscire, voglion poi ajutarsi col far ridere; e quello ancor fanno così disgraziatamente che non riesce: tanto che inducono in grandissimo fastidio chi gli vede ed ode, ed essi restano freddissimi. Alcuna volta, pensando per quello esser arguti e faceti, in presenza d'onorate donne, e spesso a quelle medesime, si mettono a dir sporchissime e disoneste parole; e quanto più le veggono arrossire, tanto più si tengon buon Cortegiani, e tuttavia ridono, e godono tra sè di così bella virtù, come lor par avere. Ma per niuna altra causa fanno tante pecoragini, che per esser estimati buon compagni: questo è quel nome solo che lor pare degno di laude, e del quale più che di niun altro essi si vantano; e per acquistarlo si dicon le più scorrette e vituperose villanie del mondo. Spesso s'urtano giù per le scale, si dan de' legni e de' mattoni l'un l'altro nelle reni, mettonsi pugni di polvere negli occhi, fannosi ruinar i cavalli adosso ne' fossi o giù di qualche poggio; a tavola poi, minestre, sapori, gelatine, tutte si danno nel volto: e poi ridono; e chi di queste cose sa far più, quello per miglior Cortegiano e più galante da sè stesso s'apprezza, e pargli aver guadagnato gran gloria; e se talor invitano a cotai sue piacevolezze un gentiluomo, e che egli non voglia usar questi scherzi selvatichi, subito dicono ch'egli si tien troppo savio e gran maestro, e che non è buon compagno. Ma io vi vo' dir peggio. Sono alcuni che contrastano e mettono il prezzo a chi può mangiare e bere più stomacose e fetide cose; e trovanle tanto aborrenti dai sensi umani, che impossibil è ricordarle senza grandissimo fastidio. —

XXXVII. E che cose possono esser queste? – disse il signor Ludovico Pio. Rispose messer Federico: Fatevele dire al marchese Febus, che spesso l'ha vedute in Francia, e forse gli è intervenuto. — Rispose il marchese Febus: Io non ho veduto far cosa in Francia di queste, che non si faccia ancor in Italia; ma ben ciò che hanno di buon gl'Italiani nei vestimenti, nel festeggiare, banchettare, armeggiare, ed in ogni altra cosa che a Cortegian si convenga, tutto l'hanno dai Franzesi. — Non dico io, rispose messer Federico, che ancor tra Franzesi non si trovino dei gentilissimi e modesti cavalieri; ed io per me n'ho conosciuti molti veramente degni d'ogni laude; ma pur alcuni se ne trovan poco riguardati; e, parlando generalmente, a me par che con gli Italiani più si confaccian nei costumi i Spagnoli che i Franzesi, perchè quella gravità riposata peculiar dei Spagnoli mi par molto più conveniente a noi altri, che la pronta vivacità, la qual nella nazion franzese quasi in ogni movimento si conosce; il che in essi non disdice, anzi ha grazia, perchè loro è così naturale e propria, che non si vede in loro affettazione alcuna. Trovansi ben molti Italiani che vorriano pur sforzarsi d'imitare quella maniera; e non sanno far altro che crollar la testa parlando, e far riverenze in traverso di mala grazia, e quando passeggian per la terra camminar tanto forte, che i staffieri non possano lor tener drieto: e con questi modi par loro esser buon Franzesi, ed aver di quella libertà; la qual cosa in vero rare volte riesce, eccetto a quelli che son nutriti in Francia e da fanciulli hanno presa quella maniera. Il medesimo intervien del saper diverse lingue; il che io laudo molto nel Cortegiano, e massimamente la spagnola e la franzese: perchè il commercio dell'una e dell'altra nazione è molto frequente in Italia, e con noi sono queste due più conformi che alcuna dell'altre; e que' dui principi, per esser potentissimi nella guerra e splendidissimi nella pace, sempre hanno la corte piena di nobili cavalieri, che per tutto 'l mondo si spargono; ed a noi pur bisogna conversar con loro.

XXXVIII. Or io non voglio seguitar più minutamente in dir cose troppo note, come che 'l nostro Cortegian non debba far profession d'esser gran mangiatore, nè bevitore, nè dissoluto in alcun mal costume, nè laido e mal assettato nel vivere, con certi modi da contadino, che chiamano la zappa e l'aratro mille miglia di lontano; perchè chi è di tal sorte, non solamente non s'ha da sperar che divenga buon Cortegiano, ma non se gli può dar esercizio conveniente, altro che di pascer le pecore. E, per concluder, dico, che buon saria che 'l Cortegian sapesse perfettamente ciò che detto avemo convenirsigli, di sorte che tutto 'l possibile a lui fosse facile, ed ognuno di lui si maravigliasse, esso di niuno; intendendo però che in questo non fosse una certa durezza superba ed inumana, come hanno alcuni, che mostrano non maravigliarsi delle cose che fanno gli altri, perchè essi presumon poterle far molto meglio, e col tacere le disprezzano, come indegne che di lor si parli; e quasi voglion far segno che niuno altro sia non che lor pari, ma pur capace d'intendere la profondità del saper loro. Però deve il Cortegian fuggir questi modi odiosi, e con umanità e benivolenza laudar ancor le buone opere degli altri; e benchè esso si senta ammirabile, e di gran lunga superior a tutti, mostrar però di non estimarsi per tale. Ma perchè nella natura umana rarissime volte e forse mai non si trovano queste così compite perfezioni, non dee l'uomo che si sente in qualche parte manco diffidarsi però di sè stesso, nè perder la speranza di giungere a buon grado, avvenga che non possa conseguir quella perfetta e suprema eccellenza dove egli aspira; perchè in ogni arte son molti lochi, oltr' al primo, laudevoli; e chi tende alla sommità, rare volte interviene che non passi il mezzo. Voglio adunque che 'l nostro Cortegiano, se in qualche cosa, oltr' all'arme, si troverà eccellente, se ne vaglia e se ne onori di buon modo; e sia tanto discreto e di buon giudicio, che sappia tirar con destrezza e proposito le persone a vedere ed udir quello, in che a lui par d'essere eccellente, mostrando sempre farlo non per ostentazione, ma a caso, e pregato d'altrui più presto che di volontà sua; ed in ogni cosa che egli abbia da far o dire, se possibil è, sempre venga premeditato e preparato, mostrando però il tutto esser all'improviso. Ma le cose nelle quai si sente mediocre, tocchi per transito, senza fondarsici molto, ma di modo, che si possa credere che più assai ne sappia di ciò ch'egli mostra: come talor alcuni poeti che accennavano cose sottilissime di filosofia o d'altre scienze, e per avventura n'intendevan poco. Di quello poi di che si conosce totalmente ignorante non voglio che mai faccia professione alcuna, nè cerchi d'acquistarne fama; anzi, dove occorre, chiaramente confessi di non saperne. —

XXXIX. Questo, disse il CALMETA, non arebbe fatto Nicoletto, il quale essendo eccellentissimo filosofo, nè sapendo più leggi che volare, benchè un Podestà di Padoa avesse deliberato dargli di quelle una lettura, non volse mai, a persuasion di molti scolari, desingannar quel Podestà e confessargli di non saperne, sempre dicendo, non si accordar in questo con la opinione di Socrate, nè esser cosa da filosofo il dir mai di non sapere. — Non dico io, rispose messer FEDERICO, che 'l Cortegian da sè stesso, senza che altri lo ricerchi, vada a dir di non sapere; chè a me ancor non piace questa sciocchezza d'accusar o disfavorir sè medesimo: e però talor mi rido di certi uomini, che ancor senza necessità narrano volentieri alcune cose, le quali, benchè forse siano intervenute senza colpa loro, portan però seco un'ombra d'infamia; come faceva un cavalier che tutti conoscete, il qual sempre che udiva far menzion del fatto d'arme che si fece in Parmegiana contra 'l re Carlo, subito cominciava a dir in che modo egli era fuggito, nè parea che di quella giornata altro avesse veduto o inteso; parlandosi poi d'una certa giostra famosa, contava pur sempre come egli era caduto; e spesso ancor parea che nei ragionamenti andasse cercando di far venire a proposito il poter narrar che una notte, andando a parlar ad una donna, avea ricevuto di molte bastonate. Queste sciocchezze non voglio io che dica il nostro Cortegiano, ma parmi ben che offerendoseli occasion di mostrarsi in cosa di che non sappia punto, debba fuggirla; e se pur la necessità lo stringe, confessar chiaramente di non saperne, più presto che mettersi a quel rischio: e così fuggirà un biasimo che oggidì meritano molti, i quali, non so per qual loro perverso instinto o giudicio fuor di ragione sempre si mettono a far quel che non sanno, e lascian quel che sanno. E, per confermazion di questo, io conosco uno eccellentissimo musico, il qual, lasciata la musica, s'è dato totalmente a compor versi, e credesi in quello esser grandissimo uomo, e fa ridere ognun di sè, e omai ha perduta ancor la musica. Un altro de' primi pittori del mondo sprezza quell'arte dove è rarissimo, ed èssi posto ad imparar filosofia; nella quale ha così strani concetti e nuove chimere, che esso con tutta la sua pittura non sapria depingerle. E di questi tali, infiniti si trovano. Son bene alcuni, i quali, conoscendosi avere eccellenza in una cosa, fanno principal professione d'un'altra, della qual però non sono ignoranti; ma ogni volta che loro occorre mostrarsi in quella dove si senton valere, si mostran gagliardamente; e vien lor talor fatto che la brigata, vedendogli valer tanto in quello che non è sua professione, estima che vaglian molto più in quello di che fan professione. Quest'arte, s'ella è compagnata da buon giudicio, non mi dispiace punto. —

XL. Rispose allor il signor GASPAR PALLAVICINO: Questa a me non par arte, ma vero inganno; nè credo che si convenga, a chi vuol esser uomo da bene, mai lo ingannare.— Questo, disse messer FEDERICO, è più presto un ornamento il quale accompagna quella cosa che colui fa, che inganno; e se pur è inganno, non è da biasimare. Non direte voi ancora, che di dui che maneggian l'arme quel che batte il compagno lo inganna? e questo è perchè ha più arte che l'altro. E se voi avete una gioja, la qual dislegata mostri esser bella, venendo poi alle mani d'un buon orefice, che col legarla bene la faccia parer molto più bella, non direte voi che quello orefice inganna gli occhi di chi la vede? e pur di quello inganno merita laude, perchè col buon giudicio e con l'arte le maestrevoli mani spesso aggiungon grazia ed ornamento allo avorio ovvero allo argento, ovvero ad una bella pietra circondandola di fin oro. Non diciamo adunque che l'arte o tal inganno, se pur voi lo volete così chiamare, meriti biasimo alcuno. Non è ancor disconveniente che un uomo che si senta valere in una cosa, cerchi destramente occasion di mostrarsi in quella, e medesimamente nasconda le parti che gli pajan poco laudevoli, il tutto però con una certa avvertita dissimulazione. Non vi ricorda come, senza mostrar di cercarle, ben pigliava l'occasioni il re Ferrando di spogliarsi talor in giuppone? e questo, perchè si sentiva dispositissimo; e perchè non avea troppo buone mani, rare volte o quasi mai non si cavava i guanti? e pochi erano che di questa sua avvertenza s'accorgessero. Parmi ancor aver letto che Julio Cesare portasse volentieri la laurea, per nascondere il calvizio. Ma circa questi modi bisogna esser molto prudente e di buon giudicio, per non uscire de' termini; perchè molte volte l'uomo per fuggir un errore incorre nell'altro, e per voler acquistar laude acquista biasimo.

XLI. È adunque securissima cosa, nel modo del vivere e nel conversare, governarsi sempre con una certa onesta mediocrità, che nel vero è grandissimo e fermissimo scudo contra la invidia, la qual si dee fuggir quanto più si può. Voglio ancor che 'l nostro Cortegiano si guardi di non acquistar nome di bugiardo, nè di vano; il che talor interviene a quegli ancora che nol meritano: però ne' suoi ragionamenti sia sempre avvertito di non uscir della verisimilitudine, e di non dir ancor troppo spesso quelle verità che hanno faccia di menzogna, come molti che non parlan mai se non di miracoli, e voglion esser di tanta autorità, che ogni incredibil cosa a loro sia creduta. Altri nel principio d'una amicizia, per acquistar grazia col nuovo amico, il primo dì che gli parlano giurano non aver persona al mondo che più amino che lui, e che vorrebben volontier morir per fargli servizio, e tai cose fuor di ragione; e quando da lui si partono, fanno le viste di piangere, e di non poter dir parola per dolore; così, per voler esser tenuti troppo amorevoli, si fanno estimar bugiardi, e sciocchi adulatori. Ma troppo lungo e faticoso saria voler discorrer tutti i vizii che possono occorrere nel modo del conversare: però per quello ch'io desidero nel

Cortegiano basti dire, oltre alle cose già dette, ch'el sia tale, che mai non gli manchin ragionamenti buoni, e commodati a quelli co' quali parla, e sappia con una certa dolcezza recrear gli animi degli auditori, e con motti piacevoli e facezie discretamente indurgli a festa e riso, di sorte che, senza venir mai a fastidio o pur a saziare, continuamente diletti.

XLII. Io penso che ormai la signora Emilia mi darà licenza di tacere; la qual cosa s'ella mi negarà, io per le parole mie medesime sarò convinto non esser quel buon Cortegiano di cui ho parlato; chè non solamente i buoni ragionamenti, i quali nè mo nè forse mai da me avete uditi, ma ancor questi *miei*, come voglia che si siano, in tutto mi mancano.— Allor disse, ridendo, il signor Prefetto: Io non voglio che questa falsa opinion resti nell'animo d'alcun di noi, che voi non siate buonissimo Cortegiano; chè certo il desiderio vostro di tacere più presto procede dal voler fuggir fatica, che da mancarvi ragionamenti. Però, acciò che non paja che in compagnia così degna come è questa, e ragionamento tanto eccellente, si sia lasciato a drieto parte alcuna, siate contento d'insegnarci come abbiamo ad usar le facezie, delle quali avete or fatta menzione, e mostrarci l'arte che s'appartiene a tutta questa sorte di parlar piacevole, per indurre riso e festa con gentil modo, perchè in vero a me pare che importi assai, e molto si convenga al Cortegiano. — Signor mio, rispose allor messer Federico, le facezie e i motti sono più presto dono e grazia di natura che d'arte; ma bene in questo si trovano alcune nazioni pronte più l'una che l'altra, come i Toscani, che in vero sono acutissimi. Pare ancor che ai Spagnoli sia assai proprio il motteggiare. Trovansi ben però molti, e di queste e d'ogni altra nazione, i quali per troppo loquacità passan talor i termini, e diventano insulsi ed inetti, perchè non han rispetto alla sorte delle persone con le quai parlano, al loco ove si trovano, al tempo, alla gravità ed alla modestia che essi proprii mantenere devriano.—

XLIII. Allor il signor Prefetto rispose: Voi negate che nelle facezie sia arte alcuna; e pur, dicendo mal di que' che non servano in esse la modestia e gravità, e non hanno rispetto al tempo ed alle persone con le quai parlano, parmi che dimostriate che ancor questo insegnar si possa, ed abbia in sè qualche disciplina. — Queste regole, Signor mio, rispose messer FEDERICO, son tanto universali, che ad ogni cosa si confanno e giovano. Ma io ho detto nelle facezie non esser arte, perchè di due sorti solamente parmi che se ne trovino; delle quai l'una s'estende nel ragionar lungo e continuato; come si vede di alcun' uomini, che con tanto buona grazia e così piacevolmente narrano ed esprimono una cosa che sia loro intervenuta, o veduta o udita l'abbiano, che coi gesti e con le parole la mettono inanzi agli occhi, e quasi la fan toccar con mano: e questa forse, per non ci aver altro vocabolo, si poria chiamar *festività*, ovvero *urbanità*. L'altra sorte di facezie è brevissima, e consiste solamente nei detti pronti ed acuti, come spesso tra noi se n'odono, e de' mordaci; nè senza quel poco di puntura par che abbian grazia: e questi presso agli antichi ancor si nominavano *detti*; adesso alcuni le chiamano *arguzie*. Dico adunque che nel primo modo, che è quella festiva narrazione, non è bisogno arte alcuna, perchè la natura medesima crea e forma gli uomini atti a narrare piacevolmente; e dà loro il volto, i gesti, la voce e le parole appropriate ad imitar ciò che vogliono. Nell'altro, delle arguzie, che può far l'arte? con ciò sia cosa che quel salso detto dee esser uscito ed aver dato in brocca, prima che paja che colui che lo dice v'abbia potuto pensare; altramente è freddo, e non ha del buono. Però estimo, che 'l tutto sia opera dell' ingegno e della natura. — Riprese allor le parole messer PIETRO BEMBO, e disse: Il signor Prefetto non vi nega quello che voi dite, cioè che la natura e lo ingegno non abbiano le prime parti, massimamente circa la invenzione; ma certo è che nell'animo di ciascuno, sia pur l'uomo di quanto buono ingegno può essere, nascono dei concetti buoni e mali, e più e meno; ma il giudicio poi e l'arte i lima e corregge, e fa elezione dei buoni e rifiuta i mali. Però, lasciando quello che s'appartiene allo ingegno, dechiarateci quello che consiste nell'arte: cioè, delle facezie e dei motti che inducono a ridere, quai son convenienti al Cortegiano e quai no, ed in qual tempo e modo si debbano usare; chè questo è quello che 'l signor Prefetto v' addimanda. —

XLIV. Allor messer Federico, pur ridendo, disse: Non è alcun qui di noi al qual io non ceda in ogni cosa, e massimamente nell' esser faceto; eccetto se forse le sciocchezze, che spesso fanno rider altrui più che i bei detti, non fossero esse ancora accettate per facezie. — E così, voltandosi al conte Ludovico ed a messer Bernardo Bibiena, disse: Eccovi i maestri di questo; dai quali, s'io ho da parlare de' detti giocosi, bisogna che prima impari ciò che m'abbia a dire.— Rispose il conte Ludovico: A me pare che già cominciate ad usar quello di che dite non saper niente, cioè di voler far ridere questi signori, burlando messer Bernardo e me; perchè ognun di lor sa, che quello di che ci laudate, in voi è molto più eccellentemente. Però se siete faticato, meglio è dimandar grazia alla signora Duchessa, che faccia differire il resto del ragionamento a domani, che voler con inganni sutterfugger la fatica. — Cominciava messer Federico a rispondere; ma la signora Emilia subito l'interruppe e disse: Non è l'ordine, che la disputa se ne vada in laude vostra; basta che tutti siete molto ben conosciuti. Ma perchè ancor mi ricordo che voi, Conte, jersera mi deste imputazione ch' io non partiva egualmente le fatiche, sarà bene che messer Federico si riposi un poco, e 'l carico del parlar delle facezie daremo a messer Bernardo Bibiena, perchè non solamente nel ragionar continuo lo conoscemo facetissimo, ma avemo a memoria che di questa materia più volte ci ha promesso voler scrivere, e però possiam creder che già molto ben vi abbia pensato, e per questo debba compiutamente satisfarci. Poi, parlato che si sia delle facezie, messer Federico seguirà in quello che dir gli avanza del Cortegiano. — Allor messer Federico disse: Signora, non so ciò che più mi avanzi; ma io, a guisa di viandante già stanco dalla fatica del lungo camminare a mezzo giorno, riposerommi nel ragionar di messer Bernardo al suon delle sue parole, come sotto qualche amenissimo ed ombroso albero al mormorar soave d' un vivo fonte; poi forse, un poco ristorato, potrò dir qualche altra cosa. — Rispose, ridendo, messer Bernardo: S' io vi mostro il capo, vederete che ombra si può aspettar dalle foglie del mio albero. Di sentire il mormorio di quel fonte vivo, forse vi verrà fatto, perch'io fui già converso in un fonte, non d'alcuno degli antichi Dei, ma dal nostro Fra Mariano, e da indi in qua mai non m'è mancata l'acqua. — Allor ognun cominciò a ridere, perchè questa piacevolezza, di che messer Bernardo intendeva, essendo intervenuta in Roma alla presenza di Galeotto cardinale di san Pietro in Vincula, a tutti era notissima.

XLV. Cessato il riso, disse la signora EMILIA: Lasciate voi adesso il farci ridere con l'operar le facezie, e a noi insegnate come l'abbiamo ad usare, e donde si cavino, e tutto quello che sopra questa materia voi conoscete. E, per non perder più tempo, cominciate omai. — Dubito, disse messer BERNARDO, che l'ora sia tarda; ed acciò che 'l mio parlar di facezie non sia infaceto e fastidioso, forse buon sarà differirlo insino a domani. — Quivi subito risposero molti, non esser ancor, nè a gran pezza, l'ora consueta di dar fine al ragionare. Allora, rivoltandosi messer BERNARDO alla signora Duchessa ed alla signora Emilia, Io non voglio fuggir, disse, questa fatica; bench'io, come soglio maravigliarmi dell'audacia di color che osano cantar alla viola in presenza del nostro Jacomo Sansecondo, così non devrei in presenza d'auditori che molto meglio intendon quello che io ho a dire che io stesso, ragionar delle facezie. Pur, per non dar causa ad alcuno di questi signori di ricusar cosa che imposta loro sia, dirò quanto più brevemente mi sarà possibile ciò che mi occorre circa le cose che movono il riso; il qual tanto a noi è proprio, che per descriver l'uomo, si suol dir che egli è un animal risibile: perchè questo riso solamente negli uomini si vede, ed è quasi sempre testimonio d'una certa ilarità che dentro si sente nell'animo, il qual da natura è tirato al piacere, ed appetisce il riposo e 'l recrearsi; onde veggiamo molte cose dagli uomini ritrovate per questo effetto, come le feste, e tante varie sorti di spettacoli. E perchè noi amiamo que' che son causa di tal nostra recreazione, usavano i re antichi, i Romani, gli Ateniesi, e molti altri, per acquistar la benivolenza dei popoli, e pascer gli occhi e gli animi della moltitudine, far magni teatri ed altri pubblici edificii; ed ivi mostrar nuovi giochi, corsi di cavalli e di carrette, combattimenti, strani animali, comedie, tragedie e moresche; nè da tal vista erano alieni i severi filosofi, che spesso e coi spettacoli di tal sorte e conviti rilasciavano gli animi affaticati in quegli alti lor discorsi e divini pensieri; la qual cosa volentier fanno ancor tutte le qualità d'uomini: chè non solamente i lavoratori de' campi, i marinari, e tutti quelli che hanno duri ed asperi esercizii alle mani, ma i santi religiosi, i prigionieri che d'ora in ora aspettano la morte, pur vanno cercando qualche rimedio e medicina per recrearsi. Tutto quello adunque che move il riso, esilara l'animo e dà piacere, nè lascia che in quel punto l'uomo si ricordi delle nojose molestie, delle quali la vita nostra è piena. Però a tutti, come vedete, il riso è gratissimo, ed è molto da laudare chi lo move a tempo e di buon modo. Ma che cosa sia questo riso, e dove stia, ed in che modo talor occupi le vene, gli occhi, la bocca e i fianchi, e par che ci voglia far scoppiare, tanto che per forza che vi mettiamo, non è possibile tenerlo, lasciarò disputare a Democrito; il quale, se forse ancor lo promettesse, non lo saprebbe dire.

XLVI. Il loco adunque e quasi il fonte onde nascono i ridicoli consiste in una certa deformità; perchè solamente si ride di quelle cose che hanno in sè disconvenienza, e par che stian male, senza però star male. Io non so altrimenti dichiararlo; ma se voi da voi stessi pensate, vederete che quasi sempre quel di che si ride è una cosa che non si conviene, e pur non sta male. Quali adunque siano quei modi che debba usar il Cortegiano per mover il riso, e fin a che termine, sforzerommi di dirvi, per quanto mi mostrerà il mio giudicio; perchè il far rider sempre non si convien al Cortegiano, nè ancor di quel modo che fanno i pazzi e gl'imbriachi, ed i sciocchi ed inetti, e medesimamente i buffoni; e benchè nelle corti queste sorti d'uomini par che si richieggano, pur non meritano esser chiamati Cortegiani, ma ciascun per lo nome suo, ed estimati tali quai sono. Il termine e misura di far ridere mordendo bisogna ancor esser diligentemente considerato, e chi sia quello che si morde; perchè non s'induce riso col dileggiar un misero e calamitoso, nè ancora un ribaldo e scelerato pubblico: perchè questi par che meritino maggior castigo che l'esser burlati; e gli animi umani non sono inclinati a beffar i miseri, eccetto se quei tali nella sua infelicità non si vantassero, e fossero superbi e prosuntuosi. Deesi ancora aver rispetto a quei che sono universalmente grati ed amati da ognuno e potenti, perchè talor col dileggiar questi poria l'uom acquistarsi inimicizie pericolose. Però conveniente cosa è beffare e ridersi dei vizii collocati in persone nè misere tanto che movano compassione, nè tanto scelerate che paja che meritino esser condennate a pena capitale, nè tanto grandi che un loro piccol sdegno possa far gran danno.

XLVII. Avete ancor a sapere, che dai lochi donde si cavano motti da ridere, si posson medesimamente cavare sentenze gravi, per laudare e per biasimare, e talor con le medesime parole: come, per laudar un uomo liberale, che metta la roba sua in commune con gli amici, suolsi dire che ciò ch'egli ha non è suo; il medesimo si può dir per biasimo d'uno che abbia rubato, o per altre male arti acquistato quel che tiene. Dicesi ancor: Colei è una donna d'assai, — volendola laudar di prudenza e bontà; il medesimo poria dir chi volesse biasimarla, accennando che fosse donna di molti. Ma più spesso occorre servirsi dei medesimi lochi a questo proposito, che delle medesime parole: come a questi dì, stando a messa in una chiesa tre cavalieri ed una signora, alla quale serviva d'amore uno dei tre, comparve un povero mendico, e postosi avanti alla signora, cominciolle a domandare elimosina; e così con molta importunità e voce lamentevole gemendo replicò più volte la sua domanda: pur con tutto questo, essa non gli diede mai elimosina, nè ancor gliela negò con fargli segno che s'andasse con Dio, ma stette sempre sopra di sè, come se pensasse in altro. Disse allor il cavalier inamorato a' dui compagni: Vedete ciò ch'io posso sperare dalla mia signora, che è tanto crudele, che non solamente non dà elimosina a quel poveretto ignudo morto di fame, che con tanta passion e tante volte a lei la domanda, ma non gli dà pur licenza; tanto gode di vedersi inanzi una persona che languisca in miseria, e in van le domandi mercede. — Rispose un dei dui: Questa non è crudeltà, ma un tacito ammaestramento di questa signora a voi, per farvi conoscere che essa non compiace mai a chi le domanda con molta importunità. — Rispose l'altro: Anzi è un avvertirlo, che ancor ch'ella non dia quello che se le domanda, pur le piace d'esserne pregata. — Eccovi, dal non aver quella signora dato licenza al povero, nacque un detto di severo biasimo, uno di modesta laude, ed un altro di gioco mordace.

XLVIII. Tornando adunque a dechiarire le sorti delle facezie appartenenti al proposito nostro, dico che, secondo me, di tre maniere se ne trovano, avvenga che messer Federico solamente di due abbia fatto menzione: cioè di quella urbana e piacevole narrazion continuata, che consiste nell'effetto d'una cosa; e della subita ed arguta prontezza, che consiste in un detto solo. Però noi ve ne giungeremo la terza sorte, che chiamamo *burle*; nelle quali intervengon le narrazioni lunghe, e i detti brevi, ed ancor qualche operazione. Quelle prime adunque, che consistono nel parlar continuato, son di maniera tale, quasi che l'uomo racconti una novella. E, per darvi un esempio: In que' proprii giorni che morì papa Alessandro Sesto, e fu creato Pio Terzo, essendo in Roma e nel palazzo messer Antonio Agnello, vostro mantuano, signora Duchessa, e ragionando appunto della morte dell'uno e creazion dell'altro, e di ciò facendo varii giudicii con certi suoi amici, disse: Signori, fin al tempo di Catullo cominciarono le porte a parlare senza lingua ed udir senza orecchie, ed in tal modo scoprir gli adulterii; ora, se ben gli uomini non sono di tanto valor com'erano in que' tempi, forse che le porte, delle quai molte, almen qui in Roma, si fanno de' marmi antichi, hanno la medesima virtù che aveano allora; ed io per me credo che queste due ci saprian chiarir tutti i nostri dubii, se noi da loro i volessimo sapere. — Allor quei gentiluomini stettero assai sospesi, ed aspettavano dove la cosa avesse a riuscire; quando messer Antonio, seguitando pur l'andar inanzi e 'ndietro, alzò gli occhi, come all' improviso, ad una delle due porte della sala nella qual passeggiavano, e fermatosi un poco, mostrò col dito a' compagni la inscrizion di quella, che era il nome di papa Alessandro, nel fin del quale era un V ed I, perchè significasse, come sapete, Sesto; e disse: Eccovi che questa porta dice: *Alessandro papa vi*, che vuol significare, che è stato papa per la forza che egli ha usata, e più di quella si è valuto che della ragione. Or veggiamo se da quest'altra potemo intender qualche cosa del nuovo pontifice; — e voltatosi, come per ventura, a quell'altra porta, mostrò la inscrizione d'un N, dui PP, ed un V, che significava *Nicolaus Papa Quintus*; e subito disse: Oimè male nove; eccovi che questa dice: *Nihil Papa Valet*. —

XLIX. Or vedete come questa sorte di facezie ha delle elegante e del buono, come si conviene ad uom di corte, o vero o finto che sia quello che si narra; perchè in tal caso è licito fingere quanto all'uom piace, senza colpa; e dicendo la verità, adornarla con qualche bugietta, crescendo o diminuendo secondo 'l bisogno. Ma la grazia perfetta e vera virtù di questo è il dimostrar tanto bene e senza fatica, così coi gesti come con le parole, quello che l'uomo vuole esprimere, che a quelli che odono paja vedersi inanzi agli occhi far le cose che si narrano. E tanta forza ha questo modo così espresso, che talor adorna e fa piacer sommamente una cosa, che in sè stessa non sarà molto faceta nè ingeniosa. E benchè a queste narrazioni si ricerchino i gesti, e quella efficacia che ha la voce viva, pur ancor in scritto qualche volta si conosce la lor virtù. Chi non ride quando, nella ottava Giornata delle sue Cento Novelle, narra Giovan Boccaccio, come ben si sforzava di cantare un *Chirie* ed un *Sanctus* il prete di Varlungo quando sentia la Belcolore in chiesa? Piacevoli narrazioni sono ancora in quelle di Calandrino, ed in molte altre. Della medesima sorte pare che sia il far ridere contrafacendo o imitando, come noi vogliam dire; nella qual cosa fin qui non ho veduto alcuno più eccellente di messer Roberto nostro da Bari. —

L. Questa non sarà poca laude, disse messer Roberto, se fosse vera, perch'io certo m'ingegnerei d'imitare più presto il ben che 'l male, e s'io potessi assimigliarmi ad alcuni ch'io conosco, mi terrei per molto felice; ma dubito non saper imitare altro che le cose che fanno ridere, le quali voi dianzi avete detto che consistono in vizio. — Rispose messer BERNARDO: In vizio sì, ma che non sta male. E sa per dovete, che questa imitazione di che noi parliamo non può essere senza ingegno; perchè, oltre alla maniera d'accommodar le parole e i gesti, e mettere inanzi agli occhi degli auditori il volto e i costumi di colui di cui si parla, bisogna essere prudente, ed aver molto rispetto al loco, al tempo, ed alle persone con le quali si parla, e non descendere alla buffoneria, nè uscire de' termini; le quai cose voi mirabilmente osservate, e però estimo che tutte le conosciate. Chè in vero ad un gentiluomo non si converria fare i volti piangere e ridere, far le voci, lottare da sè a sè, come fa Berto, vestirsi da contadino in presenza d'ognuno, come Strascino; e tai cose, che in essi son convenientissime, per esser quella la lor professione. Ma a noi bisogna per transito e nascosamente rubar questa imitazione, servando sempre la dignità del gentiluomo, senza dir parole sporche o far atti men che onesti, senza distorcersi il viso o la persona così senza ritegno; ma far i movimenti d'un certo modo, che chi ode e vede per le parole e gesti nostri imagini molto più di quello che vede ed ode, e perciò s'induca a ridere. Deesi ancor fuggir in questa imitazione d'esser troppo mordace nel riprendere, massimamente le deformità del volto o della persona; chè sì come i vizii del corpo danno spesso bella materia di ridere a chi discretamente se ne vale, così l'usar questo modo troppo acerbamente è cosa non sol da buffone, ma ancor da inimico. Però bisogna, benchè difficil sia, circa questo tener, come ho detto, la maniera del nostro messer Roberto, che ognun contrafà, e non senza pungerl' in quelle cose dove hanno difetti, ed in presenza d'essi medesimi; e pur niuno se ne turba, nè par che possa averlo per male: e di questo non ne darò esempio alcuno, perchè ogni dì in esso tutti ne vedemo infiniti.

LI. Induce ancor molto a ridere, che pur si contiene sotto la narrazione, il recitar con buona grazia alcuni difetti d'altri, mediocri però, e non degni di maggior supplicio, come le sciocchezze talor semplici, talor accompagnate da un poco di pazzia pronta e mordace; medesimamente certe affettazioni estreme; talor una grande e ben composta bugia. Come narrò pochi dì sono messer Cesare nostro una bella sciocchezza, che fu, che ritrovandosi alla presenza del Podestà di questa terra, vide venire un contadino a dolersi che gli era stato rubato un asino; il qual, poi che ebbe detto della povertà sua e dell'inganno fattogli da quel ladro, per far più grave la perdita sua, disse: Messere, se voi aveste veduto il mio asino, ancor più conoscereste quanto io ho ragion di dolermi; chè quando aveva il suo basto adosso, parea propriamente un Tullio. — Ed un de' nostri incontrandosi in una matta di capre, inanzi alle quali era un gran becco, si fermò, e con un volto maraviglioso disse: Guardate bel becco! pare un san Paolo. — Un altro dice il signor Gasparo aver conosciuto, il qual per essere antico servitore del duca Ercole di Ferrara, gli avea offerto dui suoi piccoli figlioli per paggi; e questi, prima che potessero venirlo a servire, erano tutti dui morti: la qual cosa intendendo il signore, amorevolmente si dolse col padre, dicendo che gli pesava molto, perchè in avergli veduti una sol volta gli eran parsi molto belli e discreti figlioli; il padre gli rispose: Signor mio, voi non avete veduto nulla; chè da pochi giorni in qua erano riusciti molto più belli e virtuosi ch'io non arei mai potuto credere, e già cantavano insieme come dui sparvieri. — E stando a questi dì un dottor de' nostri a vedere uno, che per giustizia era frustato intorno alla piazza, ed avendone compassione, perchè 'l meschino, benchè le spalle fieramente gli sanguinassero, andava così lentamente come se avesse passeggiato a piacere per passar tempo, gli disse: Cammina, poveretto, ed esci presto di questo affanno. — Allor il buon uomo rivolto, guardandolo quasi con maraviglia, stette un poco senza parlare, poi disse: Quando sarai frustato tu, anderai a modo tuo; ch'io adesso voglio andar al mio. — Dovete ancora ricordarvi quella sciocchezza, che poco fa raccontò il signor Duca di quell'abbate; il quale essendo presente un dì che 'l duca Federico ragionava di ciò che si dovesse far di cosi gran quantità di terreno, come s'era cavata per far i fondamenti di questo palazzo, che tuttavia si lavorava, disse: Signor mio, io ho pensato benissimo dove e' s' abbia a mettere. Ordinate che si faccia una grandissima fossa, e quivi riporre si potrà, senza altro impedimento. — Rispose il duca Federico, non senza risa: E dove metteremo noi quel terreno che si caverà di questa fossa?— Soggiunse l'abbate: Fatela far tanto grande, che l'uno e l'altro vi stia. — Così, benchè il Duca più volte replicasse, che quanto la fossa si facea maggiore, tanto più terren si cavava, mai non gli potè caper nel cervello ch' ella non si potesse far tanto grande, che l'uno e l'altro metter non vi si potesse, nè mai rispose altro se non: Fatela tanto maggiore. — Or vedete, che buona estimativa avea questo abbate. —

LII. Disse allor messer Pietro Bembo: E perchè non dite voi quella del vostro commissario fiorentino? il qual era assediato nella Castellina dal duca di Calavria, e dentro essendosi trovato un giorno certi passatori avvelenati, che erano stati tirati dal campo; scrisse al Duca, che se la guerra s'aveva da far così crudele, esso ancor farebbe por il medicame in su le pallotte dell'artigliaria, e poi chi n'avesse il peggio, suo danno. — Rise messer Bernardo, e disse: Messer Pietro, se voi non state cheto, io dirò tutte quelle che io stesso ho vedute e udite de' vostri Veneziani, che non son poche, e massimamente quando voglion fare il cavalcatore. — Non dite, di grazia, rispose messer Pietro, che io ne tacerò due altre bellissime che so de' Fiorentini. — Disse messer Bernardo: Deono esser più presto Sanesi, che spesso vi cadeno. Come a questi dì uno, sentendo leggere in consiglio certe lettere, nelle quali, per non dir tante volte il nome di colui di chi si parlava era replicato questo termine, *il prelibato*, disse a colui che leggeva: Fermatevi un poco qui, e ditemi; cotesto Prelibato, è egli amico del nostro commune? — Rise messer Pietro, poi disse: Io parlo de' Fiorentini, e non de' Sanesi. — Dite adunque liberamente, soggiunse la signora Emilia, e non abbiate tanti rispetti. — Seguitò messer Pietro: Quando i signori Fiorentini faceano la guerra contra Pisani, trovaronsi talor per le molte spese esausti di denari; e parlandosi un giorno in consiglio del modo di trovarne per i bisogni che occorreano, dopo l'essersi proposto molti partiti, disse un cittadino de' più antichi: Io ho pensato dui modi, per li quali senza molto impazzo presto potrem trovar buona somma di denari; e di questi l'uno è, che noi, perchè non avemo le più vive intrate che le gabelle delle porte di Firenze, secondo che v'abbiam undeci porte, subito ve ne facciam far undeci altre, e così raddoppiaremo quella entrata. L'altro modo è, che si dia ordine che subito in Pistoja e Prato s'aprino le zecche, nè più nè meno come in Firenze, e quivi non si faccia altro, giorno e notte, che batter denari, e tutti siano ducati d'oro; e questo partito, secondo me, è più breve, e ancor di minor spesa. —

LIII. Risesi molto del sottil avvedimento di questo cittadino; e, racchetato il riso, disse la signora EMILIA: Comportarete voi, messer Bernardo, che messer Pietro burli così i Fiorentini, senza farne vendetta? — Rispose, pur ridendo, messer BERNARDO: Io gli perdono questa ingiuria, perchè s'egli m'ha fatto dispiacere in burlar i Fiorentini, hammi compiaciuto in obedir voi, il che io ancor farei sempre. — Disse allor messer CESARE: Bella grosseria udi' dir io da un Bresciano, il quale essendo stato quest'anno a Venezia alla festa dell'Ascensione, in presenza mia narrava a certi suoi compagni le belle cose che v'avea vedute; e quante mercanzie, e quanti argenti, speziarie, panni e drappi v'erano; poi la Signoria con gran pompa esser uscita a sposar il mare in Bucentoro, sopra il quale erano tanti gentiluomini ben vestiti, tanti suoni e canti, che parea un paradiso; e dimandandogli un di que' suoi compagni, che sorte di musica più gli era piaciuta di quelle che avea udite, disse: Tutte eran buone; pur tra l'altre io vidi un sonar con certa tromba strana, che ad ogni tratto se ne ficcava in gola più di dui palmi, e poi subito la cavava, e di nuovo la reficcava; che non vedeste mai la più gran maraviglia. — Risero allora tutti, conoscendo il pazzo pensier di colui, che s'avea imaginato che quel sonatore si ficcasse nella gola quella parte del trombone, che rientrando si nasconde. —

LIV. Soggiunse allor messer BERNARDO: Le affettazioni poi mediocri fanno fastidio; ma quando son fuor di misura, inducono da ridere assai: come talor se ne sentono di bocca d'alcuni circa la grandezza, circa l'esser valente, circa la nobiltà; talor di donne circa la bellezza, circa la delicatura. Come a questi giorni fece una gentildonna, la qual stando in una gran festa di mala voglia e sopra di sè, le fu domandato a che pensava, che star la facesse così mal contenta; ed essa rispose: Io pensava ad una cosa, che sempre che mi si ricorda mi dà grandissima noja, nè levar me la posso del core; e questo è, che avendo il dì del giudicio universale tutti i corpi a resuscitare e comparir ignudi inanzi al tribunal di Cristo, io non posso tolerar l'affanno che sento, pensando che il mio ancor abbia ad esser veduto ignudo. — Queste tali affettazioni, perchè passano il grado, inducono più riso che fastidio. Quelle belle bugie mo, così ben assettate, come movano a ridere, tutti lo sapete. E quell'amico nostro, che non ce ne lassa mancare, a questi dì me ne raccontò una molto eccellente. —

LV. Disse allora il Magnifico JULIANO: Sia come si vuole, nè più eccellente nè più sottile non può ella esser di quella che l'altro giorno per cosa certissima affermava un nostro Toscano, mercatante lucchese. — Ditela, — soggiunse la signora DUCHESSA. Rispose il Magnifico JULIANO, ridendo: Questo mercatante, siccome egli dice, ritrovandosi una volta in Polonia, deliberò di comperare una quantità di zibellini, con opinion di portargli in Italia e farne un gran guadagno; e dopo molte pratiche, non potendo egli stesso in persona andar in Moscovia, per la guerra che era tra 'l re di Polonia e 'l duca di Moscovia, per mezzo d'alcuni del paese ordinò che un giorno determinato certi mercatanti moscoviti coi lor zibellini venissero ai confini di Polonia, e promise esso ancor di trovarvisi, per praticar la cosa. Andando adunque il Lucchese coi suoi compagni verso Moscovia, giunse al Boristene, il qual trovò tutto duro di ghiaccio come un marmo, e vide che i Moscoviti, li quali per lo sospetto della guerra dubitavano essi ancor de' Poloni, erano già su l'altra riva, ma non s'accostavano, se non quanto era largo il fiume. Così conosciutisi l'un l'altro, dopo alcuni cenni, li Moscoviti cominciarono a parlar alto, e domandar il prezzo che volevano dei loro zibellini, ma tanto era estremo il freddo, che non erano intesi; perchè le parole, prima che giungessero all'altra riva, dove era questo Lucchese e i suoi interpreti, si gielavano in aria, e vi restavano ghiacciate e prese di modo, che quei Poloni che sapeano il costume, presero per partito di far un gran foco proprio al mezzo del fiume, perchè, al lor parere, quello era il termine dove giungeva la voce ancor calda prima che ella fosse dal ghiaccio intercetta; ed ancora il fiume era tanto sodo, che ben poteva sostenere il foco. Onde, fatto questo, le parole, che per spazio d'un'ora erano state ghiacciate, cominciarono a liquefarsi e discender giù mormorando, come la neve dai monti il maggio; e così subito furono intese benissimo, benchè già gli uomini di là fossero partiti: ma perchè a lui parve che quelle parole dimandassero troppo gran prezzo per i zibellini, non volle accettare il mercato, e così se ne ritornò senza. —

LVI. Risero allora tutti: e messer BERNARDO, In vero, disse, quella ch'io voglio raccontarvi non è tanto sottile; pur è bella, ed è questa. Parlandosi pochi dì sono del paese o Mondo novamente trovato dai marinari portoghesi, e dei varii animali e d'altre cose che essi di colà in Portogallo riportano, quello amico del qual v'ho detto affermò, aver veduto una scimia di forma diversissima da quelle che noi siamo usati di vedere, la quale giocava a scacchi eccellentissimamente; e, tra l'altre volte, un dì essendo inanzi al re di Portogallo il gentiluom che portata l'avea, e giocando con lei a scacchi, la scimia fece alcuni tratti sottilissimi, di sorte che lo strinse molto; in ultimo gli diede scaccomatto: perchè il gentiluomo turbato, come soglion esser tutti quelli che perdono a quel gioco, prese in mano il re, che era assai grande, come usano i Portoghesi, e diede in su la testa alla scimia una grande scaccata; la qual subito saltò da banda, lamentandosi forte, e parea che domandasse ragione al re del torto che le era fatto. Il gentiluomo poi la reinvitò a giocare; essa avendo alquanto ricusato con cenni, pur si pose a giocar di nuovo, e, come l'altra volta avea fatto, così questa ancora lo ridusse a mal termine: in ultimo, vedendo la scimia poter dar scaccomatto al gentiluom, con una nuova malizia volse assicurarsi di non esser più battuta; e chetamente, senza mostrar che fosse suo fatto, pose la man destra sotto 'l cubito sinistro del gentiluomo, il qual esso per delicatura riposava sopra un guancialetto di taffettà, e prestamente levatoglielo, in un medesimo tempo con la man sinistra gliel diede matto di pedina, e con la destra si pose il guancialetto in capo, per farsi scudo alle percosse; poi fece un salto inanti al re allegramente, quasi per testimonio della vittoria sua. Or vedete se questa scimia era savia, avveduta e prudente. — Allora messer CESARE GONZAGA, Questa, è forza, disse, che tra l'altre scimie fosse dottore, e di molta autorità; e penso che la Republica delle Scimie Indiane la mandasse in Portogallo per acquistar reputazione in paese incognito. — Allora ognun rise e della bugia, e della aggiunta fattagli per messer Cesare.

LVII. Così, seguitando il ragionamento, disse messer BERNARDO: Avete adunque inteso delle facezie che sono nell'effetto e parlar continuato, ciò che m'occorre; perciò ora è ben dire di quelle che consistono in un detto solo, ed hanno quella pronta acutezza posta brevemente nella sentenza o nella parola: e siccome in quella prima sorte di parlar festivo s'ha da fuggir, narrando ed imitando, di rassimigliarsi ai buffoni e parasiti, ed a quelli che inducono altrui a ridere per le lor sciocchezze; così in questo breve devesi guardare il Cortegiano di non parer maligno e velenoso, e dir motti ed arguzie solamente per far dispetto e dar nel core; perchè tali uomini spesso per difetto della lingua meritamente hanno castigo in tutto 'l corpo.

LVIII. Delle facezie adunque pronte, che stanno in un breve detto, quelle sono acutissime, che nascono dalla ambiguità; benchè non sempre inducono a ridere, perchè più presto sono laudate per ingeniose che per ridicole: come pochi dì sono disse il nostro messer Annibal Paleotto ad uno che gli proponea un maestro per insegnar grammatica a' suoi figlioli, e poi che gliel'ebbe laudato per molto dotto, venendo al salario disse, che oltre ai denari volea una camera fornita per abitare e dormire, perchè esso non avea letto: allor messer Annibal subito rispose: E come può egli esser dotto, se non ha letto?—Eccovi come ben si valse del vario significato di quel non aver letto. Ma perchè questi motti ambigui hanno molto dell'acuto, per pigliar l'uomo le parole in significato diverso da quello che le pigliano tutti gli altri, pare, come ho detto, che più presto movano maraviglia che riso, eccetto quando sono congiunti con altra maniera di detti. Quella sorte adunque di motti che più s'usa per far ridere è quando noi aspettiamo d'udir una cosa, e colui che risponde ne dice un'altra, e chiamasi *fuor d'opinione*. E se a questo è congiunto lo ambiguo, il motto diventa salsissimo; come l'altr'jeri, disputandosi di fare un bel mattonato nel camerino della signora Duchessa, dopo molte parole voi, Joanni Cristoforo, diceste: Se noi potessimo avere il vescovo di Potenza, e farlo ben spianare, saria molto a proposito, perchè egli è il più bel matto nato ch'io vedessi mai.—Ognun rise molto, perchè dividendo quella parola matto nato faceste lo ambiguo; poi dicendo che si avesse a spianare un vescovo, e metterlo per pavimento d'un camerino, fu fuor di opinione di chi ascoltava; così riuscì il motto argutissimo e risibile.

LIX. Ma dei motti ambigui sono molte sorti; però bisogna essere avvertito, ed uccellar sottilissimamente alle parole, e fuggir quelle che fanno il motto freddo, o che paja che siano tirate per i capelli; ovvero, secondo che avemo detto, che abbian troppo dello acerbo. Come ritrovandosi alcuni compagni in casa d'un loro amico, il quale era cieco da un occhio, e invitando quel cieco la compagnia a restar quivi a desinare, tutti si partirono eccetto uno; il qual disse: Ed io vi restarò, perchè veggo esserci vuoto il loco per uno;—e così col dito mostrò quella cassa d'occhio vuota. Vedete che questo è acerbo e discortese troppo, perchè morse colui senza causa, e senza esser stato esso prima punto, e disse quello che dir si poria contra tutti i ciechi; e tai cose universali non dilettano, perchè pare che possano essere pensate. E di questa sorte fu quel detto ad un senza naso: E dove appicchi tu gli occhiali? — o: Con che fiuti tu l'anno le rose? —

LX. Ma tra gli altri motti, quegli hanno bonissima grazia, che nascono quando dal ragionar mordace del compagno l'uomo piglia le medesime parole nel medesimo senso, e contra di lui le rivolge, pungendolo con le sue proprie arme; come un litigante, a cui in presenza del giudice dal suo avversario fu detto: Che baji tu? — subito rispose: Perchè veggo un ladro. — E di questa sorte fu ancor, quando Galeotto da Narni, passando per Siena, si fermò in una strada a domandar dell'ostaria; e vedendolo un Sanese così corpulento come era, disse ridendo: Gli altri portano le bolgie dietro, e costui le porta davanti. — Galeotto subito rispose: Così si fa in terra di ladri. —

LXI. Un' altra sorte è ancor, che chiamiamo *bischizzi*, e questa consiste nel mutare ovvero accrescere o minuire una lettera o sillaba; come colui che disse: Tu dei esser più dotto nella lingua latrina che nella greca. — Ed a voi, Signora, fu scritto nel titolo d'una lettera: Alla signora Emilia Impia. — È ancora faceta cosa interporre un verso o più, pigliandolo in altro proposito che quello che lo piglia l'autore, o qualche altro detto volgato; talor al medesimo proposito, ma mutando qualche parola: come disse un gentiluomo che avea una brutta e dispiacevole moglie, essendogli dimandato come stava, rispose: Pensalo tu, chè *Furiarum maxima juxta me cubat.* — E messer Jeronimo Donato, andando alle Stazioni di Roma la Quadragèsima insieme con molti altri gentiluomini, s'incontrò in una brigata di belle donne romane, e dicendo uno di quei gentiluomini:

Quot coelum stellas, tot habet tua Roma puellas; —

subito soggiunse:

Pascua quotque hoedos, tot habet tua Roma cinoedos, —

mostrando una compagnia di giovani, che dall'altra banda venivano. Disse ancora messer Marc'Antonio dalla Torre al vescovo di Padoa di questo modo. Essendo un monasterio di donne in Padoa sotto la cura d'un religioso estimato molto di bona vita e dotto, intervenne che 'l padre, praticando nel monasterio domesticamente, e confessando spesso le madri, cinque d'esse, che altrettante non ve n'erano, s'ingravidorono; e scoperta la cosa, il Padre volse fuggire, e non seppe; il vescovo lo fece pigliare, ed esso subito confessò, per tentazion del diavolo aver ingravidate quelle cinque monache; di modo che monsignor il vescovo era deliberatissimo castigarlo acerbamente. E perchè costui era dotto, avea molti amici, i quali tutti fecer prova d'ajutarlo, e con gli altri ancor andò messer Marc'Antonio al vescovo per impetrargli qualche perdono. Il vescovo per modo alcuno non gli voleva udire; alfine, facendo pur essi instanza, e raccomandando il reo, ed escusandolo per la commodità del loco, per la fragilità umana, e per molte altre cause, disse il vescovo: Io non ne voglio far niente, perchè di questo ho io a render ragione a Dio; — e replicando essi, disse il vescovo: Che responderò io a Dio il dì del giudicio quando mi dirà: *Redde rationem villicationis tuæ?* — rispose allor subito messer Marc'Antonio: Monsignor mio, quello che dice lo Evangelio: *Domine, quinque talenta tradidisti mihi; ecce alia quinque superlucratus sum.* — Allora il vescovo non si potè tenere di ridere, e mitigò assai l'ira sua e la pena preparata al malfattore.

LXII. È medesimamente bello interpretare i nomi e finger qualche cosa, perchè colui di chi si parla si chiami così, ovvero perchè una qualche cosa si faccia; come pochi dì sono domandando il Proto da Luca, il qual, come sapete, è molto piacevole, il vescovato di Caglio, il papa gli rispose: Non sai tu che *Caglio* in lingua spagnola vuol dire *taccio?* e tu sei un cianciatore; però non si converria ad un vescovo non poter mai nominare il suo titolo senza dir bugia; or caglia adunque. — Quivi diede il Proto una risposta, la quale, ancor che non fosse di questa sorte, non fu però men bella della proposta; chè avendo replicato la domanda sua più volte, e vedendo che non giovava, in ultimo disse: Padre Santo, se la Santità Vostra mi dà questo vescovato, non sarà senza sua utilità, perch'io le lasciarò dui officii. — E che officii hai tu da lasciare? — disse il papa. Rispose il Proto: Io lascìarò l'officio grande, e quello della Madonna. — Allora non potè il papa, ancor che fosse severissimo, tenersi di ridere. Un altro ancor a Padoa disse, che Calfurnio si domandava così, perchè solea scaldare i forni. E domandando io un giorno a Fedra, perchè era, che facendo la Chiesa il vener santo orazioni non solamente per i Cristiani, ma ancor per i Pagani e per i Giudei, non si facea menzione dei Cardinali, come dei Vescovi e d'altri Prelati, rispose mi, che i Cardinali s'intendevano in quella orazione che dice: *Oremus pro hæreticis et scismaticis*. E 'l conte Ludovico nostro disse, che io riprendeva una signora che usava un certo liscio che molto lucea, perchè in quel volto, quando era acconcio, così vedeva me stesso come nello specchio; e però, per esser brutto, non avrei voluto vedermi. Di questo modo fu quello di messer Camillo Palleotto a messer Antonio Porcaro, il qual parlando d'un suo compagno, che confessandosi diceva al sacerdote che digiunava volentieri, ed andava alle messe ed agli officii divini, e facea tutti i beni del mondo, disse: Costui in loco d'accusarsi si lauda; — a cui rispose messer Camillo: Anzi si confessa di queste cose, perchè pensa che il farle sia gran peccato. — Non vi ricorda, come ben disse l'altro giorno il signor Prefetto? quando Giovantomaso Galeotto si maravigliava d'un che domandava ducento ducati d'un cavallo; perchè dicendo Giovantomaso che non valeva un quattrino, e che, tra gli altri difetti, fuggiva dall'arme tanto, che non era possibile farglielo accostare, disse il signor Prefetto (volendo riprender colui di viltà): Se 'l cavallo ha questa parte di fuggir dall'arme, maraveglìomi che egli non ne domandi mille ducati. —

LXIII. Dicesi ancora qualche volta una parola medesima, ma ad altro fin di quello che s'usa. Come essendo il signor Duca per passar un fiume rapidissimo, e dicendo ad un trombetta: Passa; — il trombetta si voltò con la berretta in mano, e con atto di reverenza disse: Passi la Signoria Vostra. — È ancor piacevol maniera di motteggiare, quando l'uomo par che pigli le parole e non la sentenza di colui che ragiona; come quest'anno un Tedesco a Roma, incontrando una sera il nostro messer Filippo Beroaldo, del qual era discepolo, disse: *Domine magister, Deus det vobis bonum sero;* — e 'l Beroaldo subito rispose: *Tibi malum cito.* — Essendo ancor a tavola col Gran Capitano Diego de Chignones, disse un altro Spagnolo, che pur vi mangiava, per domandar da bere: Vino; — rispose Diego, *Y no lo conocistes,* — per mordere colui d'esser marrano. Disser ancor messer Jacomo Sadoleto al Beroaldo, che affermava voler in ogni modo andare a Bologna: Che causa v'induce così adesso lasciar Roma, dove son tanti piaceri, per andar a Bologna, che tutta è involta nei travagli? — Rispose il Beroaldo: Per tre conti m'è forza andar a Bologna, — e già aveva alzati tre dita della man sinistra per assignar tre cause dell'andata sua; quando messer Jacomo subito interruppe, e disse: Questi tre conti che vi fanno andare a Bologna sono, l'uno il conte Ludovico da san Bonifacio, l'altro il conte Ercole Rangone, il terzo il conte de' Pepoli. — Ognun allora rise, perchè questi tre conti eran stati discepoli del Beroaldo, e bei giovani, e studiavano in Bologna. Di questa sorte di motti adunque assai si ride, perchè portan seco risposte contrarie a quello che l'uomo aspetta d'udire, e naturalmente dilettaci in tai cose il nostro errore medesimo; dal quale quando ci troviamo ingannati di quello che aspettiamo, ridemo.

LXIV. Ma i modi del parlare e le figure che hanno grazia, i ragionamenti gravi e severi, quasi sempre ancor stanno ben nelle facezie e giochi. Vedete che le parole contraposte danno ornamento assai, quando una clausola contraria s'oppone all'altra. Il medesimo modo spesso è facetissimo. Come un Genoese, il quale era molto prodigo nello spendere, essendo ripreso da un usurario avarissimo che gli disse: E quando cesserai tu mai di gittar via le tue facoltà? — Allor, rispose, che tu di rubar quelle d'altri. — E perchè, come già avemo detto, dai lochi donde si cavano facezie che mordano, dai medesimi spesso si possono cavar detti gravi che laudino, per l'uno e l'altro effetto è molto grazioso e gentil modo quando l'uomo consente o conferma quello che dice colui che parla, ma lo interpreta altramente di quello che esso intende. Come a questi giorni, dicendo un prete di villa la messa ai suoi popolani, dopo l'aver publicato le feste di quella settimana, cominciò in nome del popolo la confession generale; e dicendo: Io ho peccato in mal fare, in mal dire, in mal pensare, — e quel che seguita, facendo menzion di tutti i peccati mortali; un compare, e molto domestico del prete, per burlarlo disse ai circostanti: Siate testimonii tutti di quello che per sua bocca confessa aver fatto, perch'io intendo notificarlo al vescovo. — Questo medesimo modo usò Sallaza dalla Pedrada per onorar una signora, con la quale parlando, poi che l'ebbe laudata, oltre le virtuose condizioni, ancor di bellezza, ed essa rispostogli che non meritava tal laude, per esser già vecchia, le disse: Signora, quello che di vecchio avete, non è altro che lo assomigliarvi agli angeli, che furono le prime e più antiche creature che mai formasse Dio. —

LXV. Molto servono ancor così i detti giocosi per pungere, come i detti gravi per laudar, le metafore bene accomodate, e massimamente se son risposte, e se colui che risponde persiste nella medesima metafora detta dall'altro. E di questo modo fu risposto a messer Palla de' Strozzi, il quale essendo forauscito di Fiorenza, e mandandovi un suo per altri negozii, gli disse, quasi minacciando: Dirai da mia parte a Cosimo de' Medici, che la gallina cova. — Il messo fece l'ambasciata impostagli; e Cosimo, senza pensarvi, subito gli rispose: E tu da mia parte dirai a messer Palla, che le galline mal possono covar fuor del nido. — Con una metafora laudò ancor messer Camillo Porcaro gentilmente il signor Marc'Antonio Colonna; il quale avendo inteso, che messer Camillo in una sua orazione aveva celebrato alcuni signori italiani famosi nell'arme, e, tra gli altri, d'esso aveva fatto onoratissima menzione, dopo l'averlo ringraziato, gli disse: Voi, messer Camillo, avete fatto degli amici vostri, quello che de' suoi denari talor fanno alcuni mercatanti, li quali quando si ritrovano aver qualche ducato falso, per spazzarlo pongon quel solo tra molti buoni, ed in tal modo lo spendeno; così voi per onorarmi, bench'io poco vaglia, m'avete posto in compagnia di così virtuosi ed eccellenti signori, ch'io col merito loro forsi passerò per buono. — Rispose allor messer Camillo: Quelli che falsifican li ducati sogliono così ben dorargli, che all'occhio pajon molto più belli che i buoni; però se così si trovassero alchimisti d'uomini, come si trovano de' ducati, ragion sarebbe sospettar che voi foste falso, essendo, come sete, di molto più bello e lucido metallo, che alcun degli altri. — Eccovi che questo loco è commune all'una e l'altra sorte di motti; e così sono molt'altri, dei quali si potrebbon dar infiniti esempii, e massimamente in detti gravi; come quello che disse il Gran Capitano, il quale, essendosi posto a tavola, ed essendo già occupati tutti i lochi, vide che in piedi erano restati dui gentiluomini italiani, i quali avean servito nella guerra molto bene; e subito esso medesimo si levò, e fece levar tutti gli altri e far loco a que' doi, e disse: Lasciate sentare a mangiar questi signori, che se essi non fossero stati, noi altri non aremmo ora che mangiare. — Disse ancor a Diego Garzia, che lo confortava a levarsi d'un loco pericoloso, dove batteva l'artigliaria: Dapoi che Dio non ha messo paura nell'animo vostro, non la vogliate voi metter nel mio. — E 'l re Luigi, che oggi è re di Francia, essendogli, poco dapoi che fu creato re, detto che allor era il tempo di castigar i suoi nemici, che lo aveano tanto offeso mentre era duca d'Orliens, rispose, che non toccava al re di Francia vendicar l'ingiurie fatte al duca d'Orliens.

LXVI. Si morde ancora spesso facetamente con una certa gravità senza indur riso; come disse Gein Ottomani, fratello del Gran Turco, essendo prigione in Roma, che 'l giostrare, come noi usiamo in Italia, gli parea troppo per scherzare, e poco per far da dovero. E disse, essendogli referito quanto il re Ferando minore fosse agile e disposto della persona nel correre, saltare, volteggiare e tai cose: che nel suo paese i schiavi facevano questi esercizii, ma i signori imparavano da fanciulli la liberalità, e di questa si laudavano. Quasi ancora di tal maniera, ma un poco più ridicolo, fu quello che disse l'arcivescovo di Fiorenza al cardinale Alessandrino: che gli uomini non hanno altro che la roba, il corpo e l'anima; la roba è lor posta in travaglio dai jurisconsulti, il corpo dai medici, e l'anima dai teologi. — Rispose allor il Magnifico JULIANO: A questo giunger si potrèbbe quello che diceva Nicoletto, cioè che di raro si trova mai jurisconsulto che litighi, nè medico che pigli medicina, nè teologo che sia buon cristiano.—

LXVII. Rise messer BERNARDO, poi soggiunse: Di questi sono infiniti esempii, detti da gran signori ed uomini gravissimi. Ma ridesi ancora spesso delle comparazioni, come scrisse il nostro Pistoja a Serafino: Rimanda il valigion che t'assimiglia; — chè, se ben vi ricordate, Serafino s'assimigliava molto ad una valigia. Sono ancora alcuni che si dilettano di comparar uomini e donne a cavalli, a cani, ad uccelli, e spesso a casse, a scanni, a carri, a candelieri; il che talor ha grazia, talor è freddissimo. Però in questo bisogna considerare il loco, il tempo, le persone, e l'altre cose che già tante volte avemo detto. — Allor il signor GASPAR PALLAVICINO, Piacevole comparazione, disse, fu quella che fece il signor Giovanni Gonzaga nostro, di Alessandro Magno al signor Alessandro suo figliolo. — Io non lo so, — rispose messer BERNARDO. Disse il signor GASPARO: Giocava il signor Giovanni a tre dadi, e, come è sua usanza, aveva perduto molti ducati, e tuttavia perdea; ed il signor Alessandro suo figliolo, il quale, ancor che sia fanciullo, non gioca men volentieri che 'l padre, stava con molta attenzione mirandolo, e parea tutto tristo. Il conte di Pianella, che con molti altri gentiluomini era presente, disse: Eccovi, signore, che 'l signor Alessandro sta mal contento della vostra perdita, e si strugge aspettando pur che vinciate, per aver qualche cosa di vinta; però cavatelo di questa angonia, e prima che perdiate il resto, donategli almen un ducato, acciò che esso ancor possa andare a giocare co' suoi compagni. — Disse allor il signor Giovanni: Voi v'ingannate, perchè Alessandro non pensa a così piccol cosa; ma, come si scrive che Alessandro Magno, mentre che era fanciullo, intendendo che Filippo suo padre avea vinto una gran battaglia ed acquistato un certo regno, cominciò a piangere, ed essendogli domandato perchè piangeva, rispose, perchè dubitava che suo padre vincerebbe tanto paese, che non lasciarebbe che vincere a lui: così ora Alessandro mio figliolo si duole e sta per pianger vedendo ch'io suo padre perdo, perchè dubita ch'io perda tanto, che non lasci che perder a lui. —

LXVIII. E quivi essendosi riso alquanto, soggiunse messer BERNARDO: È ancora da fuggire che 'l motteggiar non sia impio; chè la cosa passa poi al voler esser arguto nel biastemare, e studiare di trovar in ciò nuovi modi: onde di quello che l'uomo merita non solamente biasimo ma grave castigo, par che ne cerchi gloria; il che è cosa abominevole: e però questi tali, che voglion mostrar di esser faceti con poca reverenza di Dio, meritano esser cacciati dal consorzio d'ogni gentiluomo. Nè meno quelli che son osceni e sporchi nel parlare, e che in presenza di donne non hanno rispetto alcuno, e pare che non piglino altro piacer che di farle arrossire di vergogna, e sopra di questo vanno cercando motti ed arguzie. Come quest'anno in Ferrara ad un convito in presenza di molte gentildonne ritrovandosi un Fiorentino ed un Sanese, i quali per lo più, come sapete, sono nemici; disse il Sanese per mordere il Fiorentino: Noi abbiam maritato Siena allo imperatore, ed avemogli dato Fiorenza in dota; — e questo disse, perchè di que' dì s'era ragionato che Sanesi avean dato una certa quantità di danari allo imperatore, ed esso aveva tolto la lor protezione. Rispose subito il Fiorentino: Siena sarà la prima cavalcata (alla franzese, ma disse il vocabolo italiano); poi la dote si litigherà a bell'agio. — Vedete che il motto fu ingenioso, ma, per esser in presenza di donne, diventò osceno e non conveniente. —

LXIX. Allora il signor GASPAR PALLAVICINO, Le donne, disse, non hanno piacere di sentir ragionar d'altro; e voi volete levargliele. Ed io per me sonomi trovato ad arrossirmi di vergogna per parole dettemi da donne, molto più spesso che da uomini. — Di queste tai donne non parlo io, disse messer BERNARDO; ma di quelle virtuose, che meritano reverenza ed onore da ogni gentiluomo. — Disse il signor GASPARO: Bisogneria ritrovare una sottil regola per conoscerle, perchè il più delle volte quelle che sono in apparenza le migliori, in effetto sono il contrario. — Allor messer BERNARDO ridendo disse: Se qui presente non fosse il signor Magnifico nostro, il quale in ogni loco è allegato per protettor delle donne, io piglierei l'impresa di rispondervi; ma non voglio far ingiuria a lui. — Quivi la signora EMILIA, pur ridendo, disse: Le donne non hanno bisogno di difensore alcuno contra accusatore di così poca autorità; però lasciate pur il signor Gasparo in questa perversa opinione, e nata più presto dal suo non aver mai trovato donna che l'abbia voluto vedere, che da mancamento alcuno delle donne; e· seguitate voi il ragionamento delle facezie. —

LXX. Allora messer BERNARDO, Veramente, signora, disse, omai parmi aver detto de' molti lochi onde cavar si possono motti arguti, i quali poi hanno tanto più grazia, quanto sono accompagnati da una bella narrazione. Pur ancor molt' altri si potrian dire; come quando, o per accrescere o per minuire, si dicon cose che eccedono incredibilmente la verisimilitudine; e di questa sorte fu quella che disse Mario da Volterra d'un prelato, che si tenea tanto grand' uomo, che quando egli entrava in San Pietro s'abbassava per non dare della testa nell' architravo della porta. Disse ancora il Magnifico nostro qui, che Golpino suo servitore era tanto magro e secco, che una mattina, soffiando sott' il foco per accenderlo, era stato portato dal fumo su per lo camino insino alla cima; ed essendosi per sorte traversato ad una di quelle finestrelle, aveva avuto tanto di ventura, che non era volato via insieme con esso. Disse ancor messer Augustino Bevazzano, che uno avaro, il qual non aveva voluto vendere il grano mentre che era caro, vedendo che poi s'era molto avvilito, per disperazione s'impiccò ad un trave della sua camera; ed avendo un servitor suo sentito lo strepito, corse, e vide il patron impiccato, e prestamente tagliò la fune, e così liberollo dalla morte; dapoi l'avaro, tornato in sè, volse che quel servitor gli pagasse la sua fune che tagliata gli avea. Di questa sorte pare ancor che sia quello che disse Lorenzo de' Medici ad un buffon freddo: Non mi fareste ridere se mi solleticasti. — E medesimamente rispose ad un altro sciocco, il quale una mattina l'avea trovato in letto molto tardi, e gli rimproverava il dormir tanto, dicendogli: Io a quest'ora sono stato in Mercato Nuovo e Vecchio, poi fuor della Porta a San Gallo, intorno alle mura a far esercizio, ed ho fatto mill'altre cose; e voi ancor dormite? — Disse allora Lorenzo: Più vale quello che ho sognato in un'ora io, che quello che avete fatto in quattro voi. —

LXXI. È ancor bello, quando con una risposta l' uomo riprende quello che par che riprendere non voglia. Come il marchese Federico di Mantua, padre della signora Duchessa nostra, essendo a tavola con molti gentiluomini, un d'essi, dapoi che ebbe mangiato tutto un minestro, disse: Signor Marchese, perdonatemi; — e così detto, cominciò a sorbire quel brodo che gli era avanzato. Allora il Marchese subito disse: Domanda pur perdono ai porci, chè a me non fai tu ingiuria alcuna. — Disse ancora messer Nicolò Leonico, per tassar un tiranno ch'avea falsamente fama di liberale: Pensate quanta liberalità regna in costui, che non solamente dona la roba sua, ma ancor l'altrui. —

LXXII. Assai gentil modo di facezie è ancor quello che consiste in una certa dissimulazione, quando si dice una cosa, e tacitamente se ne intende un'altra; non dico già di quella maniera totalmente contraria, come se ad un nano si dicesse gigante, e ad un negro bianco, ovvero ad un bruttissimo bellissimo, perchè son troppo manifeste contrarietà, benchè queste ancor alcuna volta fanno ridere; ma quando con un parlar severo e grave giocando si dice piacevolmente quello che non s'ha in animo. Come dicendo un gentiluomo una espressa bugia a messer Augustin Foglietta, ed affermandola con efficacia, perchè gli parea pur che esso assai difficilmente la credesse, disse in ultimo messer Augustino: Gentiluomo, se mai spero aver piacer da voi, fatemi tanta grazia che siate contento, ch'io non creda cosa che voi diciate. — Replicando pur costui, e con sacramento, esser la verità, in fine disse: Poichè voi pur così volete, io lo crederò per amor vostro, perchè in vero io farei ancor maggior cosa per voi. — Quasi di questa sorte disse don Joanni di Cardona d'uno che si voleva partir di Roma: Al parer mio, costui pensa male; perchè è tanto scelerato, che stando in Roma ancor col tempo potria esser cardinale. — Di questa sorte è ancor quello che disse Alfonso Santacroce; il qual avendo avuto poco prima alcuni oltraggi dal Cardinale di Pavia, e passeggiando fuori di Bologna con alcuni gentiluomini presso al loco dove si fa la giustizia, e vedendovi un uomo poco prima impiccato, se gli rivoltò con un certo aspetto cogitabondo, e disse, tanto forte che ognun lo sentì: Beato tu, che non hai che fare col Cardinale di Pavia. —

LXXIII. E questa sorte di facezie che tiene dell'ironico pare molto conveniente ad uomini grandi, perchè è grave e salsa, e puossi usare nelle cose giocose ed ancor nelle severe. Però molti antichi, e dei più estimati, l'hanno usata, come Catone, Scipione Africano minore; ma sopra tutti in questa dicesi esser stato eccellente Socrate filosofo, ed a' nostri tempi il re Alfonso Primo di Aragona; il quale essendo una mattina per mangiare, levossi molte preziose anella che nelli diti avea, per non bagnarle nello lavar delle mani, e così le diede a quello che prima gli occorse, quasi senza mirar chi fosse. Quel servitore pensò che 'l re non avesse posto cura a cui date l'avesse, e che, per i pensieri di maggior importanza, facil cosa fosse che in tutto se lo scordasse: ed in questo più si confermò, vedendo che 'l re più non le ridomandava; e stando giorni e settimane e mesi senza sentirne mai parola, si pensò di certo esser sicuro. E così essendo vicino all'anno che questo gli era occorso, un'altra mattina, pur quando il re voleva mangiare, si rapresentò, e porse la mano per pigliar le anella; allora il re, accostatoseglì all'orecchio, gli disse: Bastinti le prime, chè queste saran buone per un altro. — Vedete come il motto è salso, ingegnoso e grave, e degno veramente della magnanimità d'uno Alessandro.

LXXIV. Simile a questa maniera che tende all'ironico è ancora un altro modo, quando con oneste parole si nomina una cosa viziosa. Come disse il Gran Capitano ad un suo gentiluomo, il quale dopo la giornata della Cirignola, e quando le cose già erano in securo, gli venne incontro armato riccamente quanto dir si possa, come apparecchiato di combattere; ed allor il Gran Capitano, rivolto a don Ugo di Cardona, disse: Non abbiate ormai più paura di tormento di mare, chè Santo Ermo è comparito; — e con quella onesta parola lo punse, perchè sapete che Santo Ermo sempre ai marinari appar dopo la tempesta, e dà segno di tranquillità; e così volse dire il Gran Capitano, che essendo comparito questo gentiluomo, era segno che il pericolo già era in tutto passato. Essendo ancor il signor Ottaviano Ubaldino a Fiorenza in compagnia d'alcuni cittadini di molta autorità, e ragionando di soldati, un di quei gli adimandò se conosceva Antonello da Forlì, il qual allor si era fuggito dal stato di Fiorenza. Rispose il signor Ottaviano: Io non lo conosco altrimenti, ma sempre l'ho sentito ricordare per un sollecito soldato; — disse allor un altro Fiorentino: Vedete come egli è sollecito, che si parte prima che domandi licenza. —

LXXV. Arguti motti son ancor quelli, quando del parlar proprio del compagno l'uomo cava quello che esso non vorria; e di tal modo intendo che rispose il signor duca nostro a quel castellano che perdè San Leo, quando questo stato fu tolto da papa Alessandro e dato al duca Valentino; e fu, che essendo il signor duca in Venezia in quel tempo ch'io ho detto, venivano di continuo molti de' suoi sudditi a dargli secretamente notizia come passavan le cose del stato, e fra gli altri vennevi ancor questo castellano; il quale dopo l'aversi escusato il meglio che seppe, dando la colpa alla sua disgrazia, disse: Signor, non dubitate, chè ancor mi basta l'animo di far di modo, che si potrà recuperar San Leo. — Allor rispose il signor Duca: Non ti affaticar più in questo; chè già il perderlo è stato un far di modo, che 'l si possa recuperare. — Son alcun'altri detti, quando un uomo, conosciuto per ingenioso, dice una cosa che par che proceda da sciocchezza. Come l'altro giorno disse messer Camillo Palleotto d'uno: Questo pazzo, subito che ha cominciato ad arricchire, si è morto. — È simile a questo modo una certa dissimulazion salsa ed acuta, quando un uomo, come ho detto, prudente, mostra non intender quello che intende. Come disse il marchese Federico di Mantua, il quale, essendo stimolato da un fastidioso, che si lamentava che alcuni suoi vicini con lacci gli pigliavano i colombi della sua colombara, e tuttavia in mano ne tenea uno impiccato per un piè insieme col laccio, che così morto trovato l'aveva, gli rispose che si provederia. Il fastidioso non solamente una volta ma molte replicando questo suo danno, col mostrar sempre il colombo così impiccato, dicea pur: E che vi par,

Signor, che far si debba di questa cosa? — Il marchese in ultimo, A me par, disse, che per niente quel colombo non sia sepelito in chiesa, perchè essendosi impiccato da sè stesso, è da credere che fosse disperato. — Quasi di tal modo fu quel di Scipione Nasica ad Ennio; che essendo andato Scipione a casa d'Ennio per parlargli, e chiamandol giù dalla strada, una sua fante gli rispose che egli non era in casa; e Scipione udì manifestamente, che Ennio proprio avea detto alla fante che dicesse ch'egli non era in casa: così si partì. Non molto appresso venne Ennio a casa di Scipione, e pur medesimamente lo chiamava stando da basso; a cui Scipione alta voce esso medesimo rispose, che non era in casa. Allora Ennio, Come? non conosco io, rispose, la voce tua? — Disse Scipione: Tu sei troppo discortese; l'altro giorno io credetti alla fante tua che tu non fossi in casa, e ora tu nol vuoi credere a me stesso. —

LXXVI. È ancor bello, quando uno vien morso in quella medesima cosa che esso prima ha morso il compagno; come essendo Alonso Carillo alla corte di Spagna, ed avendo commesso alcuni errori giovenili e non di molta importanza, per comandamento del re fu posto in prigione, e quivi lasciato una notte. Il dì seguente ne fu tratto, e così venendo a palazzo la mattina, giunse nella sala dove eran molti cavalieri e dame; e ridendosi di questa sua prigionia, disse la signora Boadilla: Signor Alonso, a me molto pesava di questa vostra disavventura, perchè tutti quelli che vi conoscono pensavano che 'l re dovesse farvi impiccare. — Allora Alonso subito, Signora, disse, io ancor ebbi gran paura di questo; pur aveva speranza che voi mi dimandaste per marito. — Vedete come questo è acuto ed ingenioso; perchè in Spagna, come ancor in molti altri lochi, usanza è che quando si mena uno alle forche, se una meretrice publica l'addimanda per marito, donasegli la vita. Di questo modo rispose ancor Rafaello pittore a dui cardinali suoi domestici, i quali, per farlo dire, tassavano in presenza sua una tavola che egli avea fatta, dove erano san Pietro e san Paolo, dicendo che quelle due figure eran troppo rosse nel viso. Allora Rafaello subito disse: Signori, non vi maravigliate; chè io questi ho fatto a sommo studio, perchè è da credere che san Pietro e san Paolo siano, come qui gli vedete, ancor in cielo così rossi, per vergogna che la Chiesa sua sia governata da tali uomini come sete voi. —

LXXVII. Sono ancor arguti quei motti che hanno in sè una certa nascosta suspizion di ridere; come lamentandosi un marito molto, e piangendo sua moglie, che da sè stessa s'era ad un fico impiccata, un altro se gli accostò, e, tiratolo per la veste, disse: Fratello, potrei io per grazia grandissima aver un rametto di quel fico, per inserire in qualche albero dell'orto mio? — Son alcuni altri motti pazienti, e detti lentamente con una certa gravità; come, portando un contadino una cassa in spalla, urtò Catone con essa, poi disse: Guarda. — Rispose Catone: Hai tu altro in spalla che *quella cassa?* — Ridesi ancor quando un uomo, avendo fatto un errore, per rimediarlo dice una cosa a sommo studio, che par sciocca, e pur tende a quel fine che esso disegna, e con quella s'ajuta per non restar impedito. Come a questi dì, in consiglio di Fiorenza ritrovandosi doi nemici, come spesso interviene in queste republiche, l'uno d'essi, il quale era di casa Altoviti, dormiva; e quello che gli sedeva vicino, per ridere, benchè 'l suo avversario, che era di casa Alamanni, non parlasse nè avesse parlato, toccandolo col cubito lo risvegliò, e disse: Non odi tu ciò che il tal dice? rispondi, chè i Signori domandan del parer tuo. — Allor l'Altoviti, tutto sonnacchioso e senza pensar altro, si levò in piedi e disse: Signori, io dico tutto il contrario di quello che ha detto l'Alamanni. — Rispose l'Alamanni: Oh, io non ho detto nulla. — Subito disse l'Altoviti: Di quello che tu dirai. — Disse ancor di questo modo maestro Serafino, medico vostro urbinate, ad un contadino, il qual, avendo avuta una gran percossa in un occhio, di sorte che in vero glielo avea cavato, deliberò pur d'andar per rimedio a maestro Serafino; ed esso vedendolo, benchè conoscesse esser impossibile il guarirlo, per cavargli denari delle mani, come quella percossa gli avea cavato l'occhio della testa, gli promise largamente di guarirlo; e così ogni dì gli addimandava denari, affermando che fra cinque o sei dì cominciaria a riaver la vista. Il pover contadino gli dava quel poco che aveva; pur, vedendo che la cosa andava in lungo, cominciò a dolersi del medico, e dir che non sentiva miglioramento alcuno, nè discernea con quell'occhio più che se non l'avesse avuto in capo. In ultimo, vedendo maestro Serafino che poco più potea trargli di mano, disse: Fratello mio, bisogna aver pazienza: tu hai perduto l'occhio, nè più v'è rimedio alcuno; e Dio voglia che tu non perdi anco quell'altro. — Udendo questo il contadino, si mise a piangere e dolersi forte, e disse: Maestro, voi m'avete assassinato e rubato i miei denari: io mi lamentarò al signor Duca; — e facea i maggiori stridi del mondo. Allora maestro Serafino in collera, e per svilupparsi, Ah villan traditor, disse, dunque tu ancor vorresti aver dui occhi, come hanno i cittadini e gli uomini da bene? vattene in malora: — e queste parole accompagnò con tanta furia, che quel povero contadino spaventato si tacque, e cheto cheto se n'andò con Dio, credendosi d'aver il torto.

LXXVIII. È anco bello quando si dechiara una cosa, o si interpreta giocosamente. Come alla corte di Spagna comparendo una mattina a palazzo un cavaliero, il quale era bruttissimo, e la moglie, che era bellissima, l'uno e l'altro vestiti di damasco bianco, disse la Reina ad Alonso Carillo: Che vi par, Alonso, di questi dui? — Signora, rispose Alonso, parmi che questa sia la *dama* e questo lo *asco*, — che vuol dir schifo. Vedendo ancor Rafael de'Pazzi una lettera del Prior di Messina, ch'egli scriveva ad una sua signora, il soprascritto della qual dicea: *Esta charta s' ha de dar a quien causa mi penar;* Parmi, disse, che questa lettera vada a Paolo Tolosa. — Pensate come risero i circostanti, perchè ognuno sapea che Paolo Tolosa avea prestato al Prior diece mila ducati; ed esso, per esser gran spenditor, non trovava modo di rendergli. A questo è simile, quando si dà una ammonizion famigliare in forma di consiglio, pur dissimulatamente. Come disse Cosimo de' Medici ad un suo amico, il qual era assai ricco, ma di non molto sapere, e per mezzo pur di Cosimo aveva ottenuto un officio fuori di Firenze; e dimandando costui nel partir suo a Cosimo, che modo gli parea che egli avesse a tenere per governarsi bene in questo suo officio,

Cosimo gli rispose: Vesti di rosato, e parla poco. — Di questa sorte fu quello che disse il conte Ludovico ad uno che volea passar incognito per un certo loco pericoloso, e non sapea come travestirsi; ed essendone il conte addimandato, rispose: Vestiti da dottore, o di qualche altro abito da savio.— Disse ancor Giannotto de' Pazzi ad un che volea far un sajo d'arme dei più diversi colori che sapesse trovare: Piglia parole ed opre del Cardinale di Pavia. —

LXXIX. Ridesi ancor d'alcune cose discrepanti; come disse uno l'altro giorno a messer Antonio Rizzo d'un certo Forlivese: Pensate s'è pazzo, che ha nome Bartolommeo.— Ed un altro: Tu cerchi un maestro Stalla, e non hai cavalli: — ed, A costui non manca però altro che la roba e 'l cervello. — E d'alcun'altre che pajon consentanee; come, a questi dì, essendo stato suspicione che uno amico nostro avesse fatto fare una renunzia falsa d'un beneficio, essendo poi malato un altro prete, disse Antonio Torello a quel tale: Che stai tu a far, che non mandi per quel tuo notaro, e vedi di carpir quest'altro beneficio? — Medesimamente d'alcune che non sono consentanee; come l'altro giorno avendo il papa mandato per messer Joan Luca da Pontremolo e per messer Domenico dalla Porta, i quali, come sapete, son tutti dui gobbi, e fattogli Auditori, dicendo voler indrizzare la Rota, disse messer Latin Juvenale: Nostro Signore s'inganna, volendo con dui torti indrizzar la Rota. —

LXXX. Ridesi ancor spesso quando l'uomo concede quello che se gli dice, ed ancor più, ma mostra intenderlo altramente. Come, essendo il capitan Peralta già condotto in campo per combattere con Aldana, e domandando il capitan Molart, che era patrino d'Aldana, a Peralta il sacramento, s'avea adosso brevi o incanti che lo guardassero da esser ferito: Peralta giurò, che non avea adosso nè brevi nè incanti nè reliquie nè devozione alcuna in che avesse fede. Allor Molart, per pungerlo che fosse marrano, disse: Non vi affaticate in questo, chè senza giurare credo che non abbiate fede nè ancor in Cristo. — È ancor bello usar le metafore a tempo in tai propositi; come il nostro maestro Marc'Antonio, che disse a Botton da Cesena, che lo stimolava con parole: Botton, Bottone, tu sarai un dì il bottone, e 'l capestro sarà la fenestrella. — Ed avendo ancor maestro Marc'Antonio composto una molto lunga comedia e di varii atti, disse il medesimo Botton pur a maestro Marc'Antonio: A far la vostra comedia bisogneranno per lo apparato quanti legni sono in Schiavonia; — rispose maestro Marc'Antonio: E per l'apparato della tua tragedia basteran tre solamente. —

LXXXI. Spesso si dice ancor una parola, nella quale è una nascosta significazione lontana da quello che par che dir si voglia. Come il signor Prefetto qui, sentendo ragionare d'un capitano, il quale in vero a' suoi dì il più delle volte ha perduto, ed allor pur per avventura avea vinto; e dicendo colui che ragionava, che nella entrata che egli avea fatta in quella terra s'era vestito un bellissimo sajo di velluto chermosì, il qual portava sempre dopo le vittorie; disse il signor Prefetto: Dee esser nuovo. — Non meno induce il riso, quando talor si risponde a quello che non ha detto colui con cui si parla, ovver si mostra creder che abbia fatto quello che non ha fatto, e dovea fare. Come Andrea Coscia, essendo andato a visitare un gentiluomo, il quale discortesemente lo lasciava stare in piedi, ed esso sedea, disse: Poichè Vostra Signoria me lo comanda, per obedire io sederò; — e così si pose a sedere.

LXXXII. Ridesi ancor quando l'uomo con buona grazia accusa sè stesso di qualche errore; come l'altro giorno, dicendo io al capellan del signor Duca, che Monsignor mio avea un capellano che dicea messa più presto di lui, mi rispose: Non è possibile; — ed accostatomisi all'orecchio, disse Sappiate, ch'io non dico un terzo delle secrete. — Biagin Crivello ancor, essendo stato morto un prete a Milano, domandò il beneficio al Duca, il qual pure stava in opinion di darlo ad un altro. Biagin in ultimo, vedendo che altra ragione non gli valea, E come? disse; s'io ho fatto amazzar il prete, perchè non mi volete voi dar il beneficio? — Ha grazia ancor spesso desiderare quelle cose che non possono essere; come l'altro giorno un dei nostri, vedendo questi signori che tutti giocavano d'arme, ed esso stava colcato sopra un letto, disse: Oh come mi piaceria, che ancor questo fosse esercizio da valente uomo e buon soldato! — È ancor bel modo e salso di parlare, e massimamente in persone gravi e d'autorità, rispondere al contrario di quello che vorria colui con chi si parla, ma lentamente, e quasi con una certa considerazione dubiosa e sospesa. Come già il re Alfonso primo d'Aragona, avendo donato ad un suo servitore arme, cavalli e vestimenti, perchè gli avea detto che la notte avanti sognava che Sua Altezza gli dava tutte quelle cose; e non molto poi dicendogli pur il medesimo servitore, che ancor quella notte avea sognato che gli dava una buona quantità di fiorin d'oro, gli rispose: Non crediate da mo inanzi ai sogni, chè non sono veritevoli. — Di questa sorte rispose ancor il papa al vescovo di Cervia, il qual, per tentar la volontà sua, gli disse: Padre Santo, per tutta Roma e per lo palazzo ancora si dice, che Vostra Santità mi fa governatore. — Allor il papa, Lasciategli dire, rispose, che son ribaldi; non dubitate, che non è vero niente. —

LXXXIII. Potrei forse ancor, signori, raccorre molti altri lochi, donde si cavano motti ridicoli; come le cose dette con timidità, con maraviglia, con minaccia, fuor d'ordine, con troppo collera; oltra di questo, certi casi nuovi, che intervenuti inducono il riso; talor la taciturnità, con una certa maraviglia; talor il medesimo ridere senza proposito: ma a me pare ormai aver detto a bastanza, perchè le facezie che consistono nelle parole credo che non escano di que' termini di che noi avemo ragionato. Quelle poi che sono nell'effetto, avvenga che abbian infinite parti, pur si riducono a pochi capi: ma nell'una e nell'altra sorte la principal cosa è lo ingannar la opinion, e rispondere altramente che quello che aspetta l'auditore; ed è forza, se la facezia ha d'aver grazia, sia condita di quello inganno, o dissimulare o beffare o riprendere o comparare, o qual altro modo voglia usar l'uomo. E benchè le facezie inducano tutte a ridere, fanno però ancor in questo ridere diversi effetti; perchè alcune hanno in sè una certa eleganza e piacevolezza modesta, altre pungono talor copertamente, talor publico, altre hanno del lascivetto, altre fanno ridere subito che s'odono, altre quanto più vi si pensa, altre col riso fanno ancor arrossire, altre inducono un poco d'ira; ma in tutti i modi s'ha da considerar la disposizion degli animi degli auditori, perchè agli afflitti spesso i giochi danno maggior afflizione; e sono alcune infermità che, quanto più vi si adopra medicina, tanto più si incrudiscono. Avendo adunque il Cortegiano nel motteggiare e dir piacevolezze rispetto al tempo, alle persone, al grado suo, e di non esser in ciò troppo frequente; chè in vero dà fastidio, tutto il giorno, in tutti i ragionamenti, e senza proposito, star sempre su questo: potrà esser chiamato faceto; guardando ancor di non esser tanto acerbo e mordace, che si faccia conoscer per maligno, pungendo senza causa, ovver con odio manifesto; ovver persone troppo potenti, che è imprudenza; ovvero troppo misere, che è crudeltà; ovver troppo scelerate, che è vanità; ovver dicendo cose che offendan quelli che esso non vorria offendere, che è ignoranza; perchè si trovano alcuni che si credon esser obligati a dir e punger senza rispetto ogni volta che possono, vada pur poi la cosa come vuole. E tra questi tali son quelli, che per dire una parola argutamente, non guardan di macular l'onor d'una nobil donna; il che è malissima cosa, e degna di gravissimo castigo, perchè in questo caso le donne sono nel numero dei miseri, e però non meritano in ciò essere mordute, chè non hanno arme da difendersi. Ma, oltre a questi rispetti, bisogna che colui che ha da esser piacevole e faceto, sia formato d'una certa natura atta a tutte le sorti di piacevolezze, ed a quelle accommodi i costumi, i gesti e 'l volto; il quale quant'è più grave e severo e saldo, tanto più fa le cose che son dette parer salse ed argute.

LXXXIV. Ma voi, messer Federico, che pensaste di riposarvi sotto questo sfogliato albero e nei miei secchi ragionamenti, credo che ne siate pentito, e vi paja esser entrato nell'osteria di Montefiore: però ben sarà che, a guisa di pratico corrieri, per fuggir un tristo albergo, vi leviate un poco più per tempo che l'ordinario, e seguitiate il cammin vostro. — Anzi, rispose messer Federico, a così buon albergo sono io venuto, che penso di starvi più che prima non aveva deliberato: però riposerommi pur ancor fin a tanto che voi diate fine a tutto 'l ragionamento proposto, del quale avete lasciato una parte che al principio nominaste, che son le *burle*; e di ciò non è buono che questa compagnia sia defraudata da voi. Ma sì come circa le facezie ci avete insegnato molte belle cose, e fattoci audaci nello usarle, per esempio di tanti singolari ingegni e grand'uomini, e principi e re e papi, credo medesimamente che nelle burle ci darete tanto ardimento, che piglieremo segurtà di metterne in opera qualch'una ancor contra di voi. — Allora messer Bernardo ridendo, Voi non sarete, disse, i primi; ma forse non vi verrà fatto, perchè omai tante n'ho ricevute, che mi guardo da ogni cosa; come i cani, che, scottati dall'acqua calda, hanno paura della fredda. Pur, poichè di questo ancor volete ch'io dica, penso potermene espedir con poche parole.

LXXXV. E parmi che la burla non sia altro, che un inganno amichevole di cose che non offendano, o almen poco; e sì come nelle facezie il dir contra l'aspettazione, così nelle burle il far contra l'aspettazione induce riso. E queste tanto più piacciono e sono laudate, quanto più hanno dello ingenioso e modesto; perchè chi vuol burlar senza rispetto spesso offende, e poi ne nascono disordini e gravi inimicizie. Ma i lochi donde cavar si posson le burle son quasi i medesimi delle facezie. Però, per non replicarli, *dico solamente*, che di due sorti burle si trovano, ciascuna delle quali in più parti poi divider si poria. L'una è, quando s'inganna ingeniosamente con bel modo e piacevolezza chi si sia; l'altra, quando si tende quasi una rete, e mostra un poco d'esca, talchè l'uomo corre ad ingannarsi da sè stesso. Il primo modo è tale, quale fu la burla che a questi dì due gran signore, ch'io non voglio nominare, ebbero per mezzo d'uno Spagnuolo chiamato Castiglio. — Allora la signora Duchessa, E perchè, disse, non le volete voi nominare? — Rispose messer Bernardo: Non vorrei che lo avessero a male. — Replicò la signora Duchessa ridendo: Non si disconvien talor usare le burle ancor coi gran signori; ed io già ho udito molte esserne state fatte al Duca Federico, al Re Alfonso d'Aragona, alla Reina donna Isabella di Spagna, ed a molti altri gran principi; ed essi non solamente non lo aver avuto a male, ma aver premiato largamente i burlatori. — Rispose messer Bernardo: Nè ancor con questa speranza le nominarò io. — Dite come vi piace, — soggiunse la signora Duchessa. Allor seguitò messer Bernardo, e disse: Pochi dì sono, che nella corte di chi io intendo capitò un contadin bergamasco per servizio di un gentiluom cortegiano, il qual fu tanto ben divisato di panni, ed acconcio così attilatamente, che, avvenga che fosse usato solamente a guardar buoi, nè sapesse far altro mestiero, da chi non l'avesse sentito ragionare saria stato tenuto per un galante cavaliero; e così essendo detto a quelle due signore, che quivi era capitato un Spagnolo servitore del cardinale Borgia, che si chiamava Castiglio, ingeniosissimo, musico, danzatore, ballatore, e più accorto cortegiano che fosse in tutta Spagna, vennero in estremo desiderio di parlargli, e subito mandarono per esso; e dopo le onorevoli accoglienze, lo fecero sedere, e cominciarono a parlargli con grandissimo riguardo in presenza d'ognuno; e pochi eran di quelli che si trovavano presenti, che non sapessero che costui era un vaccaro bergamasco. Però, vedendosi che quelle signore l'intertenevano con tanto rispetto e tanto l'onoravano, furono le risa grandissime; tanto più che 'l buon uomo sempre parlava del suo nativo parlare zaffi bergamasco. Ma quei gentiluomini che faceano la burla aveano prima detto a queste signore, che costui, tra l'altre cose, era gran burlatore, e parlava eccellentemente tutte le lingue, e massimamente lombardo contadino: di sorte che sempre estimarono che fingesse; e spesso si voltavano l'una all'altra con certe maraviglie, e diceano: Udite gran cosa, come contrafà questa lingua! — In somma, tanto durò questo ragionamento, che ad ognuno doleano gli fianchi per le risa; e fu forza che esso medesimo desse tanti contrasegni della sua nobilità, che pur in ultimo queste signore, ma con gran fatica, credettero ch'el fosse quello che egli era.

LXXXVI. Di questa sorte burle ogni dì veggiamo; ma tra l'altre quelle son piacevoli, che al principio spaventano, e poi riescono in cosa secura; perchè il medesimo burlato si ride di sè stesso, vedendosi aver avuto paura di niente. Come essendo io una notte alloggiato in Paglia, intervenne che nella medesima osteria ov'ero io, erano ancor tre altri compagni, dui da Pistoja, l'altro da Prato, i quali dopo cena si misero, come spesso si fa, a giocare: così non v'andò molto che uno dei dui Pistolesi, perdendo il resto, restò senza un quattrino, di modo che cominciò a disperarsi, e maledire e biastemare fieramente; e così rinegando, se n'andò a dormire. Gli altri dui avendo alquanto giocato, deliberarono fare una burla a questo che era ito al letto. Onde, sentendo che esso già dormiva, spensero tutti i lumi, e velarono il foco; poi si misero a parlar alto, e far i maggiori rumori del mondo, mostrando venire a contenzion del gioco, dicendo uno: Tu hai tolto la carta di sotto; — l'altro negandolo, con dire: E tu hai invitato sopra flusso; il gioco vadi a monte; — e cotai cose, con tanto strepito, che colui che dormiva si risvegliò; e sentendo che costoro giocavano e parlavano così come se vedessero le carte, un poco aperse gli occhi, e non vedendo lume alcuno in camera, disse: E che diavol farete voi tutta notte di gridare? — Poi subito si rimise giù, come per dormire. I dui compagni non gli diedero altrimenti risposta, ma seguitarono l'ordine suo; di modo che costui, meglio risvegliato, cominciò a maravigliarsi; e vedendo certo che ivi non era nè foco nè splendor alcuno, e che pur costor giocavano e contendevano, disse: E come potete voi veder le carte senza lume? — Rispose uno delli dui: Tu dei aver perduto la vista insieme con li denari: non vedi tu, se qui abbiam due candele? — Levossi quello che era in letto su le braccia, e quasi adirato, disse: O ch'io sono ebriaco o cieco, o voi dite le bugie. — Li dui levaronsi, ed andarono al letto tentoni, ridendo, e mostrando di credere che colui si facesse beffe di loro; ed esso pur replicava: Io dico che non vi veggo. — In ultimo li dui cominciarono a mostrar di maravigliarsi forte, e l'uno disse all'altro: Oimè, parmi ch'el dica da dovero: dà qua quella candela, e veggiamo se forse gli si fosse intorbidata la vista. — Allor quel meschino tenne per fermo d'esser diventato cieco, e piangendo dirottamente disse: O fratelli miei, io son cieco; — e subito cominciò a chiamar la Nostra Donna di Loreto, e pregarla che gli perdonasse le biasteme e le maledizioni che gli aveva date per aver perduto i denari. I dui compagni pur lo confortavano, e dicevano: E' non è possibile che tu non ci vegghi; egli è una fantasia che tu t' hai posta in capo. — Oimè, replicava l' altro, che questa non è fantasia, nè vi veggo io altrimenti che se non avessi mai avuti occhi in testa. — Tu hai pur la vista chiara, — rispondeano li dui, e diceano l'un l'altro: Guarda come egli apre ben gli occhi e come gli ha belli! e chi poria creder ch' ei non vedesse? — Il poveretto tuttavia piangea più forte, e domandava misericordia a Dio. In ultimo costoro gli dissero: Fa voto d'andare alla nostra Donna di Loreto devotamente scalzo ed ignudo, che questo è il miglior rimedio che si possa avere; e noi frattanto andaremo ad Acqua Pendente e quest' altre terre vicine, per veder di qualche medico, e non ti mancaremo di cosa alcuna possibile. — Allora quel meschino subito s' inginocchiò nel letto, e con infinite lacrime ed amarissima penitenza dello aver biastemato, fece voto solenne d'andare ignudo a Nostra Signora di Loreto, ed offerirle un pajo d' occhi d'argento, e non mangiar carne il mercore, nè ova il venere, e digiunar pane ed acqua ogni sabbato ad onore di Nostra Signora, se gli concedeva grazia di recuperar la vista. I dui compagni, entrati in un' altra camera, accesero un lume, e se ne vennero con le maggior risa del mondo davanti a questo poveretto; il quale, benchè fosse libero di così grande affanno, come potete pensare, pur era tanto attonito della passata paura, che non solamente non potea ridere, ma nè pur parlare; e li dui compagni non faceano altro che stimolarlo, dicendo, che era obligato a pagar tutti questi voti, perchè avea ottenuta la grazia domandata.

LXXXVII. Dell' altra sorte di burle, quando l' uomo inganna sè stesso, non darò io altro esempio, se non quello che a me intervenne, non è gran tempo: perchè a questo carneval passato, Monsignor mio di San Pietro ad Vincula, il qual sa come io mi piglio piacer, quando son maschera, di burlar Frati, avendo prima ben ordinato ciò che fare intendeva, venne insieme un dì con Monsignor d'Aragona ed alcuni altri cardinali a certe finestre in Banchi, mostrando voler star quivi a veder passar le maschere, come è usanza di Roma. Io, essendo maschera, passai, e vedendo un Frate così da un canto che stava un poco sospeso, giudicai aver trovata la mia ventura, e subito gli corsi come un famelico falcone alla preda; e prima domandatogli chi egli era, ed esso rispostomi, mostrai di conoscerlo, e con molte parole cominciai ad indurlo a credere che 'l barigello l' andava cercando per alcune male informazioni che di lui s' erano avute, e confortarlo che venisse meco insino alla cancellaria, chè io quivi lo salvarei. Il Frate, pauroso e tutto tremante, parea che non sapesse che si fare, e dicea dubitar, se si dilungava da San Celso, d' esser preso. Io pur facendogli buon animo, gli dissi tanto, che mi montò in groppa; ed allor a me parve d' aver appien compito il mio disegno: così subito cominciai a rimettere il cavallo per Banchi, il qual andava saltellando, e traendo calci. Imaginate or voi, che bella vista facea un Frate in groppa d' una maschera, col volare del mantello e scuotere il capo inanzi e 'ndrieto, che sempre parea che andasse per cadere. Con questo bel spettacolo cominciarono que' signori a tirarci ova dalle finestre, poi tutti i banchieri, e quante persone v' erano; di modo che non con maggior impeto cadde dal cielo mai la grandine, come da quelle finestre cadeano l' ova, le quali per la maggior parte sopra di me venivano; ed io per esser maschera non mi curava, e pareami che quelle risa fossero tutte per lo Frate e non per me; e per questo più volte tornai inanzi e 'ndietro per Banchi, sempre con quella furia alle spalle: benchè il Frate quasi piangendo mi pregava ch' io lo lasciassi scendere, e non facessi questa vergogna all' abito; poi di nascosto il ribaldo si facea dar ova ad alcuni staffieri posti quivi per questo effetto, e mostrando tenermi stretto per non cadere, me le schiacciava nel petto, spesso in sul capo, e talor in su la fronte medesima; tanto ch'io era tutto consumato. In ultimo, quando ognuno era stanco e di ridere e di tirar ova, mi saltò di groppa, e calatosi indietro lo scapolaro, mostrò una gran zazzara, e disse: Messer Bernardo, io son un famiglio di stalla di San Pietro ad Vincula, e son quello che governa il vostro muletto. — Allor io non so qual maggiore avessi o dolore o ira o vergogna; pur, per men male, mi posi a fuggire verso casa, e la mattina seguente non osava comparere; ma le risa di questa burla non solamente il dì seguente, ma quasi insino adesso son durate. —

LXXXVIII. E così essendosi per lo raccontarla alquanto rinovato il ridere, soggiunse messer BERNARDO: È ancor un modo di burlare assai piacevole, onde medesimamente si cavano facezie, quando si mostra credere che l'uomo voglia fare una cosa, che in vero non vuol fare. Come essendo io in sul ponte di Leone una sera dopo cena, e andando insieme con Cesare Beccadello scherzando, cominciammo l'un l'altro a pigliarsi alle braccia, come se lottare volessimo; e questo perchè allor per sorte parea, che in su quel ponte non fosse persona: e stando così, sopragiunsero dui Franzesi, i quali vedendo questo nostro debatto, dimandarono che cosa era, e fermaronsi per volerci spartire, con opinion che noi facessimo questione da dovero. Allor io tosto, Ajutatemi, dissi, signori, chè questo povero gentiluomo a certi tempi di luna ha mancamento di cervello; ed ecco che adesso si vorria pur gittar dal ponte nel fiume. — Allora quei dui corsero, e meco presero Cesare, e tenevanlo strettissimo; ed esso, sempre dicendomi ch'io era pazzo, mettea più forza per svilupparsi loro dalle mani, e costoro tanto più lo stringevano: di sorte, che la brigata cominciò a vedere questo tumulto, ed ognun corse; e quanto più il buon Cesare battea delle mani e piedi, chè già cominciava entrare in collera, tanto più gente sopragiungea; e per la forza grande che esso mettea, estimavano fermamente che volesse saltar nel fiume, e per questo lo stringevan più: di modo che una gran brigata d'uomini lo portarono di peso all'osteria, tutto scarmigliato e senza berretta, pallido dalla collera e dalla vergogna, chè non gli valse mai cosa che dicesse, tra perchè quei Franzesi non lo intendevano, tra perchè io ancor conducendogli all'osteria sempre andava dolendomi della disavventura del poveretto, che fosse così impazzito.

LXXXIX. Or, come avemo detto, delle burle si poria parlar largamente; ma basti il replicare, che i lochi onde si cavano sono i medesimi delle facezie. Degli esempii poi n'avemo infiniti, chè ogni dì ne veggiamo; e tra gli altri, molti piacevoli ne sono nelle Novelle del Boccaccio, come quelle che facevano Bruno e Buffalmacco al suo Calandrino ed a Maestro Simone, e molte altre di donne, che veramente sono ingeniose e belle. Molti uomini piacevoli di questa sorte ricordomi ancor aver conosciuti a miei di, e tra gli altri in Padoa uno scolar siciliano, chiamato Ponzio; il qual vedendo una volta un contadino che aveva un paro di grossi capponi, fingendo volergli comperare fece mercato con esso, e disse che andasse a casa seco, chè, oltre al prezzo, gli darebbe da far colazione : e così lo condusse in parte dove era un campanile, il quale è diviso dalla chiesa, tanto che andar vi si può d'intorno; e proprio ad una delle quattro facce del campanile rispondeva una stradetta piccola. Quivi Ponzio, avendo prima pensato ciò che far intendeva, disse al contadino: Io ho giocato questi capponi con un mio compagno, il qual dice che questa torre circonda ben quaranta piedi, ed io dico di no; e appunto allora quand'io ti trovai aveva comperato questo spago per misurarla; però, prima che andiamo a casa, voglio chiarirmi chi di noi abbia vinto:— e così dicendo, trassesi della manica quel spago, e diello da un capo in mano al contadino, e disse: Dà qua;— e tolse i capponi, e prese il spago dall'altro capo; e, come misurar volesse, cominciò a circondar la torre, avendo prima fatto affermar il contadino e tener il spago dalla parte che era opposta a quella faccia che rispondeva nella stradetta; alla quale come esso fu giunto, così ficcò un chiodo nel muro, a cui annodò il spago; e lasciatolo in tal modo, cheto cheto se n'andò per quella stradetta coi capponi. Il contadino per buon spazio stette fermo aspettando pur che colui finisse di misurare; in ultimo, poi che più volte ebbe detto: Che fate voi tanto?— volse vedere, e trovò che quello che tenea lo spago non era Ponzio, ma era un chiodo fitto nel muro, il qual solo gli restò per pagamento dei capponi. Di questa sorte fece Ponzio infinite burle. Molti altri sono ancora stati uomini piacevoli di tal maniera, come il Gonella, il Meliolo in quei tempi, ed ora il nostro frate Mariano, e frate Serafino qui, e molti che tutti conoscete. Ed in vero, questo modo è lodevole in uomini che non facciano altra professione; ma le burle del Cortegiano par che si debbano allontanar un poco più dalla scurrilità. Deesi ancora guardar che le burle non passino alla barzaria; come vedemo molti mali uomini che vanno per lo mondo con diverse astuzie per guadagnar denari, fingendo or una cosa ed or un'altra: e che non siano anco troppo acerbe; e sopra tutto aver rispetto e reverenza, così in questo come in tutte l'altre cose, alle donne, e massimamente dove intervenga offesa della onestà. —

XC. Allora il signor Gasparo, Per certo, disse, messer Bernardo, voi sete pur troppo parziale a queste donne. E perchè volete voi che più rispetto abbiano gli uomini alle donne, che le donne agli uomini? Non dee a noi forse esser tanto caro l'onor nostro, quanto ad esse il loro? A voi pare adunque che le donne debban pungere e con parole e con beffe gli uomini in ogni cosa senza riservo alcuno, e gli uomini se ne stiano muti, e le ringrazino da vantaggio? — Rispose allor messer Bernardo: Non dico io che le donne non debbano aver nelle facezie e nelle burle quei rispetti agli uomini che avemo già detti: dico ben che esse possono con più licenza morder gli uomini di poca onestà, che non possono gli uomini mordere esse; e questo perchè noi stessi avemo fatta una legge, che in noi non sia vizio nè mancamento nè infamia alcuna la vita dissoluta, e nelle donne sia tanto estremo obbrobrio e vergogna, che quella di chi una volta si parla male, o falsa o vera che sia la calunnia che se le dà, sia per sempre vituperata. Però essendo il parlar dell'onestà delle donne tanto pericolosa cosa d'offenderle gravemente, dico che dovemo morderle in altro, e astenerci da questo; perchè pungendo la facezia o la burla troppo acerbamente, esce del termine che già avemo detto convenirsi a gentiluomo. —

XCI. Quivi, facendo un poco di pausa messer Bernardo, disse il signor Ottavian Fregoso ridendo: Il signor Gaspar potrebbe rispondervi, che questa legge che voi allegate che noi stessi avemo fatta non è forse così fuor di ragione come a voi pare; perchè essendo le donne animali imperfettissimi, e di poca o niuna dignità a rispetto degli uomini, bisognava, poi che da sè non erano capaci di far atto alcuno virtuoso, che con la vergogna e timor d'infamia si ponesse loro un freno, che quasi per forza in esse introducesse qualche buona qualità; e parve che più necessaria loro fosse la continenza che alcuna altra, per aver certezza dei figlioli: onde è stato forza con tutti gl'ingegni ed arti e vie possibili far le donne continenti, e quasi conceder loro che in tutte l'altre cose siano di poco valore, e che sempre facciano il contrario di ciò che devriano. Però essendo lor licito far tutti gli altri errori senza biasimo, se noi le vorremo mordere di quei difetti i quali, come avemo detto, tutti ad esse sono conceduti, e però a loro non sono disconvenienti nè esse se ne curano, non moveremo mai il riso; perchè già voi avete detto che 'l riso si move con alcune cose che son disconvenienti. —

XCII. Allor la signora Duchessa, In questo modo, disse, signor Ottaviano, parlate delle donne; e poi vi dolete che esse non v'amino? — Di questo non mi doglio io, rispose il signor Ottaviano, anzi le ringrazio, poichè con lo amarmi non m'obligano ad amar loro; nè parlo di mia opinione, ma dico che 'l signor Gasparo potrebbe allegar queste ragioni. — Disse messer Bernardo: Gran guadagno in vero fariano le donne se potessero riconciliarsi con dui suoi tanto gran nemici, quanto siete voi e 'l signor Gasparo. — Io non son lor nemico, rispose il signor Gasparo, ma voi siete ben nemico degli uomini; chè se pur volete che le donne non siano mordute circa questa onestà, dovreste mettere una legge ad esse ancor, che non mordessero gli uomini in quello che a noi così è vergogna, come alle donne la incontinenza. E perchè non fu così conveniente ad Alonso Carillo la risposta che diede alla signora Boadilla della speranza che avea di campar la vita, perchè essa lo pigliasse per marito; come a lei la proposta, che ognun che lo conoscea pensava che 'l Re lo avesse da far impiccare! E perchè non fu così licito a Riciardo Minutoli gabbar la moglie di Filippello e farla venir a quel bagno, come a Beatrice far uscire del letto Egano suo marito, e fargli dare delle bastonate da Anichino, poi che un gran pezzo con lui giaciuta si fu? E quell'altra che si legò lo spago al dito del piede, e fece creder al marito proprio non esser dessa? Poichè voi dite che quelle burle di donne nel Jovan Boccaccio son così ingeniose e belle. —

XCIII. Allora messer BERNARDO ridendo, Signori, disse, essendo stato la parte mia solamente disputar delle facezie, io non intendo passar quel termine; e già penso aver detto, perchè a me non paja conveniente morder le donne nè in detti nè in fatti circa l'onestà, e ancor ad esse aver posto regola, che non pungan gli uomini dove lor duole. Dico ben che delle burle e motti che voi, signor Gasparo, allegate, quello che disse Alonso alla signora Boadilla, avvenga che tocchi un poco la onestà, non mi dispiace, perchè è tirato assai da lontano, ed è tanto occulto che si può intendere semplicemente, di modo che esso potea dissimularlo, ed affermare non l'aver detto a quel fine. Un altro ne disse al parer mio disconveniente molto; e questo fu, che passando la Reina davanti la casa pur della signora Boadilla, vide Alonso la porta tutta dipinta con carboni, di quegli animali disonesti che si dipingono per l'osterie in tante forme; ed accostatosi alla Contessa di Castagneto, disse: Eccovi, Signora, le teste delle fiere che ogni giorno ammazza la signora Boadilla alla caccia. — Vedete che questo, avvenga che sia ingeniosa metafora, e ben tolta dai cacciatori, che hanno per gloria aver attaccate alle lor porte molte teste di fiere, pur è scurrile e vergognoso: oltra che non fu risposta; chè il rispondere ha molto più del cortese, perchè par che l'uomo sia provocato; e forza è che sia all'improviso. Ma, tornando a proposito delle burle delle donne, non dico io che faccian bene ad ingannar i mariti, ma dico che alcuni di quegl'inganni che recita Jovan Boccaccio delle donne son belli ed ingeniosi assai, e massimamente quelli che voi proprio avete detti. Ma, secondo me, la burla di Riciardo Minutoli passa il termine, ed è più acerba assai che quella di Beatrice, chè molto più tolse Riciardo Minutoli alla moglie di Filippello, che non tolse Beatrice ad Egano suo marito; perchè Riciardo con quello inganno sforzò colei, e fecela far di sè stessa quello che ella non voleva; e Beatrice ingannò suo marito per far essa di sè stessa quello che le piaceva.

XCIV. Allor il signor GASPARO, Per niuna altra causa, disse, si può escusar Beatrice, eccetto che per amore; il che si deve così ammettere negli uomini, come nelle donne. — Allora messer BERNARDO, In vero, rispose, grande escusazione d'ogni fallo portan seco le passioni d'amore; nientedimeno io per me giudico che un gentiluomo di valore il qual ami, debba, così in questo come in tutte l'altre cose, esser sincero e veridico; e se è vero che sia viltà e mancamento tanto abominevole l'esser traditore ancora contra un nemico, considerate quanto più si deve estimar grave tal errore contra persona che s'ami: ed io credo che ogni gentil innamorato toleri tante fatiche, tante vigilie, si sottoponga a tanti pericoli, sparga tante lacrime, usi tanti modi e vie di compiacere l'amata donna, non per acquistarne principalmente il corpo, ma per vincer la ròcca di quell' animo, spezzare quei durissimi diamanti, scaldar que' freddi ghiacci, che spesso ne' delicati petti stanno di queste donne; e questo credo sia il vero e sodo piacere, e 'l fine dove tende la intenzione d'un nobil core: e certo io per me amérei meglio, essendo innamorato, conoscer chiaramente che quella a cui io servissi mi redamasse di core e m'avesse donato l'animo, senza averne mai altra satisfazione, che goderla ed averne ogni copia contra sua voglia; chè in tal caso a me pareria esser patrone d'un corpo morto. Però quelli che conseguono i suoi desiderii per mezzo di queste burle, che forse piuttosto tradimenti che burle chiamar si poriano, fanno ingiuria ad altri; nè con tutto ciò han quella satisfazione che in amor desiderar si deve, possedendo il corpo senza la volontà. Il medesimo dico d'alcun' altri, che in amore usano incantesmi, malie, e talor forza, talor sonniferi, e simili cose; e sappiate, che li doni ancora molto diminuiscono i piaceri d'amore, perché l'uomo può star in dubio di non essere amato, ma che quella donna faccia dimostrazion d'amarlo per trarne utilità. Però vedete gli amori di gran donne essere estimati, perché par che non possano proceder d'altra causa che da proprio e vero amore, né si dee credere che una gran signora mai dimostri amare un suo minore, se non l'ama veramente.—

XCV. Allor il signor Gaspar, Io non nego, rispose, che la intenzione, le fatiche e i pericoli degl'innamorati non debbano aver principalmente il fin suo indrizzato alla vittoria dell'animo più che del corpo della donna amata; ma dico che questi inganni, che voi negli uomini chiamate tradimenti e nelle donne burle, son ottimi mezzi per giugnere a questo fine, perchè sempre chi possede il corpo delle donne è ancora signor dell'animo; e, se ben vi ricorda, la moglie di Filippello, dopo tanto rammarico per lo inganno fattole da Riciardo, conoscendo quanto più saporiti fossero i basci dell'amante che quei del marito, voltata la sua durezza in dolce amore verso Riciardo, tenerissimamente da quel giorno inanzi l'amò. Eccovi che quello che non aveva potuto far il sollicito frequentare, i doni, e tant'altri segni così lungamente dimostrati, in poco d'ora fece lo star con lei. Or vedete che pur questa burla, o tradimento, come vogliate dire, fu buona via per acquistar la ròcca di quell'animo.— Allora messer Bernardo, Voi, disse, fate un presupposto falsissimo; chè se le donne dessero sempre l'animo a chi lor tiene il corpo, non se ne trovaria alcuna che non amasse il marito più che altra persona del mondo; il che si vede in contrario. Ma Jovan Boccaccio era, come sete ancor voi, a gran torto nemico delle donne.—

XCVI. Rispose il signor Gaspar: Io non son già lor nemico; ma ben pochi uomini di valor si trovano, che generalmente tengan conto alcuno di donne, se ben talor per qualche suo disegno mostrano il contrario.— Rispose allora messer Bernardo: Voi non solamente fate ingiuria alle donne, ma ancor a tutti gli uomini che l'hanno in reverenza; nientedimeno io, come ho detto, non voglio per ora uscir del mio primo proposito delle burle, ed entrar in impresa così difficile, come sarebbe il difender le donne contra voi, che sete grandissimo guerriero: però darò fine a questo mio ragionamento, il qual forse è stato molto più lungo che non bisognava, ma certo men piacevole che voi non aspettavate. E poi ch'io veggio le donne starsi così chete, e sopportar le ingiurie da voi così pazientemente come fanno, estimarò da mo inanzi esser vera una parte di quello che ha detto il signor Ottaviano, cioè che esse non si curano che di lor sia detto male in ogni altra cosa, pur che non siano mordate di poca onestà. — Allora una gran parte di quelle donne, ben per averle la signora Duchessa fatto così cenno, si levarono in piedi, e ridendo tutte corsero verso il signor Gasparo, come per dargli delle busse, e farne come le Baccanti d'Orfeo, tuttavia dicendo: Ora vedrete, se ci curiamo che di noi si dica male. —

XCVII. Così, tra per le risa, tra per lo levarsi ognun in piedi, parve che 'l sonno, il quale omai occupava gli occhi e l'animo d'alcuni, si partisse; ma il signor GASPARO cominciò a dire: Eccovi, che per non aver ragione voglion valersi della forza, ed a questo modo finire il ragionamento, dandoci, come si suol dire, una licenza bracciesca. — Allor, Non vi verrà fatto, rispose la signora EMILIA; che, poichè avete veduto messer Bernardo stanco del lungo ragionare, avete cominciato a dir tanto mal delle donne, con opinione di non aver chi vi contradica; ma noi metteremo in campo un cavalier più fresco, che combatterà con voi, acciò che l'error vostro non sia così lungamente impunito. — Così, rivoltandosi al Magnifico Juliano, il qual fin allora poco parlato avea, disse: Voi sete estimato protettor dell'onor delle donne; però adesso è tempo che dimostriate non aver acquistato questo nome falsamente: e se per lo adietro di tal professione avete mai avuto remunerazione alcuna, ora pensar dovete, reprimendo così acerbo nemico nostro, d'obligarvi molto più tutte le donne, e tanto, che, avvenga che mai non si faccia altro che pagarvi, pur l'obligo debba sempre restar vivo, nè mai si possa finir di pagare. —

XCVIII. Allora il Magnifico JULIANO, Signora mia, rispose, parmi che voi facciate molto onore al vostro nemico, e pochissimo al vostro difensore; perchè certo insin a qui niuna cosa ha detta il signor Gasparo contra le donne, che messer Bernardo non gli abbia ottimamente risposto; e credo che ognun di noi conosca, che al Cortegiano si convien aver grandissima reverenza alle donne, e che chi è discreto e cortese non deve mai pungerle di poca onestà, nè scherzando nè da dovero: però il disputar questa così palese verità è quasi un metter dubio nelle cose chiare. Parmi ben che 'l signor Ottaviano sia un poco uscito de'termini, dicendo che le donne sono animali imperfettissimi, e non capaci di far atto alcuno virtuoso, e di poca o niuna dignità a rispetto degli uomini: e perchè spesso si dà fede a coloro che hanno molta autorità, se ben non dicono così compitamente il vero, ed ancor quando parlano da beffe, hassi il signor Gaspar lasciato indur dalle parole del signor Ottaviano a dire che gli uomini savii d'esse non tengon conto alcuno; il che è falsissimo; anzi, pochi uomini di valore ho io mai conosciuti, che non amino ed osservino le donne: la virtù delle quali, e conseguentemente la dignità, estimo io che non sia punto inferior a quella degli uomini. Nientedimeno, se si avesse da venire a questa contenzione, la causa delle donne averebbe grandissimo disfavore; perchè questi signori hanno formato un Cortegiano tanto eccellente, e con tante divine condizioni, che chi averà il pensiero a considerarlo tale, imaginerà i meriti delle donne non poter aggiungere a quel termine. Ma, se la cosa avesse da esser pari, bisognarebbe prima che un tanto ingenioso e tanto eloquente quanto sono il conte Ludovico e messer Federico, formasse una Donna di Palazzo con tutte le perfezioni appartenenti a donna, così come essi hanno formato il Cortegiano con le perfezioni appartenenti ad uomo; ed allor se quel che difendesse la lor causa fosse d'ingegno e d'eloquenza mediocre, penso che, per esser ajutato dalla verità, dimostreria chiaramente, che le donne son così virtuose come gli uomini.—Rispose la signora EMILIA: Anzi molto più; e che così sia, vedete che la virtù è femina, e 'l vizio maschio. —

XCIX. Rise allor il signor GASPARO, e voltatosi a messer Nicolò Frigio, Che ne credete voi, Frigio? — disse. Rispose il FRIGIO: Io ho compassione al signor Magnifico, il quale, ingannato dalle promesse e lusinghe della signora Emilia, è incorso in errore di dir quello di che io in suo servizio mi vergogno. — Rispose la signora EMILIA, pur ridendo: Ben vi vergognarete voi di voi stesso quando vedrete il signor Gasparo, convinto, confessar il suo e 'l vostro errore, e domandar quel perdono, che noi non gli vorremo concedere. — Allora la signora Duchessa: Per esser l'ora molto tarda, voglio, disse, che differiamo il tutto a domani; tanto più perchè mi par ben fatto pigliar il consiglio del signor Magnifico: cioè che, prima che si venga a questa disputa, così si formi una Donna di Palazzo con tutte le perfezioni, come hanno formato questi signori il perfetto Cortegiano. — Signora, disse allor la signora Emilia, Dio voglia che noi non ci abbattiamo a dar questa impresa a qualche congiurato col signor Gasparo, che ci formi una Cortegiana che non sappia far altro che la cucina e filare. — Disse il Frigio: Ben è questo il suo proprio officio. — Allor la signora Duchessa, Io voglio, disse, confidarmi del signor Magnifico, il qual, per esser di quello ingegno e giudicio che son certa, imaginerà quella perfezion maggiore che desiderar si può in donna, ed esprimeralla ancor ben con le parole, e così averemo che opporre alle false calunnie del signor Gasparo. —

C. Signora mia, rispose il Magnifico, io non so come buon consiglio sia il vostro, impormi impresa di tanta importanza, ch'io in vero non mi vi sento sufficiente; nè sono io come il Conte e messer Federico, i quali con la eloquenza sua hanno formato un Cortegiano che mai non fu nè forse può essere. Pur se a voi piace ch'io abbia questo carico, sia almen con quei patti che hanno avuti quest'altri signori; cioè che ognun possa dove gli parerà contradirmi, ch'io questo estimarò non contradizione, ma ajuto; e forse col correggere gli errori miei, scoprirassi quella perfezion della Donna di Palazzo, che si cerca. — Io spero, rispose la signora Duchessa, che 'l vostro ragionamento sarà tale, che poco vi si potrà contradire. Sicchè, mettete pur l'animo a questo sol pensiero, e formateci una tal donna, che questi nostri avversarii si vergognino a dir ch'ella non sia pari di virtù al Cortegiano: del quale ben sarà che messer Federico non ragioni più, chè pur troppo l'ha adornato, avendogli massimamente da esser dato paragone d'una donna. — A me, Signora, disse allor messer Federico, ormai poco o niente avanza che dir sopra il Cortegiano; e quello che pensato aveva, per le facezie di messer Bernardo m'è uscito di mente. — Se così è, disse la signora Duchessa, dimani riducendoci insieme a buon'ora, aremo tempo di satisfar all'una cosa e l'altra. — E, così detto, si levarono tutti in piedi; e, presa riverentemente licenza dalla signora Duchessa, ciascun si fu alla stanza sua.

IL TERZO LIBRO DEL CORTEGIANO

DEL CONTE BALDESAR CASTIGLIONE

A MESSER ALFONSO ARIOSTO.

I. Leggesi che Pitagora sottilissimamente e con bel modo trovò la misura del corpo d'Ercole; e questo, che sapendosi, quel spazio nel quale ogni cinque anni si celebravan i giochi Olimpici in Acaja presso Elide inanzi al tempio di Giove Olimpico esser stato misurato da Ercole, e fatto un stadio di seicento e venticinque piedi, de' suoi proprii; e gli altri stadii, che per tutta Grecia dai posteri poi furono instituiti, esser medesimamente di seicento e venticinque piedi, ma con tutto ciò alquanto più corti di quello: Pitagora facilmente conobbe a quella proporzion quanto il piè d'Ercole fosse stato maggior degli altri piedi umani; e così, intesa la misura del piede, a quella comprese, tutto 'l corpo d'Ercole tanto esser stato di grandezza superiore agli altri uomini proporzionalmente, quanto quel stadio agli altri stadii. Voi adunque, messer Alfonso mio, per la medesima ragione, da questa piccol parte di tutto 'l corpo potete chiaramente conoscer quanto la corte d'Urbino fosse a tutte l'altre della Italia superiore, considerando quanto i giochi, li quali son ritrovati per recrear gli animi affaticati dalle faccende più ardue, fossero a quelli che s'usano nell'altre corti della Italia superiori. E se queste eran tali, imaginate quali eran poi l'altre operazion virtuose, ov'eran gli animi intenti e totalmente dediti; e di questo io confidentemente ardisco di parlare con speranza d'esser creduto, non laudando cose tanto antiche che mi sia licito fingere, e possendo approvar quant'io ragiono col testimonio di molti uomini degni di fede, che vivono ancora, e presenzialmente hanno veduto e conosciuto la vita e i costumi che in quella casa fiorirono un tempo; ed io mi tengo obligato, per quanto posso, di sforzarmi con ogni studio vendicar dalla mortal oblivione questa chiara memoria, e scrivendo farla vivere negli animi dei posteri. Onde forse per l'avvenire non mancherà chi per questo ancor porti invidia al secol nostro; chè non è alcun che legga le maravigliose cose degli antichi, che nell'animo suo non formi una certa maggiòr opinion di coloro di chi si scrive, che non pare che possano esprimer quei libri, avvenga che divinamente siano scritti. Così noi desideramo che tutti quelli, nelle cui mani verrà questa nostra fatica, se pur mai sarà di tanto favor degna che da nobili cavalieri e valorose donne meriti esser veduta, presumano e per fermo tengano, la Corte d'Urbino esser stata molto più eccellente ed ornata d'uomini singolari, che noi non potemo scrivendo esprimere; e se in noi fosse tanta eloquenza, quanto in essi era valore, non aremmo bisogno d'altro testimonio per far che alle parole nostre fosse da quelli che non l'hanno veduto dato piena fede.

11. Essendosi adunque ridotta il seguente giorno all'ora consueta la compagnia al solito loco, e postasi con silenzio a sedere, rivolse ognun gli occhi a messer Federico ed al Magnifico Juliano, aspettando qual di lor desse principio a ragionare. Onde la Signora Duchessa, essendo stata alquanto cheta, Signor Magnifico, disse, ognun desidera veder questa vostra Donna ben ornata; e se non ce la mostrate di tal modo che le sue bellezze tutte si veggano, estimaremo che ne siate geloso. — Rispose il Magnifico: Signora, se io la tenessi per bella, la mostrarei senza altri ornamenti, e di quel modo che volse veder Paris le tre Dee; ma se queste donne, che pur lo sanno fare, non mi ajutano ad acconciarla, io dubito che non solamente il Signor Gasparo e 'l Frigio, ma tutti quest'altri signori aranno giusta causa di dirne male. Però, mentre che ella sta pur in qualche opinion di bellezza, forse sarà meglio tenerla occulta, e veder quello che

avanza a messer Federico a dir del Cortegiano, che senza dubio è molto più bello che non può esser la mia Donna. — Quello ch'io mi aveva posto in animo, rispose messer Federico, non è tanto appartenente al Cortegiano, che non si possa lasciar senza danno alcuno; anzi è quasi diversa materia da quella che sin qui s'è ragionata. — E che cosa è egli adunque? — disse la signora Duchessa. Rispose messer Federico: Io m'era deliberato, per quanto poteva, di chiarir le cause di queste compagnie ed ordini di cavalieri fatti da gran principi sotto diverse insegne: com'è quel di San Michele nella casa di Francia; quel del Garlier, che è sotto il nome di San Giorgio, nella casa d'Inghilterra; il Toison d'oro in quella di Borgogna: ed in che modo si diano queste dignità, e come se ne privino quelli che lo meritano; onde siano nate, chi ne siano stati gli autori, ed a che fine l'abbiano instituite: perchè pur nelle gran corti son questi cavalieri sempre onorati. Pensava ancor, se 'l tempo mi fosse bastato, oltre alla diversità de'costumi che s'usano nelle corti de' principi cristiani nel servirgli, nel festeggiare, e farsi vedere nei spettacoli publici, parlar medesimamente qualche cosa di quella del Gran Turco, ma molto più particolarmente di quella del Sofì re di Persia: chè, avendo io inteso da mercatanti che lungamente son stati in quel paese, gli uomini nobili di là esser molto valorosi e di gentil costumi, ed usar nel conversar l'un con l'altro, nel servir donne, ed in tutte le sue azioni molta cortesia e molta discrezione, e, quando occorre, nell'arme, nei giochi e nelle feste molta grandezza, molta liberalità e leggiadria, sonomi dilettato di saper quali siano in queste cose i modi di che essi più s'appressano, in che consistono le lor pompe ed attilature d'abiti e d'arme; in che siano da noi diversi ed in che conformi; che maniera d'intertenimenti usino le lor donne, e con quanta modestia favoriscano chi le serve per amore. Ma invero non è ora conveniente entrar in questo ragionamento, essendovi massimamente altro che dire, e molto più al nostro proposito che questo. —

III. Anzi, disse il signor Gasparo, e questo e molte altre cose son più al proposito, che 'l formar questa Donna di

Palazzo; atteso che le medesime regole che son date per lo Cortegiano, servono ancor alla Donna; perchè così deve ella aver rispetto ai tempi e lochi, ed osservar, per quanto comporta la sua imbecillità, tutti quegli altri modi di che tanto s'è ragionato, come il Cortegiano. E però in loco di questo, non sarebbe forse stato male insegnar qualche particolarità di quelle che appartengono al servizio della persona del Principe, che pur al Cortegian si convien saperle, ed aver grazia in farle; o veramente dir del modo che s'abbia a tener negli esercizii del corpo, e come cavalcare, maneggiar l'arme, lottare, ed in che consiste la difficoltà di queste operazioni. — Disse allor la signora Duchessa ridendo: I Signori non si servono alla persona di così eccellente Cortegiano, come è questo: gli esercizii poi del corpo, e forze e destrezze della persona, lasciaremo che messer Pietro Monte nostro abbia cura d'insegnar, quando gli parerà tempo più commodo; perchè ora il Magnifico non ha da parlar d'altro che di questa Donna, della qual parmi che voi già cominciate aver paura, e però vorreste farci uscir di proposito. — Rispose il Frigio: Certo è, che impertinente e fuor di proposito è ora il parlar di donne, restando massimamente ancora che dire del Cortegiano, perchè non si devria mescolar una cosa con l'altra. — Voi sete in grande errore, rispose messer Cesar Gonzaga; perchè come corte alcuna, per grande che ella sia, non può aver ornamento o splendore in sè nè allegria senza donne, nè Cortegiano alcun essere aggraziato, piacevole o ardito, nè fa mai opera leggiadra di cavalleria, se non mosso dalla pratica e dall'amore e piacer di donne: così ancora il ragionar del Cortegiano è sempre imperfettissimo, se le donne, interponendovisi, non danno lor parte di quella grazia, con la quale fanno perfetta ed adornano la Cortegiania. — Rise il signor Ottaviano, e disse: Eccovi un poco di quell'esca che fa impazzir gli uomini. —

IV. Allor il signor Magnifico, voltatosi alla signora Duchessa, Signora, disse, poichè pur così a voi piace, io dirò quello che m'occorre, ma con grandissimo dubio di non satisfare; e certo molto minor fatica mi saria formar una Signora che meritasse esser regina del mondo, che una perfetta Cortegiana: perchè di questa non so io da che pigliarne lo esempio; ma della regina non mi bisogneria andar troppo lontano, e solamente basteriami imaginar le divine condizioni d'una Signora ch' io conosco, e, quelle contemplando, indrizzar tutti i pensier miei ad esprimer chiaramente con le parole quello che molti veggon con gli occhi; e quando altro non potessi, lei nominando solamente, avrei satisfatto all'obligo mio. — Disse allora la signora Duchessa: Non uscite dei termini, signor Magnifico, ma attendete all'ordine dato, e formate la Donna di Palazzo, acciò che questa così nobil Signora abbia chi possa degnamente servirla. — Seguitò il Magnifico: Io adunque, Signora, acciò che si vegga che i comandamenti vostri possono indurmi a provar di far quello ancora ch' io non so fare, dirò di questa Donna eccellente come io la vorrei; e formata ch' io l'averò a modo mio, non potendo poi averne altra, terrolla come mia a guisa di Pigmalione. E perchè il signor Gaspar ha detto, che le medesime regole che son date per lo Cortegiano, serveno ancor alla Donna: io son di diversa opinione; chè, benchè alcune qualità siano communi, e così necessarie all'uomo come alla donna, sono poi alcun'altre che più si convengono alla donna che all'uomo, ed alcune convenienti all'uomo, dalle quali essa deve in tutto esser aliena. Il medesimo dico degli esercizii del corpo; ma sopra tutto parmi che nei modi, maniere, parole, gesti, portamenti suoi, debba la donna essere molto dissimile dall'uomo; perchè come ad esso conviene mostrar una certa virilità soda e ferma, così alla donna sta ben aver una tenerezza molle e delicata, con maniera in ogni suo movimento di dolcezza feminile, che nell'andar e stare e dir ciò che si voglia sempre la faccia parer donna, senza similitudine alcuna d'uomo. Aggiungendo adunque questa avvertenza alle regole che questi signori hanno insegnato al Cortegiano, penso ben che di molte di quelle ella debba potersi servire, ed ornarsi d'ottime condizioni, come dice il signor Gaspar; perchè molte virtù dell'animo estimo io che siano alla donna necessarie così come all'uomo; medesimamente la nobilità, il fuggire l'affettazione, l'esser aggraziata da natura in tutte l'operazion sue, l'esser di buoni costumi, ingeniosa, prudente, non superba, non invidiosa, non maledica, non vana, non contenziosa, non inetta, sapersi guadagnar e conservar la grazia della sua Signora e di tutti gli altri, far bene ed aggraziatamente gli esercizii che si convengono alle donne. Parmi ben che in lei sia poi più necessaria la bellezza che nel Cortegiano, perchè in vero molto manca a quella donna a cui manca la bellezza. Deve ancor esser più circonspetta, ed aver più riguardo di non dar occasion che di sè si dica male, e far di modo che non solamente non sia macchiata di colpa, ma nè anco di sospizione, perchè la donna non ha tante vie da difendersi dalle false calunnie, come ha l'uomo. Ma perchè il conte Ludovico ha esplicato molto minutamente la principal profession del Cortegiano, ed ha voluto ch'ella sia quella dell'arme; parmi ancora conveniente dir, secondo il mio giudicio, qual sia quella della Donna di Palazzo: alla qual cosa quando io averò satisfatto, pensarommi d'esser uscito della maggior parte del mio debito.

V. Lasciando adunque quelle virtù dell'animo che le hanno da esser communi col Cortegiano, come la prudenza, la magnanimità, la continenza, e molte altre; e medesimamente quelle condizioni che si convengono a tutte le donne, come l'esser buona e discreta, il saper governar le facoltà del marito e la casa sua e i figlioli quando è maritata, e tutte quelle parti che si richieggono ad una buona madre di famiglia: dico, che a quella che vive in corte parmi convenirsi sopra ogni altra cosa una certa affabilità piacevole, per la qual sappia gentilmente intertenere ogni sorte d'uomo con ragionamenti grati ed onesti, ed accommodati al tempo e loco, ed alla qualità di quella persona con cui parlerà, accompagnando coi costumi placidi e modesti, e con quella onestà che sempre ha da componer tutte le sue azioni, una pronta vivacità d'ingegno, donde si mostri aliena da ogni grosseria; ma con tal maniera di bontà, che si faccia estimar non men pudica, prudente ed umana, che piacevole, arguta e discreta: e però le bisogna tener una certa mediocrità difficile, e quasi composta di cose contrarie, e giugner a certi termini appunto, ma non passargli. Non deve adunque questa Donna, per volersi far estimar buona ed onesta, esser tanto ritrosa e mostrar tanto d'aborrire e le compagnie e i ragionamenti ancor un poco lascivi, che ritrovandovisi se ne levi; perchè facilmente si poria pensar ch'ella fingesse d'esser tanto austera per nascondere di sè quello ch'ella dubitasse ch'altri potesse risapere; e i costumi così selvatichi son sempre odiosi. Non deve tampoco, per mostrar d'esser libera e piacevole, dir parole disoneste, nè usar una certa domestichezza intemperata e senza freno, e modi da far creder di sè quello che forse non è; ma ritrovandosi a tai ragionamenti, deve ascoltargli con un poco di rossore e vergogna. Medesimamente fuggir un errore, nel quale io ho veduto incorrer molte; che è, il dire ed ascoltare volentieri chi dice mal d'altre donne: perchè quelle che, udendo narrar modi disonesti d'altre donne, se ne turbano e mostrano non credere, ed estimar quasi un mostro che una donna sia impudica, danno argomento che, parendo lor quel difetto tanto enorme, esse non lo commettano; ma quelle che van sempre investigando gli amori dell'altre, e gli narrano così minutamente e con tanta festa, par che lor n'abbiano invidia, e che desiderino che ognun lo sappia, acciò che il medesimo ad esse non sia ascritto per errore; e così vengon in certi risi, con certi modi, che fanno testimonio che allor senton sommo piacere. E di qui nasce che gli uomini, benchè paja che le ascoltino volentieri, per lo più delle volte le tengono in mala opinione, ed hanno lor pochissimo riguardo, e par loro che da esse con que' modi siano invitati a passar più avanti, e spesso poi scorrono a termini che dan loro meritamente infamia, ed in ultimo le estimano così poco, che non curano il lor commercio, anzi le hanno in fastidio: e, per contrario, non è uomo tanto procace ed insolente, che non abbia riverenza a quelle che sono estimate buone ed oneste; perchè quella gravità temperata di sapere e bontà è quasi uno scudo contro la insolenza e bestialità dei presontuosi; onde si vede che una parola, un riso, un atto di benivolenza, per minimo ch'egli sia, d'una donna onesta, è più apprezzato da ognuno, che tutte le demostrazioni e carezze di quelle che così senza riservo mostran poca vergogna; e se non sono impudiche, con quei risi dissoluti, con la loquacità, insolenza, e tai costumi scurrili, fanno segno d'essere.

VI. E perchè le parole sotto le quali non è subjetto di qualche importanza son vane e puerili, bisogna che la Donna di Palazzo, oltre al giudicio di conoscere la qualità di colui con cui parla, per intenerlo gentilmente, abbia notizia di molte cose; e sappia, parlando, elegger quelle che sono a proposito della condizion di colui con cui parla, e sia cauta in non dir talor non volendo parole che lo offendano. Si guardi, laudando sè stessa indiscretamente, ovvero con l'esser troppo prolissa, non gli generar fastidio. Non vada mescolando nei ragionamenti piacevoli e da ridere cose di gravità, nè meno nei gravi facezie e burle. Non mostri inettamente di saper quello che non sa, ma con modestia cerchi d'onorarsi di quello che sa, fuggendo, come si è detto l'affettazione in ogni cosa. In questo modo sarà ella ornata di buoni costumi, e gli esercizii del corpo convenienti a donna farà con suprema grazia, e i ragionamenti suoi saranno copiosi, e pieni di prudenza, onestà e piacevolezza; e così sarà essa non solamente amata ma reverita da tutto 'l mondo, e forse degna d'esser agguagliata a questo gran Cortegiano, così delle condizioni dell'animo come di quelle del corpo.—

VII. Avendo insin qui detto il Magnifico, si tacque, e stette sopra di sè, quasi come avesse posto fine al suo ragionamento. Disse allora il signor GASPARO: Voi avete veramente, signor Magnifico, molto adornata questa Donna, e fattola di eccellente condizione: nientedimeno parmi che vi siate tenuto assai al generale, e nominato in lei alcune cose tanto grandi, che credo vi siate vergognato di chiarirle; e più presto le avete desiderate, a guisa di quelli che bramano talor cose impossibili e sopranaturali, che insegnate. Però vorrei che ci dichiariste un poco meglio quai siano gli esercizii del corpo convenienti a Donna di Palazzo, e di che modo ella debba intertenere, e quai sian queste molte cose di che voi dite che le si conviene aver notizia; e se la prudenza, la magnanimità, la continenza, e quelle molte altre virtù che avete detto, intendete che abbian ad ajutarla solamente circa il governo della casa, dei figlioli e della famiglia; il che però voi non volete che sia la sua prima professione: o veramente allo intertenere, e far aggraziatamente questi esercizii del corpo; e per vostra fè guardate a non mettere queste povere virtù a così vile officio, che abbiano da vergognarsene. — Rise il MAGNIFICO, e disse: Pur non potete far, signor Gasparo, che non mostriate mal animo verso le donne; ma in vero a me pareva aver detto assai, e massimamente presso a tali auditori; chè non penso già che sia alcun qui che non conosca, che, circa gli esercizii del corpo, alla donna non si convien armeggiare, cavalcare, giocare alla palla, lottare, e molte altre cose che si convengono agli uomini. — Disse allora l'UNICO ARETINO: Appresso gli antichi s'usava che le donne lottavano nude con gli uomini; ma noi avemo perduta questa buona usanza insieme con molt'altre. — Soggiunse messer CESARE GONZAGA: Ed io a' miei dì ho veduto donne giocare alla palla, maneggiar l'arme, cavalcare, andare a caccia, e far quasi tutti gli esercizii che possa fare un cavaliero.

VIII. Rispose il MAGNIFICO: Poi ch'io posso formar questa Donna a modo mio, non solamente non voglio ch'ella usi questi esercizii virili così robusti ed asperi, ma *voglio che* quegli ancora che son convenienti a donna faccia con riguardo, e con quella molle delicatura che avemo detto convenirsele; e però nel danzar non vorrei vederla usar movimenti troppo gagliardi e sforzati, nè meno nel cantar o sonar quelle diminuzioni forti e replicate, che mostrano più arte che dolcezza: medesimamente gl'instrumenti di musica che ella usa, secondo me, debbono esser conformi a questa intenzione. Imaginatevi come disgraziata cosa saria veder una donna sonare tamburi, piffari o trombe, o altri tali instrumenti; e questo perchè la loro asprezza nasconde e leva quella soave mansuetudine, che tanto adorna ogni atto che faccia la donna. Però quando ella viene a danzar o far musica di che sorte si sia, deve indurvisi con lasciarsene alquanto pregare, e con una certa timidità, che mostri quella nobile vergogna che è contraria della impudenza. Deve ancor accommodar gli abiti a questa intenzione, e vestirsi di sorte, che non paja vana e leggiera. Ma perchè alle donne è licito e debito aver più cura della bellezza che agli uomini, e diverse sorti sono di bellezza; deve questa donna aver giudicio di conoscer quai sono quegli abiti che le accrescon grazia, e più accommodati a quegli esercizii ch'ella intende di fare in quel punto, e di quelli servirsi: e conoscendo in sè una bellezza vaga ed allegra, deve ajutarla coi movimenti, con le parole e con gli abiti, che tutti tendano allo allegro; così come un'altra, che si senta aver maniera mansueta e grave, deve ancor accompagnarla coi modi di quella sorte, per accrescer quello che è dono della natura. Così essendo un poco più grassa o più magra del ragionevole, o bianca o bruna, ajutarsi con gli abiti, ma dissimulatamente più che sia possibile; e tenendosi delicata e polita, mostrar sempre di non mettervi studio o diligenza alcuna.

IX. E perchè il signor Gasparo domanda ancor, quai siano queste molte cose di che ella deve aver notizia, e di che modo intertenere, e se le virtù deono servire a questo intertenimento; dico che voglio che ella abbia cognizion di ciò che questi signori han voluto che sappia il Cortegiano; e di quelli esercizii che avemo detto che a lei non si convengono, voglio che ella n'abbia almen quel giudicio che possono aver delle cose coloro che non le oprano: e questo per saper laudare ed apprezzar i cavalieri più e meno, secondo i meriti. E per replicar in parte in poche parole quello che già s'è detto, voglio che questa Donna abbia notizia di lettere, di musica, di pittura, e sappia danzar e festeggiare; accompagnando con quella discreta modestia e col dar buona opinion di sè ancora le altre avvertenze che son state insegnate al Cortegiano. E così sarà nel conversare, nel ridere, nel giocare, nel motteggiare, in somma in ogni cosa, gratissima; ed intertenerà accommodatamente, e con motti e facezie convenienti a lei, ogni persona che le occorrerà. E benchè la continenza, la magnanimità, la temperanza, la fortezza d'animo, la prudenza e le altre virtù paja che non importino allo intertenere, io voglio che di tutte sia ornata, non tanto per lo intertenere, benchè però ancor a questo possono servire, quanto per esser virtuosa, ed acciò che queste virtù la faccian tale che meriti esser onorata, e che ogni sua operazion sia di quelle composta. — .

X. Maravigliomi pur, disse allora ridendo il signor Gaspar, che poichè date alle donne e le lettere e la continenza e la magnanimità e la temperanza, che non vogliate ancor che esse governino le città, e faccian le leggi, e conducano gli eserciti; e gli uomini si stiano in cucina o a filare. — Rispose il Magnifico, pur ridendo: Forse che questo ancora non sarebbe male; — poi soggiunse: Non sapete voi che Platone, il quale in vero non era molto amico delle donne, dà loro la custodia della città; e tutti gli altri officii marziali dà agli uomini? Non credete voi che molte se ne trovassero, che saprebbon così ben governar le città e gli eserciti, come si faccian gli uomini? Ma io non ho lor dati questi officii, perchè formo una Donna di Palazzo, non una Regina. Conosco ben che voi vorreste tacitamente rinovar quella falsa calunnia, che jeri diede il signor Ottaviano alle donne; cioè, che siano animali imperfettissimi, e non capaci di far atto alcun virtuoso, e di pochissimo valore e di niuna dignità, a rispetto degli uomini: ma in vero ed esso e voi sareste in grandissimo errore se pensaste questo. —

XI. Disse allora il signor Gaspar: Io non voglio rinovar le cose già dette, ma voi ben vorreste indurmi a dir qualche parola che offendesse l'animo di queste signore, per farmele nemiche, così come voi col lusingarle falsamente volete guadagnar la loro grazia. Ma esse sono tanto discrete sopra le altre, che amano più la verità, ancora che non sia tanto in suo favore, che le laudi false; nè hanno a male, che altri dica che gli uomini siano di maggior dignità, e confessaranno che voi avete detto gran miracoli, ed attribuito alla Donna di Palazzo alcune impossibilità ridicole, e tante virtù, che Socrate e Catone e tutti i filosofi del mondo vi sono per niente; chè, a dir pur il vero, maravigliomi che non abbiate avuto vergogna a passar i termini di tanto. Chè ben bastar vi dovea far questa Donna di Palazzo bella, discreta, onesta, affabile, e che sapesse intertenere, senza incorrere in infamia, con danze, musiche, giochi, risi, motti, e l'altre cose che ogni dì vedemo che s'usano in corte; ma il volerle dar cognizion di tutte le cose del mondo, ed attribuirle quelle virtù che così rare volte si son vedute negli uomini, ancora nei secoli passati, è una cosa che nè sopportare nè appena ascoltar si può. Che le donne siano mo animali imperfetti, e per conseguente di minor dignità che gli uomini, e non capaci di quelle virtù che sono essi, non voglio io altrimenti affermare, perchè il valor di queste signore bastaria a farmi mentire: dico ben che uomini sapientissimi hanno lasciato scritto che la natura, perciò che sempre intende e disegna far le cose più perfette, se potesse, produrria continuamente uomini; e quando nasce una donna, è difetto o error della natura, e contra quello che essa vorrebbe fare: come si vede ancor d'uno che nasce cieco, zoppo, o con qualche altro mancamento, e negli arbori molti frutti che non maturano mai: così la donna si può dire animal prodotto a sorte e per caso; e che questo sia, vedete l'operazion dell'uomo e della donna, e da quelle pigliate argomento della perfezion dell'uno e dell'altro. Nientedimeno, essendo questi difetti delle donne colpa di natura che l'ha prodotte tali, non devemo per questo odiarle, nè mancar di aver loro quel rispetto che vi si conviene; ma estimarle da più di quello che elle si siano, parmi error manifesto. —

XII. Aspettava il Magnifico JULIANO che 'l signor Gasparo seguitasse più oltre; ma vedendo che già tacea, disse: Della imperfezion delle donne parmi che abbiate addotto una freddissima ragione; alla quale, benchè non si convenga forse ora entrar in queste sottilità, rispondo, secondo il parer di chi sa e secondo la verità, che la sostanza in qualsivoglia cosa non può in sè ricevere il più o il meno: chè, come niun sasso può esser più perfettamente sasso che un altro quanto alla essenza del sasso, nè un legno più perfettamente legno che l'altro, così un uomo non può essere più perfettamente uomo che l'altro; e conseguentemente non sarà il maschio più perfetto che la femina, quanto alla sostanza sua formale, perchè l'uno e l'altro si comprende sotto la specie dell'uomo, e quello in che l'uno dall'altro son differenti è cosa accidentale, e non essenziale. Se mi direte adunque che l'uomo sia più perfetto che la donna, se non quanto alla essenza, almen quanto agli accidenti; rispondo, che questi accidenti bisogna che consistano o nel corpo o nell'animo: se nel corpo, per esser l'uomo più robusto, più agile, più leggiero, o più tolerante di fatiche, dico che questo è argomento di pochissima perfezione, perchè tra gli uomini medesimi quelli che hanno queste qualità più che gli altri non son per quelle più estimati; e nelle guerre, dove son la maggior parte delle opere laboriose e di forza, i più gagliardi non son però i più pregiati: se nell'animo, dico che tutte le cose che possono intendere gli uomini, le medesime possono intendere ancor le donne; e dove penetra l'intelletto dell'uno, può penetrare eziandio quello dell'altra. —

XIII. Quivi avendo il Magnifico JULIANO fatto un poco di pausa, soggiunse ridendo: Non sapete voi, che in filosofia si tiene questa proposizione; che quelli che son molli di carne, sono atti della mente? perciò non è dubio, che le donne, per esser più molli di carne, sono ancor più atte della mente, e d'ingegno più accommodato alle speculazioni che gli uomini. — Poi seguitò: Ma, lasciando questo, perchè voi diceste ch'io pigliassi argomento della perfezion dell'un e dell'altro dalle opere, dico, se voi considerate gli effetti della natura, trovarete ch'ella produce le donne tali come sono, non a caso, ma accommodate al fine necessario: chè benchè le faccia del corpo non gagliarde e d'animo placido, con molte altre qualità contrarie a quelle degli uomini, pur le condizioni dell'uno e dell'altro tendono ad un sol fine concernente alla medesima utilità. Chè secondo che per quella debole fievolezza le donne son meno animose, per la medesima sono ancor poi più caute: però le madri nutriscono i figlioli, i padri gli ammaestrano, e con la fortezza acquistano di fuori quello, che esse con la sedulità conservano in casa, che non è minor laude. Se considerate poi l'istorie antiche (benchè gli uomini sempre siano stati parcissimi nello scrivere le laudi delle donne) e le moderne, trovarete che continuamente la virtù è stata tra le donne così come tra gli uomini; e che ancor sonosi trovate di quelle che hanno mosso delle guerre, e conseguitone gloriose vittorie; governato i regni con somma prudenza e giustizia, e fatto tutto quello che s'abbian fatto gli uomini. Circa le scienze, non vi ricorda aver letto di tante che hanno saputo filosofia? altre che sono state eccellentissime in poesia? altre che han trattato le cause, ed accusato e difeso inanzi ai giudici eloquentissimamente? Dell'opere manuali saria lungo narrare, nè di ciò bisogna far testimonio. Se adunque nella sostanza essenziale l'uomo non è più perfetto della donna, nè meno negli accidenti; e di questo, oltre la ragione, veggonsi gli effetti: non so in che consista questa sua perfezione.

XIV. E perchè voi diceste che intento della natura è sempre di produr le cose più perfette, e però, s'ella potesse, sempre produrria l'uomo, e che il produr la donna è più presto errore o difetto della natura che intenzione: rispondo, che questo totalmente si nega; nè so come possiate dire che la natura non intenda produr le donne, senza le quali la specie umana conservar non si può, di che più che d'ogni altra cosa è desiderosa essa natura. Perciò col mezzo di questa compagnia di maschio e di femina produce i figlioli, i quali rendono i beneficii ricevuti in puerizia ai padri già vecchi, perchè gli nutriscono, poi gli rinovano col generar essi ancor altri figlioli, dai quali aspettano in vecchiezza ricever quello, che essendo giovani ai padri hanno prestato; onde la natura, quasi tornando in circolo, adempie la eternità, ed in tal modo dona la immortalità ai mortali. Essendo adunque a questo tanto necessaria la donna quanto l'uomo, non vedo per qual causa l'una sia fatta a caso più che l'altro. È ben vero che la natura intende sempre produr le cose più perfette, e però intende produr l'uomo in specie sua, ma non più maschio che femina; anzi, se sempre producesse maschio, faria una imperfezione; perchè come del corpo e dell'anima risulta un composito più nobile che le sue parti, che è l'uomo: così della compagnia di maschio e di femina risulta un composito conservativo della specie umana, senza il quale le parti si destruiriano. E però maschio e femina da natura son sempre insieme, nè può esser l'un senza l'altro: così quello non si dee chiamar maschio che non ha la femina, secondo la diffinizione dell'uno e dell'altro; nè femina quella che non ha il maschio. E perchè un sesso solo dimostra imperfezione, attribuiscono gli antichi teologi l'uno e l'altro a Dio: onde Orfeo disse che Jove era maschio e femina; e leggesi nella Sacra Scrittura che Dio formò gli uomini maschio e femina a sua similitudine; e spesso i poeti, parlando dei Dei, confondono il sesso. —

XV. Allora il Signor GASPARO, Io non vorrei, disse, che noi entrassimo in tali sottilità, perchè queste donne non c'intenderanno; e benchè io vi risponda con ottime ragioni, esse crederanno, o almen mostraranno di credere, ch'io abbia il torto, e subito daranno la sentenza a suo modo. Pur, poichè noi vi siamo entrati, dirò questo solo, che, come sapete esser opinion d'uomini sapientissimi, l'uomo s'assimiglia alla forma, la donna alla materia; e però, così come la forma è più perfetta che la materia, anzi le dà l'essere, così l'uomo è più perfetto assai che la donna. E ricordomi aver già udito che un gran filosofo in certi suoi problemi dice: Onde è che naturalmente la donna ama sempre quell'uomo che è stato il primo a ricever da lei amorosi piaceri? e per contrario l'uomo ha in odio quella donna che è stata la prima a congiungersi in tal modo con lui? — e, soggiungendo la causa, afferma, questo essere perchè in tal atto la donna riceve dall'uomo perfezione, e l'uomo dalla donna imperfezione; e però ognun ama naturalmente quella cosa che lo fa perfetto, ed odia quella che lo fa imperfetto. Ed, oltre a ciò, grande argomento della perfezion dell'uomo e della imperfezion della donna è, che universalmente ogni donna desidera esser uomo, per un certo instinto di natura, che le insegna desiderar la sua perfezione. —

XVI. Rispose subito il Magnifico JULIANO: Le meschine non desiderano l'esser uomo per farsi più perfette, ma per aver libertà, e fuggir quel dominio che gli uomini si hanno vendicato sopra esse per sua propria autorità. E la similitudine che voi date della materia e forma non si confà in ogni cosa; perchè non così è fatta perfetta la donna dall'uomo, come la materia dalla forma: perchè la materia riceve l'esser dalla forma e senza essa star non può, anzi quanto più di materia hanno le forme tanto più hanno d'imperfezione, e separate da essa son perfettissime; ma la donna non riceve lo essere dall'uomo, anzi così come essa è fatta perfetta da lui, essa ancor fa perfetto lui; onde l'una e l'altro insieme vengono a generare, la qual cosa far non possono alcun di loro per sè stessi. La causa poi dell'amor perpetuo della donna verso 'l primo con cui sia stata, e dell'odio dell'uomo verso la prima donna, non darò io già a quello che dà il vostro Filosofo ne' suoi problemi, ma alla fermezza e stabilità della donna, ed alla instabilità dell'uomo: nè senza ragion naturale; perchè essendo il maschio calido, naturalmente da quella qualità piglia la leggerezza, il moto e la instabilità; e, per contrario, la donna dalla frigidità la quiete e gravità ferma, e più fisse impressioni. —

XVII. Allora la signora EMILIA rivolta al signor Magnifico, Per amor di Dio, disse, uscite una volta di queste vostre materie e forme, e maschi e femine, e parlate di modo che siate inteso; perchè noi avemo udito e molto ben inteso il male che di noi ha detto il signor Ottaviano e 'l signor Gasparo; ma or non intendemo già in che modo voi ci difendiate: però questo mi par un uscir di proposito, e lasciar nell'animo d'ognuno quella mala impressione, che di noi hanno data questi nostri nemici. — Non ci date questo nome, Signora, rispose il signor GASPAR, chè più presto si conviene al signor Magnifico, il qual col dar laudi false alle donne, mostra che per esse non ne sian di vere. — Soggiunse il Magnifico JULIANO: Non dubitate, Signora, che al tutto si risponderà; ma io non voglio dir villania agli uomini così senza ragione, come hanno fatto essi alle donne; e se per sorte qui fosse alcuno che scrivesse i nostri ragionamenti, non vorrei che poi in loco dove fossero intese queste materie e forme, si vedessero senza risposta gli argomenti e le ragioni che il signor Gasparo contra di voi adduce. — Non so, signor Magnifico, disse allora il signor GASPARO, come in questo negar potrete, che l'uomo per le qualità naturali non sia più perfetto che la donna, la quale è frigida di sua complessione, e l'uomo calido; e molto più nobile e più perfetto è il caldo che 'l freddo, per essere attivo e produttivo; e, come sapete, i cieli qua giù tra noi infondono il caldo solamente, e non il freddo, il quale non entra nelle opere della natura; e però lo esser le donne frigide di complessione, credo che sia causa della viltà e timidità loro. —

XVIII. Ancor volete, rispose il Magnifico Juliano, pur entrar nelle sottilità; ma vederete che ogni volta peggio ve n'avverrà: e che così sia, udite. Io vi confesso che la calidità in sè è più perfetta che la frigidità; ma questo non seguita nelle cose miste e composite, perchè, se così fosse, quel corpo che più caldo fosse, quel saria più perfetto; il che è falso, perchè i corpi temperati son perfettissimi. Dicovi ancora, che la donna è di complession frigida in comparazion dell'uomo, il quale per troppo caldo è distante dal temperamento; ma, quanto in sè, è temperata, o almen più propinqua al temperamento che non è l'uomo, perchè ha in sè quell'umido proporzionato al calor naturale che nell'uomo per la troppa siccità più presto si risolve e si consuma. Ha ancor una tal frigidità che resiste e conforta il calor naturale, e lo fa più vicino al temperamento; e nell'uomo il superfluo caldo presto riduce il calor naturale all'ultimo grado, il quale, mancandogli il nutrimento, pur si risolve; e però, perchè gli uomini nel generar si diseccano più che le donne, spesso interviene che son meno vivaci che esse: onde questa perfezione ancor si può attribuire alle donne, che, vivendo più lungamente che gli uomini, eseguiscono più quello che è intento della natura che gli uomini. Del calore che infondono i cieli sopra noi non si parla ora, perchè è equivoco a quello di che ragioniamo; chè essendo conservativo di tutte le cose che son sotto 'l globo della luna, così calde come fredde, non può esser contrario al freddo. Ma la timidità nelle donne, avvenga che dimostri qualche imperfezione, nasce però da laudabil causa, che è la sottilità e prontezza dei spiriti, i quali rapresentano tosto le specie allo intelletto, e però si perturbano facilmente per le cose estrinseche. Vederete ben molte volte alcuni, che non hanno paura nè di morte nè d'altro, nè con tutto ciò si possono chiamare arditi, perchè non conoscono il pericolo, e vanno come insensati dove vedono la strada, e non pensano più; e questo procede da una certa grossezza di spiriti ottusi: però non si può dire che un pazzo sia animoso; ma la vera magnanimità viene da una propria deliberazione e determinata volontà di far cosi, e da estimare più l'onore e 'l debito che tutti i pericoli del mondo; e, benchè si conosca la morte manifesta, esser di core e d'animo tanto saldo, che i sentimenti non restino impediti nè si spaventino, ma faccian l'officio loro circa il discorrere e pensare, così come se fossero quietissimi. Di questa sorte avemo veduto ed inteso esser molti grand'uomini; medesimamente molte donne, le quali, e negli antichi secoli e nei presenti, hanno mostrato grandezza d'animo, e fatto al mondo effetti degni d'infinita laude, non men che s'abbian fatto gli uomini. —

XIX. Allor il Frigio, Quegli effetti, disse, cominciarono quando la prima donna errando fece altrui errar contra Dio, e per eredità lasciò all'umana generazion la morte, gli affanni e i dolori, e tutte le miserie e calamità che oggidi al mondo si sentono. — Rispose il Magnifico Juliano: Poichè nella sacrestia ancor vi giova d'entrare, non sapete voi, che quello error medesimamente fu corretto da una Donna, che ci apportò molto maggior utilità che quella non n'avea fatto danno, di modo che la colpa che fu pagata con tai meriti si chiama felicissima? Ma io non voglio or dirvi quanto di dignità tutte le creature umane siano inferiori alla Vergine nostra Signora, per non mescolar le cose divine in questi nostri folli ragionamenti; nè raccontar quante donne con infinita costanza s'abbiano lasciato crudelmente ammazzare dai tiranni per lo nome di Cristo, nè quelle che con scienza disputando hanno confuso tanti idolatri: e se mi diceste, che questo era miracolo e grazia dello Spirito Santo, dico che niuna virtù merita più laude, che quella che è approvata per testimonio di Dio. Molte altre ancor, delle quali tanto non si ragiona, da voi stesso potete vedere, massimamente leggendo San Jeronimo, che alcune de' suoi tempi celebra con tante maravigliose laudi, che ben poriano bastar a qualsivoglia santissimo uomo.

XX. Pensate poi quante altre ci sono state delle quali non si fa menzione alcuna, perchè le meschine stanno chiuse senza quella pomposa superbia di cercare appresso il volgo nome di santità, come fanno oggidì molt'uomini ipocriti maledetti, i quali, scordati o più presto facendo poco caso della dottrina di Cristo, che vuole che quando l'uom digiuna si unga la faccia perchè non paja che digiuni, e comanda che le orazioni, le elemosine e l'altre buone opere si facciano non in piazza, nè in sinagoghe, ma in secreto, tanto che la man sinistra non sappia della destra, affermano, non esser maggior bene al mondo che 'l dar buon esempio: e così, col collo torto e gli occhi bassi, spargendo fama di non voler parlare a donne, nè mangiar altro che erbe crude, affumati, con le toniche squarciate, gabbano i semplici; che non si guardan poi da falsar testamenti, mettere inimicizie mortali tra marito e moglie, e talor veneno, usar malìe, incanti ed ogni sorte di ribalderia; e poi allegano una certa autorità di suo capo che dice, *Si non caste tamen caute*; e par loro con questa medicare ogni gran male, e con buona ragione persuadere a chi non è ben cauto, che tutti i peccati, per gravi che siano, facilmente perdona Iddio, pur che stiano secreti, e non nasca il mal esempio. Così, con un velo di santità e con questa secretezza, spesso tutti i lor pensieri volgono a contaminare il casto animo di qualche donna; spesso a seminare odii tra fratelli; a governare stati; estollere l'uno e deprimer l'altro; far decapitare, incarcerare e proscrivere uomini; esser ministri delle scelerità e quasi depositarii delle rubarie che fanno molti principi. Altri senza vergogna si dilettano d'apparer morbidi e freschi, con la cotica ben rasa, e ben vestiti; ed alzano nel passeggiar la tonica per mostrar le calze tirate, e la disposizion della persona nel far le riverenze. Altri usano certi sguardi e movimenti ancor nel celebrar la messa, per i quali presumeno essere aggraziati, e farsi mirare. Malvagi e scelerati uomini, alienissimi non solamente dalla religione, ma d'ogni buon costume; e quando la lor vita dissoluta è lor rimproverata, si fan beffe e ridonsi di chi lor ne parla, e quasi si ascrivono i vizii a laude. —Allora la signora EMILIA: Tanto piacer, disse, avete di dir mal de' frati, che fuor d'ogni proposito siete entrato in questo ragionamento. Ma voi fate grandissimo male a mormorar dei religiosi, e senza utilità alcuna vi caricate la coscienza: chè se non fossero quelli che pregano Dio per noi altri, aremmo ancor molto maggior flagelli che non avemo. — Rise allora il Magnifico JULIANO, e disse: Come avete voi, Signora, così ben indovinato ch'io parlava de' frati, non avendo io loro fatto il nome? ma in vero, il mio non si chiama mormorare, anzi parlo io ben aperto e chiaramente; nè dico dei buoni, ma dei malvagi e rei, e dei quali ancor non parlo la millesima parte di ciò ch'io so. — Or non parlate de' frati, rispose la signora EMILIA; ch'io per me estimo grave peccato l'ascoltarvi, e però io, per non ascoltarvi, levarommi di qui. —

XXI. Son contento, disse il Magnifico JULIANO, non parlar più di questo; ma, tornando alle laudi delle donne, dico che 'l signor Gasparo non mi troverà uomo alcun singolare, ch'io non vi trovi la moglie, o figliola, o sorella, di merito eguale e talor superiore: oltra che molte son state causa di infiniti beni ai loro uomini, e talor hanno corretto di molti loro errori. Però essendo, come avemo dimostrato, le donne naturalmente capaci di quelle medesime virtù che son gli uomini, ed essendosene più volte veduto gli effetti, non so perchè, dando loro io quello che è possibile che abbiano e spesso hanno avuto e tuttavia hanno, debba esser estimato dir miracoli, come m'ha opposto il signor Gasparo; atteso che sempre sono state al mondo, ed ora ancor sono, donne così vicine alla Donna di Palazzo che ho formata io, come uomini vicini all'uomo che hanno formato questi signori. — Disse allora il signor GASPARO: Quelle ragioni che hanno la esperienza in contrario, non mi pajon buone; e certo s'io vi addimandassi quali siano o siano state queste gran donne tanto degne di laude, quanto gli uomini grandi ai quali son state moglie, sorelle o figliole, o che siano loro state causa di bene alcuno, o quelle che abbiano corretto i loro errori, penso che restareste impedito. —

XXII. Veramente, rispose il Magnifico JULIANO, niuna altra cosa poria farmi restar impedito, eccetto la moltitudine; e se 'l tempo mi bastasse, vi conterei a questo proposito la istoria d'Ottavia moglie di Marc'Antonio e sorella d'Augusto; quella di Porcia figliola di Catone e moglie di Bruto; quella di Gaja Cecilia moglie di Tarquinio Prisco; quella di Cornelia figliola di Scipione; e d'infinite altre che sono notissime: e non solamente delle nostre, ma ancora delle barbare; come di quella Alessandra, moglie pur d'Alessandro re de' Giudei, la quale dopo la morte del marito, vedendo i popoli accesi di furore, e già corsi all'arme per ammazzare doi figlioli che di lui le erano restati, per vendetta della crudele e dura servitù nella quale il padre sempre gli avea tenuti, fu tale, che subito mitigò quel giusto sdegno, e con prudenza in un punto fece benivoli ai figlioli quegli animi che 'l padre con infinite ingiurie in molt'anni avea fatti loro inimicissimi. — Dite almen, rispose la signora EMILIA, come ella fece. — Disse il MAGNIFICO: Questa, vedendo i figlioli in tanto pericolo, incontenente fece gittare il corpo d'Alessandro in mezzo della piazza; poi, chiamati a sè i cittadini, disse, che sapea gli animi loro esser accesi di giustissimo sdegno contra suo marito, perchè le crudeli ingiurie che esso iniquamente gli avea fatte lo meritavano; e che come mentre era vivo avrebbe sempre voluto poterlo far rimanere da tal scelerata vita, così adesso era apparecchiata a farne fede, e loro ajutar a castigarnelo così morto, per quanto si potea; e però si pigliassero quel corpo, e lo facessino mangiar ai cani, e lo straziassero con que' modi più crudeli che imaginar sapeano: ma ben gli pregava che avessero compassione a quegli innocenti fanciulli, i quali non potevano non che aver colpa, ma pur esser consapevoli delle male opere del padre. Di tanta efficacia furono queste parole, che 'l fiero sdegno già conceputo negli animi di tutto quel popolo, subito fu mitigato, e converso in così piatoso affetto, che non solamente di concordia elessero quei figlioli per loro signori, ma ancor al corpo del morto diedero onoratissima sepoltura. — Quivi fece il MAGNIFICO un poco di pausa; poi soggiunse: Non sapete voi, che la moglie e le sorelle di Mitridate mostrarono molto minor paura della morte, che Mitridate? e la moglie di Asdrubale, che Asdrubale? Non sapete che Armonia, figliola di Jeron siracusano, volse morire nell'incendio della patria sua? — Allor il FRIGIO, Dove vada ostinazione, certo è, disse, che talor si trovano alcune donne che mai non mutariano proposito; come quella che non potendo più dir al marito *forbeci*, con le mani glie ne facea segno. —

XXIII. Rise il Magnifico JULIANO, e disse: La ostinazione che tende a fine virtuoso si dee chiamar costanza; come fu di quella Epicari, libertina romana, che essendo consapevole d'una gran congiura contra di Nerone, fu di tanta costanza, che, straziata con tutti i più asperi tormenti che imaginar si possano, mai non palesò alcuno dei complici; e nel medesimo pericolo molti nobili cavalieri e senatori timidamente accusarono fratelli, amici, e le più care ed intime persone che avessero al mondo. Che direte voi di quell'altra che si chiamava Leona? in onor della quale gli Ateniesi dedicarono inanzi alla porta della ròcca una leona di bronzo senza lingua, per dimostrar in lei la costante virtù della taciturnità; perchè essendo essa medesimamente consapevole d'una congiura contra i tiranni, non si spaventò per la morte di dui grandi uomini suoi amici, e benchè con infiniti e crudelissimi tormenti fosse lacerata, mai non palesò alcuno dei congiurati. — Disse allor madonna MARGHERITA GONZAGA: Parmi che voi narriate troppo brevemente queste opere virtuose fatte da donne; chè se ben questi nostri nemici l'hanno udite e lette, mostrano non saperle, e vorriano che se ne perdesse la memoria: ma se fate che noi altre le intendiamo, almen ce ne faremo onore. —

XXIV. Allor il Magnifico JULIANO, Piacemi, rispose. Or io voglio dirvi d'una, la qual fece quello che io credo che 'l signor Gasparo medesimo confessarà che fanno pochissimi uomini; — e cominciò: In Massilia fu già una consuetudine, la quale s'estima che di Grecia fosse traportata, la quale era, che publicamente si servava veneno temperato con cicuta, e concedevasi il pigliarlo a chi approvava al senato doversi levar la vita, per qualche incommodo che in essa sentisse, ovver per altra giusta causa, acciò che chi troppo avversa fortuna patito avea o troppo prospera gustato, in quella non perseverasse o questa non mutasse. Ritrovandosi adunque Sesto Pompeo.... — Quivi il FRIGIO, non aspettando che 'l Magnifico Juliano passasse più avanti, Questo mi par, disse, il principio d'una qualche lunga fabula. — Allora il Magnifico JULIANO, voltatosi ridendo a madonna Margherita, Eccovi, disse, che 'l Frigio non mi lascia parlare. Io voleva or contarvi d'una donna, la quale avendo dimostrate al senato che ragionevolmente dovea morire, allegra e senza timor alcuno tolse in presenza di Sesto Pompeo il veneno, con tanta costanza d'animo, e così prudenti ed amorevoli ricordi ai suoi, che Pompeo e tutti gli altri, che videro in una donna tanto sapere e sicurezza nel tremendo passo della morte, restarono non senza lacrime confusi di molta maraviglia. —

XXV. Allora il signor Gasparo, ridendo, Io ancora mi ricordo, disse, aver letto una orazione, nella quale un infelice marito domanda licenza al senato di morire, ed approva averne giusta cagione, per non poter tolerare il continuo fastidio del cianciare di sua moglie, e più presto vuol bere quel veneno, che voi dite che si servava publicamente per tali effetti, che le parole della moglie. — Rispose il Magnifico Juliano: Quante meschine donne ariano giusta causa di domandar licenza di morir, per non poter tolerare, non dirò le male parole, ma i malissimi fatti dei mariti! ch'io alcune ne conosco, che in questo mondo patiscono le pene che si dicono esser nell'inferno. — Non credete voi, rispose il signor Gasparo, che molti mariti ancor siano che dalle mogli hanno tal tormento, che ogni ora desiderano la morte? — E che dispiacere, disse il Magnifico, possono far le mogli ai mariti, che sia così senza rimedio come son quelli che fanno i mariti alle mogli? le quali, se non per amore, almen per timor sono ossequenti ai mariti. — Certo è, disse il signor Gaspar, che quel poco che talor fanno di bene procede da timore, perchè poche ne sono al mondo che nel secreto dell'animo suo non abbiano in odio il marito. — Anzi in contrario, rispose il Magnifico; e se ben vi ricorda quanto avete letto, in tutte le istorie si conosce che quasi sempre le mogli amano i mariti più che essi le mogli. Quando vedeste voi o leggeste mai che un marito facesse verso la moglie un tal segno d'amore, quale fece quella Camma verso suo marito? — Io non so, rispose il signor Gaspar, chi si fosse costei, nè che segno la si facesse. — Nè io, — disse il Frigio. Rispose il Magnifico: Uditelo; e voi, madonna Margherita, mettete cura di tenerlo a memoria.

XXVI. Questa Camma fu una bellissima giovane, ornata di tanta modestia e gentil costumi, che non men per questo che per la bellezza era maravigliosa; e sopra l'altre cose con tutto il core amava suo marito, il quale si chiamava Sinatto. Intervenne che un altro gentiluomo, il quale era di molto maggior stato che Sinatto, e quasi tiranno di quella città dove abitavano, s'inamorò di questa giovane; e dopo l'aver lungamente tentato per ogni via e modo d'acquistarla, e tutto in vano, persuadendosi che lo amor che essa portava al marito fosse la sola cagione che ostasse a' suoi desiderii, fece ammazzar questo Sinatto. Così poi sollicitando continuamente, non ne potè mai trar altro frutto che quello che prima avea fatto; onde, crescendo ogni dì più questo amore, deliberò torla per moglie, benchè essa di stato gli fosse molto inferiore. Così richiesti li parenti di lei da Sinorige (chè così si chiamava lo innamorato), cominciarono a persuaderla a contentarsi di questo, mostrandole, il consentir essere utile assai, e 'l negarlo pericoloso per lei e per tutti loro. Essa, poi che loro ebbe alquanto contradetto, rispose in ultimo, esser contenta. I parenti fecero intendere la nuova a Sinorige; il qual allegro sopra modo, procurò che subito si celebrassero le nozze. Venuto adunque l'uno e l'altro a questo effetto solennemente nel tempio di Diana, Camma fece portar una certa bevanda dolce, la quale essa avea composta; e così davanti al simulacro di Diana in presenza di Sinorige ne bevvè la metà; poi di sua mano, perchè questo nelle nozze s'usava di fare, diede il rimanente allo sposo; il qual tutto lo bevvè. Camma come vide il disegno suo riuscito, tutta lieta appiè della imagine di Diana s'inginocchiò, e disse: O Dea, tu che conosci lo intrinseco del cor mio, siami buon testimonio, come difficilmente dopo che 'l mio caro consorte morì, contenuta mi sia di non mi dar la morte, e con quanta fatica abbia sofferto il dolore di star in questa amara vita, nella quale non ho sentito alcuno altro bene o piacere, fuor che la speranza di quella vendetta che or mi trovo aver conseguita: però allegra e contenta vado a trovar la dolce compagnia di quella anima, che in vita ed in morte più che me stessa ho sempre amata. E tu, scelerato, che pensasti esser mio marito, in iscambio del letto nuziale dà ordine che apparecchiato ti sia il sepolcro, ch'io di te fo sacrificio all'ombra di Sinatto. — Sbigottito Sinorige di queste parole, e già sentendo la virtù del veneno che lo perturbava, cercò molti rimedii; ma non valsero: ed ebbe Camma di tanto la fortuna favorevole, o altro che si fosse, che inanzi che essa morisse, seppe che Sinorige era morto. La qual cosa intendendo, contentissima si pose al letto con gli occhi al cielo, chiamando sempre il nome di Sinatto, e dicendo: O dolcissimo consorte, or ch'io ho dato per gli ultimi doni alla tua morte e lacrime e vendetta, nè veggio che più altra cosa qui a far per te mi resti, fuggo il mondo, e questa senza te crudel vita, la quale per te solo già mi fu cara. Viemmi adunque incontra, signor mio, ed accogli così volontieri questa anima, come essa volontieri a te ne viene: — e di questo modo parlando, e con le braccia aperte, quasi che in quel punto abbracciar lo volesse, se ne morì. Or dite, Frigio, che vi par di questa? — Rispose il FRIGIO: Parmi che voi vorreste far piangere queste donne. Ma poniamo che questo ancor fosse vero, io vi dico che tai donne non si trovano più al mondo. —

XXVII. Disse il MAGNIFICO: Si trovan sì; e che sia vero, udite. A'dì miei fu in Pisa un gentiluomo, il cui nome era messer Tomaso; non mi ricordo di qual famiglia, ancora che da mio padre, che fu suo grande amico, sentissi più volte ricordarla. Questo messer Tomaso adunque, passando un dì sopra un piccolo legnetto da Pisa in Sicilia per sue bisogne, fu soprapreso d'alcune fuste de' Mori, che gli furono adosso così all'improviso, che quelli che governavano il legnetto non se n'accorsero; e benchè gli uomini che dentro v'erano si difendessino assai, pur, per esser essi pochi, e gl'inimici molti, il legnetto con quanti v'eran sopra rimase nel poter dei Mori, chi ferito e chi sano, secondo la sorte, e con essi messer Tomaso, il qual s'era portato valorosamente, ed avea morto di sua mano un fratello d'un dei capitani di quelle fuste. Della qual cosa il Capitanio sdegnato, come possete pensare, della perdita del fratello, volse costui per suo prigioniero; e battendolo e straziandolo ogni giorno, lo condusse in Barberia, dove in gran miseria aveva deliberato tenerlo in vita sua captivo e con gran pena. Gli altri tutti, chi per una e chi per un'altra via, furono in capo d'un tempo liberi, e ritornarono a casa, e riportarono alla moglie, che Madonna Argentina avea nome, ed ai figlioli, la dura vita e 'l grand'affanno in che messer Tomaso viveva ed era continuamente per vivere senza speranza, se Dio miracolosamente non l'ajutava. Della qual cosa poi che essa e loro furono chiariti, tentati alcun altri modi di liberarlo, e dove esso medesimo già s'era acquetato di morire, intervenne che una solerte pietà svegliò tanto l'ingegno e l'ardir d'un suo figliolo, che si chiamava Paolo, che non ebbe risguardo a niuna sorte di pericolo, e deliberò o morir o liberar il padre: la qual cosa gli venne fatta, di modo che lo condusse così cautamente, che prima fu in Ligorno, che si risapesse in Barberia ch'e' fosse di là partito. Quindi messer Tomaso sicuro, scrisse alla moglie, e le fece intendere la liberazion sua, e dove era, e come il dì seguente sperava di vederla. La buona e gentil donna, sopragiunta da tanta e non pensata allegrezza di dover così presto, e per pietà e per virtù del figliolo, vedere il marito, il quale amava tanto, e già credea fermamente non dover mai più vederlo: letta la lettera, alzò gli occhi al cielo, e, chiamato il nome del marito, cadde morta in terra; nè mai con rimedii che se le facessero, la fuggita anima più ritornò nel corpo. Crudel spettacolo, e bastante a temperar le volontà umane, e ritrarle dal desiderar troppo efficacemente le soverchie allegrezze! —

XXVIII. Disse allora ridendo il FRIGIO: Che sapete voi, ch'ella non morisse di dispiacere, intendendo che 'l marito tornava a casa? — Rispose il MAGNIFICO: Perchè il resto della vita sua non si accordava con questo; anzi penso che quell'anima, non potendo tolerare lo indugio di vederlo con gli occhi del corpo, quello abbandonasse, e tratta dal desiderio volasse subito dove, leggendo quella lettera, era volato il pensiero. — Disse il signor GASPARO: Può esser che questa donna fosse troppo amorevole, perchè le donne in ogni cosa sempre s'attaccano allo estremo, che è male; e vedete, che per essere troppo amorevole fece male a sè stessa, ed al marito, ed ai figlioli, ai quali converse in amaritudine il piacere di quella pericolosa e desiderata liberazione. Però non dovete già allegar questa per una di quelle donne, che sono state causa di tanti beni. — Rispose il MAGNIFICO: Io la allego per una di quelle che fanno testimonio, che si trovino mogli che amino i mariti; chè di quelle che siano state causa di molti beni al mondo potrei dirvi un numero infinito, e narrarvi delle tanto antiche che quasi pajon fabule, e di quelle che appresso agli uomini sono state inventrici di tai cose, che hanno meritato esser estimate Dee, come Pallade, Cerere; e delle Sibille, per bocca delle quali Dio tante volte ha parlato e rivelato al mondo le cose che aveano a venire; e di quelle che hanno insegnato a grandissimi uomini, come Aspasia e Diotima, la quale ancora con sacrificii prolungò dieci anni il tempo d'una peste che aveva da venire in Atene. Potrei dirvi di Nicostrata, madre d'Evandro, la quale mostrò le lettere ai Latini; e d'un'altra donna ancor, che fu maestra di Pindaro lirico; e di Corinna e di Saffo, che furono eccellentissime in poesia: ma io non voglio cercar le cose tanto lontane. Dicovi ben, lasciando il resto, che della grandezza di Roma furono forse non minor causa le donne che gli uomini. — Questo, disse il signor GASPARO, sarebbe bello da intendere. —

XXIX. Rispose il MAGNIFICO: Or uditelo. Dopo la espugnazion di Troja molti Trojani, che a tanta ruina avanzarono, fuggirono chi ad una via chi ad un'altra; dei quali una parte, che da molte procelle furono battuti, vennero in Italia, nella contrata ove il Tevere entra in mare. Così discesi in terra per cercar de' bisogni loro, cominciarono a scorrere il paese: le donne, che erano restate nelle navi, pensarono tra sè un utile consiglio, il qual ponesse fine al pericoloso e lungo error maritimo, ed in loco della perduta patria una nuova loro ne recuperasse; e, consultate insieme, essendo absenti gli uomini, abrusciarono le navi; e la prima che tal opera cominciò, si chiamava Roma. Pur temendo la iracondia degli uomini i quali ritornavano, andarono contra essi; ed alcune i mariti, alcune i suoi congiunti di sangue abbracciando e basciando con segno di benivolenza, mitigarono quel primo impeto; poi manifestarono loro quietamente la causa del lor prudente pensiero. Onde i Trojani, sì per la necessità, sì per esser benignamente accettati dai paesani, furono contentissimi di ciò che le donne avean fatto, e quivi abitarono coi Latini, nel loco dove poi fu Roma; e da questo processe il costume antico appresso i Romani, che le donne incontrando basciavano i parenti. Or vedete quanto queste donne giovassero a dar principio a Roma.

XXX. Nè meno giovarono allo augumento di quella le donne sabine, che si facessero le trojane al principio: chè avendosi Romolo concitato generale inimicizia di tutti i suoi vicini per la rapina che fece delle lor donne, fu travagliato di guerre da ogni banda; delle quali, per esser uomo valoroso, tosto s'espedì con vittoria, eccetto di quella de' Sabini, che fu grandissima, perchè Tito Tazio re de' Sabini era valentissimo e savio: onde essendo stato fatto uno acerbo fatto d'arme tra Romani e Sabini, con gravissimo danno dell'una e dell'altra parte, ed apparecchiandosi nuova e crudel battaglia, le donne sabine, vestite di nero, co' capelli sparsi e lacerati, piangendo, meste, senza timore dell'arme che già erano per ferir mosse, vennero nel mezzo tra i padri e i mariti, pregandogli che non volessero macchiarsi le mani del sangue de' soceri e dei generi; e se pur erano mal contenti di tal parentato, voltassero l'arme contra esse, chè molto meglio loro era il morire che vivere vedove, o senza padri e fratelli, e ricordarsi che i suoi figlioli fossero nati di chi loro avesse morti i lor padri, o che esse fossero nate di chi lor avesse morti i lor mariti. Con questi gemiti piangendo, molte di loro nelle braccia portavano i suoi piccoli figliolini, dei quali già alcuni cominciavano a snodar la lingua, e parea che chiamar volessero e far festa agli avoli loro; ai quali le donne mostrando i nepoti, e piangendo, Ecco, diceano, il sangue vostro, il quale voi con tanto impeto e furor cercate di sparger con le vostre mani. — Tanta forza ebbe in questo caso la pietà e la prudenza delle donne, che non solamente tra li doi re nemici fu fatta indissolubile amicizia e confederazione, ma, che più maravigliosa cosa fu, vennero i Sabini ad abitare in Roma, e dei dui popoli fu fatto un solo; e così molto accrebbe questa concordia le forze di Roma, mercè delle saggie e magnanime donne; le quali in tanto da Romolo furono remunerate, che, dividendo il popolo in trenta curie, a quelle pose i nomi delle donne Sabine. —

XXXI. Quivi essendosi un poco il Magnifico JULIANO fermato, e vedendo che 'l signor Gasparo non parlava, Non vi par, disse, che queste donne fossero causa di bene agli loro uomini, e giovassero alla grandezza di Roma? — Rispose il signor GASPARO: In vero queste furono degne di molta laude; ma se voi così voleste dir gli errori delle donne come le buone opere, non areste taciuto che in questa guerra di Tito Tazio una donna tradì Roma, ed insegnò la strada ai nemici d'occupar il Capitolio, onde poco mancò che i Romani tutti non fossero distrutti. — Rispose il Magnifico JULIANO: Voi mi fate menzion d'una sola donna mala, ed io a voi d'infinite buone; ed, oltre le già dette, io potrei addurvi al mio proposito mille altri esempii delle utilità fatte a Roma dalle donne, e dirvi perchè già fosse edificato un tempio a Venere Armata, ed un altro a Venere Calva, e come ordinata la festa delle Ancille a Junone, perchè le ancille già liberarono Roma dalle insidie de'nemici. Ma, lasciando tutte queste cose, quel magnanimo fatto d'aver scoperto la congiurazion di Catilina, di che tanto si lauda Cicerone, non ebbe egli principalmente origine da una vil femina? la quale per questo si poria dir che fosse stata causa di tutto 'l bene che si vanta Cicerone aver fatto alla repùblica romana. E se 'l tempo mi bastasse, vi mostrarei forse ancor le donne spesso aver corretto di molti errori degli uomini; ma temo che questo mio ragionamento ormai sia troppo lungo e fastidioso: perchè avendo, secondo il poter mio, satisfatto al carico datomi da queste signore, penso di dar loco a chi dica cose più degne d'esser udite, che non posso dir io. —

XXXII. Allor la signora EMILIA, Non defraudate, disse, le donne di quelle vere laudi che loro sono debite; e ricordatevi che se 'l signor Gasparo, ed ancor forse il signor Ottaviano, vi odono con fastidio, noi, e tutti quest'altri signori, vi udiamo con piacere.— Il MAGNIFICO pur volea por fine, ma tutte le donne cominciarono a pregarlo che dicesse: onde egli ridendo, Per non mi provocar, disse, per nemico il signòr Gaspàr più di quello che egli si sia, dirò brevemente d'alcune che mi occorrono alla memoria, lasciandone molte ch'io potrei dire; — poi soggiunse: Essendo Filippo di Demetrio intorno alla città di Chio, ed avendola assediata, mandò un bando, che a tutti i servi che della città fuggivano, ed a sè venissero, prometteva la libertà, e le mogli dei lor patroni. Fu tanto lo sdegno delle donne per così ignominioso bando, che con l'arme vennero alle mura, e tanto ferocemente combatterono, che in poco tempo scacciarono Filippo con vergogna e danno; il che non aveano potuto far gli uomini. Queste medesime donne essendo coi lor mariti, padri e fratelli, che andavano in esilio, pervenute in Leuconia, fecero un atto non men glorioso di questo: chè gli Eritrei, che ivi erano co' suoi confederati, mossero guerra a questi Chii; li quali non potendo contrastare, tolsero patto col giuppon solo e la camiscia uscir della città. Intendendo le donne così vituperoso accordo, si dolsero, rimproverandogli che lasciando l'arme uscissero come ignudi tra nemici; e rispondendo essi, già aver stabilito il patto, dissero che portassero lo scudo e la lanza e lasciassero i panni, e rispondessero ai nemici, questo essere il loro abito. E così facendo essi per consiglio delle lor donne ricopersero in gran parte la vergogna, che in tutto fuggir non poteano. Avendo ancor Ciro in un fatto d'arme rotto un esercito di Persiani, essi in fuga correndo verso la città incontrarono le lor donne fuor della porta, le quali fattesi loro incontra, dissero: Dove fuggite voi, vili uomini? volete voi forse nascondervi in noi, onde sete usciti? — Queste ed altre tai parole udendo gli uomini, e conoscendo quanto d'animo erano inferiori alle lor donne, si vergognarono di sè stessi, e ritornando verso i nemici, di nuovo con essi combatterono, e gli ruppero. —

XXXIII. Avendo insin qui detto il Magnifico JULIANO, fermossi, e, rivolto alla signora Duchessa, disse: Or, Signora, mi darete licenza di tacere. — Rispose il signor GASPARO: Bisogneravi pur tacere, poichè non sapete più che vi dire. — Disse il MAGNIFICO ridendo: Voi mi stimolate di modo, che vi mettete a pericolo di bisognar tutta notte udir laudi di donne; ed intendere di molte Spartane, che hanno avuta cara la morte gloriosa dei figliuoli; e di quelle che gli hanno rifiutati, o morti esse medesime, quando gli hanno veduti usar viltà. Poi, come le donne Saguntine nella ruina della patria loro prendessero l'arme contro le genti d'Annibale; e come essendo lo esercito de' Tedeschi superato da Mario, le lor donne, non potendo ottener grazia di viver libere in Roma al servizio delle Vergini Vestali, tutte s'ammazzassero insieme coi lor piccoli figliolini; e di mille altre, delle quali tutte le istorie antiche son piene. — Allora il signor GASPARO, Deh, signor Magnifico, disse, Dio sa come passarono quelle cose; perchè que' secoli son tanto da noi lontani, che molte bugie si posson dire, e non v'è chi le riprovi. —

XXXIV. Disse il MAGNIFICO: Se in ogni tempo vorrete misurare il valor delle donne con quel degli uomini, trovarete che elle non son mai state nè ancor sono adesso di virtù punto inferiori agli uomini: chè, lasciando quei tanto antichi, se venite al tempo che i Goti regnarono in Italia, trovarete tra loro essere stata una regina Amalasunta, che governò lungamente con maravigliosa prudenza; poi Teodelinda, regina de' Longobardi, di singolar virtù; *Teodora*, greca imperatrice; ed in Italia fra molte altre fu singolarissima signora la contessa Matilda, delle laudi della quale lascierò parlare al conte Ludovico, perchè fu della casa sua. — Anzi, disse il CONTE, a voi tocca, perchè sapete ben che non conviene che l'uomo laudi le cose sue proprie. — Soggiunse il MAGNIFICO: E quante donne famose ne' tempi passati trovate voi di questa nobilissima casa di Montefeltro! quante della casa Gonzaga, da Este, de' Pii! Se de' tempi presenti poi parlare vorremo, non ci bisogna cercar esempii troppo di lontano, che gli avemo in casa. Ma io non voglio ajutarmi di quelle che in presenza vedemo, acciò che voi non mostriate consentirmi per cortesia quello che in alcun modo negar non mi potete. E, per uscir di Italia, ricordatevi che a' dì nostri avemo veduto Anna regina di Francia, grandissima signora non meno di virtù che di stato; che se di giustizia e clemenza, liberalità e santità di vita, comparare la vorrete alli re Carlo e Ludovico, dell'uno e dell'altro de'quali fu moglie, non la trovarete punto inferiore d'essi. Vedete madonna Margherita, figliola di Massimiliano imperatore, la quale con somma prudenza e giustizia insino a qui ha governato e tuttora governa il stato suo.

XXXV. Ma, lasciando a parte tutte l'altre, ditemi, Signor Gaspar, qual re o qual principe è stato a'nostri dì ed ancor molt'anni prima in cristianità, che meriti esser comparato alla regina Isabella di Spagna? — Rispose il signor GASPARO: Il re Ferrando suo marito. — Soggiunse il MAGNIFICO: Questo non negherò io; chè, poichè la Regina lo giudicò degno d'esser suo marito, e tanto lo amò ed osservò, non si può dire ch'el non meritasse d'esserle comparato: ben credo che la riputazion ch'egli ebbe da lei fosse dote non minor che 'l regno di Castiglia. — Anzi, rispose il signor GASPAR, penso io che di molte opere del re Ferrando fosse laudata la regina Isabella. — Allor il MAGNIFICO, Se i popoli di Spagna, disse, i signori, i privati, gli uomini e le donne, poveri e ricchi, non si son tutti accordati a voler mentire in laude di lei, non è stato a'tempi nostri al mondo più chiaro esempio di vera bontà, di grandezza d'animo, di prudenza, di religione, d'onestà, di cortesia, di liberalità, in somma d'ogni virtù, che la regina Isabella; e benchè la fama di quella signora in ogni loco e presso ad ogni nazione sia grandissima, quelli che con lei vissero e furono presenti alle sue azioni tutti affermano, questa fama esser nata dalla virtù e meriti di lei. E chi vorrà considerare l'opere sue, facilmente conoscerà esser così il vero: chè, lasciando infinite cose che fanno fede di questo, e potrebbonsi dire se fosse nostro proposito, ognun sa che quando essa venne a regnare trovò la maggior parte di Castiglia occupata da'grandi; nientedimeno il tutto recuperò così giustificatamente e con tal modo, che i medesimi che ne furono privati le restarono affezionatissimi, e contenti di lasciar quello che possedevano. Notissima cosa è ancora, con quanto animo e prudenza sempre difendesse i regni suoi da potentissimi inimici; e medesimamente a lei sola si può dar l'onor del glorioso acquisto del regno di Granata; che in così lunga e difficil guerra contra nemici ostinati, che combattevano per le facoltà, per la vita, per la legge sua, ed, al parer loro, per Dio, mostrò sempre col consiglio e con la persona propria tanta virtù, che forse a' tempi nostri pochi principi hanno avuto ardire non che di imitarla, ma pur d'averle invidia. Oltre a ciò, affermano tutti quegli che la conobbero, essere stato in lei tanto divina maniera di governare, che parea quasi che solamente la volontà sua bastasse, perchè senza altro strepito ognuno facesse quello che doveva; tal che appena osavano gli uomini in casa sua propria e secretamente far cosa che pensassino che a lei avesse da dispiacere: e di questo in gran parte fu causa il maraviglioso giudicio ch'ella ebbe in conoscere ed eleggere i ministri atti a quelli officii nei quali intendeva d'adoperargli; e così ben seppe congiungere il rigor della giustizia con la mansuetudine della clemenza e la liberalità, che alcun buono a' suoi dì non fu che si dolesse d'esser poco remunerato, nè alcun malo d'esser troppo castigato. Onde nei popoli verso di lei nacque una somma riverenza, composta d'amore e timore; la quale negli animi di tutti ancor sta così stabilita, che par quasi che aspettino che essa dal cielo i miri, e di lassù debba darle laude o biasimo; e perciò col nome suo e coi modi da lei ordinati si governano ancor que' regni, di maniera che, benchè la vita sia mancata, vive l'autorità, come rota che, lungamente con impeto voltata, gira ancor per buon spazio da sè, benchè altri più non la mova. Considerate oltre di questo, signor Gasparo, che a' nostri tempi tutti gli uomini grandi di Spagna e famosi in qualsivoglia cosa, sono stati creati dalla regina Isabella; e Gonsalvo Ferrando, Gran Capitano, molto più di questo si prezzava, che di tutte le sue famose vittorie, e di quelle egregie e virtuose opere, che in pace ed in guerra fatto l'hanno così chiaro ed illustre, che se la fama non è ingratissima, sempre al mondo pubblicherà le immortali sue lode, e farà fede, che alla età nostra pochi re o gran principi avemo avuti, i quali stati non siano da lei di magnanimità, sapere, e d'ogni virtù superati.

XXXVI. Ritornando adunque in Italia dico, che ancor qui non ci mancano eccellentissime signore; che in Napoli avemo due singolar regine; e poco fa pur in Napoli morì l'altra regina d'Ongaria, tanto eccellente signora quanto voi sapete, e bastante di far paragone allo invitto e glorioso re Mattia Corvino, suo marito. Medesimamente la duchessa Isabella d'Aragona, degna sorella del re Ferrando di Napoli; la quale, come oro nel foco, così nelle procelle di fortuna ha mostrata la virtù e 'l valor suo. Se nella Lombardia verrete, v'occorrerà la signora Isabella marchesa di Mantua; alle eccellentissime virtù della quale ingiuria si faria parlando così sobriamente, come saria forza in questo loco a chi pur volesse parlarne. Pesami ancora che tutti non abbiate conosciuta la duchessa Beatrice di Milano sua sorella, per non aver mai più a maravigliarvi di ingegno di donna. E la duchessa Eleonora d'Aragona, duchessa di Ferrara, e madre dell'una e l'altra di queste due signore ch'io v'ho nominate, fu tale, che le eccellentissime sue virtù faceano buon testimonio a tutto 'l mondo, che essa non solamente era degna figliola di Re, ma che meritava esser regina di molto maggior stato che non aveano posseduto tutti i suoi antecessori. E, per dirvi d'un'altra, quanti uomini, conoscete voi al mondo, che avessero tolerato gli acerbi colpi della fortuna così moderatamente, come ha fatto la regina Isabella di Napoli? la quale, dopo la perdita del regno, lo esilio e morte del re Federico suo marito, e duo figlioli, e la prigionia del Duca di Calabria suo primogenito, pur ancor si dimostra esser regina, e di tal modo sopporta i calamitosi incommodi della misera povertà, che ad ognuno fa fede che, ancor che ella abbia mutato fortuna, non ha mutato condizione. Lascio di nominar infinite altre signore, ed ancor donne di basso grado; come molte Pisane, che alla difesa della lor patria contra Fiorentini hanno mostrato quell'ardire generoso, senza timore alcuno di morte, che mostrar potessero i più invitti animi che mai fossero al mondo; onde da molti nobili poeti sono state alcune di lor celebrate. Potrei dirvi d'alcune eccellentissime in lettere, in musica, in pittura, in scultura; ma non voglio andarmi più rivolgendo tra questi esempii, che a voi tutti sono notissimi. Basta che, se nell'animo vostro pensate alle donne che voi stessi conoscete, non vi fia difficile comprendere che esse per il più non sono di valore o meriti inferiori ai padri, fratelli e mariti loro; e che molte sono state causa di bene agli uomini, e spesso hanno corretto di molti loro errori; e se adesso non si trovano al mondo quelle gran regine, che vadano a subjugare paesi lontani, e facciano magni edificii, piramidi e città, come quella Tomiris, regina di Scizia, Artemisia, Zenobia, Semiramis o Cleopatra, non ci son ancor uomini come Cesare, Alessandro, Scipione, Lucullo, e quegli altri imperatori romani. —

XXXVII. Non dite così, rispose allora ridendo il Frigio, chè adesso più che mai si trovan donne come Cleopatra o Semiramis; e se già non hanno tanti stati, forze e ricchezze, loro non manca però la buona volontà di imitarle almen nel darsi piacere, e satisfare più che possano a tutti i suoi appetiti. — Disse il Magnifico JULIANO: Voi volete pur, Frigio, uscire de' termini; ma se si trovano alcune Cleopatre, non mancano infiniti Sardanapali; che è assai peggio.— Non fate, disse allor il signor GASPARO, queste comparazioni, nè crediate già che gli uomini siano più incontinenti che le donne; e quando ancor fossero, non sarebbe peggio, perchè dalla incontinenza delle donne nascono infiniti mali, che non nascono da quella degli uomini: e però, come jeri fu detto, èssi prudentemente ordinato, che ad esse sia licito senza biasimo mancar in tutte l'altre cose, acciò che possano mettere ogni lor forza per mantenerse in questa sola virtù della castità, senza la quale i figlioli sariano incerti, e quello legame che stringe tutto 'l mondo per lo sangue, e per amar naturalmente ciascun quello che ha prodotto, si discioglieria: però alle donne più si disdice la vita dissoluta che agli uomini, i quali non portano nove mesi i figlioli in corpo.—

XXXVIII. Allora il MAGNIFICO, Questi, rispose, veramente sono belli argomenti che voi fate, e non so perchè non gli mettiate in scritto. Ma, ditemi, per qual causa non s'è ordinato, che negli uomini così sia vituperosa cosa la vita dissoluta come nelle donne, atteso che se essi sono da natura più virtuosi e di maggior valore, più facilmente ancora poriano mantenersi in questa virtù della continenza, e i figlioli nè più nè meno sariano certi; chè sebben le donne fossero lascive, purchè gli uomini fossero continenti e non consentissero alla lascivia delle donne, esse da sè a sè e senza altro ajuto già non porian generare. Ma se volete dir il vero, voi ancor conoscete che noi di nostra autorità ci avemo vendicato una licenza, per la quale volemo che i medesimi peccati in noi siano leggerissimi, e talor meritino laude, e nelle donne non possano a bastanza essere castigati se non con una vituperosa morte, o almen perpetua infamia. Però, poichè questa opinion è invalsa, parmi che conveniente cosa sia castigar ancor acerbamente quelli che con bugie dànno infamia alle donne; ed estimo ch'ogni nobil cavaliero sia obligato a difender sempre con l'arme, dove bisogna, la verità, e massimamente quando conosce qualche donna esser falsamente calunniata di poca onestà. —

XXXIX. Ed io, rispose ridendo il signor GASPARO, non solamente affermo esser debito d'ogni nobil cavaliero quello che voi dite, ma estimo gran cortesia e gentilezza coprir qualche errore, ove per disgrazia, o troppo amore, una donna sia incorsa; e così veder potete ch'io tengo più la parte delle donne, dove la ragion me lo comporta, che non fate voi. Non nego già che gli uomini non si abbiano preso un poco di libertà; e questo perchè sanno, che per la opinion universale ad essi la vita dissoluta non porta così infamia come alle donne; le quali, per la imbecillità del sesso, sono molto più inclinate agli appetiti che gli uomini, e se talor si astengono dal satisfare ai suoi desiderii, lo fanno per vergogna, non perchè la volontà non sia loro prontissima: e però gli uomini hanno posto loro il timor d'infamia per un freno che le tenga quasi per forza in questa virtù, senza la quale, per dir il vero, sariano poco d'apprezzare; perchè il mondo non ha utilità dalle donne, se non per lo generare dei figliuoli. Ma ciò non intervien degli uomini, i quali governano le città, gli eserciti, e fanno tante altre cose d'importanza: il che, poi che voi volete così, non voglio disputar come sapessero far le donne; basta che non lo fanno: e quando è occorso agli uomini far paragon della continenza, così hanno superato le donne in questa virtù come ancora nell'altre, benchè voi non lo consentiate. Ed io circa questo non voglio recitarvi tante istorie o fabule quante avete fatto voi, e rimettovi alla continenza solamente di dui grandissimi signori giovani, e su la vittoria, la quale suol far insolenti ancora gli uomini bassissimi: e dell'uno è quella d'Alessandro Magno verso le donne bellissime di Dario, nemico e vinto; l'altra di Scipione, a cui, essendo di ventiquattro anni, ed avendo in Ispagna vinto per forza una città, fu condotta una bellissima e nobilissima giovane, presa tra molt'altre; ed intendendo Scipione, questa esser sposa d'un signor del paese, non solamente s'astenne da ogni atto disonesto verso di lei, ma immaculata la rese al marito, facendole di sopra un ricco dono. Potrei dirvi di Senocrate, il quale fu tanto continente, che una bellissima donna essendosegli colcata accanto ignuda, e facendogli tutte le carezze, ed usando tutti i modi che sapea, delle quai cose era bonissima maestra, non ebbe forza mai di far che mostrasse pur un minimo segno d'impudicizia, avvenga che ella in questo dispensasse tutta una notte; e di Pericle, che udendo solamente uno che laudava con troppo efficacia la bellezza d'un fanciullo, lo riprese agramente; e di molt'altri continentissimi di lor propria volontà, e non per vergogna o paura di castigo, da che sono indotte la maggior parte di quelle donne che in tal virtù si mantengono: le *quali* però ancor con tutto questo meritano esser laudate assai, e chi falsamente dà loro infamia d'impudicizia è degno, come avete detto, di gravissima punizione. —

XL. Allora messer Cesare, il qual per buon spazio taciuto avea, Pensate, disse, di che modo parla il signor Gasparo a biasimo delle donne, quando queste son quelle cose ch'ei dice in laude loro. Ma se 'l signor Magnifico mi concede ch'io possa in loco suo rispondergli alcune poche cose circa quanto egli, al parer mio, falsamente ha detto contra le donne, sarà bene per l'uno e per l'altro: perchè esso si riposerà un poco, e meglio poi potrà seguitare in dir qualche altra eccellenza della Donna di Palazzo; ed io mi terrò per molta grazia l'aver occasione di far insieme con lui questo officio di buon cavaliero, cioè difender la verità. — Anzi ve ne priego, rispose il signor Magnifico; chè già a me parea aver satisfatto, secondo le forze mie, a quanto io doveva, e che questo ragionamento fosse ormai fuor del proposito mio. — Soggiunse messer CESARE: Non voglio già parlar della utilità che ha il mondo dalle donne, oltre al generar i figlioli: perchè a bastanza s'è dimostrato, quanto esse siano necessarie non solamente all'esser ma ancor al ben esser nostro; ma dico, signor Gaspar, che se esse sono, come voi dite, più inclinate agli appetiti che gli uomini, e con tutto questo se ne astengono più che gli uomini, il che voi stesso consentite: sono tanto più degne di laude, quanto il sesso loro è men forte per resistere agli appetiti naturali; e se dite che lo fanno per vergogna, parmi che in loco d'una virtù sola ne diate lor due; chè se in esse più può la vergogna che l'appetito, e perciò si astengono dalle cose mal fatte, estimo che questa vergogna, che in fine non è altro che timor d'infamia, sia una rarissima virtù, e da pochissimi uomini posseduta. E s'io potessi senza infinito vituperio degli uomini dire come molti d'essi siano immersi nella impudenza, che è il vizio contrario a questa virtù, contaminarei queste sante orecchie che m'ascoltano: e per il più questi tali ingiuriosi a Dio ed alla natura sono uomini già vecchi, i quali fan professione chi di sacerdozio, chi di filosofia, chi delle sante leggi; e governano le repubbliche con quella severità Catoniana nel viso, che promette tutta la integrità del mondo; e sempre allegano, il sesso feminile esser incontinentissimo: nè mai essi d'altro si dolgon più, che del mancar loro il vigor naturale per poter satisfare ai loro abominevoli desiderii, i quali loro restano ancor nell'animo, quando già la natura li nega al corpo; e però spesso trovano modi dove le forze non sono necessarie.

XLI. Ma io non voglio dir più avanti; e bastami che mi consentiate che le donne si astengano più dalla vita impudica che gli uomini; e certo è, che d'altro freno non sono ritenute, che da quello che esse stesse si mettono: e che sia vero, la più parte di quelle che son custodite con troppo stretta guardia, o battute dai mariti o padri, sono men pudiche che quelle che hanno qualche libertà. Ma gran freno è generalmente alle donne l'amor della vera virtù e 'l desiderio d'onore, del qual molte, che io a' miei dì ho conosciute, fanno più stima che della vita propria; e se volete dir il vero, ognun di noi ha veduto giovani nobilissimi, discreti, savii, valenti e belli, aver dispensato molt'anni amando, senza lasciare adrieto cosa alcuna di sollecitudine, di doni, di preghi, di lacrime, in somma di ciò che imaginar si può; e tutto in vano. E se a me non si potesse dire, che le qualità mie non meritarono mai ch'io fossi amato, allegherei il testimonio di me stesso, che più d'una volta per la immutabile e troppo severa onestà d'una donna fui vicino alla morte. — Rispose il signor Gasparo: Non vi maravigliate di questo: perchè le donne che son pregate sempre negano di compiacer chi le prega; e quelle che non son pregate, pregano altrui. —

XLII. Disse messer Cesare: Io non ho mai conosciuti questi, che siano dalle donne pregati; ma sì ben molti, li quali, vedendosi aver in vano tentato e speso il tempo sciocamente, ricorrono a questa nobil vendetta, e dicono aver avuto abondanza di quello che solamente s'hanno imaginato; e par loro che il dir male e trovar invenzioni, acciò che di qualche nobil donna per lo volgo si levino fabule vituperose, sia una sorte di cortegiania. Ma questi tali, che di qualche donna di prezzo villanamente si dànno vanto, o vero o falso, meritano castigo e supplicio gravissimo; e se talor loro vien dato, non si può dir quanto siano da laudar quelli che tale officio fanno. Chè se dicon bugie, qual scelerità può esser maggiore, che privar con inganno una valorosa donna di quello che essa più che la vita estima? e non per altra causa, che per quella che la devria fare d'infinite laudi celebrata? Se ancora dicon vero, qual pena poria bastare a chi è così perfido, che renda tanta ingratitudine per premio ad una donna, la qual, vinta dalle false lusinghe, dalle lacrime finte, dai preghi continui, dai lamenti, dalle arti, insidie e perjurii, s'ha lasciato indurre ad amar troppo; poi, senza riservo, s'è data incautamente in preda a così maligno spirto? Ma, per rispondervi ancor a questa inaudita continenza d'Alessandro e di Scipione, che avete allegata, dico ch'io non voglio negare che e l'uno e l'altro non facesse atto degno di molta laude; nientedimeno, acciò che non possiate dire che per raccontarvi cose antiche io vi narri fabule, voglio allegarvi una donna de' nostri tempi di bassa condizione, la qual mostrò molto maggior continenza che questi dui grand' uomini.

XLIII. Dico adunque, che io già conobbi una bella e delicata giovane, il nome della quale non vi dico, per non dar materia di dir male a molti ignoranti, i quali subito che intendono una donna esser inamorata, ne fan mal concetto. Questa adunque essendo lungamente amata da un nobile e ben condizionato giovane, si volse con tutto l'animo e cor suo ad amar lui; e di questo non solamente io, al quale essa di sua volontà ogni cosa confidentemente dicea, non altrimenti che s'io non dirò fratello ma una sua intima sorella fossi stato, ma tutti quelli che la vedeano in presenza dell'amato giovane, erano ben chiari della sua passione. Così amando essa ferventissimamente quanto amar possa un amorevolissimo animo, durò dui anni in tanta continenza, che mai non fece segno alcuno a questo giovane d'amarlo, se non quelli che nasconder non potea; nè mai parlar gli volse, nè da lui accettar lettere, nè presenti, che dell'uno e dell'altro non passava mai giorno che non fosse sollecitata: e quanto lo desiderasse, io ben lo so; che se talor nascosamente potea aver cosa che del giovane fosse stata, la tenea in tante delizie, che parea che da quella le nascesse la vita ed ogni suo bene: nè pur mai in tanto tempo d'altro compiacer gli volse che di vederlo e di lasciarsi vedere, e qualche volta intervenendo alle feste publiche ballar con lui, come con gli altri. E perchè le condizioni dell'uno e dell'altro erano assai convenienti, essa e 'l giovane desideravano che un tanto amor terminasse felicemente, ed esser insieme marito e moglie. Il medesimo desideravano tutti gli altri uomini e donne di quella città, eccetto il crudel padre di lei; il qual per una perversa e strana opinion volse maritarla ad un altro più ricco; ed in ciò dalla infelice fanciulla non fu con altro contradetto, che con amarissime lacrime. Ed essendo successo così malavventurato matrimonio, con molta compassion di quel popolo e desperazion dei poveri amanti, non bastò però questa percossa di fortuna per estirpare così fondato amor dei cori nè dell'uno nè dell'altra; che dopo ancor per spazio di tre anni durò, avvenga che essa prudentissimamente lo dissimulasse, e per ogni via cercasse di troncar que' desiderii, che ormai erano senza speranza. Ed in questo tempo seguitò sempre la sua ostinata volontà della continenza; e vedendo che onestamente aver non potea colui che essa adorava al mondo, elesse non volerlo a modo alcuno, e seguitar il suo costume di non accettare ambasciate, nè doni, nè pur sguardi suoi; e con questa terminata volontà la meschina, vinta dal crudelissimo affanno, e divenuta per la lunga passione estenuatissima, in capo di tre anni se ne morì; e prima volse rifiutare i contenti e piacer suoi tanto desiderati, in ultimo la vita propria, che la onestà. Nè le mancavan modi e vie da satisfarsi secretissimamente, e senza pericoli d'infamia o d'altra perdita alcuna; e pur si *astenne* da quello che tanto da sè desiderava, e di che tanto era continuamente stimolata da quella persona, che sola al mondo desiderava di compiacere: nè a ciò si mosse per paura, o per alcun altro rispetto, che per lo solo amore della vera virtù. Che direte voi d'un'altra? la quale in sei mesi quasi ogni notte giacque con un suo carissimo innamorato; nientedimeno, in un giardino copioso di dolcissimi frutti, invitata dall'ardentissimo suo proprio desiderio, e da' preghi e lacrime di chi più che la propria vita le era caro, s'astenne dal gustargli; e, benchè fosse presa e legata ignuda nella stretta catena di quelle amate braccia, non si rese mai per vinta, ma conservò immaculato il fior della onestà sua?

XLIV. Parvi, signor Gasparo, che questi sian atti di continenza eguali a quella d'Alessandro? il quale, ardentissimamente inamorato non delle donne di Dario, ma di quella fama e grandezza che lo spronava coi stimoli *della gloria* a patir fatiche e pericoli per farsi immortale, non che le altre cose ma la propria vita sprezzava per acquistar nome sopra tutti gli uomini; e noi ci maravigliamo che con tai pensieri nel core s'astenesse da una cosa la qual molto non desiderava? chè, per non aver mai più vedute quelle donne, non è possibile che in un punto l'amasse, ma ben forse l'aborriva, per rispetto di Dario suo nemico; ed in tal caso ogni suo atto lascivo verso di quelle saria stato ingiuria e non amore: e però non è gran cosa che Alessandro, il quale non meno con la magnanimità che con l'arme vinse il mondo, s'astenesse da far ingiuria a femine. La continenza ancor di Scipione è veramente da laudar assai; nientedimeno, se ben considerate, non è da aguagliare a quella di queste due donne; perché esso ancora medesimamente si astenne da cosa non desiderata, essendo in paese nemico, capitano nuovo, nel principio d'una impresa importantissima; avendo nella patria lasciato tanta aspettazion di sè, ed avendo ancor a rendere conto a giudici severissimi, i quali spesso castigavano non solamente i grandi ma i piccolissimi errori; e tra essi sapea averne de' nimici; conoscendo ancor che, se altramente avesse fatto, per esser quella donna nobilissima e ad un nobilissimo signor maritata, potea concitarsi tanti nemici e talmente, che molto gli arian prolungata e forse in tutto tolta la vittoria. Così per tante cause e di tanta importanza s'astenne da un leggiero e dannoso appetito, mostrando continenza ed una liberale integrità: la quale, come si scrive, gli diede tutti gli animi di que' popoli, e gli valse un altro esercito ad espugnar con benivolenza i cori, che forse per forza d'arme sariano stati inespugnabili; sicché questo piuttosto un stratagema militare dir si poria, che pura continenza: avvenga ancora che la fama di questo non sia molto sincera, perché alcuni scrittori d'autorità affermano, questa giovane esser stata da Scipione goduta in amorose delizie; ma di quello che vi dico io, dubio alcuno non è. —

XLV. Disse il Frigio: Dovete averlo trovato negli Evangelii. — Io stesso l'ho veduto, rispose messer Cesare, e però n'ho molto maggior certezza che non potete aver nè voi nè altri, che Alcibiade si levasse dal letto di Socrate non altrimenti che si facciano i figlioli dal letto dei padri: ché pur strano loco e tempo era il letto e la notte per contemplar quella pura bellezza, la qual si dice che amava Socrate senza alcun desiderio disonesto; massimamente amando più la bellezza dell'animo che del corpo, ma nei fanciulli, e no nei vecchi, ancor che siano più savii. E certo non si potea già trovar miglior esempio per laudar la continenza degli uomini, che quello di Senocrate; che essendo versato negli studii, astretto ed obligato dalla profession sua, che è la filosofia, la quale consiste nei buoni costumi e non nelle parole, vecchio, esausto del vigor naturale, non potendo nè mostrando segno di potere, s'astenne da una femina publica, la quale per questo nome solo potea 'venirgli a fastidio. Più crederei che fosse stato continente, se qualche segno di risentirsi avesse dimostrato, ed in tal termine usato la continenza; ovvero astenutosi da quello che i vecchi più desiderano che le battaglie di Venere, cioè dal vino: ma per comprobar ben la continenza senile, scrivesi che di questo era pieno e grave. E qual cosa dir si può più aliena dalla continenza d'un vecchio, che la ebrietà? e se lo astenerse dalle cose veneree in quella pigra e fredda età merita tanta laude, quanta ne deve meritar in una tenera giovane, come quelle due di chi dianzi v'ho detto? delle quali l'una imponendo durissime leggi a tutti i sensi suoi, non solamente agli occhi negava la sua luce, ma toglieva al core quei pensieri, che soli lungamente erano stati dolcissimo cibo per tenerlo in vita; l'altra, ardente inamorata, ritrovandosi tante volte sola nelle braccia di quello che più assai che tutto 'l resto del mondo amava, contra sè stessa e contra colui che più che sè stessa le era caro combattendo, vincea quello ardente desiderio che spesso ha vinto e vince tanti savii uomini. Non vi pare ora, signor Gasparo, che dovessino i scrittori vergognarsi di far memoria di Senocrate in questo caso, e chiamarlo per continente? che chi potesse sapere, io metterei pegno che esso tutta quella notte sino al giorno seguente ad ora di desinare dormì come morto, sepolto nel vino; nè mai, per stropicciar che gli facesse quella femina, potè aprir gli occhi, come se fosse stato allopiato.—

XLVI. Quivi risero tutti gli uomini e donne; e la signora EMILIA, pur ridendo, Veramente, disse, signor Gasparo, se vi pensate un poco meglio, credo che trovarete ancor qualche altro bello esempio di continenza simile a questo. — Rispose messer CESARE: Non vi par, Signora, che bello esempio di continenza sia quell'altro che egli ha allegato di Pericle? Maravigliomi ben ch'el non abbia ancor ricordato la continenza e quel bel detto che si scrive di colui, a chi una donna domandò troppo gran prezzo per una notte, ed esso le rispose, che non comprava così caro il pentirsi. — Rideasi tuttavia; e messer CESARE avendo alquanto taciuto, Signor Gasparo, disse, perdonatemi s'io dico il vero, perchè in somma queste sono le miracolose continenze che di sè stessi scrivono gli uomini, accusando per incontinenti le donne, nelle quali ogni dì si veggono infiniti segni di continenza; chè certo se ben considerate, non è ròcca tanto inespugnabile nè così ben difesa, che essendo combattuta con la millesima parte delle machine ed insidie, che per espugnar il costante animo d'una donna s'adoprano, non si rendesse al primo assalto. Quanti creati da signori, e da essi fatti ricchi e posti in grandissima estimazione, avendo nelle mani le lor fortezze e ròcche, onde dependeva tutto 'l stato e la vita ed ogni ben loro, senza vergogna o cura d'esser chiamati traditori le hanno perfidamente per avarizia date a chi non doveano! e Dio volesse che a' dì nostri di questi tali fosse tanta carestia, che non avessimo molto maggior fatica a ritrovar qualcuno che in tal caso abbia fatto quello che dovea, che nominar quelli che hanno mancato. Non vedemo noi tant'altri che vanno ogni dì ammazzando uomini per le selve, e scorrendo per mare, solamente per rubar danari? Quanti prelati vendono le cose della chiesa di Dio! quanti jurisconsulti falsificano testamenti! quanti perjurii fanno, quanti falsi testimonii, solamente per aver denari! quanti medici avvelenano gl'infermi per tal causa! quanti poi per paura della morte fanno cose vilissime! E pur a tutte queste così efficaci e dure battaglie spesso resiste una tenera e delicata giovane; chè molte sonosi trovate, le quali hanno eletto la morte più presto che perder l'onestà. —

XLVII. Allora il signor GASPARO, Queste, disse, messer Cesare, credo che non siano al mondo oggidì. — Rispose messer CESARE: Io non voglio ora allegarvi le antiche; dicovi ben questo, che molte si trovariano e trovansi, che in tal caso non si curan di morire. Ed or m'occorre nell'animo, che quando Capua fu saccheggiata dai Franzesi, che ancora non è tanto tempo che voi nol possiate molto bene avere a memoria, una bella giovane gentildonna capuana essendo condotta fuor di casa sua, dove era stata presa da una compagnia di Guasconi, quando giunse al fiume che passa per Capua finse volersi attaccare una scarpa, tanto che colui che la menava un poco la lasciò, ed essa subito si gittò nel fiume. Che direte voi d'una contadinella, che non molti mesi fa, a Gazuolo in Mantoana, essendo ita con una sua sorella a raccorre spiche ne'campi, vinta dalla sete entrò in una casa per bere dell'acqua; dove il patron della casa, che giovane era, vedendola assai bella e sola, presala in braccio, prima con buone parole poi con minacce cercò d'indurla a far i suoi piaceri; e contrastando essa sempre più ostinatamente, in ultimo con molte battiture e per forza la vinse. Essa cosi scapigliata e piangendo ritornò nel campo alla sorella, nè mai, per molto ch'ella le facesse instanza, dir volse che dispiacere avesse ricevuto in quella casa; ma tuttavia, camminando verso l'albergo, e mostrando di racchetarsi a poco a poco e parlar senza perturbazione alcuna, le diede certe commissioni; poi, giunta che fu sopra Oglio, che è il fiume che passa accanto Gazuolo, allontanatasi un poco dalla sorella, la quale non sapea nè imaginava ciò ch'ella si volesse fare, subito vi si gittò dentro. La sorella dolente e piangendo l'andava secondando quanto più potea lungo la riva del fiume, che assai velocemente la portava all'ingiù; ed ogni volta che la meschina risorgeva sopra l'acqua, la sorella le gittava una corda che seco aveva recata per legar le spiche; e benchè la corda più d'una volta le pervenisse alle mani, perchè pur era ancor vicina alla ripa, la costante e deliberata fanciulla sempre la rifiutava e dilungava da sè; e cosi fuggendo ogni soccorso che dar le potea vita, in poco spazio ebbe la morte: nè fu questa mossa dalla nobilità di sangue, nè da paura di più crudel morte o d'infamia, ma solamente dal dolore della perduta verginità. Or di qui potete comprender, quante altre donne facciano atti degnissimi di memoria che non si sanno, poichè avendo questa, tre di sono, si può dir, fatto un tanto testimonio della sua virtù, non si parla di lei, nè pur se ne sa il nome. Ma se non sopragiungea in quel tempo la morte del vescovo di Mantua zio della signora Duchessa nostra, ben saria adesso quella ripa d'Oglio, nel loco onde ella si gittò, ornata d'un bellissimo sepolcro, per memoria di così gloriosa anima, che meritava tanto più chiara fama dopo la morte, quanto in men nobil corpo vivendo era abitata. —

XLVIII. Quivi fece messer CESARE un poco di pausa; poi soggiunse: A'miei dì ancora in Roma intervenne un simil caso; e fu che una bella e nobil giovane romana, essendo lungamente seguitata da uno che molto mostrava amarla, non volse mai, non che d'altro, ma d'un sguardo solo compiacergli; di modo che costui per forza di denari corruppe una sua fante; la quale, desiderosa di satisfarlo per toccarne più denari, persuase alla patrona, che un certo giorno non molto celebrato andasse a visitar la chiesa di santo Sebastiano: ed avendo il tutto fatto intendere allo amante, e mostratogli ciò che far dovea, condusse la giovane in una di quelle grotte oscure che soglion visitar quasi tutti quei che vanno a santo Sebastiano; ed in questa tacitamente s'era nascosto prima il giovane: il quale, ritrovandosi solo con quella che amava tanto, cominciò con tutti i modi a pregarla più dolcemente che seppe, che volesse avergli compassione, e mutar la sua passata durezza in amore; ma poi che vide tutti i prieghi esser vani, si volse alle minacce; non giovando ancora queste, cominciò a batterla fieramente; in ultimo, essendo in ferma disposizion d'ottener lo intento suo, se non altrimenti, per forza, ed in ciò operando il soccorso della malvagia femina che quivi l'aveva condotta, mai non potè tanto fare che essa consentisse; anzi e con parole e con fatti, benchè poche forze avesse, la meschina giovane si difendeva quanto le era possibile: di modo che tra per lo sdegno concepulo, vedendosi non poter ottener quello che volea, tra per la paura che non forse i parenti di lei, se risapeano la cosa, gli ne facessino portar la pena, questo scelerato, ajutato dalla fante, la qual del medesimo dubitava, affogò la malavventurata giovane, e quivi la lasciò; e fuggitosi, procurò di non esser trovato. La fante, dallo error suo medesimo acciecata, non seppe fuggire, e presa per alcuni indicii, confessò ogni cosa; onde ne fu come meritava castigata. Il corpo della costante e nobil donna con grandissimo onore fu levato di quella grotta, e portato alla sepoltura in Roma, con una corona in testa di lauro, accompagnato da un numero infinito d'uomini e di donne; tra' quali non fu alcuno che a casa riportasse gli occhi senza lacrime; e così universalmente da tutto 'l popolo fu quella rara anima non mén pianta che laudata.

XLIX. Ma per parlarvi di quelle che voi stesse conoscete, non vi ricorda aver inteso che andando la signora Felice dalla Rovere a Saona, e dubitando che alcune vele che si erano scoperte fossero legni di Papa Alessandro che la seguitassero, s'apparecchiò con ferma deliberazione se si accostavano, e che rimedio non vi fosse di fuga, di gittarsi nel mare: e questo non si può già credere che lo facesse per leggerezza, perchè voi così come alcun altro conoscete ben di quanto ingegno e prudenza sia accompagnata la singolar bellezza di quella signora. Non posso pur tacere una parola della signora Duchessa nostra, la quale essendo vivuta quindeci' anni in compagnia del marito come vedoa, non solamente è stata costante di non palesar mai questo a persona del mondo, ma essendo dai suoi proprii stimolata ad uscir di questa viduità, elesse più presto patir esilio, povertà, ed ogn'altra sorte d'infelicità, che accettar quello che a tutti gli altri parea gran grazia e prosperità di fortuna; — e seguitando pur messer Cesare circa questo, disse la signora Duchessa: Parlate d'altro, e non entrate più in tal proposito, chè assai dell'altre cose avete che dire. — Soggiunse messer Cesare: So pur che questo non mi negherete, signor Gasparo, nè voi, Frigio. — Non già, rispose il Frigio; ma una non fa numero. —

L. Disse allora messer Cesare: Vero è che questi così grandi effetti occorrono in poche donne: pur ancora quelle che resistono alle battaglie d'amore, tutte sono miracolose; e quelle che talor restano vinte, sono degne di molta compassione: chè certo i stimoli degli amanti, le arti che usano, i lacci che tendono, son tanti e così continui, che troppa maraviglia è che una tenera fanciulla fuggir gli possa. Qual giorno, qual'ora passa mai, che quella combattuta giovane non sia dallo amante sollecitata con denari, con presenti, e con tutte quelle cose che imaginar sa che le abbiano a piacere? A qual tempo affacciar mai si può alla finestra, che sempre non veda passar l'ostinato amante, con silenzio di parole ma con gli occhi che parlano, col viso afflitto e languido, con quegli accesi sospiri, spesso con abondantissime lacrime? Quando mai si parte di casa per andar a chiesa o ad altro loco, che questo sempre non le sia inanzi, e ad ogni voltar di contrata non se le affronti con quella trista passion dipinta negli occhi, che par che allor allora aspetti la morte? Lascio tante attilature, invenzioni, motti, imprese, feste, balli, giochi, maschere, giostre, torniamenti; le quai cose essa conosce tutte esser fatte per sè. La notte poi mai risvegliarsi non sa, che non oda musica, o almen quello inquieto spirito interno alle mura della casa gittar sospiri e voci lamentevoli. Se per avventura parlar vuole con una delle sue fanti, quella, già corrotta per denari, subito ha apparecchiato un presentuzzo, una lettera, un sonetto, o tal cosa, da darle per parte dello amante; e quivi entrando a proposito, le fa intendere quanto arde questo meschino, come non cura la propria vita per servirla; e come da lei niuna cosa ricerca, men che onesta, e che solamente desidera parlarle. Quivi a tutte le difficoltà si trovano rimedii, chiavi contrafatte, scale di corde, sonniferi; la cosa si dipinge di poco momento; dánnosi esempii di molt'altre che fanno assai peggio; di modo che ogni cosa tanto si fa facile, che essa niuna altra fatica ha, che di dire: Io son contenta; — e se pur la poverella per un tempo resiste, tanti stimoli le aggiungono, tanti modi trovano, che col continuo battere rompono ciò che le osta. E molti sono che, vedendo le blandizie non giovargli, si voltano alle minacce, e dicono volerle publicar per quelle che non sono ai lor mariti. Altri patteggiano arditamente coi padri, e spesso coi mariti, i quali, per denari o per aver favori, danno le proprie figliole e mogli in preda contra la lor voglia. Altri cercano con incanti e malie tor loro quella libertà che Dio all'anime ha concessa: di che si vedono mirabili effetti. Ma io non saprei ridire in mill'anni tutte le insidie che oprano gli uomini per indur le donne alle lor voglie, che son infinite; ed, oltre a quelle che ciascun per sè stesso ritrova, non è ancora mancato chi abbia ingeniosamente composto libri, e postovi ogni studio, per insegnar di che modo in questo si abbiano ad ingannar le donne. Or pensate come da tante reti possano esser sicure queste semplici colombe, da cosi dolce esca invitate. E che gran cosa è adunque, se una donna, veggendosi tanto amata ed adorata molt'anni da un bello, nobile ed accostumato giovane, il quale mille volte il giorno si mette a pericolo della morte per servirle, nè mai pensa altro che di compiacerle, con quel continuo battere, che fa che l'acqua spezza i durissimi marmi, s'induce finalmente ad amarlo, e, vinta da questa passione, lo contenta di quello che voi dite che essa, per la imbecillità del sesso, naturalmente molto più desidera che l'amante? Parvi che questo error sia tanto grave, che quella meschina, che con tante lusinghe è stata presa, non meriti almen quel perdono, che spesso agli omicidi, ai ladri, assassini e traditori si concede? Vorrete voi che questo sia vizio tanto enorme, che, per trovarsi che qualche donna in esso incorre, il sesso delle donne debba esser sprezzato in tutto, e tenuto universalmente privo di continenza, non avendo rispetto che molte se ne trovano invittissime, che ai continui stimoli d'amore sono *adamantine*, e salde nella lor infinita costanza più che i scogli all'onde del mare? —

LI. Allora il signor GASPARO, essendosi fermato messer Cesare di parlare, cominciava per rispondere; ma il signor OTTAVIANO ridendo, Deh per amor di Dio, disse, datigliela vinta, ch'io conosco che voi farete poco frutto; e parmi vedere che v'acquistarete non solamente tutte queste donne per inimiche, ma ancora la maggior parte degli uomini.— Rise il signor GASPARO, e disse: Anzi ben gran causa hanno le donne di ringraziarmi; perchè s'io non avessi contradetto al signor Magnifico ed a messer Cesare, non si sariano intese tante laudi che essi hanno loro date. — Allora messer CESARE, Le laudi, disse, che il signor Magnifico ed io avemo date alle donne, ed ancora molte altre, erano notissime, però sono state superflue. Chi non sa che senza le donne sentir non si può contento o satisfazione alcuna a tutta questa nostra vita, la quale senza esse saria rustica priva d'ogni dolcezza, e più aspera che quella dell'alestre fiere? Chi non sa che le donne sole levano de'nostri cori tutti li vili e bassi pensieri, gli affanni, le miserie, e quelle torbide tristezze che così spesso loro sono compagne? E se vorremo ben considerar il vero, conosceremo ancora, che, circa la cognizion delle cose grandi, non desviano gli ingegni, anzi gli svegliano; ed alla guerra fanno gli uomini senza paura ed arditi sopra modo. E certo impossibil è che nel cuor d'uomo, nel qual sia entrato una volta fiamma d'amore, regni mai più viltà; perchè chi ama desidera sempre farsi amabile più che può, e teme sempre non gli intervenga qualche vergogna che lo possa far estimar poco da chi esso desidera esser estimato assai; nè cura d'andare mille volte il giorno alla morte, per mostrar d'esser degno di quell'amore: però chi potesse far un esercito d'innamorati, li quali combattessero in presenza delle donne da loro amate, vinceria tutto 'l mondo, salvo se contra questo in opposito non fosse un altro esercito medesimamente innamorato. E crediate di certo, che l'aver contrastato Troja dieci anni a tutta Grecia, non procedette d'altro che d'alcuni innamorati, li quali, quando erano per uscir a combattere, s'armavano in presenza delle lor donne, e spesso esse medesime gli ajutavano, e nel partir diceano lor qualche parola che gl'infiammava, e gli facea più che uomini; poi nel combattere sapeano esser dalle lor donne mirati dalle mura e dalle torri; onde loro parea che ogni ardir che mostravano, ogni prova che faceano, da esse riportasse laude: il che loro era il maggior premio che aver potessero al mondo. Sono molti che estimano, la vittoria dei re di Spagna Ferrando ed Isabella contra il re di Granata esser proceduta gran parte dalle donne; chè il più delle volte quando usciva l'esercito di Spagna per affrontar gl'inimici, usciva ancora la regina Isabella con tutte le sue damigelle, e quivi si ritrovavano molti nobili cavalieri innamorati; li quali fin che giungeano al loco di veder gl'inimici, sempre andavano parlando con le lor donne: poi, pigliando licenza ciascun dalla sua, in presenza loro andavano ad incontrar gl'inimici con quell'animo feroce che dava loro amore, e 'l desiderio di far conoscere alle sue signore che erano servite da uomini valorosi; onde molte volte trovaronsi pochissimi cavalieri spagnoli mettere in fuga ed alla morte infinito numero di Mori, mercè delle gentili ed amate donne. Però non so, signor Gasparo, qual perverso giudicio v'abbia indotto a biasimar le donne.

LII. Non vedete voi, che di tutti gli esercizii graziosi e che piaceno al mondo a niun altro s'ha da attribuire la causa, se alle donne no? Chi studia di danzare e ballar leggiadramente per altro, che per compiacere a donne? Chi intende nella dolcezza della musica per altra causa, che per questa? Chi a compor versi, almen nella lingua volgare, se non per esprimere quegli affetti che dalle donne sono causati? Pensate di quanti nobilissimi poemi saremmo privi, e nella lingua greca e nella latina, se le donne fossero state da' poeti poco estimate. Ma, lasciando tutti gli altri, non saria grandissima perdita se messer Francesco Petrarca, il qual così divinamente scrisse in questa nostra lingua gli amor suoi, avesse volto l'animo solamente alle cose latine, come aria fatto se l'amor di Madonna Laura da ciò non l'avesse talor desviato? Non vi nomino i chiari ingegni che sono ora al mondo, e qui presenti, che ogni dì *partoriscono* qualche nobil frutto, e pur pigliano subjetto solamente dalle bellezze e virtù delle donne. Vedete che Salomone, volendo scrivere misticamente cose altissime e divine, per coprirle d'un grazioso velo finse un ardente ed affettuoso dialogo d'uno inamorato con la sua donna, parendogli non poter trovar qua giù tra noi similitudine alcuna più conveniente e conforme alle cose divine, che l'amor verso le donne; ed in tal modo volse darci un poco d'odor di quella divinità, che esso e per scienza e per grazia più che gli altri conoscea. Però non bisognava, signor Gasparo, disputar di questo, o almen con tante parole: ma voi col contradire alla verità avete impedito, che non si sieno intese mill'altre cose belle ed importanti circa la perfezion della Donna di Palazzo. — Rispose il signor GASPARO: Io credo che altro non vi si possa dire; pur se a voi pare che il signor Magnifico non l'abbia adornata a bastanza di buone condizioni, il difetto non è stato il suo, na di chi ha fatto che più virtù non siano al mondo; perchè esso le ha date tutte quelle che vi sono. — Disse la signora Duchessa ridendo: Or vedrete, che 'l signor Magnifico pur ancor ne ritroverà qualche altra. — Rispose il Magnifico: In vero, Signora, a me par d'aver detto assai, e, quanto per me, contentomi di questa mia Donna; e se questi signori non la voglion così fatta, lassinla a me. —

LIII. Quivi tacendo ognuno, disse messer Federico: Signor Magnifico, per stimolarvi a dir qualche altra cosa voglio pur farvi una domanda circa quello che avete voluto che sia la principal professione della Donna di Palazzo, ed è questa: ch'io desidero intendere, come ella debba intertenersi circa una particolarità che mi par importantissima; chè, benchè le eccellenti condizioni da voi attribuitele includino ingegno, sapere, giudicio, desterità, modestia, e tant'altre virtù, per le quali ella dee ragionevolmente saper intertenere ogni persona e ad ogni proposito, estimo io però che più che alcuna altra cosa le bisogni saper quello che appartiene ai ragionamenti d'amore; perchè, secondo che ogni gentil cavaliero usa per instrumento d'acquistar grazia di donne quei nobili esercizii, attilature e bei costumi che avemo nominati, a questo effetto adopra medesimamente le parole; e non solo quando è astretto da passione, ma ancora spesso per far onore a quella donna con cui parla; parendogli che 'l mostrar d'amarla sia un testimonio che ella ne sia degna, e che la bellezza e meriti suoi sian tanti, che sforzino ognuno a servirla. Però vorrei sapere, come debba questa donna circa tal proposito intertenersi discretamente, e come rispondere a chi l'ama veramente, e come a chi ne fa dimostrazion falsa; e se dee dissimular d'intendere, o corrispondere, o rifiutare, e come governarsi. —

LIV. Allor il signor Magnifico, Bisogneria prima, disse, insegnarle a conoscer quelli che simulan d'amare, e quelli che amano veramente; poi, del corrispondere in amore o no, credo che non si debba governar per voglia d'altrui, che di sè stessa. — Disse messer Federico: Insegnatele adunque quai siano i più certi e sicuri segni per discernere l'amor falso dal vero, e di qual testimonio ella si debba contentar per esser ben chiara dell'amore mostratole. — Rispose ridendo il MAGNIFICO: Io non lo so, perchè gli uomini oggidì sono tanto astuti, che fanno infinite dimostrazion false, e talor piangono quando hanno ben gran voglia di ridere; però bisogneria mandargli all'Isola Ferma, sotto l'arco dei leali innamorati. Ma acciò che questa mia Donna, della quale a me convien aver particolar protezione per esser mia creatura, non incorra in quegli errori ch'io ho veduto incorrere molt'altre, io direi ch'ella non fosse facile a creder d'esser amata; nè facesse come alcune, che non solamente non mostrano di non intendere chi lor parla d'amore, ancora che copertamente, ma alla prima parola accettano tutte le laudi che lor son date, ovver le negano d'un certo modo, che è più presto un invitare d'amore quelli coi quali parlano, che ritrarsi. Però la maniera dell'intertenersi nei ragionamenti d'amore, ch'io voglio che usi la mia Donna di Palazzo, sarà il rifiutar di creder sempre, che chi le parla d'amore, l'ami però: e se quel gentiluomo sarà, come pur molti se ne trovano, presuntuoso, e che le parli con poco rispetto, essa gli darà tal risposta, ch'el conoscerà chiaramente che le fa dispiacere; se ancora sarà discreto, ed usarà termini modesti e parole d'amore copertamente, con quel gentil modo che io credo che faria il Cortegiano formato da questi signori, la donna mostrerà non l'intendere, e tirerà le parole ad altro significato, cercando sempre modestamente, con quello ingegno e prudenza che già s'è detto convenirsele, uscir di quel proposito. Se ancor il ragionamento sarà tale, ch'ella non possa simular di non intendere, piglierà il tutto come per burla, mostrando di conoscere che ciò se le dica più presto per onorarla che perchè così sia, estenuando i meriti suoi, ed attribuendo a cortesia di quel gentiluomo le laudi che esso le darà; ed in tal modo si farà tener per discreta, e sarà più sicura dagl'inganni. Di questo modo parmi che debba intertenersi la Donna di Palazzo circa i ragionamenti d'amore. —

LV. Allora messer FEDERICO, Signor Magnifico, disse, voi ragionate di questa cosa, come che sia necessario che tutti quelli che parlano d'amore con donne dicano le bugie, e cerchino d'ingannarle: il che se così fosse, direi che i vostri do-

:omenti fossero buoni; ma se questo cavalier che intertiene ama veramente, e sente quella passion che tanto affligge talor i cori umani, non considerate voi in qual pena, in qual calamità e morte lo ponete, volendo che la donna non gli creda mai cosa che dica a questo proposito? Dunque i scongiuri, le lacrime e tant' altri segni, non debbono aver forza alcuna? Guardate, signor Magnifico, che non si estimi che, oltre alla naturale crudeltà che hanno in sè molte di queste donne, voi ne insegnate loro ancora di più. — Rispose il MAGNIFICO: Io ho detto non di chi ama, ma di chi intertiene con ragionamenti amorosi, nella qual cosa una delle più necessarie condizioni è, che mai non manchino parole; e gl'inamorati veri, come hanno il core ardente, così hanno la lingua fredda, col parlar rotto, e subito silenzio; però forse non saria falsa proposizione il dire: Chi ama assai, parla poco. Pur di questo credo che non si possa dar certa regola, per la diversità dei costumi degli uomini; nè altro dir saprei, se non che la donna sia ben cauta, e sempre abbia a memoria, che con molto minor pericolo posson gli uomini mostrar d'amare, che le donne. —

LVI. Disse il signor GASPARO ridendo: Non volete voi, signor Magnifico, che questa vostra così eccellente Donna essa ancora ami, almen quando conosce veramente esser amata? Atteso che se 'l Cortegiano non fosse redamato, non è già credibile che continuasse in amare lei; e così le mancheriano molte grazie, e massimamente quella servitù e riverenza, con la quale osservano e quasi adorano gli amanti la virtù delle donne amate. — Di questo, rispose il MAGNIFICO, non la voglio consigliare io; dico ben che lo amar come voi ora intendete estimo che convenga solamente alle donne non maritate; perchè quando questo amore non può terminare in matrimonio, è forza che la donna n'abbia sempre quel remorso e stimolo che s'ha delle cose illicite, e si metta a pericolo di macular quella fama d'onestà che tanto l'importa. — Rispose allora messer FEDERICO ridendo: Questa vostra opinion, signor Magnifico, mi par molto austera, e penso che l'abbiate imparata da qualche predicator, di quelli che riprendono le donne inamorate de' secolari per averne essi miglior parte; e parmi che imponiate troppo dure leggi alle maritate, perchè molte se ne trovano, alle quali i mariti senza causa portano grandissimo odio, e le offendono gravemente, talor amando altre donne, talor facendo loro tutti i dispiaceri che sanno imaginare; alcune sono dai padri maritate per forza a vecchi, infermi, schifi e stomacosi, che le fan vivere in continua miseria. E se a queste tali fosse licito fare il divorzio, e separarsi da quelli co' quali sono mal congiunte, non saria forse da comportar loro che amassero altri che 'l marito; ma quando, o per le stelle nemiche, o per la diversità delle complessioni, o per qualche altro accidente, occorre che nel letto, che dovrebbe esser nido di concordia e d'amore, sparge la maledetta furia infernale il seme del suo veneno, che poi produce lo sdegno, il sospetto e le pungenti spine dell'odio che tormenta quelle infelici anime, legate crudelmente nella indissolubil catena insino alla morte: perchè non volete voi, che a quella donna sia licito cercar qualche refrigerio a così duro flagello, e dar ad altri quello che dal marito è non solamente sprezzato, ma aborrito? Penso ben, che quelle che hanno i mariti convenienti, e da essi sono amate, non debbano fargli ingiuria; ma l'altre, non amando chi ama loro, fanno ingiuria a sè stesse.—Anzi a sè stesse fanno ingiuria amando altri che il marito, rispose il MAGNIFICO. Pur, perchè molte volte il non amare non è in arbitrio nostro, se alla Donna di Palazzo occorrerà questo infortunio, che l'odio del marito o l'amor d'altri la induca ad amare, voglio che ella niuna altra cosa allo amante conceda eccetto che l'animo; nè mai gli faccia dimostrazion alcuna certa d'amore, nè con parole, nè con gesti, nè per altro modo, talchè esso possa esserne sicuro. —

LVII. Allora messer ROBERTO DA BARI, pur ridendo, Io, disse, signor Magnifico, m'appello di questa vostra sentenza, e penso che avrò molti compagni; ma poichè pur volete insegnar questa rusticità, per dir così, alle maritate, volete voi che le non maritate siano esse ancora così crudeli e discortesi? e che non compiacciano almen in qualche cosa i loro amanti?—Se la mia Donna di Palazzo, rispose il signor

MAGNIFICO, non sara maritata, avendo d'amare, voglio che ella ami uno col quale possa maritarsi; nè reputarò già errore che ella gli faccia qualche segno d'amore: della qual cosa voglio insegnarle una regola universale con poche parole, acciò che ella possa ancora con poca fatica tenerla a memoria; e questa è, che ella faccia tutte le dimostrazioni d'amore a chi l'ama, eccetto quelle che potessero indur nell'animo dell'amante speranza di conseguir da lei cosa alcuna disonesta. Ed a questo bisogna molto avvertire, perché è uno errore dove incorrono infinite donne, le quali per l'ordinario niun'altra cosa desiderano più che l'esser belle: e perchè lo avere molti inamorati ad esse par testimonio della lor bellezza, mettono ogni studio per guadagnarne più che possono; però scorrono spesso in costumi poco moderati, e, lasciando quella modestia temperata che tanto lor si conviene, usano certi sguardi procaci, con parole scurrili ed atti pieni d'impudenza, parendo lor che per questo siano vedute ed udite volontieri, e che con tai modi si facciano amare: il che è falso; perchè le dimostrazioni che si fan loro nascono d'un appetito mosso da opinion di facilità, non d'amore. Però voglio che la mia Donna di Palazzo non con modi disonesti paja quasi che s'offerisca a chi la vuole, ed uccelli più che può gli occhi e la volontà di chi la mira, ma coi meriti e virtuosi costumi suoi, con la venustà, con la grazia, induca nell'animo di chi la vede quello amor vero che si deve a tutte le cose amabili, e quel rispetto che leva sempre la speranza di chi pensa a cosa disonesta. Colui adunque che sarà da tal donna amato, ragionevolmente dovrà contentarsi d'ogni minima dimostrazione, ed apprezzar più da lei un sol sguardo con affetto d'amore, che l'essere in tutto signor d'ogni altra; ed io a così fatta Donna non saprei aggiunger cosa alcuna, se non che ella fosse amata da così eccellente Cortegiano come hanno formato questi signori, e che essa ancor amasse lui, acciò che e l'uno e l'altro avesse totalmente la sua perfezione.—

LVIII. Avendo infin qui detto il signor Magnifico, taceasi; quando il signor GASPARO ridendo, Or, disse, non potrete già dolervi che 'l signor Magnifico non abbia formato la Donna di Palazzo eccellentissima; e da mo, se una tal se ne trova, io dico ben che ella merita esser estimata eguale al Cortegiano. — Rispose la signora EMILIA: Io m'obligo trovarla, sempre che voi trovarete il Cortegiano. — Soggiunse messer ROBERTO: Veramente negar non si può, che la Donna formata dal signor Magnifico non sia perfettissima; nientedimeno in queste ultime condizioni appartenenti allo amore parmi pur che esso l'abbia fatta un poco troppo austera, massimamente volendo che con le parole, gesti e modi suoi ella levi in tutto la speranza allo amante, e lo confermi più che ella può nella disperazione; chè, come ognun sa, li desiderii umani non si estendono a quelle cose, delle quali non s'ha qualche speranza. E benchè già si siano trovate alcune donne, le quali, forsi superbe per la bellezza e valor loro, la prima parola che hanno detta a chi lor ha parlato d'amore è stata che non pensino aver mai da lor cosa che vogliano, pur con lo aspetto e con le accoglienze sono lor poi state un poco più graziose, di modo che con gli atti benigni hanno temperato in parte le parole superbe; ma se questa Donna e con gli atti e con le parole e coi modi leva in tutto la speranza, credo che 'l nostro Cortegiano, se egli sarà savio, non l'amerà mai, e così essa averà questa imperfezion, di trovarsi senza amante. —

LIX. Allora il signor MAGNIFICO, Non voglio, disse, che la mia Donna di Palazzo levi la speranza d'ogni cosa, ma delle cose disoneste, le quali, se 'l Cortegiano sarà tanto cortese e discreto come l'hanno formato questi signori, non solamente non le sperarà, ma pur non le desiderarà; perchè se la bellezza, i costumi, l'ingegno, la bontà, il sapere, la modestia, e tante altre virtuose condizioni che alla donna avemo date, saranno la causa dell'amor del Cortegiano verso lei, necessariamente il fin ancora di questo amore sarà virtuoso: e se la nobilità, il valor nell'arme, nelle lettere, nella musica, la gentilezza, l'esser nel parlar, nel conversar pien di tante grazie, saranno i mezzi coi quali il Cortegiano acquistarà l'amor della donna, bisognerà che 'l fin di quello amore sia della qualità che sono i mezzi per li quali ad esso si perviene; oltra che, secondo che al mondo si trovano diverse maniere di bellezze, così si trovano ancora diversi desiderii d'uomini; e però intervien che molti, vedendo una donna di quella bellezza grave, che andando, stando, motteggiando, scherzando, e facendo ciò che si voglia, tempera sempre talmente tutti i modi suoi, che induce una certa riverenza a chi la mira, si spaventano, nè osano servirle; e più presto, tratti dalla speranza, amano quelle vaghe e lusinghevoli, tanto delicate e tenere, che nelle parole, negli atti e nel mirar mostrano una certa passion languidetta, che promette poter facilmente incorrere e convertirsi in amore. Alcuni, per esser sicuri dagl'inganni, amano certe altre tanto libere e degli occhi e delle parole e dei movimenti, che fan ciò che prima lor viene in animo, con una certa semplicità che non nasconde i pensier suoi. Non mancano ancor molti altri animi generosi, i quali, parendo loro che la virtù consista circa la difficoltà, e che troppo dolce vittoria sia il vincer quello che ad altri pare inespugnabile, si voltano facilmente ad amar le bellezze di quelle donne, che negli occhi, nelle parole e nei modi mostrano più austera severità che l'altre, per far testimonio che 'l valor loro può sforzare un animo ostinato, e indur ad amar ancor le voglie ritrose e rubelle d'amore. Però questi tanto confidenti di sè stessi, perchè si tengono sicuri di non lasciarsi ingannare, amano ancor volentieri certe donne, che con sagacità ed arte pare che nella bellezza coprano mille astuzie; o veramente alcun'altre, che hanno congiunta con la bellezza una maniera sdegnosetta di poche parole, pochi risi, con modo quasi d'apprezzar poco qualunque le miri o le serva. Trovansi poi certi altri, che non degnano amar se non donne che nell'aspetto, nel parlare, ed in tutti i movimenti suoi, portino tutta la leggiadria, tutti i gentil costumi, tutto 'l sapere e tutte le grazie unitamente cumulate, come un sol fior composto di tutte le eccellenze del mondo. Sicchè, se la mia Donna di Palazzo averà carestia di quegli amori mossi da mala speranza, non per questo restarà senza amante; perchè non le mancheran quei che saranno mossi e dai meriti di lei, e dalla confidenza del valor di sè stessi, per lo quale si conosceran degni d'essere da lei amati. —

LX. Messer Roberto pur contraddicea, ma la signora Duchessa gli diede il torto, confermando la ragion del signor Magnifico; poi soggiunse: Noi non abbiam causa di dolersi del signor Magnifico, perchè in vero estimo che la Donna di Palazzo da lui formata possa star al paragon del Cortegiano, ed ancor con qualche vantaggio; perchè le ha insegnato ad amare, il che non han fatto questi signori al suo Cortegiano. — Allora l' Unico Aretino, Ben è conveniente, disse, insegnar alle donne lo amare, perchè rare volte ho io veduto alcuna che far lo sappia: chè quasi sempre tutte accompagnano la lor bellezza con la crudeltà ed ingratitudine verso quelli che più fedelmente le servono, e che per nobilità, gentilezza e virtù meritariano premio de' loro amori; e spesso poi si danno in preda ad uomini sciocchissimi e vili e da poco, e che non solamente non le amano, ma le odiano. Però, per schifar questi così enormi errori, forsi era ben insegnare loro prima il far elezione di chi meritasse essere amato, e poi lo amarlo; il che degli uomini non è necessario, che pur troppo per sè stessi lo sanno: ed io ne posso esser buon testimonio; perchè lo amare a me non fu mai insegnato, se non dalla divina bellezza e divinissimi costumi d'una Signora, talmente che nell'arbitrio mio non è stato il non adorarla, nonche ch'io in ciò abbia avuto bisogno d'arte o maestro alcuno; e credo che 'l medesimo intervenga a tutti quelli che amano veramente: però piuttosto si converria insegnar al Cortegiano il farsi amare, che lo amare. —

LXI. Allora la signora Emilia, Or di questo adunque ragionate, disse, signor Unico. — Rispose l'Unico: Parmi che la ragion vorrebbe che col servire e compiacer le donne s'acquistasse la lor grazia; ma quello di che esse si tengon servite e compiaciute, credo che bisogni impararlo dalle medesime donne, le quali spesso desideran cose tanto strane, che non è uomo che le imaginasse, e talor esse medesime non sanno ciò che si desiderino; perciò è bene che voi, Signora, che sete donna, e ragionevolmente dovete saper quello che piace alle donne, pigliate questa fatica, per far al mondo una tanta utilità. — Allor disse la signora Emilia: Lo esser voi gratissimo universalmente alle donne, è buono argomento che sappiate tutti i modi per li quali s'acquista la lor grazia; però è pur conveniente che voi l'insegnate.— Signora, rispose l'Unico, io non saprei dar ricordo più utile ad uno amante, che'l procurar che voi non aveste autorità con quella donna, la grazia della quale esso cercasse; perchè qualche buona condizione, che pur è paruto al mondo talor che in me sia, col più sincero amore che fosse mai, non hanno avuto tanta forza di far ch'io fossi amato, quanta voi di far che fossi odiato. —

LXII. Rispose allora la signora EMILIA: Signor Unico, guardimi Dio pur di pensar, non che operar mai, cosa perchè foste odiato; chè, oltre ch'io farei quello che non debbo, sarei estimata di poco giudicio, tentando lo impossibile; ma io, poichè voi mi stimolate con questo modo a parlare di quello che piace alle donne, parlerò; e se vi dispiacerà, datene la colpa a voi stesso. Estimo io adunque, che chi ha da esser amato, debba amare ed esser amabile, e che queste due cose bastino per acquistar la grazia delle donne. Ora, per rispondere a quello di che voi m'accusate, dico che ognun sa e vede che voi siete amabilissimo; ma che amiate così sinceramente come dite sto io assai dubiosa, e forse ancora gli altri; perchè l'esser voi troppo amabile, ha causato che siete stato amato da molte donne, ed i gran fiumi divisi in più parti divengono piccoli rivi; così ancora l'amor diviso in più che in un objetto, ha poca forza: ma questi vostri continui lamenti, ed accusare in quelle donne che avete servite la ingratitudine, la qual non è verisimile, atteso tanti vostri meriti, è una certa sorte di secretezza, per nascondere le grazie, i contenti e piaceri da voi conseguiti in amore, ed assicurar quelle donne che v'amano e che vi si son date in preda, che non le publichiate; e però esse ancora si contentano che voi così apertamente con altre mostriate amori falsi, per coprire i lor veri: onde se quelle donne, che voi ora mostrate d'amare, non son così facili a crederlo come vorreste, interviene perchè questa vostra arte in amore comincia ad esser conosciuta, non perch'io vi faccia odiare. —

LXIII. Allor il signor Unico, Io, disse, non voglio altrimenti tentar di confutar le parole vostre, perchè ormai parmi così fatale il non esser creduto a me la verità, come l'esser creduto a voi la bugia. — Dite pur, signor Unico, rispose la signora Emilia, che voi non amate così come vorreste che fosse creduto; che se amaste, tutti i desiderii vostri sariano di compiacer la donna amata, e voler quel medesimo che essa vuole: chè questa è la legge d'amore; ma il vostro tanto dolervi di lei denota qualche inganno, come ho detto, o veramente fa testimonio che voi volete quello che essa non vuole. — Anzi, disse il signor Unico, voglio io ben quello che essa vuole: che è argomento ch'io l'amo; ma dolgomi perchè essa non vuol quello che voglio io: che è segno che non mi ama, secondo la medesima legge che voi avete allegata. — Rispose la signora Emilia: Quello che comincia ad amare, deve ancora cominciare a compiacere ed accommodarsi totalmente alle voglie della cosa amata, e con quelle governar le sue; e far che i proprii desiderii siano servi, e che l'anima sua istessa sia come obediente ancilla, nè pensi mai ad altro che a trasformarsi, se possibil fosse, in quella della cosa amata, e questo reputar per sua somma felicità; perchè così fan quelli che amano veramente. — Appunto la mia somma felicità, disse il signor Unico, sarebbe se una voglia *sola governasse* la sua e la mia anima. — A voi sta di farlo, rispose la signora Emilia. —

LXIV. Allora messer Bernardo, interrompendo, Certo è, disse, che chi ama veramente, tutti i suoi pensieri, senza che d'altri gli sia mostrato, indrizza a servire e compiacere la donna amata; ma perchè talor queste amorevoli servitù non son ben conosciute, credo che, oltre allo amare e servire, sia necessario fare ancor qualche altra dimostrazione di questo amore tanto chiara, che la donna non possa dissimular di conoscere d'essere amata; ma con tanta modestia però, che non paja che se le abbia poca riverenza. E perciò voi, Signora, che avete cominciato a dir come l'anima dello amante dee essere obediente ancilla alla amata, insegnate ancor, di grazia, questo secreto, il quale mi pare importantissimo. — Rise messer Cesare, e disse: Se lo amante è tanto modesto che abbia vergogna di dirgliene, scrivagliele. — Soggiunse la signora Emilia: Anzi, se è tanto discreto come conviene, prima che lo faccia intendere alla donna, devesi assecurar di non offenderla. — Disse allora il signor GASPARO: A tutte le donne piace l'esser pregate d'amore, ancor che avessero intenzione di negar quello che loro si domanda. — Rispose il magnifico JULIANO: Voi v'ingannate molto; nè io consigliarei il Cortegiano che usasse mai questo termine, se non fosse ben certo di non aver repulsa. —

LXV. E che cosa deve egli adunque fare? — disse il signor GASPARO. Soggiunse il MAGNIFICO: Se pur vuole scrivere o parlare, farlo con tanta modestia e così cautamente, che le parole prime tentino l'animo, è tocchino tanto ambiguamente la volontà di lei, che le lascino modo ed un certo esito di poter simulare di non conoscere, che quei ragionamenti importino amore, acciò che se trova difficoltà possa ritrarsi, e mostrar d'aver parlato o scritto d'altro fine, per goder quelle domestiche carezze ed accoglienze con sicurtà, che spesso le donne concedono a chi par loro che le pigli per amicizia; poi le negano, subito che s'accorgono che siano ricevute per dimostrazion d'amore. Onde quelli che son troppo precipiti, e si avventurano così prosuntuosamente con certe furie ed ostinazioni, spesso le perdono, e meritamente; perchè ad ogni nobil donna pare sempre di essere poco estimata da chi senza rispetto la ricerca d'amore prima che l'abbia servita.

LXVI. Però, secondo me, quella via che deve pigliar il Cortegiano per far noto l'amor suo alla Donna parmi che sia il mostrargliele coi modi più presto che con le parole; chè veramente talor più affetto d'amor si conosce in un sospiro, in un rispetto, in un timore, che in mille parole; poi far che gli occhi siano que'fidi messaggieri, che portino l'ambasciate del core; perchè spesso con maggior efficacia mostran quello chè dentro vi è di passione, che la lingua propria o lettere o altri messi: di modo che non solamente scoprono i pensieri, ma spesso accendono amore nel cor della persona amata; perchè que'vivi spirti che escono per gli occhi, per esser generati presso al core, entrando ancor negli occhi, dove sono indrizzati, come saetta al segno, naturalmente penetrano al core come a sua stanza, ed ivi si confondono con quegli altri spirti, e, con quella sottilissima natura di sangue che hanno seco, infettano il sangue vicino al core, dove son pervenuti, e lo riscaldano e fannolo a sè simile, ed atto a ricevere la impression di quella imagine che seco hanno portata; onde a poco a poco andando e ritornando questi messaggieri la via per gli occhi al core, e riportando l'esca e 'l focile di bellezza e di grazia, accendono col vento del desiderio quel foco che tanto arde, e mai non finisce di consumare, perchè sempre gli apportano materia di speranza per nutrirlo. Però ben dir si può, che gli occhi siano guida in amore, massimamente se sono graziosi e soavi; neri di quella chiara e dolce negrezza, ovvero azzurri; allegri e ridenti, e così grati e penetranti nel mirar, come alcuni, nei quali par che quelle vie che dànno esito ai spiriti siano tanto profonde, che per esse si vegga insino al core. Gli occhi adunque stanno nascosi, come alla guerra soldati insidiatori in aguato; e se la forma di tutto 'l corpo è bella e ben composta, tira a sè ed alletta chi da lontan la mira, fin a tanto che s'accosti; e subito che è vicino, gli occhi saettano, ed affatturano come venefici; e massimamente quando per dritta linea mandano i raggi suoi negli occhi della cosa amata in tempo che essi facciano il medesimo; perchè i spiriti s'incontrano, ed in quel dolce intoppo l'un piglia le qualità dell'altro, come si vede d'un occhio infermo, che guardando fisamente in un sano gli dà la sua infermità: sicchè a me pare che 'l nostro Cortegiano possa di questo modo manifestare in gran parte l'amor alla sua Donna. Vero è che gli occhi, se non son governati con arte, molte volte scoprono più gli amorosi desiderii a cui l'uom men vorria, perchè fuor per essi quasi visibilmente traluceno quelle ardenti passioni, le quali volendo l'amante palesar solamente alla cosa amata, spesso palesa ancor a cui più desiderarebbe nasconderle. Però chi non ha perduto il fren della ragione si governa cautamente, ed osserva i tempi, i lochi, e quando bisogna s'astien da quel così intento mirare, ancora che sia dolcissimo cibo; perchè troppo dura cosa è un amor publico.—

LXVII. Rispose il conte Lodovico: Talor ancora l'esser publico non nuoce, perchè in tal caso gli uomini spesso estimano che quegli amori non tendano al fine che ogni amante desidera, vedendo che poca cura si ponga per coprirli, nè i faccia caso che si sappiano o no; e però col non negar si 'endica l'uom una certa libertà di poter publicamente parare e star senza sospetto con la cosa amata; il che non avviene a quegli che cercano d'esser secreti, perchè pare che sperino, e siano vicini a qualche gran premio, il quale non vorriano che altri risapesse. Ho io ancor veduto nascere ardentissimo amore nel core d'una donna verso uno, a cui per prima non avea pur una minima affezione, solamente per intendere che opinione di molti fosse che s'amassero insieme; e la causa di questo credo io che fosse, che quel giudicio così universale le parea bastante testimonio per farle credere che colui fosse degno dell'amor suo, e parea quasi che la fama le portasse l'ambasciate per parte dell'amante molto più vere e più degne d'esser credute, che non aria potuto far esso medesimo con lettere o con parole, ovvero altra persona per lui. Però questa voce publica non solamente talor non nuoce, ma giova. —Rispose il MAGNIFICO: Gli amori de' quali la fama è ministra son assai pericolosi di far che l'uomo sia mostrato a dito; e però chi ha da camminar per questa strada cautamente, bisogna che dimostri aver nell'animo molto minor foco che non ha, e contentarsi di quello che gli par poco, e dissimular i desiderii, le gelosie, gli affanni e i piaceri suoi, e rider spesso con la bocca quando il cor piange, e mostrar d'esser prodigo di quello di che è avarissimo; e queste cose son tanto difficili da fare, che quasi sono impossibili. Però se 'l nostro Cortegiano volesse usar del mio consiglio, io lo confortarei a tener secreti gli amor suoi.—

LXVIII. Allora messer BERNARDO, Bisogna, disse, adunque che voi questo gli insegnate, e parmi che non sia di piccola importanza; perchè, oltre ai cenni, che talor alcuni così copertamente fanno, che quasi senza movimento alcuno quella persona che essi desiderano nel volto e negli occhi lor legge ciò che hanno nel core, ho io talor udito tra dui inamorati un lungo e libero ragionamento d'amore, dal quale non poteano però i circostanti intender chiaramente particularitate alcuna, nè certificarsi che fosse d'amore: e questo per la discrezione ed avvertenza di chi ragionava; perchè, senza far dimostrazione alcuna d'aver dispiacere d'essere ascoltati, dicevano secretamente quelle sole parole che importavano, ed altamente tutte l' altre, che si poteano accommodare a diversi propositi. — Allora messer FEDERICO, Il parlar, disse, così minutamente di queste avvertenze di secretezza, sarebbe uno andar drieto all' infinito; però io vorrei piuttosto che si ragionasse un poco, come debba lo amante mantenersi la grazia della sua donna, il che mi par molto più necessario. —

LXIX. Rispose il MAGNIFICO: Credo che que' mezzi che vagliono per acquistarla, vagliano ancor per mantenerla; e tutto questo consiste in compiacer la donna amata senza offenderla mai: però saria difficile darne regola ferma; perché per infiniti modi chi non è ben discreto fa errori talora che pajon piccoli, nientedimeno offendono gravemente l' animo della donna; e questo intervien, più che agli altri, a quei che sono astretti dalla passione: come alcuni, che sempre che hanno modo di parlare a quella donna che amano, si lamentano e dolgono così acerbamente, e voglion spesso cose tanto impossibili, che per quella importunità vengon a fastidio. Altri, se son punti da qualche gelosia, si lascian di tal modo trapportar dal dolore, che senza risguardo scorrono in dir mal di quello di chi hanno sospetto, e talor senza colpa di colui, ed ancor della donna, e non vogliono ch' ella gli parli, o pur volga gli occhi a quella parte ove egli è; e spesso con questi modi non solamente offendon quella donna, ma son causa ch' ella s' induca ad amarlo: perché 'l timore che mostra talor d' avere uno amante, che la sua donna non lasci lui per quell' altro, dimostra che esso si conosce inferior di meriti e di valor a colui, e con questa opinione la donna si move ad amarlo, ed, accorgendosi che per mettergliele in disgrazia se ne dica male, ancor che sia vero, non lo crede, e tuttavia l' ama più. —

LXX. Allora messer CESARE ridendo, Io, disse, confesso non esser tanto savio, che potessi astenermi di dir male d'un mio rivale, salvo se voi non m' insegnaste qualche altro miglior modo da ruinarlo. — Rispose ridendo il signor MAGNIFICO: Dicesi in proverbio, che quando il nemico è nell' acqua insino alla cintura, se gli deve porger la mano, e levarlo del pericolo; ma quando v'è insino al mento, mettergli il piede in sul capo, e sommergerlo tosto. Però sono alcuni che questo fanno co' suoi rivali, e fin che non hanno modo ben sicuro di ruinargli, vanno dissimulando, e piuttosto si mostran loro amici che altrimenti; poi se la occasion s'offerisce lor tale, che conoscan poter precipitargli con certa ruina, dicendone tutti i mali, o veri o falsi che siano, lo fanno senza riservo, con arte, inganni, e con tutte le vie che sanno imaginare. Ma perchè a me non piaceria mai che 'l nostro Cortegiano usasse inganno alcuno, vorrei che levasse la grazia dell'amica al suo rivale non con altra arte che con l'amare, col servire, e con l'essere virtuoso, valente, discreto e modesto; in somma col meritar più di lui, e con l'esser in ogni cosa avvertito e prudente, guardandosi da alcune sciocchezze inette, nelle quali spesso incorrono molti ignoranti, e per diverse vie: chè già ho io conosciuti alcuni, che, scrivendo e parlando a donne, usano sempre parole di Polifilo, e tanto stanno in su la sottilità della retorica, che quelle si diffidano di sè stesse, e si tengon per ignorantissime, e par loro un'ora mill'anni finir quel ragionamento, e levarsegli davanti; altri si vantano senza modo; altri dicono spesso cose che tornano a biasimo e danno di sè stessi: come alcuni, dei quali io soglio ridermi, che fan profession d'inamorati, e talor dicono in presenza di donne: Io non trovai mai donna che m'amasse; — e non si accorgono che quelle che gli odono subito fan giudicio che questo non possa nascere d'altra causa, se non perchè non meritino nè esser amati, nè pur l'acqua che bevono, e gli tengon per uomini da poco, nè gli amerebbono per tutto l'oro del mondo; parendo loro che se gli amassero sarebbono da meno che tutte l'altre che non gli hanno amati. Altri, per concitar odio a qualche suo rivale, son tanto sciocchi, che pur in presenza di donne dicono: Il tale è il più fortunato uomo del mondo; che già non è bello, nè discreto, nè valente, nè sa fare o dire più che gli altri, e pur tutte le donne l'amano e gli corron drieto; — e così mostrando avergli invidia di questa felicità, ancora che colui nè in aspetto nè in opere si mostri essere amabile, fanno credere che egli abbia in sè qualche cosa secreta, per

20*

la quale meriti l'amor di tante donne; onde quelle che di lui senton ragionare di tal modo, esse ancora per questa credenza si movono molto più ad amarlo. —

LXXI. Rise allor il Conte Ludovico, e disse: Io vi prometto, che queste grosserie non userà mai il Cortegiano discreto per acquistar grazia con donne. — Rispose messer Cesare Gonzaga: Nè men quell'altra che a' miei dì usò un gentiluomo di molta estimazione, il qual io non voglio nominare per onore degli uomini. — Rispose la signora Duchessa: Dite almen ciò che egli fece. — Soggiunse messer Cesare: Costui essendo amato da una gran signora, richiesto da lei venne secretamente in quella terra ove essa era; e poichè la ebbe veduta, e fu stato seco a ragionare quanto essa e 'l tempo comportarono, partendosi con molte amare lacrime e sospiri, per testimonio dell'estremo dolor ch'egli sentiva di tal partita, le supplicò ch'ella tenesse continua memoria di lui; e poi soggiunse, che gli facesse pagar l'osteria, perchè essendo stato richiesto da lei, gli parea ragione che della sua venuta non vi sentisse spesa alcuna. — Allora tutte le donne cominciarono a ridere, e dir che costui era indegnissimo d'esser chiamato gentiluomo; e molti si vergognavano per quella vergogna che esso meritamente aria sentita, se mai per tempo alcuno avesse preso tanto d'intelletto, che avesse potuto conoscere un suo così vituperoso fallo. Voltossi allor il signor Gaspar a messer Cesare, e disse: Era meglio restar di narrar questa cosa per onor delle donne, che di nominar colui per onor degli uomini; che ben potete imaginare che buon giudicio avea quella gran signora, amando un animale così irrazionale, e forse ancora che di molti che la servivano avea eletto questo per lo più discreto, lasciando adrieto e dando disfavore a chi costui non saria stato degno famiglio.—Rise il conte Ludovico, e disse: Chi sa che questo non fosse discreto nell'altre cose, e peccasse solamente in osterie? Ma molte volte per soverchio amore gli uomini fanno gran sciocchezze; e se volete dir il vero, forse che a voi talor è occorso farne più d'una. —

LXXII. Rispose ridendo messer Cesare: Per vostra fè, non scopriamo i nostri errori. — Pur bisogna scoprirli, rispose il signor Gasparo, per sapergli correggere; — poi soggiunse: Voi, signor Magnifico, or che 'l Cortegian si sa guadagnare e mantener la grazia della sua signora, e tôrla al suo rivale, sete debitor d'insegnarli a tener secreti gli amori suoi. — Rispose il Magnifico: A me par d'aver detto assai: però fatemo che un altro parli di questa secretezza. — Allora messer Bernardo e tutti gli altri cominciarono di nuovo a fargli instanza; e 'l Magnifico ridendo, Voi, disse, volete tentarmi; troppo sete tutti ammaestrati in amore: pur, se desiderate saperne più, andate e sì vi leggete Ovidio. — E come, disse messer Bernardo, debb'io sperare che i suoi precetti vagliano in amore, poichè conforta e dice esser bonissimo, che l'uom in presenza della innamorata finga d'esser imbriaco? (vedete che bella maniera d'acquistar grazia!) ed allega per un bel modo di far intendere, stando a convito, ad una donna d'essere inamorato, lo intingere un dito nel vino, e scriverlo in su la tavola. — Rispose il Magnifico ridendo: In que' tempi non era vizio. — E però, disse messer Bernardo, non dispiacendo agli uomini di que' tempi questa cosa tanto sordida, è da credere che non avessero così gentil maniera di servir donne in amore come abbiam noi; ma non lasciamo il proposito nostro primo, d'insegnar a tener l'amor secreto. —

LXXIII. Allor il Magnifico, Secondo me, disse, per tener l'amor secreto bisogna fuggir le cause che lo publicano, le quali sono molte, ma una principale, che è il voler esser troppo secreto, e non fidarsi di persona alcuna: perchè ogni amante desidera far conoscer le sue passioni alla amata, ed essendo solo è sforzato a far molte più dimostrazioni e più efficaci, che se da qualche amorevole e fedele amico fosse ajutato; perchè le dimostrazioni che lo amante istesso fa, danno molto maggior sospetto, che quelle che fa per internunzii: e perchè gli animi umani sono naturalmente curiosi di sapere, subito che uno alieno comincia a sospettare, mette tanta diligenza, che conosce il vero, e conosciutolo, non ha rispetto di publicarlo, anzi talor gli piace; il che non interviene dell'amico, il qual, oltre che ajuti di favore e di consiglio, spesso rimedia quegli errori che fa il cieco inamorato, e sempre procura la secretezza, e provede a molte cose alle quali esso proveder non può; oltre che grandissimo refrigerio si sente dicendo le passioni e sfogandole con amico cordiale, e medesimamente accresce molto i piaceri il poter comunicargli. —

LXXIV. Disse allor il signor Gasparo: Un' altra causa publica molto più gli amori che questa.— E quale?— rispose il Magnifico.— Soggiunse il signor Gaspar: La vana ambizione congiunta con pazzia e crudeltà delle donne, le quali, come voi stesso avete detto, procurano quanto più possono d'aver gran numero d'inamorati, e tutti, se possibil fosse, vorriano che ardessero, e fatti cenere, dopo morte tornassero vivi per morir un' altra volta; e benchè esse ancor amino, pur godeno del tormento degli amanti, perchè estimano che 'l dolore, le afflizioni e 'l chiamar ognor la morte, sia il vero testimonio che esse siano amate, e possano con la loro bellezza far gli uomini miseri e beati, e dargli morte e vita come loro piace; onde di questo sol cibo si pascono, e tanto avide ne sono, che acciò che non manchi loro, non contentano nè disperano mai gli amanti del tutto; ma per mantenergli continuamente negli affanni e nel desiderio usano una certa imperiosa austerità di minacce mescolate con speranza, e vogliono che una loro parola, un sguardo, un cenno sia da essi riputato per somma felicità; e per farsi tener pudiche e caste, non solamente dagli amanti ma ancor da tutti gli altri, procurano che questi loro modi aspri e discortesi siano publici, acciò che ognun pensi che, poichè così mal trattano quelli che son degni d'essere amati, molto peggio debbano trattar gl' indegni: e spesso sotto questa credenza, pensandosi esser sicure con tal' arte dall' infamia, si giaceno tutte le notti con uomini vilissimi, e da esse appena conosciuti, di modo che per godere delle calamità e continui lamenti di qualche nobil cavaliero e da esse amato, negano a sè stesse que' piaceri che forse con qualche escusazion potrebbono conseguire; e sono causa che 'l povero amante per vera disperazion è sforzato usar modi donde si publica quello che con ogni industria s'averia a tener secretissimo. Alcun' altre sono, le quali se con inganni possono indurre molti a credere d'esser da loro amati, nutriscono tra essi le gelosie, col far carezze e favore all'uno in presenza dell'altro; e quando veggon che quello ancor che esse più amano già si confida d'esser amato per le dimostrazioni fattegli, spesso con parole ambigue e sdegni simulati lo sospendono, e gli trafiggono il core, mostrando non curarlo e volersi in tutto donare all'altro; onde nascono odii, inimicizie ed infiniti scandali e ruine manifeste, perchè forza è mostrar l'estrema passion che in tal caso l'uom sente, ancor che alla donna ne risulti biasimo ed infamia. Altre, non contente di questo solo tormento della gelosia, dopo che l'amante ha fatto tutti i testimonii d'amore e di fedel servitù, ed esse ricevuti l'hanno con qualche segno di corrispondere in benivolenza, senza proposito e quando men s'aspetta cominciano a star sopra di sè, e mostrano di credere che egli sia intiepidito, e fingendo nuovi sospetti di non esser amate, accennano volersi in ogni modo alienar da lui: onde per questi inconvenienti il meschino per vera forza è necessitato a ritornare da capo, e far le dimostrazioni, come se allora cominciasse a servire; e tutto dì passeggiar per la contrada, e quando la donna si parte di casa accompagnarla alla chiesa ed in ogni loco ove ella vada, non voltar mai gli occhi in altra parte: e quivi si ritorna ai pianti, ai sospiri, allo star di mala voglia; e quando se le può parlare, ai scongiuri, alle biasteme, alle disperazioni, ed a tutti quei furori, a che gl'infelici inamorati son condotti da queste fiere, che hanno più sete di sangue che le tigri.

LXXV. Queste tai dolorose dimostrazioni son troppo vedute e conosciute, e spesso più dagli altri che da chi le causa; ed in tal modo in pochi dì son tanto publiche, che non si può far un passo nè un minimo segno, che non sia da mille occhi notato. Intervien poi, che molto prima che siano tra essi i piaceri d'amore, sono creduti e giudicati da tutto 'l mondo, perchè esse, quando pur veggono che l'amante già vicino alla morte, vinto dalla crudeltà e dai strazii usatigli delibera determinatamente e da dovero di ritirarsi, allora cominciano a dimostrar d'amarlo di core, e fargli tutti i piaceri, e donarsegli, acciò che essendogli mancato quell'ardente desiderio, il frutto d'amor gli sia ancor men grato, e ad esse abbia minor obligazione, per far ben ogni cosa al contrario. Ed essendo già tal amore notissimo, sono ancor in que' tempi poi notissimi tutti gli effetti che da quel procedono; così restano esse disonorate, e lo amante si trova aver perduto il tempo e le fatiche; ed abbreviatosi la vita negli affanni, senza frutto o piacer alcuno; per aver conseguito i suoi desiderii non quando gli sariano stati tanto grati che l'arian fatto felicissimo, ma quando poco o niente gli apprezzava, per esser il cor già tanto da quelle amare passioni mortificato, che non tenea sentimento più per gustar diletto o contentezza che se gli offerisse. —

LXXVI. Allor il signor Ottaviano ridendo, Voi, disse, siete stato cheto un pezzo e retirato dal dir mal delle donne; poi le avete così ben tocche, che par che abbiate aspettato per ripigliar forza, come quei che si tirano a drieto per dar maggior incontro; e veramente avete torto, ed oramai dovreste esser mitigato. — Rise la signora Emilia, e rivolta alla signora Duchessa, Eccovi, disse, Signora, che i nostri avversarii cominciano a rompersi e dissentir l'un dall'altro. — Non mi date questo nome, rispose il signor Ottaviano, perch'io non son vostro avversario; èmmi ben dispiaciuta questa contenzione, non perchè m'increscesse vederne la vittoria in favor delle donne, ma perchè ha indotto il signor Gasparo a calunniarle più che non dovea, e 'l signor Magnifico e messer Cesare a laudarle forse un poco più che 'l debito; oltre che per la lunghezza del ragionamento avemo perduto d'intender molt'altre belle cose, che restavano a dirsi del Cortegiano. — Eccovi, disse la signora Emilia, che pur siete nostro avversario; e perciò vi dispiace il ragionamento passato, nè vorreste che si fosse formato questa così eccellente Donna di Palazzo: non perchè vi fosse altro che dire sopra il Cortegiano, perchè già questi signori han detto quanto sapeano, nè voi, credo, nè altri potrebbe aggiungervi più cosa alcuna; ma per la invidia che avete all'onor delle donne. —

LXXVII. Certo è, rispose il signor Ottaviano, che, oltre alle cose dette sopra il Cortegiano, io ne desiderarei molte altre; pur poichè ognun si contenta ch'ei sia tale, io ancora me ne contento; nè in altra cosa lo mutarei, se non in farlo un poco più amico delle donne che non è il signor Gaspar, ma forse non tanto quanto è alcuno di questi altri signori.— Allora la signora DUCHESSA, Bisogna, disse, in ogni modo che noi veggiamo, se l'ingegno vostro è tanto che basti a dar maggior perfezione al Cortegiano, che non han dato questi signori. Però siate contento di dir ciò che n'avete in animo: altrimenti noi penseremo che nè voi ancora sappiate aggiungergli più di quello che s'è detto, ma che abbiate voluto detraere alle laudi della Donna di Palazzo, parendovi ch'ella sia eguale al Cortegiano, il quale perciò voi vorreste che si credesse che potesse esser molto più perfetto che quello che hanno formato questi signori. —Rise il signor OTTAVIANO, e disse: Le laudi e biasimi dati alle donne più del debito hanno tanto piene l'orecchie e l'animo di chi ode, che non han lasciato loco che altra cosa star vi possa; oltra di questo, secondo me, l'ora è molto tarda. — Adunque, disse la signora DUCHESSA, aspettando insino a domani aremo più tempo; e quelle laudi e biasimi che voi dite esser stati dati alle donne dell'una parte e l'altra troppo eccessivamente, frattanto usciranno dell'animo di questi signori, di modo che pur saranno capaci di quella verità che voi direte. — Così parlando la signora Duchessa, levossi in piedi, e cortesemente donando licenza a tutti, si ritrasse nella stanza sua più secreta, ed ognuno si fu a dormire.

IL QUARTO LIBRO DEL CORTEGIANO

DEL CONTE BALDESAR CASTIGLIONE

A MESSER ALFONSO ARIOSTO.

I. Pensando io di scrivere i ragionamenti che la quarta sera dopo le narrate nei precedenti libri s'ebbero, sento tra varii discorsi uno amaro pensiero che nell'animo mi percuote, e delle miserie umane e nostre speranze fallaci ricordevole mi fa; e come spesso la fortuna a mezzo il corso talor presso al fine rompa i nostri fragili e vani disegni, talor li sommerga prima che pur veder da lontano possano il porto. Tornami adunque a memoria che, non molto tempo dapoi che questi ragionamenti passarono, privò morte importuna la casa nostra di tre rarissimi gentiluomini, quando di prospera età e speranza d'onore più fiorivano. E di questi il primo fu il signor Gaspar Pallavicino, il quale essendo stato da una acuta infermità combattuto, e più che una volta ridotto all'estremo, benchè l'animo fosse di tanto vigore che per un tempo tenesse i spiriti in quel corpo a dispetto di morte, pur in età molto immatura fornì il suo natural corso; perdita grandissima non solamente nella casa nostra, ed agli amici e parenti suoi, ma alla patria ed a tutta la Lombardia. Non molto appresso morì messer Cesare Gonzaga, il quale a tutti coloro che aveano di lui notizia lasciò acerba e dolorosa memoria della sua morte; perchè, producendo la natura così rare volte come fa tali uomini, pareva pur conveniente che di questo così tosto non ci privasse: chè certo dir si può, che messer Cesare ci fosse appunto ritolto quando cominciava a mostrar di sè più che la speranza, ed esser estimato quanto meritavano le sue ottime qualità; perchè già con molte virtuose fatiche avea fatto buon testimonio del suo valore, il quale risplendeva, oltre alla nobiltà del sangue, dell'ornamento ancora delle lettere e d'arme, e d'ogni laudabil costume; tal che, per la bontà, per l'ingegno, per l'animo e per lo saper suo non era cosa tanto grande, che di lui aspettar non si potesse. Non passò molto, che messer Roberto da Bari esso ancor morendo molto dispiacer diede a tutta la casa; perchè ragionevole pareva che ognun si dolesse della morte d'un giovane di buoni costumi, piacevole, e di bellezza d'aspetto e disposizion della persona rarissimo, in complession tanto prosperosa e gagliarda quanto desiderar si potesse.

II. Questi adunque se vivuti fossero, penso che sariano giunti a grado, che ariano ad ognuno che conosciuti gli avesse potuto dimostrar chiaro argomento, quanto la Corte d'Urbino fosse degna di laude, e come di nobili cavalieri ornata; il che fatto hanno quasi tutti gli altri, che in essa creati si sono; chè veramente del Caval Trojano non uscirono tanti signori e capitani, quanti di questa casa usciti sono uomini per virtù singolari, e da ognuno sommamente pregiati. Chè, come sapete, messer Federico Fregoso fu fatto arcivescovo di Salerno; il conte Ludovico, vescovo di Bajous; il signor Ottaviano, duce di Genova; messer Bernardo Bibiena, cardinale di Santa Maria in Portico; messer Pietro Bembo, secretario di Papa Leone; il signor Magnifico al ducato di Nemours ed a quella grandezza ascese dove or si trova; il signor Francesco Maria Rovere, prefetto di Roma, fu esso ancora fatto duca d'Urbino: benchè molto maggior laude attribuir si possa alla casa dove nutrito fu, che in essa sia riuscito così saro ed eccellente signore in ogni qualità di virtù come or si vede, che dello esser pervenuto al ducato d'Urbino; nè credo che di ciò piccol causa sia stata la nobile compagnia, dove in continua conversazione sempre ha veduto ed udito lodevoli costumi. Però parmi che quella causa, o sia per ventura o per favore delle stelle, che ha così lungamente concesso ottimi signori ad Urbino, pur ancora duri, e produca i medesimi effetti; e però sperar si può che ancor la buona fortuna debba secondar tanto queste opere virtuose, che la felicità della casa e dello stato non solamente non sia per mancare, ma più presto di giorno in giorno per accrescersi: e già se ne conoscono molti chiari segni, tra i quali estimo il precipuo l'esserci stata concessa dal cielo una tal signora, com'è la signora Eleonora Gonzaga, duchessa nuova; che se mai furono in un corpo solo congiunti sapere, grazia, bellezza, ingegno, maniere accorte, umanità, ed ogni altro gentil costume: in questa tanto sono uniti, che ne risulta una catena, che ogni suo movimento di tutte queste condizioni insieme compone ed adorna. Seguitiamo adunque i ragionamenti del nostro Cortegiano, con speranza che dopo noi non debbano mancare di quelli che piglino chiari ed onorati esempi di virtù dalla Corte presente d'Urbino, così come or noi facciamo dalla passata.

III. Parve adunque, secondo che 'l signor Gasparo Pallavicino raccontar soleva, che 'l seguente giorno, dopo i ragionamenti contenuti nel precedente Libro, il signor Ottaviano fosse poco veduto; perchè molti estimarono che egli fosse retirato, per poter senza impedimento pensar bene a ciò che dire avesse: però, essendo all'ora consueta ridottasi la compagnia alla signora Duchessa, bisognò con diligenza far cercar il signor Ottaviano, il quale non comparse per buon spazio; di modo che molti cavalieri e damigelle della corte cominciarono a danzare ed attendere ad altri piaceri, con opinion che per quella sera più non s'avesse a ragionar del Cortegiano. E già tutti erano occupati, chi in una cosa chi in un'altra, quando il signor OTTAVIANO giunse quasi più non aspettato; e vedendo che messer Cesare Gonzaga e 'l signor Gaspar danzavano, avendo fatto riverenza verso la signora Duchessa, disse ridendo: Io aspettava pur d'udir ancor questa sera il signor Gaspar dir qualche mal delle donne; ma vedendolo danzar con una, penso ch'egli abbia fatto la pace con tutte; e piacemi che la lite o per dir meglio il ragionamento del Cortegiano sia terminato così. — Terminato non è già, rispose la signora DUCHESSA; perch'io non son così nemica degli uomini, come voi siete delle donne; e perciò non voglio che 'l Cortegiano sia defraudato del suo debito onore, e di quelli ornamenti che voi stesso jersera gli prometteste;—e così parlando, ordinò che tutti, finita quella danza, si mettessero a sedere al modo usato: il che fu fatto; e stando ognuno con molta attenzione, disse il signor Ottaviano: Signora, poichè l'aver io desiderato molt'altre buone qualità nel Cortegiano si batteggia per promessa ch'io le abbia a dire, son contento parlarne, non già con opinion di dir tutto quello che dir vi si poria, ma solamente tanto che basti per levar dell'animo vostro quello che jersera opposto mi fu, cioè, ch'io abbia così detto piuttosto per detraere alle laudi della Donna di Palazzo, con far credere falsamente che altre eccellenze si possano attribuire al Cortegiano, e con tal arte fargliele superiore, che perchè così sia; però, per accommodarmi ancor all'ora, che è più tarda che non suole quando si dà principio al ragionare, sarò breve.

IV. Così, continuando il ragionamento di questi signori, il qual in tutto approvo e confermo, dico, che delle cose che noi chiamiamo buone sono alcune che semplicemente e per sè stesse sempre son buone, come la temperanza, la fortezza, la sanità, e tutte le virtù che partoriscono tranquillità agli animi; altre che per diversi rispetti e per lo fine al quale s'indrizzano son buone, come le leggi, la liberalità, le ricchezze, ed altre simili. Estimo io adunque, che 'l Cortegiano perfetto, di quel modo che descritto l'hanno il conte Ludovico e messer Federico, possa esser veramente buona cosa, e degna di laude; non però semplicemente nè per sè, ma per rispetto del fine al quale può essere indrizzato: chè in vero se con l'essere nobile, aggraziato e piacevole, ed esperto in tanti esercizii, il Cortegiano non producesse altro frutto che l'esser tale per sè stesso, non estimarei che per conseguir questa perfezion di Cortegianìa dovesse l'uomo ragionevolmente mettervi tanto studio e fatica, quanto è necessario a chi la vuole acquistare; anzi direi, che molte di quelle condizioni che se gli sono attribuite, come il danzar, festeggiar, cantar e giocare, fossero leggerezze e vanità, ed in un uomo di grado piuttosto degne di biasimo che di laude: perchè queste attilature, imprese, motti, ed altre tai cose che appartengono ad intertenimenti di donne e d'amori, ancora che forse a molti altri paja il contrario, spesso non fanno altro che effeminar gli animi, corromper la gioventù, e ridurla a vita lascivissima; onde nascono poi questi effetti, che 'l nome italiano è ridotto in obbrobrio, nè si ritrovano se non pochi che osino non dirò morire, ma pur entrare in un pericolo. E certo infinite altre cose sono, le quali, mettendovisi industria e studio, partoririano molto maggior utilità e nella pace e nella guerra, che questa tal Cortegianía per sè sola; ma se le operazioni del Cortegiano sono indirizzate a quel buon fine che debbono e ch'io intendo, parmi ben, che non solamente non siano dannose o vane, ma utilissime e degne d'infinita laude.

V. Il fin adunque del perfetto Cortegiano, del quale insino a qui non s'è parlato, estimo io che sia il guadagnarsi, per mezzo delle condizioni attribuitegli da questi signori, talmente la benivolenza e l'animo di quel principe a cui serve, che possa dirgli e sempre gli dica la verità d'ogni cosa che ad esso convenga sapere, senza timor o pericolo di dispiacergli; e conoscendo la mente di quello inclinata a far cosa non conveniente, ardisca di contradirgli, e col gentil modo valersi della grazia acquistata con le sue buone qualità per rimoverlo da ogni intenzion viziosa, ed indurlo al cammin della virtù; e così avendo il Cortegiano in sè la bontà, come gli hanno attribuita questi signori, accompagnata con la prontezza d'ingegno e piacevolezza, e con la prudenza e notizia di lettere e di tante altre cose: saprà in ogni proposito destramente far vedere al suo principe, quanto onore ed utile nasca a lui ed alli suoi dalla giustizia, dalla liberalità, dalla magnanimità, dalla mansuetudine, e dall'altre virtù che si convengono a buon principe; e, per contrario, quanta infamia e danno proceda dai vizii opposti a queste. Però io estimo che come la musica, le feste, i giochi e l'altre condizioni piacevoli son quasi il fiore, così lo indurre o ajutare il suo principe al bene, e spaventarlo dal male, sia il vero frutto della Cortegianía. E perchè la laude del ben far consiste precipuamente in due cose, delle quai l'una è lo eleggersi un fine dove tenda la intenzion nostra, che sia veramente buono; l'altra il saper ritrovar mezzi opportuni ed atti per condursi a questo buon fine designato: certo è che l'animo di colui, che pensa di far che 'l suo principe non sia d'alcuno ingannato, nè ascolti gli adulatori, nè i maledici e bugiardi, e conosca il bene e 'l male, ed all'uno porti amore, all'altro odio, tende ad ottimo fine.

VI. Parmi ancora che le condizioni attribuite al Cortegiano da questi signori, possano esser buon mezzo da pervenirvi; e questo, perchè dei molti errori ch'oggidì veggiamo in molti dei nostri principi, i maggiori sono la ignoranza, e la persuasion di sè stessi; e la radice di questi dui mali non è altro che la bugia: il qual vizio meritamente è odioso a Dio ed agli uomini, e più nocivo ai principi che alcun altro; perchè essi più che d'ogni altra cosa hanno carestia di quello di che più che d'ogni altra cosa saria bisogno che avessero abondanza, cioè di chi dica loro il vero e ricordi il bene: perchè gli inimici non son stimolati dall'amore a far questi offìcii, anzi han piacere che vivano sceleratamente nè mai si correggano; dall'altro canto, non osano calunniargli publicamente per timor d'esser castigati: degli amici poi, pochi sono che abbiano libero adito ad essi, e quelli pochi han riguardo a riprendergli dei loro errori così liberamente come riprendono i privati, e spesso, per guadagnar grazia e favore, non attendono ad altro che a propor cose che dilettino e dian piacer all'animo loro, ancora che siano male e disoneste; di modo che d'amici divengono adulatori, e, per trarre utilità da quel stretto commercio, parlano ed oprano sempre a compiacenza, e per lo più fannosi la strada con le bugie, le quali nell'animo del principe partoriscono la ignoranza non solamente delle cose estrinseche, ma ancor di sè stesso; e questa dir si può la maggior e la più enorme bugia di tutte l'altre, perchè l'animo ignorante inganna sè stesso, e mentisce dentro a sè medesimo.

VII. Da questo interviene che i signori, oltre al non intendere mai il vero di cosa alcuna, inebriati da quella licenziosa libertà che porta seco il dominio, e dalla abondanza delle delizie, sommersi nei piaceri, tanto s'ingannano e tanto hanno l'animo corrotto, veggendosi sempre obediti e quasi adorati con tanta riverenza e laude, senza mai non che riprensione ma pur contradizione, che da questa ignoranza passano ad una estrema persuasion di sè stessi, talmente che poi non ammettono consiglio nè parer d'altri; e perchè credono che 'l saper regnare sia facilissima cosa, e per conseguirla non bisogni altr' arte o disciplina che la sola forza, voltan l'animo e tutti i suoi pensieri a mantener quella potenza che hanno, estimando che la vera felicità sia il poter ciò che si vuole. Però alcuni hanno in odio la ragione e la giustizia, parendo loro che ella sia un certo freno ed un modo che lor potesse ridurre in servitù, e diminuir loro quel bene e satisfazione che hanno di regnare, se volessero servarla; e che il loro dominio non fosse perfetto nè integro, se essi fossero constretti ad obedire al debito ed all' onesto, perchè pensano che chi obbedisce non sia veramente signore. Però andando drieto a questi principii, e lasciandosi trapportare dalla persuasion di sè stessi, divengon superbi, e col volto imperioso e costumi austeri, con veste pompose, oro e gemme, e col non lasciarsi quasi mai vedere in publico, credono acquistar autorità tra gli uomini, ed esser quasi tenuti Dei; e questi sono, al parer mio, come i colossi che l'anno passato fur fatti a Roma il dì della festa di piazza d'Agone, che di fuori mostravano similitudine di grandi uomini e cava*lli trionfanti*, e dentro erano pieni di stoppa e di strazzi. Ma i principi di questa sorte sono tanto peggiori, quanto che i colossi per la loro medesima gravità ponderosa si sostengon ritti; ed essi, perchè dentro sono mal contrapesati, e senza misura posti sopra basi inequali, per la propria gravità ruinano sè stessi, e da uno errore incorrono in infiniti; perchè la ignoranza loro, accompagnata da quella falsa opinion di non poter errare, e che la potenza che hanno proceda dal lor sapere, induce loro per ogni via, giusta o ingiusta, ad occupar *stati* audacemente, pur che possano.

VIII. Ma se deliberassero di sapere e di far quello che debbono, così contrastariano per non regnare, come contrastano per regnare; perchè conosceriano quanto enorme e perniciosa cosa sia, che i sudditi, che han da esser governati, siano più savii che i principi, che hanno da governare. Eccovi che la ignoranza della musica, del danzare, del cavalcare non nuoce ad alcuno; nientedimeno, chi non è musico si vergogna nè osa cantare in presenza d'altrui, o danzar chi non sa, e chi non si tien ben a cavallo di cavalcare; ma dal non sapere governare i popoli nascon tanti mali, morti, destruzioni, incendii, ruine, che si può dir la più mortal peste che si trovi sopra la terra; e pur alcuni principi ignorantissimi dei governi non si vergognano di mettersi a governar, non dirò in presenza di quattro o di sei uomini, ma al cospetto di tutto 'l mondo; perchè il grado loro è posto tanto in alto, che tutti gli occhi ad essi mirano, e però non che i grandi ma i piccolissimi lor difetti sempre sono notati: come si scrive che Cimone era calunniato che amava il vino, Scipione il sonno, Lucullo i convivii. Ma piacesse a Dio, che i principi di questi nostri tempi accompagnassero i peccati loro con tante virtù, con quante accompagnavano quegli antichi; i quali, se ben in qualche cosa erravano, non fuggivano però i ricordi e documenti di chi loro parea bastante a correggere quegli errori, anzi cercavano con ogni instanza di componer la vita sua sotto la norma d'uomini singolari; come Epaminoada di Lisia Pitagorico, Agesilao di Senofonte, Scipione di Panezio, ed infiniti altri. Ma se ad alcuni de' nostri principi venisse inanti un severo filosofo, o chi si sia, il qual apertamente e senza arte alcuna volesse mostrar loro quella orrida faccia della vera virtù, ed insegnar loro i buoni costumi, e qual vita debba esser quella d'un buon principe, son certo che al primo aspetto lo aborririano come un aspide, o veramente se ne fariano beffe come di cosa vilissima.

IX. Dico adunque che, poi che oggidì i principi son tanto corrotti dalle male consuetudini, e dalla ignoranza e falsa persuasione di sè stessi, e che tanto è difficile il dar loro notizia della verità ed indurgli alla virtù, e che gli uomini con le bugie ed adulazioni e con così viziosi modi cercano d'entrar loro in grazia: il Cortegiano, per mezzo di quelle gentil qualità che date gli hanno il conte Ludovico e messer Federico, può facilmente e deve procurar d'acquistarsi la benivolenza, ed adescar tanto l'animo del suo principe, che si faccia adito libero e sicuro di parlargli d'ogni cosa senza esser molesto; e se egli sarà tale come s'è detto, con poca fatica gli verrà fatto, e così potrà aprirgli sempre la verità di tutte le cose con destrezza; oltra di questo, a poco a poco infondergli nell'animo la bontà, ed insegnarli la continenza, la fortezza, la giustizia, la temperanza, facendogli gustar quanta dolcezza sia coperta da quella poca amaritudine, che al primo aspetto s'offerisce a chi contrasta ai vizii; li quali sempre sono dannosi, dispiacevoli, ed accompagnati dalla infamia e biasimo, così come le virtù sono utili, gioconde e piene di laude; ed a queste eccitarlo con l'esempio dei celebrati capitani e d'altri uomini eccellenti, ai quali gli antichi usavano di far statue di bronzo e di marmo, e talor d'oro, e collocarle ne' lochi publici, così per onor di quegli, come per lo stimolo degli altri, che per una onesta invidia avessero da sforzarsi di giungere essi ancor a quella gloria.

X. In questo modo per la austera strada della virtù potrà condurlo, quasi adornandola di fronde ombrose e spargendola di vaghi fiori, per temperar la noja del faticoso cammino a chi è di forze debile; ed or con musica, or con arme e cavalli, or con versi, or con ragionamenti d'amore, e con tutti que' modi che hanno detti questi signori, tener continuamente quell'animo occupato in piacere onesto, imprimendogli però ancora sempre, come ho detto, in compagnia di queste illecebre, qualche costume virtuoso, ed ingannandolo con inganno salutifero; come i cauti medici, li quali spesso, volendo dar a' fanciulli infermi e troppo delicati medicina di sapore amaro, circondano l'orificio del vaso di qualche dolce liquore. Adoprando adunque a tal effetto il Cortegiano questo velo di piacere in ogni tempo, in ogni loco ed in ogni esercizio conseguirà il suo fine, e meriterà molto maggior laude e premio, che per qualsivoglia altra buona opera che far potesse al mondo; perchè non è bene alcuno che così universalmente giovi come il buon principe, nè male che così universalmente noccia come il mal principe: però non è ancora pena tanto atroce e crudele, che fosse bastante castigo a quei scelerati cortegiani, che dei modi gentili e piacevoli e delle buone condizioni si vagliono a mal fine, e per mezzo di quelle cercan la grazia dei loro principi, e per corrompergli e disviargli dalla via della virtù ed indurgli al vizio; chè questi tali dir si può, che non un vaso dove un solo abbia da bere, ma il fonte pubblico del quale usi tutto 'l popolo, infettano di mortal veneno. —

XI. Taceasi il signor Ottaviano, come se più avanti parlar non avesse voluto; ma il signor Gasparo, A me non par, signor Ottaviano, disse, che questa bontà d'animo, e la continenza e l'altre virtù, che voi volete che 'l Cortegiano mostri al suo signore, imparar si possano; ma penso che agli uomini che l'hanno siano date dalla natura e da Dio. E che così sia, vedete che non è alcun tanto scelerato e di mala sorte al mondo, nè così intemperante ed ingiusto, che essendone dimandato confessi d'esser tale; anzi ognuno, per malvagio che sia, ha piacer d'esser tenuto giusto, continente e buono: il che non interverrebbe, se queste virtù imparar si potessero; perchè non è vergogna il non saper quello in che non s'ha posto studio, ma bene par biasimo non aver quello di che da natura devemo esser ornati. Però ognuno si sforza di nascondere i difetti naturali, così dell'animo come ancora del corpo; il che si vede nei ciechi, zoppi, torti, ed altri stroppiati o brutti; chè benchè questi mancamenti si possano imputare alla natura, pur ad ognuno dispiace sentirgli in sè stesso, perchè pare che per testimonio della medesima natura l'uomo abbia quel difetto, quasi per un sigillo e segno della sua malizia. Conferma ancor la mia opinion quella fabula che si dice d'Epimeteo, il qual seppe così mal distribuir le doti della natura agli uomini, che gli lasciò molto più bisognosi d'ogni cosa che tutti gli altri animali: onde Prometeo rubò quella artificiosa sapienza da Minerva e da Vulcano, per la quale gli uomini trovano il vivere; ma non aveano però la sapienza civile di congregarsi insieme nelle città, e saper vivere moralmente, per esser questa nella ròcca di Jove guardata da custodi sagacissimi, i quali tanto spaventavano Prometeo, che non osava loro accostarsi; onde Jove, avendo compassione alla miseria degli uomini, i quali non potendo star uniti per mancamento della virtù civile erano lacerati dalle fiere, mandò Mercurio in terra a portar la giustizia e la vergogna, acciò che queste due cose ornassero le città, e colligassero insieme i cittadini; e volse che quegli fosser date non come l'altre arti, nelle quali un perito basta per molti ignoranti, come è la medicina, ma che in ciascun fossero impresse; e ordinò una legge, che tutti quelli che erano senza giustizia e vergogna fossero, come pestiferi alle città, esterminati e morti. Eccovi adunque, signor Ottaviano, che queste virtù sono da Dio concesse agli uomini, e non s'imparano, ma sono naturali. —

XII. Allor il signor OTTAVIANO, quasi ridendo, Voi adunque, signor Gasparo, disse, volete che gli uomini sian così infelici e di così perverso giudicio, che abbiano con la industria trovato arte per far mansueti gl'ingegni delle fiere, orsi, lupi, leoni, e possano con quella insegnare ad un vago augello volar ad arbitrio dell'uomo, e tornar dalle selve e dalla sua natural libertà volontariamente ai lacci ed alla servitù: e con la medesima industria non possano o non vogliano trovar arti, con le quali giovino a sè stessi, e con diligenza e studio faccian l'animo suo migliore? Questo, al parer mio, sarebbe come se i medici studiassero con ogni diligenza d'avere solamente l'arte da sanare il mal dell'ungie, e lo lattume dei fanciulli, e lasciassero la cura delle febri, della pleuresia, e dell'altre infermità gravi; il che quanto fosse fuor di ragione, ognun può considerare. Estimo io adunque, che le virtù morali in noi non siano totalmente da natura, perchè niuna cosa si può mai assuefare a quello che le è naturalmente contrario; come si vede d'un sasso, il qual se ben diecemila volte fosse gittato all'insù, mai non s'assuefaria andarvi da sè: però se a noi le virtù fossero così naturali come la gravità al sasso, non ci assuefaremmo mai al vizio. Nè meno sono i vizii naturali di questo modo, perchè non potremmo esser mai virtuosi; e troppo iniquità e sciocchezza saria castigar gli uomini di que'difetti, che procedessero da natura senza nostra colpa; e questo error commetteriano le leggi, le quali non dànno supplicio ai malfattori per lo error passato, perchè non si può far che quello che è fatto non sia fatto, ma hanno rispetto allo avvenire, acciò che chi ha errato non erri più, ovvero col mal esempio non dia causa ad altrui d'errare; e così pur estimano he le virtù imparar si possano: il che è verissimo; perchè noi siamo nati atti a riceverle, e medesimamente i vizii, e però dell'uno e l'altro in noi si fa l'abito con la consuetudine, di modo che prima operiamo le virtù o i vizii, poi siamo virtuosi o viziosi. Il contrario si conosce nelle cose che ci son date dalla natura, che prima avemo la potenza d'operare, poi operiamo: come è nei sensi; chè prima potemo vedere, udire, toccare, poi vedemo, udiamo e tocchiamo; benchè però ancora molte di queste operazioni s'adornano con la disciplina. Onde i buoni pedagoghi non solamente insegnano lettere ai fanciulli, ma ancora buoni modi ed onesti nel mangiare, bere, parlare, andare, con certi gesti accommodati.

XIII. Però, come nell'altre arti, così ancora nelle virtù è necessario aver maestro, il qual con dottrina e buoni ricordi susciti e risvegli in noi quelle virtù morali, delle quali avemo il seme incluso e sepolto nell'anima, e come buono agricoltore le coltivi e loro apra la via, levandoci d'intorno le spine e 'l loglio degli appetiti, i quali spesso tanto adombrano e soffocan gli animi nostri, che fiorir non gli lasciano, nè produr quei felici frutti, che soli si dovriano desiderar che nascessero nei cori umani. Di questo modo adunque è natural in ciascun di noi la giustizia e la vergogna, la qual voi dite che Jove mandò in terra a tutti gli uomini; ma siccome un corpo senza occhi, per robusto che sia, se si muove ad un qualche termine spesso falla, così la radice di queste virtù potenzialmente ingenite negli animi nostri, se non ajutata dalla disciplina, spesso si risolve in nulla; perchè se si deve ridurre in atto, ed all'abito suo perfetto, non si contenta, come s'è detto, della natura sola, ma ha bisogno della artificiosa consuetudine e della ragione, la quale purifichi e dilucidi quell'anima, levandole il tenebroso velo della ignoranza, dalla qual quasi tutti gli errori degli uomini procedono: chè se il bene e 'l male fossero ben conosciuti ed intesi, ognuno sempre eleggeria il bene, e fuggiria il male. Però la virtù si può quasi dir una prudenza ed un saper eleggere il bene, e 'l vizio una imprudenza ed ignoranza che induce a giudicar falsamente; perchè non eleggono mai gli uomini il male con opinion che sia male, ma s'ingannano per una certa similitudine di bene. —

XIV. Rispose allor il signor GASPARO: Son però molti, i quali conoscono chiaramente che fanno male, e pur lo fanno; e questo perchè estimano più il piacer presente che sentono, che 'l castigo che dubitan che gli ne abbia da venire: come i ladri, gli omicidi, ed altri tali. — Disse il signor OTTAVIANO: Il vero piacere è sempre buono, e 'l vero dolor malo; però questi s'ingannano togliendo il piacer falso per lo vero, e 'l vero dolor per lo falso; onde spesso per i falsi piaceri incorrono nei veri dispiaceri. Quell'arte adunque che insegna a discerner questa verità dal falso, pur si può imparare; e la virtù, per la quale eleggemo quello che è veramente bene, non quello che falsamente esser appare, si può chiamar vera scienza, e più giovevole alla vita umana che alcun'altra, perchè leva la ignoranza, dalla quale, come ho detto, nascono tutti i mali. —

XV. Allora messer PIETRO BEMBO, Non so, disse, signor Ottaviano, come consentir vi debba il signor Gasparo, che dalla ignoranza nascano tutti i mali; e che non siano molti, i quali peccando sanno veramente che peccano, nè si ingannano punto nel vero piacere, nè ancor nel vero dolore: perchè certo è che quei che sono incontinenti giudican con ragione e dirittamente, e sanno che quello a che dalle cupidità sono stimolati contra il dovere è male, e però resistono ed oppongon la ragione all'appetito, onde ne nasce la battaglia del piacere e del dolore contra il giudicio; in ultimo la ragion, vinta dall'appetito troppo possente, s'abbandona, come nave che per un spazio di tempo si difende dalle procelle di mare, al fin, percossa da troppo furioso impeto de' venti, spezzate l'ancore e sarte, si lascia trapportar ad arbitrio di fortuna, senza operar timone, o magisterio alcuno di calamita per salvarsi. Gl'incontinenti adunque commetton gli errori con un certo ambiguo rimorso, e quasi al lor dispetto; il che non fariano, se non sapessero che quel che fanno è male, ma senza contrasto di ragione andariano totalmente profusi drieto all'appetito, ed allor non incontinenti, ma intemperati sariano; il che è molto peggio: però la ncontinenza si dice esser vizio diminuto, perchè ha in sè parte di ragione; e medesimamente la continenza, virtù imperfetta, perchè ha in sè parte d'affetto: perciò in questo parmi che non si possa dir che gli errori degli incontinenti procedano da ignoranza, o che essi s'ingannino e che non pecchino, sapendo che veramente peccano. —

XVI. Rispose il signor OTTAVIANO: In vero, messer Pietro, l'argomento vostro è buono; nientedimeno, secondo me, è più apparente che vero, perchè benchè gl'incontinenti pecchino con quella ambiguità, e che la ragione nell'animo loro contrasti con l'appetito, e lor paja che quel che è male sia male, pur non ne hanno perfetta cognizione, nè lo sanno così intieramente come saria bisogno: però in essi di questo è più presto una debile opinione che certa scienza, onde consentono che la ragion sia vinta dallo affetto; ma se ne avessero vera scienza, non è dubio che non errariano: perchè sempre quella cosa per la quale l'appetito vince la ragione è ignoranza, nè può mai la vera scienza esser superata dallo affetto, il quale dal corpo, e non dall'animo, deriva; e se dalla ragione è ben retto e governato, diventa virtù, e se altrimenti, diventa vizio; ma tanta forza ha la ragione, che sempre si fa obedire al senso, e con maravigliosi modi e vie penetra, pur che la ignoranza non occupi quello che essa aver dovria; di modo che, benchè i spiriti e i nervi e l'ossa non abbiano ragione in sè, pur quando nasce in noi quel movimento dell'animo, quasi che 'l pensiero sproni e scuota la briglia ai spiriti, tutte le membra s'apparecchiano, i piedi al corso, le mani a pigliar o a fare ciò che l'animo pensa: e questo ancora si conosce manifestamente in molti, li quali, non sapendo, talora mangiano qualche cibo stomacoso e schifo, ma così ben acconcio che al gusto lor pare delicatissimo; poi, risapendo che cosa era, non solamente hanno dolore e fastidio nell'animo, ma 'l corpo accordan sì col giudicio della mente, che per forza vomitano quel cibo. —

XVII. Seguitava ancor il signor Ottaviano il suo ragionamento; ma il Magnifico JULIANO interrompendolo, Signor Ottaviano, disse, se bene ho inteso, voi avete detto che la continenza è virtù imperfetta, perchè ha in sè parte d'affatto; ed a me pare che quella virtù la quale, essendo nell'animo nostro discordia tra la ragione e l'appetito, combatte e dà la vittoria alla ragione, si debba estimar più perfetta che quella che vince non avendo cupidità nè affetto alcuno che le contrasti; perchè pare che quell'animo non si astenga dal male per virtù, ma resti di farlo perchè non ne abbia volontà. — Allor il signor Ottaviano, Qual, disse, estimareste voi capitan di più valore, o quello che combattendo apertamente si mette a pericolo, e pur vince gl'inimici, o quello che per virtù e saper suo lor toglie le forze, riducendogli a termine che non possan combattere, e così senza battaglia o pericolo alcun gli vince? — Quello, disse il Magnifico Juliano, che più sicuramente vince, senza dubio è più da lodare, pur che questa vittoria così certa non proceda dalla dapocaggine degli inimici. — Rispose il signor Ottaviano: Ben avete giudicato; e però dicovi, che la continenza comparar si può ad un capitano che combatte virilmente, e, benchè gl'inimici sian forti e potenti, pur gli vince, non però senza gran difficoltà e pericolo; ma la temperanza libera da ogni perturbazione è simile a quel capitano, che senza contrasto vince e regna, ed avendo in quell'animo dove si ritrova non solamente sedato ma in tutto estinto il foco delle cupidità, come buon principe in guerra civile, distrugge i sediziosi nemici intrinsechi, e dona lo scettro e dominio intiero alla ragione. Così questa virtù non sforzando l'animo, ma infondendogli per vie placidissime una veemente persuasione che lo inclina alla onestà, lo rende quieto e pien di riposo, in tutto eguale e ben misurato, e da ogni canto composto d'una certa concordia con sè stesso, che lo adorna di così serena tranquillità che mai non si turba, ed in tutto diviene obedientissimo alla ragione, e pronto di volgere ad essa ogni suo movimento, e seguirla ovunque condur lo voglia, senza repugnanza alcuna; come tenero agnello, che corre, sta e va sempre presso alla madre, e solamente secondo quella si move. Questa virtù adunque è perfettissima, e conviensi massimamente ai principi, perchè da lei ne nascono molte altre. —

XVIII. Allora messer Cesar Gonzaga, Non so, disse, quai virtù convenienti a signore possano nascere da questa temperanza, essendo quella che leva gli affetti dell'animo, come voi dite: il che forse si converria a qualche monaco o eremita; ma non so già come ad un principe magnanimo, liberale e valente nell'arme si convenisse il non aver mai, per cosa che se gli facesse, nè ira nè odio nè benivolenza nè sdegno nè cupidità nè affetto alcuno, e come senza questo aver potesse autorità tra popoli o tra soldati. — Rispose il signor OTTAVIANO: Io non ho detto che la temperanza levi totalmente e svella degli animi umani gli affetti, nè ben saria il farlo, perchè negli affetti ancora sono alcune parti buone; ma quello che negli affetti è perverso e renitente allo onesto, riduce ad obedire alla ragione. Però non è conveniente, per levar le perturbazioni, estirpar gli affetti in tutto; chè questo saria come se per fuggir la ebrietà, si facesse un editto che niuno bevesse vino, o perchè talor correndo l'uomo cade, si interdicesse ad ognuno il correre. Eccovi che quelli che domano i cavalli non gli vietano il correre e saltare, ma voglion che lo facciano a tempo, e ad obedienza del cavaliero. Gli affetti adunque, modificati dalla temperanza, sono favorevoli alla virtù, come l'ira che ajuta la fortezza, l'odio contra i scelerati ajuta la giustizia, e medesimamente l'altre virtù sono ajutate dagli affetti; li quali se fossero in tutto levati, lasciariano la ragione debilissima e languida, di modo che poco operar potrebbe, come governator di nave abbandonato da' venti in gran calma. Non vi maravigliate adunque, messer Cesare, s'io ho detto che dalla temperanza nascono molte altre virtù; chè quando un animo è concorde di questa armonia, per mezzo della ragione poi facilmente riceve la vera fortezza, la quale lo fa intrepido e sicuro da ogni pericolo, e quasi sopra le passioni umane; non meno la giustizia, vergine incorrotta, amica della modestia e del bene, regina di tutte l'altre virtù, perchè insegna a far quello che si dee fare, e fuggir quello che si dee fuggire; e però è perfettissima, perchè per essa si fan l'opere dell'altre virtù, ed è giovevole a chi la possede, e per sè stesso, e per gli altri: senza la quale, come si dice, Jove istesso non poria ben governare il regno suo. La magnanimità ancora succede a queste, e tutte le fa maggiori; ma essa sola star non può, perchè chi non ha altra virtú, non può esser magnanimo. Di queste è poi guida la prudenza, la qual consiste in un certo giudicio d'elegger bene. Ed in tal felice catena ancora sono colligate la liberalità, la magnificenza, la cupidità di onore, la mansuetudine, la piacevolezza, la affabilità, e molte altre che or non è tempo di dire. Ma se 'l nostro Cortegiano farà quello che avemo detto, tutte le ritroverà nell'animo del suo principe, ed ogni dì ne vedrà nascer tanti vaghi fiori e frutti, quanti non hanno tutti i deliziosi giardini del mondo; e tra sè stesso sentirà grandissimo contento, ricordandosi avergli donato non quello che donano i sciocchi, che è oro o argento, vasi, veste e tai cose, delle quali chi le dona n' ha grandissima carestia e chi le riceve grandissima abondanza, ma quella virtù che forse tra tutte le cose umane è la maggiore e la più rara, cioè la maniera e 'l modo di governar e di regnare come si dee; il che solo bastaria per far gli uomini felici, e ridur un'altra volta al mondo quella età d'oro che si scrive esser stata quando già Saturno regnava. —

XIX. Quivi avendo fatto il signor Ottaviano un poco di pausa come per riposarsi, disse il signor Gasparе: Qual estimate voi, signor Ottaviano, più felice dominio, e più bastante a ridur al mondo quella età d'oro di che avete fatto menzione, o 'l regno d'un così buon principe, o 'l governo d'una buona republica? — Rispose il signor Ottaviano: Io preporrei sempre il regno del buon principe, perchè è dominio più secondo la natura, e, se è licito comparar le cose piccole alle infinite, più simile a quello di Dio, il qual uno e solo governa l'universo. Ma lasciando questo, vedete che in ciò che si fa con arte umana, come gli eserciti, i gran navigii, gli edificii ed altre cose simili, il tutto si riferisce ad un solo, che a modo suo governa; medesimamente nel corpo nostro tutte le membra s'affaticano e adopransi ad arbitrio del core. Oltra di questo, par conveniente, che i popoli siano così governati da un principe, come ancora molti animali, ai quali la natura insegna questa obedienza come cosa saluberrima. Eccovi che i cervi, le grue e molti altri uccelli quando fanno passaggio, sempre si prepongono un principe, il qual seguono ed obediscono; e le api quasi con discorso di ragione e con tanta riverenza osservano il loro re, con quanta i più osservanti popoli del mondo; e però tutto questo è grandissimo argomento, che 'l dominio dei principi sia più secondo la natura che quello delle republiche. —

XX. Allora messer PIETRO BEMBO, Ed a me par, disse, che, essendoci la libertà data da Dio per supremo dono, non sia ragionevole che ella ci sia levata, nè che un uomo più dell'altro ne sia partecipe: il che interviene sotto il dominio de' principi, li quali tengono per il più li sudditi in strettissima servitù; ma nelle republiche bene instituite si serva pur questa libertà: oltra che e nei giudicii e nelle deliberazioni più spesso interviene che 'l parer d' un solo sia falso che quel di molti; perchè la perturbazione, o per ira o per sdegno o per cupidità, più facilmente entra nell'animo d'un solo che della moltitudine, la quale, quasi come una gran quantità d' acqua, meno è subjetta alla corruzione che la piccola. Dico ancora, che lo esempio degli animali non mi par che si confaccia; perchè e li cervi e le grue e gli altri non sempre si prepongono a seguitare ed obedir un medesimo, anzi mutano e variano, dando questo dominio or ad uno or ad un altro, ed in tal modo viene ad esser più presto forma di republica che di regno; e questa si può chiamare vera ed equale libertà, quando quelli che talor comandano, obediscono poi ancora. L' esempio medesimamente delle api non mi par simile, perchè quel loro re non è della loro medesima specie; e però chi volesse dar agli uomini un veramente degno signore, bisognaria trovarlo d'un' altra specie, e di più eccellente natura che umana, se gli uomini ragionevolmente l' avessero da obedire, come gli armenti che obediscono non ad uno animale suo simile, ma ad un pastore, il quale è uomo, e d' una specie più degna che la loro. Per queste cose estimo io, signor Ottaviano, che 'l governo della republica sia più desidarabile che quello del re. —

XXI. Allor il signor OTTAVIANO, Contra la opinione vostra, messer Pietro, disse, voglio solamente addurre una ragione; la quale è, che dei modi di governar bene i popoli tre sorti solamente si ritrovano: l'una è il regno; l'altra il governo dei buoni, che chiamavano gli antichi ottimati; l'altra l'amministrazione popolare: e la transgressione e vizio contrario, per dir così, dove ciascuno di questi governi incorre guastandosi e corrompendosi, è quando il regno diventa tirannide, e quando il governo dei buoni si muta in quello di pochi potenti e non buoni, e quando l'amministrazion popolare è occupata dalla plebe, che, confondendo gli ordini, permette il governo del tutto ad arbitrio della moltitudine. Di questi tre governi mali certo è che la tirannide è il pessimo di tutti, come per molte ragioni si poria provare; resta adunque che dei tre buoni il regno sia l'ottimo, perchè è contrario al pessimo: chè, come sapete, gli effetti delle cause contrarie sono essi ancora tra sè contrarii. Ora, circa quello che avete detto della libertà, rispondo, che la vera libertà non si deve dire che sia il vivere come l'uomo vuole, ma il vivere secondo le buone leggi: nè meno naturale ed utile e necessario è l'obedire, che si sia il comandare; ed alcune cose sono nate, e così distinte ed ordinate da natura al comandare, come alcune altre all'obedire. Vero è che sono due modi di signoreggiare: l'uno imperioso e violento, come quello dei patroni ai schiavi, e di questo comanda l'anima al corpo; l'altro più mite e placido, come quello dei buoni principi, per via delle leggi ai cittadini, e di questo comanda la ragione allo appetito: e l'uno e l'altro di questi due modi è utile, perchè il corpo è nato da natura atto ad obedire all'anima, e così l'appetito alla ragione. Sono ancora molti uomini, l'operazion de' quali versano solamente circa l'uso del corpo; e questi tali tanto son differenti dai virtuosi, quanto l'anima dal corpo, e pur per essere animali razionali tanto partecipano della ragione, quanto che solamente la conoscono, ma non la posseggono nè fruiscono. Questi adunque sono naturalmente servi, e meglio è ad essi e più utile l'obedire che 'l comandare. —

XXII. Disse allor il signor Gaspar: Ai discreti e virtuosi, e che non sono da natura servi, di che modo si ha adunque a comandare? — Rispose il signor Ottaviano: Di quel placido comandamento regio e civile; ed a tali è ben fatto dar talor l'amministrazione di quei magistrati di che sono capaci, acciò che possano essi ancora comandare, e governare i men savii di sè, di modo però che 'l principal governo dependa tutto dal supremo principe. E perchè avete detto, che più facil cosa è che la mente d'un solo si corrompa che quella di molti, dico che è ancora più facil cosa trovar un buono e savio che molti; e buono e savio si deve estimare che possa esser un re di nobil stirpe, inclinato alle virtù dal suo natural instinto e dalla famosa memoria dei suoi antecessori, ed instituito di buoni costumi; e se non sarà d'un'altra specie più che umana, come voi avete detto di quello delle api, essendo ajutato dagli ammaestramenti e dalla educazione ed arte del Cortegiano, formato da questi signori tanto prudente e buono, sarà giustissimo, continentissimo, temperatissimo, fortissimo e sapientissimo, pien di liberalità, magnificenza, religione e clemenza; in somma sarà gloriosissimo, e carissimo agli uomini ed a Dio, per la cui grazia acquisterà quella virtù eroica, che lo farà eccedere i termini della umanità, e dir si potrà più presto semideo che uomo mortale: perchè Dio si diletta, ed è protettor non di que' principi che vogliono imitarlo col mostrare gran potenza e farsi adorare dagli uomini, ma di quelli che oltre alla potenza per la quale possono, si sforzano di farsegli simili ancor con la bontà e sapienza, per la quale vogliano e sappiano far bene ed esser suoi ministri, distribuendo a salute dei mortali i beni e i doni che essi da lui ricevono. Però, così come nel cielo il sole e la luna e le altre stelle mostrano al mondo, quasi come in specchio, una certa similitudine di Dio, così in terra molto più simile imagine di Dio son que' buon principi che l'amano e reveriscono, e mostrano ai popoli la splendida luce della sua giustizia, accompagnata da una ombra di quella ragione ed intelletto divino; e Dio con questi tali partecipa della onestà, equità, giustizia e bontà sua, e di quegli altri felici beni ch'io nominar non so, li quali rapresentano al mondo molto più chiaro testimonio di divinità che la luce del sole, o il continuo volger del cielo col vario corso delle stelle.

XXIII. Son adunque li popoli da Dio commessi sotto la custodia de'principi, li quali per questo debbono averne diligente cura, per rendergline ragione, come buoni vicarii al suo signore, ed amargli ed estimar lor proprio ogni bene e male che gli intervenga, e procurar sopra ogni altra cosa la felicità loro. Però deve il principe non solamente esser buono, ma ancora far buoni gli altri; come quel squadro che adoprano gli architetti, che non solamente in sè è dritto e giusto, ma ancor indrizza e fa giuste tutte le cose a che viene accostato. E grandissimo argomento è che 'l principe sia buono quando i popoli son buoni, perchè la vita del principe è legge e maestra dei cittadini, e forza è che dai costumi di quello dipendan tutti gli altri; nè si conviene a chi è ignorante insegnare, nè a chi è inordinato ordinare, nè a chi cade rilevare altrui. Però se 'l principe ha da far ben questi officii, bisogna ch'egli ponga ogni studio e diligenza per sapere; poi formi dentro a sè stesso ed osservi immutabilmente in ogni cosa la legge della ragione, non scritta in carte o in metallo, ma scolpita nell'animo suo proprio, acciò che gli sia sempre non che familiare ma intrinseca, e con esso viva come parte di lui; perchè giorno e notte in ogni loco e tempo lo ammonisca e gli parli dentro al core, levandogli quelle perturbazioni che sentono gli animi intemperati, li quali per esser oppressi da un canto quasi da profondissimo sonno della ignoranza, dall'altro da travaglio che riceveno dai loro perversi e ciechi desiderii, sono agitati da furore inquieto, come talor chi dorme da strane ed orribili visioni.

XXIV. Aggiungendosi poi maggior potenza al mal volere, si v'aggiunge ancora maggior molestia; e quando il principe può ciò che vuole, allor è gran pericolo che non voglia quello che non deve. Però ben disse Biante, che i magistrati dimostrano quali sian gli uomini: chè come i vasi mentre son vôti, benchè abbiano qualche fissura, mal si possono conoscere, ma se liquore dentro vi si mette, subito mostrano da qual banda sia il vizio; così gli animi corrotti e guasti rare volte scoprono i loro difetti, se non quando s'empiono d'autorità; perchè allor non bastano per sopportare il grave peso della potenza, e perciò s'abbandonano, e versano da ogni canto le cupidità, la superbia, la iracondia, la insolenza, e quei costumi tirannici che hanno dentro; onde senza risguardo perseguono i buoni e i savii, ed esaltano i mali, nè comportano che nelle città siano amicizie, compagnie, nè intelligenze fra i cittadini, ma nutriscono gli esploratori, accusatori, omicidiali, acciò che spaventino e facciano divenir gli uomini pusillanimi, e spargono discordie per tenergli disgiunti e debili; e da questi modi procedono poi infiniti danni e ruine ai miseri popoli, e spesso crudel morte o almen timor continuo ai medesimi tiranni: perchè i buoni principi temono non per sè ma per quelli a'quali comandano, e li tiranni temono quelli medesimi a' quali comandano; però, quanto a maggior numero di gente comandano e son più potenti, tanto più temono ed hanno più nemici. Come credete voi che si spaventasse e stesse con l'animo sospeso quel Clearco, tiranno di Ponto, ogni volta che andava nella piazza o nel teatro, o a qualche convito o altro loco publico? che, come si scrive, dormiva chiuso in una cassa; ovver quell'altro Aristodemo Argivo? il qual a sè stesso del letto aveva fatta quasi una prigione: chè nel palazzo suo tenea una piccola stanza sospesa in aria, ed alta tanto che con scala andar vi si bisognava; e quivi con una sua femina dormiva, la madre della quale la notte ne levava la scala, la mattina ve la rimetteva. Contraria vita in tutto a questa deve adunque esser quella del buon principe, libera e sicura, e tanto cara ai cittadini quanto la loro propria, ed ordinata di modo che partecipi dell'attiva e della contemplativa, quanto si conviene per beneficio dei popoli. —

XXV. Allor il signor Gaspar, E qual, disse, di queste due vite, signor Ottaviano, parvi che più s'appartenga al principe? — Rispose il signor Ottaviano, ridendo: Voi forse pensate, ch'io mi persuada esser quello eccellente Cortegiano che deve saper tante cose, e servirsene a quel buon fine ch'io ho detto; ma ricordatevi, che questi signori l'hanno formato con molte condizioni che non sono in me: però procuriamo prima di trovarlo, chè io a lui mi rimetto e di questo, e di tutte l'altre cose che s'appartengono a buon principe. — Allora il signor Gaspar, Penso, disse, che se delle condizioni attribuite al Cortegiano alcune a voi mancano, sia più presto la musica e 'l danzar e l'altre di poca importanza, che quelle che appartengono alla instituzion del principe, ed a questo fine della Cortegianía. — Rispose il signor OTTAVIANO: Non sono di poca importanza tutte quelle che giovano al guadagnar la grazia del principe, il che è necessario, come avemo detto, prima che 'l Cortegiano si aventuri a volergli insegnar la virtù; la qual estimo avervi mostrato che imparar si può, e che tanto giova, quanto nuoce la ignoranza, dalla quale nascono tutti i peccati, e massimamente quella falsa persuasion che l'uom piglia di sè stesso: però parmi d'aver detto a bastanza, e forse più ch'io non aveva promesso. — Allora la signora DUCHESSA, Noi saremo, disse, tanto più tenuti alla cortesia vostra, quanto la satisfazione avanzerà la promessa; però non v'incresca dir quello che vi pare sopra la dimanda del signor Gaspar; e, per vostra fè, diteci ancora tutto quello che voi insegnareste al vostro principe s'egli avesse bisogno d'ammaestramenti, e presupponetevi d'avervi acquistato compitamente la grazia sua, tanto che vi sia licito dirgli liberamente ciò che vi viene in animo. —

XXVI. Rise il signor OTTAVIANO e disse: S'io avessi la grazia di qualche principe ch'io conosco, e li dicessi liberamente il parer mio, dubito che presto la perderei; oltra che per insegnarli bisogneria ch'io prima imparassi. Pur poichè a voi piace ch'io risponda ancora circa questo al signor Gaspar, dico che a me pare che i principi debbano attendere all'una e l'altra delle due vite, ma più però alla contemplativa, perchè questa in essi è divisa in due parti: delle quali l'una consiste nel conoscer bene e giudicare; l'altra nel comandare drittamente e con quei modi che si convengono, e cose ragionevoli, e quelle di che hanno autorità, e comandarle a chi ragionevolmente ha da obedire, e nei lochi e tempi appartenenti; e di questo parlava il duca Federico quando diceva, che chi sa comandare è sempre obedito: e 'l comandare è sempre il principal officio de' principi, li quali debbono però ancor spesso veder con gli occhi ed esser presenti alle esecuzioni, e secondo i tempi e i bisogni ancora talor operar essi stessi; e tutto questo pur partecipa della azione: ma il fin della vita attiva deve esser la contemplativa, come della guerra la pace, il riposo delle fatiche.

XXVII. Però è ancor officio del buon principe instituire talmente i popoli suoi e con tai leggi ed ordini, che possano vivere nell'ozio e nella pace, senza pericolo e con dignità, e godere laudevolmente questo fine delle sue azioni che deve esser la quiete; perchè sonosi trovate spesso molte repubbliche e principi, li quali nella guerra sempre sono stati florentissimi e grandi, e subito che hanno avuta la pace sono iti in ruina e hanno perduto la grandezza e 'l splendore, come il ferro non esercitato: e questo non per altro è intervenuto, che per non aver buona instituzion di vivere nella pace, nè saper fruire il bene dell'ozio; e lo star sempre in guerra, senza cercar di pervenire al fine della pace, non è licito: benchè estimano alcuni principi, il loro intento dover esser principalmente il dominare ai suoi vicini, e però nutriscono i popoli in una bellicosa ferità di rapine, d'omicidii e tai cose, e lor dànno premii per provocarla, e la chiamano virtù. Onde fu già costume fra i Sciti, che chi non avesse morto un suo nemico non potesse bere ne' conviti solenni alla tazza che si portava intorno alli compagni. In altri lochi s'usava indrizzare intorno il sepolcro tanti obelisci, quanti nemici avea morti quello che era sepolto; e tutte queste cose ed altre simili si faceano per far gli uomini bellicosi, solamente per dominare agli altri: il che era quasi impossibile, per esser impresa infinita, insino a tanto che non s'avesse subjugato tutto 'l mondo; e poco ragionevole, secondo la legge della natura, la qual non vuole che negli altri a noi piaccia quello che in noi stessi ci dispiace. Però debbon i principi far i popoli bellicosi non per cupidità di dominare, ma per poter difendere sè stessi e li medesimi popoli da chi volesse ridurgli in servitù, ovver fargli ingiuria in parte alcuna; ovver per discacciar i tiranni, e governar bene quei popoli che fossero mal trattati, ovvero per ridurre in servitù quelli che fossero tali da natura, che meritassero esser fatti servi, con intenzione di governargli bene e dar loro l'ozio e 'l riposo e la pace: ed a questo fine ancora debbono essere indrizzate le leggi e tutti gli ordini della giustizia, col punir i mali, non per odio, ma perchè non siano mali ed acciò che non impediscano la tranquillità dei buoni; perchè in vero è cosa enorme e degna di biasimo, nella guerra, che in sè è mala, mostrarsi gli uomini valorosi e savii; e nella pace e quiete, che è buona, mostrarsi ignoranti e tanto da poco, che non sappiano godere il bene. Come adunque nella guerra debbono intender i popoli nelle virtù utili e necessarie per conseguirne il fine, che è la pace; così nella pace, per conseguirne ancor il suo fine, che è la tranquillità, debbono intendere nelle oneste, le quali sono il fine delle utili: ed in tal modo li sudditi saranno buoni, e 'l principe arà molto più da laudare e premiare che da castigare; e 'l dominio per li sudditi e per lo principe sarà felicissimo, non imperioso, come di padrone al servo, ma dolce e placido, come di buon padre a buon figliolo. —

XXVIII. Allor il signor GASPAR, Volentieri, disse, saprei quali sono queste virtù utili e necessarie nella guerra, e quali le oneste nella pace. — Rispose il signor OTTAVIANO: Tutte son buone e giovevoli, perchè tendono a buon fine; pur nella guerra precipuamente val quella vera fortezza, che fa l'animo esento dalle passioni, talmente che non solo non teme li pericoli, ma pur non li cura; medesimamente la costanza, e quella pazienza tolerante, con l'animo saldo ed imperturbato a tutte le percosse di fortuna. Conviensi ancora nella guerra e sempre aver tutte le virtù che tendono all'onesto, come la giustizia, la continenza, la temperanza; ma molto più nella pace e nell'ozio, perchè spesso gli uomini posti nella prosperità e nell'ozio, quando la fortuna seconda loro arride, divengono ingiusti, intemperati, e lasciansi corrompere dai piaceri: però quelli che sono in tale stato hanno grandissimo bisogno di queste virtù, perchè l'ozio troppo facilmente induce mali costumi negli animi umani. Onde anticamente si diceva in proverbio, che ai servi non si dee dar ozio; e credesi che le Piramidi d'Egitto fossero fatte per tener i popoli in esercizio, perchè ad ognuno lo essere assueto a tolerar fatiche è utilissimo. Sono ancor molte altre virtù tutte giovevoli, ma basti per or l'aver detto insin qui; chè s'io sapessi insegnar al mio principe, ed instituirlo di tale e così virtuosa educazione come avemo disegnata, facendolo, senza più mi crederei assai bene aver conseguito il fine del buon Cortegiano. —

XXIX. Allor il signor Gaspar, Signor Ottaviano, disse, perchè molto avete laudato la buona educazione, e mostrato quasi di credere che questa sia principal causa di far l'uomo virtuoso e buono, vorrei sapere se quella instituzione che ha da far il Cortegiano nel suo principe deve esser cominciata dalla consuetudine, e quasi dai costumi cotidiani, li quali, senza che esso se ne avvegga, lo assuefacciano al ben fare; o se pur se gli deve dar principio col mostrargli con ragione la qualità del bene e del male, e con fargli conoscere, prima che si metta in cammino, qual sia la buona via e da seguitare, e quale la mala e da fuggire: in somma, se in quell'animo si deve prima introdurre e fondar le virtù con la ragione ed intelligenza, ovver con la consuetudine. — Disse il signor Ottaviano: Voi mi mettete in troppo lungo ragionamento; pur acciò che non vi paja ch'io manchi per non voler rispondere alle dimande vostre, dico, che secondo che l'animo e 'l corpo in noi sono due cose, così ancora l'anima è divisa in due parti, delle quali l'una ha in sè la ragione, l'altra l'appetito. Come adunque nella generazione il corpo precede l'anima, così la parte irrazionale dell'anima precede la razionale: il che si comprende chiaramente nei fanciulli, ne' quali quasi subito che son nati si vedeno l'ira e la concupiscenza, ma poi con spazio di tempo appare la ragione. Però devesi prima pigliare cura del corpo che dell'anima, poi prima dell'appetito che della ragione; ma la cura del corpo per rispetto dell'anima, e dell'appetito per rispetto della ragione: chè secondo che la virtù intellettiva si fa perfetta con la dottrina, così la morale si fa con la consuetudine. Devesi adunque far prima la erudizione con la consuetudine, la qual può governare gli appetiti non ancora capaci di ragione, e con quel buon uso indrizzargli al bene; poi stabilirgli con la intelligenza, la quale benchè più tardi mostri il suo lume, pur dà modo di fruir più perfettamente le virtù a chi ha bene instituito l'animo dai costumi, nei quali, al parer mio, consiste il tutto. —

XXX. Disse il signor Gaspar: Prima che passiate più avanti, vorrei saper che cura si deve aver del corpo, perchè avete detto che prima devemo averla di quello che dell'anima. — Dimandatene, rispose il signor OTTAVIANO ridendo, a questi, che lo nutriscon bene e son grassi e freschi; che 'l mio, come vedete, non è troppo ben curato. Pur ancora di questo si poria dir largamente, come del tempo conveniente del maritarsi, acciò che i figlioli non fossero troppo vicini nè troppo lontani alla età paterna; degli esercizii e della educazione subito che sono nati e nel resto della età, per fargli ben disposti, prosperosi e gagliardi. — Rispose il signor GASPAR: Quello che più piaceria alle donne per far i figlioli ben disposti e belli, secondo me saria quella communità che d'esse vuol Platone nella sua Republica, e di quel modo. — Allora la signora EMILIA ridendo, Non è ne'patti, disse, che ritorniate a dir mal delle donne. — Io, rispose il signor GASPAR, mi presumo dar lor gran laude, dicendo che desiderino che s'introduca un costume approvato da un tanto uomo. — Disse ridendo messer CESARE GONZAGA: Veggiamo se tra li documenti del signor Ottaviano, che non so se per ancora gli abbia detti tutti, questo potesse aver loco, e se ben fosse che 'l principe ne facesse una legge. — Quelli pochi ch'io ho detti, rispose il signor OTTAVIANO, forse porian bastare per far un principe buono, come posson esser quelli che si usano oggidì; benchè chi volesse veder la cosa più minutamente, averia ancora molto più che dire. — Soggiunse la signora DUCHESSA: Poichè non ci costa altro che parole, dichiarateci, per vostra fè, tutto quello che v'occorreria in animo da insegnar al vostro principe. —

XXXI. Rispose il signor OTTAVIANO: Molte altre cose, Signora, gl'insegnarei, pur ch'io le sapessi; e tra l'altre, che dei suoi sudditi eleggesse un numero di gentiluomini e dei più nobili e savii, coi quali consultasse ogni cosa, e loro desse autorità e libera licenza, che del tutto senza risguardo dir gli potessero il parer loro; e con essi tenesse tal maniera, che tutti s'accorgessero che d'ogni cosa saper volesse la verità, ed avesse in odio ogni bugia; ed oltre a questo consiglio de'nobili, ricordarei che fossero eletti tra 'l popolo altri di minor grado, dei quali si facesse un consiglio popolare, che communicasse col consiglio de' nobili le occorrenze della città appartenenti al publico ed al privato: ed in tal modo si facesse del principe, come di capo, e dei nobili e dei popolari, come di membri, un corpo solo unito insieme, il governo del quale nascesse principalmente dal principe, nientedimeno partecipasse ancora degli altri; e così aria questo stato forma di tre governi buoni, che è il Regno, gli Ottimati e 'l Popolo.

XXXII. Appresso, gli mostrarei, che delle cure che al principe s'appartengono, la più importante è quella della giustizia; per la conservazion della quale si debbono eleggere nei magistrati i savii e gli approvati uomini, la prudenza de' quali sia vera prudenza accompagnata dalla bontà, perchè altrimenti non è prudenza ma astuzia; e quando questa bontà manca, sempre l'arte e sottilità dei causidici non è altro che ruina e calamità delle leggi e dei giudicii, e la colpa d'ogni loro errore si ha da dare a chi gli ha posti in officio. Direi come dalla giustizia ancora depende quella pietà verso Iddio, che è debita a tutti, e massimamente ai principi, li quali debbon amarlo sopra ogni altra cosa, ed a lui come al vero fine indrizzar tutte le sue azioni; e, come dicea Senofonte, onorarlo ed amarlo sempre, ma molto più quando sono in prosperità, per aver poi più ragionevolmente confidenza di domandargli grazia quando sono in qualche avversità: perchè impossibile è governar bene nè sè stesso nè altrui senza ajuto di Dio; il quale ai buoni alcuna volta manda la seconda fortuna per ministra sua, che gli rilievi da gravi pericoli; talor la avversa, per non gli lasciar addormentare nelle prosperità tanto che si scordino di lui, o della prudenza umana, la quale corregge spesso la mala fortuna, come buon giocatore i tratti mali de' dadi col menar ben le tavole. Non lascierei ancora di ricordare al principe che fosse veramente religioso, non superstizioso, nè dato alle vanità d'incanti e vaticinii; perchè, aggiungendo alla prudenza umana la pietà divina e la vera religione, avrebbe ancora la buona fortuna, e Dio protettore, il qual sempre gli accrescerebbe prosperità in pace ed in guerra.

XXXIII. Appresso direi, come dovesse amar la patria e i popoli suoi, tenendogli non in troppo servitù, per non si far loro odioso; dalla qual cosa nascono le sedizioni, le congiure e mille altri mali: nè meno in troppo libertà, per non esser vilipeso; da che procede la vita licenziosa e dissoluta dei popoli, le rapine, i furti, gli omicidii, senza timor alcuno delle leggi; spesso la ruina ed esizio totale della città e dei regni. Appresso, come dovesse amare i propinqui di grado in grado, servando tra tutti in certe cose una pare equalità, come nella giustizia e nella libertà; ed in alcune altre una ragionevole inequalità, come nell'esser liberale, nel remunerare, nel distribuir gli onori e dignità secondo la inequalità dei meriti, li quali sempre debbono non avanzare ma esser avanzati dalle remunerazioni; e che in tal modo sarebbe nonchè amato ma quasi adorato dai sudditi; nè bisogneria che esso per custodia della vita sua si commettesse a forestieri, chè i suoi per utilità di sè stessi con la propria la custodiriano, ed ognun volentieri obediria alle leggi, quando vedessero che esso medesimo obedisse, e fosse quasi custode ed esecutore incorruttibile di quelle; ed in tal modo, circa questo, darebbe così ferma impression di sè, che se ben talor occorresse contrafarle in qualche cosa, ognun conosceria che si facesse a buon fine, e 'l medesimo rispetto e riverenza s'aria al voler suo, che alle proprie leggi: e così sarian gli animi dei cittadini talmente temperati, che i buoni non cercariano aver più del bisogno, e i mali non poriano; perchè molte volte le eccessive ricchezze son causa di gran ruina; come nella povera Italia, la quale è stata e tuttavia è preda esposta a genti strane, sì per lo mal governo, come per le molte ricchezze di che è piena. Però ben saria che la maggior parte dei cittadini fossero nè molto ricchi nè molto poveri, perchè i troppo ricchi spesso divengon superbi e temerarii; i poveri, vili e fraudolenti; ma li mediocri non fanno insidie agli altri, e vivono securi di non essere insidiati: ed essendo questi mediocri maggior numero, sono ancora più potenti; e però nè i poveri nè i ricchi possono conspirar contra il principe, ovvero contra gli altri, nè far sedizioni; onde per schifar questo male è saluberrima cosa mantenere universalmente la mediocrità.

XXXIV. Direi adunque, che usar dovesse questi e molti altri rimedii opportuni, perchè nella mente dei sudditi non nascesse desiderio di cose nuove e di mutazione di stato; il che per il più delle volte fanno o per guadagno o veramente per onore che sperano, o per danno o veramente per vergogna che temano; e questi movimenti negli animi loro son generati talor dall'odio e sdegno che gli dispera, per le ingiurie e contumelie che son lor fatte per avarizia, superbia e crudeltà o libidine dei superiori; talor dal vilipendio che vi nasce per la negligenza e viltà e dappocagine de' principi: ed a questi dui errori devesi occorrere con l'acquistar dai popoli l'amore e l'autorità; il che si fa col beneficare ed onorare i buoni, e rimediare prudentemente, e talor con severità, che i mali e sediziosi non diventino potenti; la qual cosa è più facile da vietar prima che siano divenuti, che levar loro le forze poi che l'hanno acquistate: e direi che per vietar che i popoli non incorrano in questi errori, non è miglior via che guardargli dalle male consuetudini, e massimamente da quelle che si mettono in uso a poco a poco; perchè sono pestilenze secrete, che corrompono le città prima che altri non che rimediare, ma pur accorger se ne possa. Con tai modi ricorderei che 'l principe procurasse di conservare i suoi sudditi in stato tranquillo, e dar loro i beni dell'animo e del corpo e della fortuna; ma quelli del corpo e della fortuna per poter esercitar quelli dell'animo, i quali quanto son maggiori e più eccessivi, tanto son più utili; il che non interviene di quelli del corpo nè della fortuna. Se adunque i sudditi fossero buoni e valorosi, e ben indrizzati al fin della felicità, saria quel principe grandissimo signore; perchè quello è vero e gran dominio, sotto 'l quale i sudditi son buoni, e ben governati e ben comandati. —

XXXV. Allora il signor Gaspar, Penso io, disse, che picciol signor saria quello sotto 'l quale tutti i sudditi fossero buoni, perchè in ogni loco son pochi li buoni. — Rispose il signor Ottaviano: Se una qualche Circe mutasse in fiere tutti i sudditi del re di Francia, non vi parrebbe che piccol signor fosse, se ben signoreggiasse tante migliaja d'animali? e per contrario, se gli armenti che vanno pascendo solamente su per questi nostri monti divenissero uomini savii e valorosi cavalieri, non estimareste voi che quei pastori che gli governassero, e da essi fossero obediti, fossero di pastori divenuti gran signori? Vedete adunque che non la moltitudine dei sudditi, ma il valor fa grandi li principi.—

XXXVI. Erano stati per buon spazio attentissimi al ragionamento del signor Ottaviano la signora Duchessa e la signora Emilia, e tutti gli altri; ma avendo quivi esso fatto un poco di pausa, come d'aver dato fine al suo ragionamento, disse messer Cesare Gonzaga: Veramente, signor Ottaviano, non si può dire che i documenti vostri non sian buoni ed utili; nientedimeno io crederei, che se voi formaste con quelli il vostro principe, più presto meritareste nome di buon maestro di scola che di buon Cortegiano, ed esso più presto di buon governatore che di gran principe. Non dico già che cura dei signori non debba essere che i popoli siano ben retti con giustizia e buone consuetudini; nientedimeno ad essi parmi che basti eleggere buoni ministri per eseguir queste tai cose, e che 'l vero officio loro sia poi molto maggiore. Però s'io mi sentissi esser quell'eccellente Cortegiano che hanno formato questi signori, ed aver la grazia del mio principe, certo è ch'io non lo indurrei mai a cosa alcuna viziosa; ma, per conseguir quel buon fine che voi dite, *ed io confermo dover esser il frutto delle fatiche ed azioni del Cortegiano*, cercherei d'imprimergli nell'animo una certa grandezza, con quel splendor regale e con una prontezza d'animo e valore invitto nell'arme, che lo facesse amare e reverir da ognuno di tal sorte, che per questo principalmente fosse famoso e chiaro al mondo. Direi ancor che compagnar dovesse con la grandezza una domestica mansuetudine, con quella umanità dolce ed amabile, e buona maniera d'accarezzare e i sudditi e i stranieri discretamente, più e meno, secondo i meriti, servando però sempre la maestà conveniente al grado suo, che non gli lasciasse in parte alcuna diminuire l'autorità per troppo bassezza, nè meno gli concitasse odio per troppo austera severità; dovesse essere liberalissimo e splendido, e donar ad ognuno senza riservo, perchè Dio, come si dice, è tesauriero dei principi liberali; far conviti magnifici, feste, giochi, spettacoli publici; aver gran numero di cavalli eccellenti, per utilità nella guerra e per diletto nella pace; falconi, cani, e tutte l'altre cose che s'appartengono ai piaceri de' gran signori e dei popoli: come a' nostri dì avemo veduto fare il signor Francesco Gonzaga marchese di Mantua, il quale a queste cose par più presto re d'Italia che signor d'una città. Cercherei ancor d'indurlo a far magni edificii, e per onor vivendo, e per dar di sè memoria ai posteri: come fece il duca Federico in questo nobil palazzo, ed or fa Papa Julio nel tempio di san Pietro, e quella strada che va da Palazzo al diporto di Belvedere, e molti altri edificii: come faceano ancora gli antichi Romani; di che si vedeno tante reliquie a Roma ed a Napoli, a Pozzolo, a Baje, a Cività Vecchia, a Porto, ed ancor fuor d'Italia, e tanti altri lochi, che son gran testimonio del valor di quegli animi divini. Così ancor fece Alessandro Magno, il qual, non contento della fama che per aver domato il mondo con l'arme avea meritamente acquistata, edificò Alessandria in Egitto, in India Bucefalia, ed altre città in altri paesi; e pensò di ridurre in forma d'uomo il monte Atos, e nella man sinistra edificargli una amplissima città, e nella destra una gran coppa, nella quale si raccogliessero tutti i fiumi che da quello derivano, e di quindi traboccassero nel mare: pensier veramente grande, e degno d'Alessandro Magno. Queste cose estimo io, signor Ottaviano, che si convengano ad un nobile e vero principe, e lo facciano nella pace e nella guerra gloriosissimo; e non lo avertire a tante minuzie, e lo aver rispetto di combattere solamente per dominare e vincer quei che meritano esser dominati, o per far utilità ai sudditi, o per levare il governo a quelli che governan male: chè se i Romani, Alessandro, Annibale e gli altri avessero avuto questi risguardi, non sarebbon stati nel colmo di quella gloria che furono. —

XXXVII. Rispose allor il signor Ottaviano ridendo: Quelli che non ebbero questi risguardi, arebbono fatto meglio avendogli; benchè, se considerate, trovarete che molti gli ebbero, e massimamente que' primi antichi, come Teseo ed Ercole: nè crediate che altri fossero Procuste e Scirone, Cacco, Diomede, Anteo, Gerione, che tiranni crudeli ed empii, contra i quali aveano perpetua e mortal guerra questi magnanimi Eroi; e però per aver liberato il mondo da così intolerabili mostri (che altramente non si debbon nominare i tiranni), ad Ercole furon fatti i tempii e i sacrificii e dati gli onori divini; perchè il beneficio di estirpare i tiranni è tanto giovevole al mondo, che chi lo fa merita molto maggior premio, che tutto quello che si conviene ad un mortale. E di coloro che voi avete nominati, non vi par che Alessandro giovasse con le sue vittorie ai vinti, avendo instituite di tanti buoni costumi quelle barbare genti che superò, che di fiere gli fece uomini? edificò tante belle città in paesi mal abitati, introducendovi il viver morale; e quasi congiungendo l'Asia e l'Europa col vincolo dell'amicizia e delle sante leggi: di modo che più felici furono i *vinti da lui*, che gli altri; perchè ad alcuni mostrò i matrimonii, ad altri l'agricoltura, ad altri la religione, ad altri il non uccidere ma il nutrir i padri già vecchi, ad altri lo astenersi dal congiungersi con le madri, e mille altre cose che si porian dir in testimonio del giovamento che fecero al mondo le sue vittorie.

XXXVIII. Ma, lasciando gli antichi, qual più nobile e gloriosa impresa e più giovevole potrebbe essere, *che se i Cristiani voltassero le forze loro a subjugar gl'infedeli?* non vi parrebbe che questa guerra, succedendo prosperamente, ed essendo causa di ridurre dalla falsa setta di Maumet al lume della verità cristiana tante migliaja d'uomini, fosse per giovare così ai vinti come ai vincitori? E veramente, come già Temistocle, essendo discacciato dalla patria sua e raccolto dal re di Persia e da lui accarezzato ed onorato con infiniti e ricchissimi doni, ai suoi disse: Amici, ruinati eravamo noi, se non ruinavamo; — così ben poriano allor con ragion dire il medesimo ancora i Turchi e i Mori, perchè nella perdita loro saria la lor salute. Questa felicità adunque spero che ancor vedremo, se da Dio ne fia conceduto il viver tanto, che alla corona di Francia pervenga Monsignor d'Angolem, il quale tanta speranza mostra di sè, quanta, mo quarta sera, disse il signor Magnifico; ed a quella d'Inghilterra il signor don Enrico, principe di Waglia, che or cresce sotto il magno padre in ogni sorte di virtù, come tenero rampollo sotto l'ombra d'arbore eccellente e carico di frutti, per rinovarlo molto più bello e più fecondo quando fia tempo; chè, come di là scrive il nostro Castiglione, e più largamente promette di dire al suo ritorno, pare che la natura in questo signore abbia voluto far prova di sè stessa, collocando in un corpo solo tante eccellenze, quante bastariano per adornarne infiniti. — Disse allora messer BERNARDO BIBIENA: Grandissima speranza ancor di sè promette don Carlo, principe di Spagna, il quale non essendo ancor giunto al decimo anno della sua età, dimostra già tanto ingegno e così certi indizii di bontà, di prudenza, di modestia, di magnanimità e d'ogni virtù, che se l'imperio di cristianità sarà, come s'estima, nelle sue mani, creder si può che 'l debba oscurare il nome di molti imperatori antichi, ed aguagliarsi di fama ai famosi che mai siano stati al mondo. —

XXXIX. Soggiunse il signor OTTAVIANO: Credo adunque che tali e così divini principi siano da Dio mandati in terra, e da lui fatti simili della età giovenile, della potenza dell'arme, del stato, della bellezza e disposizion del corpo, a fin che siano ancor a questo buon voler concordi; e se invidia o emulazione alcuna esser deve mai tra essi, sia solamente in voler ciascuno esser il primo e più fervente ed animato a così gloriosa impresa. Ma lasciamo questo ragionamento, e torniamo al nostro. Dico adunque, messer Cesare, che le cose che voi volete che faccia il principe son grandissime e degne di molta laude; ma dovete intendere, che se esso non sa quello ch'io ho detto che ha da sapere, e non ha formato l'animo di quel modo, ed indrizzato al cammino della virtù, difficilmente saprà esser magnanimo, liberale, giusto, animoso, prudente, o avere alcuna altra qualità di quelle che se gli aspettano; nè per altro vorrei che fosse tale, che per saper esercitar queste condizioni: chè sì come quelli che edificano non son tutti buoni architetti, così quegli che donano non son tutti liberali; perchè la virtù non nuoce mai ad alcuno, e molti sono che robbano per donare, e così son liberali della robba d'altri; alcuni dànno a cui non debbono, e lasciano in calamità e miseria quegli a' quali sono obligati; altri dànno con una certa mala grazia e quasi dispetto, tal che si conosce che lo fan per forza; altri non solamente non son secreti, ma chiamano i testimoni e quasi fanno bandire le sue liberalità; altri pazzamente vuotano in un tratto quel fonte della liberalità, tanto che poi non si può usar più.

XL. Però in questo, come nell'altre cose, bisogna sapere e governarsi con quella prudenza, che è necessaria compagna a tutte le virtù; le quali, per esser mediocrità, sono vicine alli dui estremi, che sono vizii; onde chi non sa, facilmente incorre in essi: perchè così come è difficile nel circolo trovare il punto del centro, che è il mezzo, così è difficile trovare il punto della virtù posta nel mezzo delli dui estremi, viziosi l'uno per lo troppo, l'altro per lo poco, ed a questi siamo, or all'uno or all'altro, inclinati: e ciò si conosce per lo piacere e per lo dispiacere che in noi si sente; chè per l'uno facciamo quello che non devemo, per l'altro lasciamo di far quello che deveremmo; benchè il piacere è molto più pericoloso, perchè facilmente il giudicio nostro da quello si lascia corrompere. Ma perchè il conoscere quanto sia l'uom lontano dal centro della virtù è cosa difficile, devemo ritirarci a poco a poco da noi stessi alla contraria parte di quello estremo al qual conoscemo esser inclinati, come fanno quelli che indrizzano i legni distorti; chè in tal modo s'accostaremo alla virtù, la quale, come ho detto, consiste in quel punto della mediocrità: onde interviene che noi per molti modi erriamo, e per un solo facciamo l'officio e debito nostro; così come gli arcieri, che per una via sola dànno nella brocca, e per molte fallano il segno. Però spesso un principe, per voler esser umano ed affabile, fa infinite cose fuor del decoro, e si avvilisce tanto che è disprezzato; alcun altro, per servar quella maestà grave con autorità conveniente, diviene austero ed intolerabile; alcun, per esser tenuto eloquente, entra in mille strane maniere e lunghi circuiti di parole affettate, ascoltando sè stesso tanto, che gli altri per fastidio ascoltar non lo possono.

XLI. Sì che non chiamate, messer Cesare, per minuzia cosa alcuna che possa migliorare un principe in qualsivoglia parte, per minima che ella sia; nè pensate già ch'io estimi che voi biasmiate i miei documenti, dicendo che con quelli piuttosto si formaria un buon governatore che un buon principe; chè non si può forse dare maggior laude nè più conveniente ad un principe, che chiamarlo buon governatore. Però, se a me toccasse instituirlo, vorrei che egli avesse cura non solamente di governar le cose già dette, ma le molto minori, ed intendesse tutte le particolarità appartenenti a'suoi popoli quanto fosse possibile, nè mai credesse tanto nè tanto si confidasse d'alcun suo ministro, che a quel solo rimettesse totalmente la briglia e lo arbitrio di tutto 'l governo; perchè non è alcuno che sia attissimo a tutte le cose, e molto maggior danno procede dalla credulità de'signori che dalla incredulità, la qual non solamente talor non nuoce, ma spesso sommamente giova: pur in questo è necessario il buon giudicio del principe, per conoscere chi merita esser creduto e chi no. Vorrei che avesse cura d'intendere le azioni, ed esser censore de'suoi ministri; di levare ed abreviar le liti tra i sudditi; di far far pace tra essi, ed allegargli insieme de'parentati; di far che la città fosse tutta unita e concorde in amicizia, come una casa privata; popolosa, non povera, quieta, piena di buoni artefici; di favorir i mercatanti, ed ajutarli ancora con denari; d' esser liberale ed onorevole nelle ospitalità verso i forestieri e verso i religiosi; di temperar tutte le superfluità: perchè spesso per gli errori che si fanno in queste cose, benchè pajano piccoli, le città vanno in ruina; però è ragionevole che 'l principe ponga mèta ai troppo sontuosi edificii dei privati, ai convivii, alle doti eccessive delle donne, al lusso, alle pompe nelle gioje e vestimenti, che non è altro che un argomento della lor pazzia; chè, oltre che spesso, per quella ambizione ed invidia che si portano l'una all'altra, dissipano le facoltà e la sostanza dei mariti, talor per una giojetta o qualche altra frascheria tale vendono la pudicizia loro a chi la vuol comperare. —

XLII. Allora messer BERNARDO BIBIENA, ridendo, Signor Ottaviano, disse, voi entrate nella parte del signor Gaspar e del Frigio. — Rispose il signor OTTAVIANO, pur ridendo: La lite è finita, ed io non voglio già rinovarla; però non dirò più delle donne, ma ritornerò al mio principe. — Rispose il Frisio: Ben potete oramai lasciarlo, e contentarvi ch'egli sia tale come l'avete formato; chè senza dubio più facil cosa sarebbe trovare una donna con le condizioni dette dal signor Magnifico, che un principe con le condizioni dette da voi; però dubito che sia come la repubblica di Platone, e che non siamo per vederne mai un tale, se non forse in cielo. — Rispose il signor Ottaviano: Le cose possibili, benchè siano difficili, pur si può sperare che abbiano da essere; perciò forse vedremolo ancor a' nostri tempi in terra: chè benchè i cieli siano tanto avari in produr principi eccellenti, che a pena in molti secoli se ne vede uno, potrebbe questa buona fortuna toccare a noi. — Disse allor il conte Ludovico: Io ne sto con assai buona speranza; perchè, oltra quelli tre grandi che avemo nominati, dei quali sperar si può ciò che s'è detto convenirsi al supremo grado di perfetto principe, ancora in Italia si ritrovano oggidì alcuni figlioli di signori, li quali, benchè non siano per aver tanta potenza, forse suppliranno con la virtù; e quello che tra tutti si mostra di meglior indole, e di sè promette maggior speranza che alcun degli altri, parmi che sia il signor Federico Gonzaga, primogenito del marchese di Mantua, nepote della signora Duchessa nostra qui; chè, oltra la gentilezza de' costumi, e la discrezione che in così tenera età dimostra, coloro che lo governano di lui dicono cose di maraviglia circa l'essere ingenioso, cupido d'onore, magnanimo, cortese, liberale, amico della giustizia; di modo che di così buon principio non si può se non aspettare ottimo fine. — Allor il Frisio, Or non più, disse; pregheremo Dio di vedere adempita questa vostra speranza.—

XLIII. Quivi il signor Ottaviano, rivolto alla signora Duchessa con maniera d'aver dato fine al suo ragionamento, Eccovi, Signora, disse, quello che a dir m'occorre del fin del Cortegiano; nella qual cosa s'io non arò satisfatto in tutto, bastarammi almen aver dimostrato che qualche perfezion ancora dar se gli potea oltra le cose dette da questi signori; li quali io estimo che abbiano pretermesso e questo, e tutto quello ch'io potrei dire, non perchè non lo sapessero meglio di me, ma per fuggir fatica; però lascierò che essi vadano continuando, se a dir gli avanza cosa alcuna. — Allora disse la signora Duchessa: Oltra che l'ora è tanto tarda, che tosto sarà tempo di dar fine per questa sera, a me non par che noi debbiam mescolare altro ragionamento con questo; nel quale voi avete raccolto tante varie e belle cose, che circa il fine della Cortegianía si può dir che non solamente siate quel perfetto Cortegiano che noi cerchiamo, e bastante per instituir bene il vostro principe; ma, se la fortuna vi sarà propizia, che debbiate ancor essere ottimo principe: il che saria con molta utilità della patria vostra. — Rise il signor Ottaviano, e disse: Forse, Signora, s'io fossi in tal grado, a me ancor interverria quello che suole intervenire a molti altri, li quali san meglio dire che fare. —

XLIV. Quivi essendosi replicato un poco di ragionamento tra tutta la compagnia confusamente, con alcune contradizioni, pur a laude di quello che s'era parlato, e dettosi che ancor non era l'ora d'andar a dormire, disse ridendo il Magnifico Juliano: Signora, io son tanto nemico degl'inganni, che m'è forza contradir al signor Ottaviano, il qual per esser, come io dubito, congiurato secretamente col signor Gaspar contra le donne, è incorso in dui errori, secondo me, grandissimi: dei quali l'uno è, che per preporre questo Cortegiano alla Donna di Palazzo, e farlo eccedere quei termini a che essa può giungere, l'ha preposto ancor al Principe, il che è inconvenientissimo; l'altro, che gli ha dato un tal fine, che sempre è difficile e talor impossibile che lo conseguisca, e quando pur lo consegue, non si deve nominar per Cortegiano. — Io non intendo, disse la signora Emilia, come sia così difficile o impossibile che 'l Cortegiano conseguisca questo suo fine, nè meno come il signor Ottaviano l'abbia preposto al principe. — Non gli consentite queste cose, rispose il signor Ottaviano, perch'io non ho preposto il Cortegiano al principe; e circa il fine della Cortegianía non mi presumo esser incorso in errore alcuno. — Rispose allor il Magnifico Juliano: Dir non potete, signor Ottaviano, che sempre la causa per la quale lo effetto è tale come egli è, non sia più tale che non è quello effetto; però bisogna che 'l Cortegiano, per la instituzion del quale il principe ha da esser di tanta eccellenza, sia più eccellente che quel principe; ed in questo modo sarà ancora di più dignità che 'l principe istesso: il che è inconvenientissimo. Circa il fine poi della Cortegianía, quello che voi avete detto può seguitare quando l'età del principe è poco differente da quella del Cortegiano, ma non però senza difficoltà, perchè dove è poca differenza d'età, ragionevol è che ancor poca ve ne sia di sapere; ma se 'l principe è vecchio e 'l Cortegian giovane, conveniente è che 'l principe vecchio sappia più che 'l Cortegian giovane, e se questo non intervien sempre, intervien qualche volta; ed allor il fine che voi avete attribuito al Cortegiano è impossibile. Se ancora il principe è giovane e 'l Cortegian vecchio, difficilmente il Cortegian può guadagnarsi la mente del principe con quelle condizioni che voi gli avete attribuite; chè, per dir il vero, l'armeggiare e gli altri esercizij della persona s'appartengono a' giovani, e non riescono ne' vecchi, e la musica e le danze e feste e giochi e gli amori in quella età son cose ridicole; e parmi che ad uno institutor della vita e costumi del principe, il qual deve esser persona tanto grave e d'autorità, maturo negli anni e nella esperienza, e, se possibil fosse, buon filosofo, buon capitano, e quasi saper ogni cosa, siano disconvenientissime. Però chi instituisce il principe estimo io che non s'abbia da chiamar Cortegiano, ma meriti molto maggiore e più onorato nome. Sì che, signor Ottaviano, perdonatemi s'io ho scoperto questa vostra fallacia, chè mi par esser tenuto a far così per l'onor della mia Donna; la qual voi pur vorreste che fosse di minor dignità che questo vostro Cortegiano, ed io nol voglio comportare. —

XLV. Rise il signor Ottaviano, e disse: Signor Magnifico, più laude della Donna di Palazzo sarebbe lo esaltarla tanto ch'ella fosse pari al Cortegiano, che abassar il Cortegian tanto che 'l sia pari alla Donna di Palazzo; chè già non saria proibito alla Donna ancora instituir la sua Signora, e tender con essa a quel fine della Cortegianía ch'io ho detto convenirsi al Cortegian col suo principe; ma voi cercate più di biasimare il Cortegiano, che di laudar la Donna di Palazzo: però a me ancor sarà lecito tener la ragione del Cortegiano. Per rispondere adunque alle vostre objezioni, dico, ch'io non ho detto che la instituzione del Cortegiano debba esser la sola causa per la quale il principe sia tale; perchè se esso non fosse inclinato da natura ed atto a poter essere, ogni cura e ricordo del Cortegiano sarebbe indarno: come ancor indarno s'affaticaria ogni buono agricoltore che si mettesse a coltivare e seminare d'ottimi grani l'arena sterile del mare, perchè quella tal sterilità in quel loco è naturale; ma quando al buon seme in terren fertile, con la temperie dell'aria e piogge convenienti alle stagioni s'aggiunge ancora la diligenza della coltura umana, si vedon sempre largamente nascere abondantissimi frutti; nè però è che lo agricoltor solo sia la causa di quelli, benchè senza esso poco o niente giovassero tutte le altre cose. Sono adunque molti principi che sarian buoni, se gli animi loro fossero ben coltivati; e di questi parlo io, non di quelli che sono come il paese sterile, e tanto da natura alieni dai buoni costumi, che non basta disciplina alcuna per indur l'animo loro al diritto cammino.

XLVI. E perchè, come già avemo detto, tali si fanno gli abiti in noi quali sono le nostre operazioni, e nell'operar consiste la virtù, non è impossibil nè maraviglia che 'l Cortegiano indrizzi il principe a molte virtù, come la giustizia, la liberalità, la magnanimità, le operazion delle quali esso per la grandezza sua facilmente può mettere in uso e farne abito; il che non può il Cortegiano, per non aver modo d'operarle; e così il principe, indotto alla virtù dal Cortegiano, può divenir più virtuoso che 'l Cortegiano. Oltra che dovete saper che la cote che non taglia punto, pur fa acuto il ferro; però parmi che ancora che 'l Cortegiano instituisca il principe, non per questo s'abbia a dir che egli sia di più dignità che 'l principe. Che 'l fin di questa Cortegianìa sia difficile e talor impossibile, e che quando pur il Còrtegian lo consegue non si debba nominar per Cortegiano, ma meriti maggior nome: dico, ch'io non nego questa difficoltà, perchè non meno è difficile trovar un così eccellente Cortegiano, che conseguir un tal fine; parmi ben che la impossibilità non sia nè anco in quel caso che voi avete allegato: perchè se 'l Cortegian è tanto giovane, che non sappia quello che s'è detto ch'egli ha da sapere, non accade parlarne, perché non è quel Cortegiano che noi presupponemo, nè possibil è che chi ha da sapere tante cose, sia molto giovane. E se pur occorrerà che 'l principe sia così savio e buono da sè stesso, che non abbia bisogno di ricordi nè consigli d'altri (benchè questo è tanto difficile quanto ognun sa), al Cortegian basterà esser tale, che se 'l principe n'avesse bisogno, potesse farlo virtuoso; e con lo effetto poi potrà satisfare a quell'altra parte, di non lasciarlo ingannare, e di far che sempre sappia la verità d'ogni cosa, e d'opporsi agli adulatori, ai maledici, ed a tutti coloro che machinassero di corromper l'animo di quello con disonesti piaceri; ed in tal modo conseguirà pur il suo fine in gran parte, ancora che non lo metta totalmente in opera: il che non sarà ragion d'imputargli per difetto, restando di farlo per così buona causa; chè se uno eccellente medico si ritrovasse in loco dove tutti gli uomini fossero sani, non per questo si devria dir che quel medico, sebben non sanasse gl'infermi, mancasse del suo fine: però, siccome del medico deve essere intenzione la sanità degli uomini, così del Cortegiano la virtù del suo principe; ed all'uno e l'altro basta aver questo fine intrinseco in potenza, quando il non produrlo estrinsecamente in atto procede dal subjetto al quale è indrizzato questo fine. Ma se 'l Cortegian fosse tanto vecchio, che non se gli convenisse esercitar la musica, le feste, i giochi, l'arme, e l'altre prodezze della persona, non si può però ancor dire che impossibile gli sia per quella via entrare in grazia al suo principe; perchè se la età leva l'operar quelle cose, non leva l'intenderle, ed, avendole operate in gioventù, lo fa averne tanto più perfetto giudicio, e più perfettamente saperle insegnar al suo principe, quanto più notizia d'ogni cosa portan seco gli anni e la esperienza: ed in questo modo il Cortegian vecchio, ancora che non eserciti le condizioni attribuitegli, conseguirà pur il suo fine d'instituir bene il principe.

XLVII. E se non vorrete chiamarlo Cortegiano, non mi dà noja; perchè la natura non ha posto tal termine alle dignità umane, che non si possa ascendere dall'una all'altra: però spesso i soldati semplici divengon capitani, gli uomini privati re, e i sacerdoti papi, e i discepoli maestri, e così insieme con la dignità acquistano ancor il nome; onde forse si poria dir, che 'l divenir institutor del principe fosse il fin del Cortegiano. Benchè non so chi abbia da rifiutar questo nome di perfetto Cortegiano, il quale, secondo me, è degno di grandissima laude; e parmi che Omero, secondo che formò dui uomini eccellentissimi per esempio della vita umana, l'uno nelle azioni, che fu Achille, l'altro nelle passioni e toleranze, che fu Ulisse, così volesse ancora formar un perfetto Cortegiano, che fu quel Fenice, il qual, dopo l'aver narrato i suoi amori, e molte altre cose giovenili, dice esser stato mandato ad Achille da Peleo suo padre per stargli in compagnia, e insegnargli a dire e fare: il che non è altro, che 'l fin che noi avemo disegnato al nostro Cortegiano. Nè penso che Aristotele e Platone si fossero sdegnati del nome di perfetto Cortegiano, perchè si vede chiaramente che fecero l'opere della Cortegianìa, ed attesero a questo fine, l'un con Alessandro Magno, l'altro coi re di Sicilia. E perchè officio è di buon Cortegiano conoscer la natura del principe e l'inclinazion sue, e così, secondo i bisogni e le opportunità, con destrezza entrar loro in grazia, come avemo detto, per quelle vie che prestano l'adito securo, e poi indurlo alla virtù: Aristotele così ben conobbe la natura d'Alessandro, e con destrezza così ben la secondò, che da lui fu amato ed onorato più che padre; onde, tra molti altri segni che Alessandro in testimonio della sua benivolenza gli fece, volse che Stagira sua patria, già disfatta, fosse reedificata; ed Aristotele, oltre allo indrizzar lui a quel fin gloriosissimo, che fu il voler fare che 'l mondo fosse come una sol patria universale, e tutti gli uomini come un sol popolo, che vivesse in amicizia e concordia tra sè sotto un sol governo ed una sola legge che risplendesse communemente a tutti come la luce del sole, lo formò nelle scienze naturali e nelle virtù dell'animo talmente, che lo fece sapientissimo, fortissimo, continentissimo, e vero filosofo morale, non solamente nelle parole ma negli effetti; chè non si può imaginare più nobil filosofia, che indur al viver civile i popoli tanto efferati come quelli che abitano Battra e Caucaso, la India, la Scizia, ed insegnar loro i matrimonii, l'agricoltura, l'onorar i padri, astenersi dalle rapine e dagli omicidii e dagli altri mal costumi, lo edificare tante città nobilissime in paesi lontani, di modo che infiniti uomini per quelle leggi furono ridotti dalla vita ferina alla umana; e di queste cose in Alessandro fu autore Aristotele, usando i modi di buon Cortegiano: il che non seppe far Calistene, ancorchè Aristotele glielo mostrasse; che, per voler esser puro filosofo, e così austero ministro della nuda verità, senza mescolarvi la Cortegianía, perdè la vita, e non giovò anzi diede infamia ad Alessandro. Per lo medesimo modo della Cortegianía Platone formò Dione Siracusano; ed avendo poi trovato quel Dionisio tiranno, come un libro tutto pieno di mende e d'errori, e più presto bisognoso d'una universal litura che di mutazione o correzione alcuna, per non esser possibile levargli quella tintura della tirannide, della qual tanto tempo già era macchiato, non volse operarvi i modi della Cortegianía, parendogli che dovessero esser tutti indarno. Il che ancora deve fare il nostro Cortegiano, se per sorte si ritrova a servizio di principe di così mala natura, che sia inveterato nei vizii, come li fisici nella infermità; perchè in tal caso deve levarsi da quella servitù, per non portar biasimo delle male opere del suo signore, e per non sentir quella noja che senton tutti i buoni che servono ai mali. —

XLVIII. Quivi essendosi fermato il signor Ottaviano di parlare, disse il signor Gaspar: Io non aspettava già che 'l nostro Cortegiano avesse tanto d'onore; ma poi che Aristotele e Platone son suoi compagni, penso che niun più debba sdegnarsi di questo nome. Non so già però s'io mi creda, che Aristotele e Platone mai danzassero o fossero musici in sua vita, o facessero altre opere di cavalleria. — Rispose il signor Ottaviano: Non è quasi licito imaginar che questi dui spiriti divini non sapessero ogni cosa, e però creder si può che operassero ciò che s'appartiene alla Cortegianía, perchè dove lor occorre ne scrivono di tal modo, che gli artefici medesimi delle cose da loro scritte conoscono che le intendevano insino alle medolle ed alle più intime radici. Onde non è da dir che al Cortegiano o institutor del principe, come lo vogliate chiamare, il qual tenda a quel buon fine che avemo detto, non si convengan tutte le condizioni attribuitegli da questi signori, ancora che fosse severissimo filosofo e di costumi santissimo, perchè non repugnano alla bontà, alla discrezione, al sapere, al valore, in ogni età, ed in ogni tempo e loco. —

XLIX. Allora il signor GASPAR, Ricordomi, disse, che questi signori jersera, ragionando delle condizioni del Cortegiano, volsero ch'egli fosse inamorato; e perchè, reassumendo quello che s'è detto insin qui, si poria cavar una conclusione, che 'l Cortegiano, il quale col valore ed autorità sua ha da indur il principe alla virtù, quasi necessariamente bisogna che sia vecchio, perchè rarissime volte il saper viene inanzi agli anni, e massimamente in quelle cose che si imparano con la esperienza: non so come, essendo di età provetto, se gli convenga l'essere inamorato; atteso che, come questa sera s'è detto, l'amor ne' vecchi non riesce, e quelle cose che ne' giovani sono delizie, cortesie ed attilature tanto grate alle donne, in essi sono pazzie ed inezie ridicole, ed a chi le usa partoriscono odio dalle donne, e beffe dagli altri. Però se questo vostro Aristotele, Cortegian vecchio, fosse inamorato, e facesse quelle cose che fanno i giovani inamorati, come alcuni che n'avemo veduti a' dì nostri, dubito che si scorderia d'insegnar al suo principe, e forse i fanciulli gli farebbon drieto la baja, e le donne ne trarrebbon poco altro piacere che di burlarlo. — Allora il signor OTTAVIANO, Poichè tutte l'altre condizioni, disse, attribuite al Cortegiano se gli confanno ancora che egli sia vecchio, non mi par già che debbiamo privarlo di questa felicità d'amare. — Anzi, disse il signor GASPAR, levargli questo amare è una perfezion di più, ed un farlo vivere felicemente fuor di miseria e calamità. —

L. Disse messer PIETRO BEMBO: Non vi ricorda, signor Gaspar, che 'l signor Ottaviano, ancora ch'egli sia male esperto in amore, pur l'altra sera mostrò nel suo gioco di saper che alcuni inamorati sono, li quali chiamano per dolci li sdegni e l'ire e le guerre e i tormenti che hanno dalle lor donne; onde domandò, che insegnato gli fosse la causa di questa dolcezza? Però se il nostro Cortegiano, ancora che vecchio, s'accendesse di quegli amori che son dolci senza amaritudine, non ne sentirebbe calamità o miseria alcuna; ed essendo savio, come noi presupponiamo, non s'ingannaria pensando che a lui si convenisse tutto quello che si convien ai giovani; ma, amando, ameria forse d'un modo, che non solamente non gli portaria biasimo alcuno, ma molta laude e somma felicità non compagnata da fastidio alcuno, il che rare volte e quasi non mai interviene ai giovani; e così non lascieria d'insegnare al suo principe, nè farebbe cosa che meritasse la baja da' fanciulli. — Allor la signora Duchessa, Piacemi, disse, messer Pietro, che voi questa sera abbiate avuto poca fatica nei nostri ragionamenti, perchè ora con più securtà v'imporremo il carico di parlare, ed insegnar al Cortegiano questo così felice amore, che non ha seco nè biasimo nè dispiacere alcuno; che forse sarà una delle più importanti ed utili condizioni che per ancora gli siano attribuite: però dite, per vostra fè, tutto quello che ne sapete. — Rise messer Pietro, e disse: Io non vorrei, Signora, che 'l mio dir che ai vecchi sia licito lo amare, fosse cagion di farmi tener per vecchio da queste donne; però date pur questa impresa ad un altro. — Rispose la signora Duchessa: Non dovete fuggir d'esser riputato vecchio di sapere, sebben foste giovane d'anni; però dite, e non v'escusate più. — Disse messer Pietro: Veramente, Signora, avendo io da parlar di questa materia, bisognariami andar a domandar consiglio allo Eremita del mio Lavinello. — Allor la signora Emilia, quasi turbata, Messer Pietro, disse, non è alcuno nella compagnia che sia più disobediente di voi; però sarà ben che la signora Duchessa vi dia qualche castigo. — Disse messer Pietro, pur ridendo: Non vi adirate meco, Signora, per amor di Dio; che io dirò ciò che voi vorrete. — Or dite adunque, — rispose la signora Emilia.

LI. Allora messer Pietro, avendo prima alquanto taciuto, poi rassettatosi un poco, come per parlar di cosa importante, così disse: Signori, per dimostrar che i vecchi possano non solamente amar senza biasimo, ma talor più feliemente che i giovani, sarammi necessario far un poco di discorso, per dichiarir che cosa è amore, ed in che consiste la felicità che possono aver gl'inamorati; però pregovi ad ascoltarmi con attenzione, perchè spero farvi vedere che qui non è uomo a cui si disconvenga l'esser inamorato, ancor che egli avesse quindici o venti anni più che 'l signor Morello. — E quivi, essendosi alquanto riso, soggiunse messer Pietro: Dico adunque che, secondo che dagli antichi savii è diffinito, Amor non è altro che un certo desiderio di fruir la bellezza; e perchè il desiderio non appetisce se non le cose conosciute, bisogna sempre che la cognizion preceda il desiderio: il quale per sua natura vuole il bene, ma da sè è cieco e non lo conosce. Però ha così ordinato la natura, che ad ogni virtù conoscente sia congiunta una virtù appetitiva; e perchè nell'anima nostra son tre modi di conoscere, cioè per lo senso, per la ragione e per l'intelletto: dal senso nasce l'appetito, il qual a noi è commune con gli animali bruti; dalla ragione nasce la elezione, che è propria dell'uomo; dall'intelletto, per lo quale l'uom può communicar con gli angeli, nasce la volontà. Così adunque come il senso non conosce se non cose sensibili, l'appetito le medesime solamente desidera; e così come l'intelletto non è vòlto ad altro che alla contemplazion di cose intelligibili, quella volontà solamente si nutrisce di beni spirituali. L'uomo, di natura razionale, posto come mezzo fra questi dui estremi, può, per sua elezione, inclinandosi al senso ovvero elevandosi allo intelletto, accostarsi ai desiderii or dell'una or dell'altra parte. Di questi modi adunque si può desiderar la bellezza; il nome universal della quale si conviene a tutte le cose o naturali o artificiali che son composte con buona proporzione e debito temperamento, quanto comporta la lor natura.

LII. Ma, parlando della bellezza che noi intendemo, che è quella solamente che appar nei corpi e massimamente nei volti umani, e muove questo ardente desiderio che noi chiamiamo amore: diremo, che è un flusso della bontà divina, il quale benchè si spanda sopra tutte le cose create, come il lume del sole, pur quando trova un volto ben misurato e composto con una certa gioconda concordia di colori distinti, ed ajutati dai lumi e dall'ombre e da una ordinata distanza e termini di linee, vi s'infonde e si dimostra bellissimo, e quel subjetto ove riluce adorna ed illumina d'una grazia e splendor mirabile, a guisa di raggio di sole che percota in un bel vaso d'oro terso e variato di preziose gemme; onde piacevolmente tira a sè gli occhi umani, e per quelli penetrando s'imprime nell'anima, e con una nuova soavità tutta la commove e diletta, ed accendendola, da lei desiderar si fa. Essendo adunque l'anima presa dal desiderio di fruir questa bellezza come cosa buona, se guidar si lascia dal giudicio del senso incorre in gravissimi errori, e giudica che 'l corpo, nel qual si vede la bellezza, sia la causa principal di quella, onde per fruirla estima essere necessario l'unirsi intimamente più che può con quel corpo; il che è falso: e però chi *pensa, possedendo il corpo, fruir la bellezza*, s'inganna, e vien mosso non da vera cognizione per elezion di ragione, ma da falsa opinion per l'appetito del senso: onde il piacer che ne segue esso ancora necessariamente è falso e mendoso. E però in un de' dui mali incorrono tutti quegli amanti, che adempiono le lor non oneste voglie con quelle donne che amano: chè ovvero subito che son giunte al fin desiderato non solamente senton sazietà e fastidio, ma piglian *odio alla cosa amata*, quasi che l'appetito si ripenta dell'error suo, e riconosca l'inganno fattogli dal falso giudicio del senso, per lo quale ha creduto che 'l mal sia bene; ovvero restano nel medesimo desiderio ed avidità, come quelli che non son giunti veramente al fine che cercavano; e benchè per la cieca opinione, nella quale inebriati si sono, paja loro che in quel punto sentano piacere, come talor gl'infermi che sognano di ber a qualche chiaro fonte, nientedimeno non si contentano nè s'acquetano. E perchè dal possedere il ben desiderato nasce sempre quiete e satisfazione nell'animo del possessore, se quello fosse il vero e buon fine del loro desiderio, possedendolo restariano quieti e satisfatti; il che non fanno: anzi, ingannati da quella similitudine, subito ritornano al sfrenato desiderio, e con la medesima molestia che prima sentivano si ritrovano nella furiosa ed ardentissima sete di quello, che in vano sperano di posseder perfettamente. Questi tali namorati adunque amano infelicissimamente, perchè ovvero non conseguono mai li desiderii loro, il che è grande nfelicità; ovver, se gli conseguono, si trovano aver conseguito il suo male, e finiscono le miserie con altre maggior miserie; perchè ancora nel principio e nel mezzo di questo amore altro non si sente giammai che affanni, tormenti, dolori, stenti, fatiche: di modo che l'esser pallido, afflitto, in continue lacrime e sospiri, il star mesto, il tacer sempre o lamentarsi, il desiderar di morire, in somma l'esser infelicissimo, son le condizioni che si dicono convenir agl'inamorati.

LIII. La causa adunque di questa calamità negli animi umani è principalmente il senso, il quale nella età giovenile è potentissimo, perchè 'l vigor della carne e del sangue in quella stagione gli dà tanto di forza, quanto ne scema alla ragione, e però facilmente induce l'anima a seguitar l'appetito; perchè ritrovandosi essa sommersa nella prigion terrena, e, per esser applicata al ministerio di governar il corpo, priva della contemplazion spirituale, non può da sè intender chiaramente la verità; onde, per aver cognizion delle cose, bisogna che vada mendicandone il principio dai sensi, e però loro crede e loro si inchina e da loro guidar si lascia, massimamente quando hanno tanto vigore che quasi la sforzano; e perchè essi son fallaci, la empiono d'errori e false opinioni. Onde quasi sempre occorre che i giovani sono avvolti in questo amor sensuale in tutto rubello dalla ragione, e però si fanno indegni di fruir le grazie e i beni che dona amor ai suoi veri soggetti; nè in amor sentono piaceri fuor che i medesimi che sentono gli animali irrazionali, ma gli affanni molto più gravi. Stando adunque questo presupposito, il quale è verissimo, dico che 'l contrario interviene a quelli che sono nella età più matura; chè se questi tali, quando già l'anima non è tanto oppressa dal peso corporeo, e quando il fervor naturale comincia ad intepidirsi, s'accendono della bellezza e verso quella volgono il desiderio guidato da razional elezione, non restano ingannati, e posseggono perfettamente la bellezza: e però dal possederla nasce lor sempre bene; perchè la bellezza è buona, e conseguentemente il vero amor di quella è buonissimo e santissimo, e sempre produce effetti buoni nell'animo di quelli, che col fren della ragion correggono la nequizia del senso; il che molto più facilmente i vecchi far possono che i giovani.

LIV. Non è adunque fuor di ragione il dire ancor, che i vecchi amar possano senza biasimo e più felicemente che i giovani; pigliando però questo nome di vecchio non per decrepito, nè quando già gli organi del corpo son tanto debili, che l'anima per quelli non può operar le sue virtù, ma quando il saper in noi sta nel suo vero vigore. Non tacerò ancora questo; che è ch'io estimo che, benchè l'amor sensuale in ogni età sia malo, pur ne' giovani meriti escusazione, e forse in qualche modo sia licito; chè se ben dà loro affanni, pericoli, fatiche, e quelle infelicità che s'è detto, son però molti che per guadagnar la grazia delle donne amate fan cose virtuose, le quali benchè non siano indrizzate a buon fine, pur in sè son buone; e così di quel molto amaro cavano un poco di dolce, e per le avversità che sopportano in ultimo riconoscon l'error suo. Come adunque estimo che quei giovani che sforzan gli appetiti ed amano con la ragione sian divini, così escuso quelli che vincer si lasciano dall'amor *sensuale*, al qual tanto per la imbecillità umana sono inclinati: purchè in esso mostrino gentilezza, cortesia e valore, e le altre nobil condizioni che hanno dette questi signori; e quando non son più nella età giovenile, in tutto l'abbandonino, allontanandosi da questo sensual desiderio, come dal più basso grado della scala per la qual si può ascendere al vero amore. Ma se ancor, poi che son vecchi, nel freddo core conservano il foco degli appetiti, e sottopongon la ragion gagliarda al senso debile, non si può dir quanto siano da biasimare; chè, come insensati, meritano con perpetua infamia esser connumerati tra gli animali irrazionali, perchè i pensieri e i modi dell'amor sensuale son troppo disconvenienti alla età matura. —

LV. Quivi fece il Bembo un poco di pausa, quasi come per riposarsi; e stando ognun cheto, disse il signor Morello da Ortona: E se si trovasse un vecchio più disposto e gagliardo e di miglior aspetto che molti giovani, perchè non vorreste voi che a questo fosse licito amar di quello amore che amano i giovani? — Rise la signora Duchessa e disse: Se l'amor dei giovani è così infelice, perchè volete voi, signor Morello, che i vecchi essi ancor amino con quella infelicità? ma se voi foste vecchio, come dicon costoro, non procurareste così il mal dei vecchi. — Rispose il signor Morello: Il mal dei vecchi parmi che procuri messer Pietro Bembo, il qual vuole che amino d'un certo modo, ch'io per me non l'intendo; e parmi che 'l possedere questa bellezza, che esso tanto lauda, senza 'l corpo, sia un sogno. — Credete voi, signor Morello, disse allor il conte Ludovico, che la bellezza sia sempre così buona come dice messer Pietro Bembo? — Io non già, rispose il signor Morello; anzi ricórdomi aver vedute molte belle donne malissime, crudeli e dispettose; e par che quasi sempre così intervenga: perchè la bellezza le fa superbe, e la superbia crudeli. — Disse il conte Ludovico, ridendo: A voi forse pajono crudeli perchè non vi compiacciono di quello che vorreste; ma fatevi insegnar da messer Pietro Bembo di che modo debban desiderar la bellezza i vecchi, e che cosa ricercar dalle donne, e di che contentarsi; e non uscendo voi di que' termini, vederete che non saranno nè superbe nè crudeli, e vi compiaceranno di ciò che vorrete. — Parve allor che 'l signor Morello si turbasse un poco, e disse: Io non voglio saper quello che non mi tocca; ma fatevi insegnar voi come debbano desiderar questa bellezza i giovani peggio disposti e men gagliardi che i vecchi. —

LVI. Quivi messer Federico, per acquetar il signor Morello e divertir il ragionamento, non lasciò rispondere il conte Ludovico, ma interrompendolo disse: Forse che 'l signor Morello non ha in tutto torto a dir che la bellezza non sia sempre buona, perchè spesso le bellezze di donne son causa che al mondo intervengan infiniti mali, inimicizie, guerre, morti e distruzioni; di che può far buon testimonio la ruina di Troja: e le belle donne per lo più sono ovver superbe e crudeli, ovvero, come s'è detto, impudiche; ma questo al signor Morello non parrebbe difetto. Sono ancora molti uomini scelerati che hanno grazia di bello aspetto, e par che la natura gli abbia fatti tali acciò che siano più atti ad ingannare, e che quella vista graziosa sia come l'esca nascosa sotto l'amo. — Allora messer PIETRO BEMBO, Non crediate, disse, che la bellezza non sia sempre buona. — Quivi il conte Ludovico, per ritornar esso ancor al primo proposito, interruppe e disse: Poiché 'l signor Morello non si cura di saper quello che tanto gl'importa, insegnatelo a me, e mostratemi come acquistino i vecchi questa felicità d'amore, che non mi curerò io di farmi tener vecchio, pur che mi giovi. —

LVII. Rise messer PIETRO, e disse: Io voglio prima levar dell'animo di questi signori l'error loro; poi a voi ancora satisfarò. — Così ricominciando, Signori, disse, io non vorrei che col dir mal della bellezza, che è cosa sacra, fosse alcun di noi che come profano e sacrilego incorresse nell'ira di Dio: però, acciò che 'l signor Morello e messer Federico siano ammoniti, e non perdano, come Stesicoro, la vista, che è pena convenientissima a chi disprezza la bellezza, dico che da Dio nasce la bellezza, ed è come circolo, di cui la bontà è il centro; e però come non può esser circolo senza centro, non può esser bellezza senza bontà: onde rare volte mala anima abita bel corpo, e perciò la bellezza estrinseca è vero segno della bontà intrinseca, e nei corpi è impressa quella *grazia* più e meno quasi per un carattere dell'anima, per lo quale essa estrinsecamente è conosciuta, come negli alberi, ne' quali la bellezza de' fiori fa testimonio della bontà dei frutti; e questo medesimo interviene nei corpi, come si vede che i Fisionomi al volto conoscono spesso i costumi e talora i pensieri degli uomini; e, che è più, nelle bestie si comprende ancor allo aspetto la qualità dell'animo, il quale nel corpo esprime sé stesso più che può. Pensate come chiaramente nella faccia del leone, del cavallo, dell'aquila si conosce l'ira, la ferocità e la superbia; negli agnelli e nelle colombe una pura e semplice innocenza; la malizia astuta nelle volpi e nei lupi, e così quasi di tutti gli altri animali.

LVIII. I brutti adunque per lo più sono ancor mali, e li belli buoni: e dir si può che la bellezza sia la faccia piacevole, allegra, grata e desiderabile del bene; e la bruttezza, la faccia oscura, molesta, dispiacevole e trista del male; e se considerate tutte le cose, troverete che sempre quelle che son buone ed utili hanno ancora grazia di bellezza. Eccovi il stato di questa gran machina del mondo, la qual, per salute e conservazion d'ogni cosa creata è stata da Dio fabricata. Il ciel rotondo, ornato di tanti divini lumi, e nel centro la terra circondata dagli elementi, e dal suo peso istesso sostenuta; il sole, che girando illumina il tutto, e nel verno s'accosta al più basso segno, poi a poco a poco ascende all'altra parte; la luna, che da quello piglia la sua luce, secondo che se le appropinqua o se le allontana; e l'altre cinque stelle, che diversamente fan quel medesimo corso. Queste cose tra sè han tanta forza per la connession d'un ordine composto così necessariamente, che mutandole pur un punto, non poriano star insieme, e ruinarebbe il mondo; hanno ancora tanta bellezza e grazia, che non posson gl'ingegni umani imaginar cosa più bella. Pensate or della figura dell'uomo, che si può dir piccol mondo; nel quale vedesi ogni parte del corpo esser composta necessariamente per arte e non a caso, e poi tutta la forma insieme esser bellissima; tal che difficilmente si poria giudicar qual più o utilità o grazia diano al volto umano ed al resto del corpo tutte le membra, come gli occhi, il naso, la bocca, l'orecchie, le braccia, il petto, e così l'altre parti: il medesimo si può dir di tutti gli animali. Eccovi le penne negli uccelli, le foglie e rami negli alberi, che dati gli sono da natura per conservar l'esser loro, e pur hanno ancor grandissima vaghezza. Lasciate la natura e venite all'arte. Qual cosa tanto è necessaria nelle navi, quanto la prora, i lati, le antenne, l'albero, le vele, il timone, i remi, l'ancore e le sarte? tutte queste cose però hanno tanto di venustà, che par a chi le mira che così siano trovate per piacere, come per utilità. Sostengon le colonne e gli architravi le alte loggie e palazzi, nè però son meno piacevoli agli occhi di chi le mira, che utili agli edificii. Quando prima cominciarono gli uomini a edificare, posero nei templi e nelle case quel colmo di mezzo, non perchè avessero gli edificii più di grazia, ma acciò che dell'una parte e l'altra commodamente potessero discorrer l'acque; nientedimeno all'utile subito fu congiunta la venustà, talchè se sotto a quel cielo ove non cade grandine o pioggia si fabricasse un tempio, non parrebbe che senza il colmo aver potesse dignità o bellezza alcuna.

LIX. Dassi adunque molta laude, non che ad altro, al mondo, dicendo che gli è bello; laudasi, dicendo: Bel cielo, bella terra, bel mare, bei fiumi, bei paesi, belle selve, alberi, giardini; belle città, bei tempii, case, eserciti. In somma, ad ogni cosa dà supremo ornamento questa graziosa e sacra bellezza; e dir si può che 'l buono e 'l bello, a qualche modo, siano una medesima cosa, e massimamente nei corpi umani; della bellezza de' quali la più propinqua causa estimo io che sia la bellezza dell' anima, che, come partecipe di quella vera bellezza divina, illustra e fa bello ciò ch' ella tocca, e specialmente se quel corpo ov'ella abita non è di così vil materia, ch'ella non possa imprimergli la sua qualità; però la bellezza è il vero trofeo della vittoria dell' anima, quando essa con la virtù divina signoreggia la natura materiale, e col suo lume vince le tenebre del corpo. Non è adunque da dir che la bellezza faccia le donne superbe o crudeli, benchè così paja al signor Morello; nè ancor si debbono imputare alle donne belle quelle inimicizie, morti, distruzioni, di che son causa gli appetiti immoderati degli uomini. Non negherò già che al mondo non sia possibile trovar ancor delle belle donne impudiche, ma non è già che la bellezza le incline alla impudicizia; anzi le rimove, e le induce alla via dei costumi virtuosi, per la connession che ha la bellezza con la bontà; ma talor la mala educazione, i continui stimoli degli amanti, i doni, la povertà, la speranza, gl' inganni, il timore e mille altre cause, vincono la costanza ancora delle belle e buone donne; e per queste o simili cause possono ancora divenir scelerati gli uomini belli.—

LX. Allora messer Cesar, Se è vero, disse, quello che jeri allegò il signor Gaspar, non è dubio che le belle sono più caste che le brutte. — E che cosa allegai? disse il signor Gaspar. — Rispose messer Cesare: Se ben mi ricordo, voi diceste che le donne che son pregate, sempre negano di satisfare a chi le prega; e quelle che non son pregate, pregano altrui. Certo è che le belle son sempre più pregate e sollecitate d'amor che le brutte; dunque le belle sempre negano, e conseguentemente son più caste che le brutte, le quali non essendo pregate pregano altrui. — Rise il Bembo, e disse: A questo argomento risponder non si può. — Poi soggiunse: Interviene ancor spesso, che come gli altri nostri sensi, così la vista s'inganna, e giudica per bello un volto che in vero non è bello; e perchè negli occhi ed in tutto l'aspetto d'alcune donne si vede talor una certa lascivia dipinta con blandizie disoneste, molti, ai quali tal maniera piace, perchè lor promette facilità di conseguire ciò che desiderano, la chiamano bellezza: ma in vero è una impudenza fucata, indegna di così onorato e santo nome. — Tacevasi messer PIETRO BEMBO, e quei signori pur lo stimolavano a dir più oltre di questo amore, e del modo di fruire veramente la bellezza; ed esso in ultimo, A me par, disse, assai chiaramente aver dimostrato che più felicemente possan amar i vecchi che i giovani; il che fu mio presupposto: però non mi si conviene entrar più avanti. — Rispose il conte LUDOVICO: Meglio avete dimostrato la infelicità de'giovani che la felicità de'vecchi, ai quali per ancor non avete insegnato che cammin abbian da seguitare in questo loro amore, ma solamente detto che si lascin guidare alla ragione; e da molti è riputato impossibile, che amor stia con la ragione. —

LXI. Il BEMBO pur cercava di por fine al ragionamente, ma la signora Duchessa lo pregò che dicesse; ed esso così rincominciò: Troppo infelice sarebbe la natura umana, se l'anima nostra, nella qual facilmente può nascere questo così ardente desiderio, fosse sforzata a nutrirlo sol di quello che le è commune con le bestie, e non potesse volgerlo a quella altra nobil parte che a lei è propria; però, poichè a voi pur così piace, non voglio fuggir di ragionar di questo nobil soggetto. E perchè mi conosco indegno di parlar dei santissimi misterii d'amore, prego lui che muova il pensiero e la lingua mia, tanto ch'io possa mostrar a questo eccellente Cortegiano amar fuor della consuetudine del profano volgo; e così com'io insin da puerizia tutta la mia vita gli ho dedicata, siano or ancor le mie parole conformi a questa intenzione, ed a laude di lui. Dico adunque che, poichè la natura umana nella età giovenile tanto è inclinata al senso, conceder si può al Cortegiano, mentre che è giovane, l'amar sensualmente; ma se poi ancor negli anni più maturi per sorte s'accende di questo amoroso desiderio, deve esser ben cauto, e guardarsi di non ingannar sè stesso, lasciandosi indur in quelle calamità che ne' giovani meritano più compassione che biasimo, e per contrario ne' vecchi più biasimo che compassione.

LXII. Però quando qualche grazioso aspetto di bella donna lor s' appresenta, compagnato da leggiadri costumi e gentil maniere, tale che esso, come esperto in amore, conosca il sangue suo aver conformità con quello; subito che s'accorge che gli occhi suoi rapiscano quella imagine e la portino al core, e che l'anima cominci con piacer a contemplarla, e sentir in sè quello influsso che la commove ed a poco a poco la riscalda, e che quei vivi spiriti che scintillan fuor per gli occhi tuttavia aggiungan nuova esca al foco: deve in questo principio provedere di presto rimedio, e risvegliar la ragione, e di quella armar la rocca del cor suo; e talmente chiuder i passi al senso ed agli appetiti, che nè per forza nè per inganno entrar vi possano. Così, se la fiamma s'estingue, estinguesi ancor il pericolo; ma s'ella persevera o cresce, deve allor il Cortegiano, sentendosi preso, deliberarsi totalmente di fuggir ogni bruttezza dell'amor volgare, e così entrar nella divina strada amorosa con la guida della ragione; e prima considerar che 'l corpo, ove quella bellezza risplende, non è il fonte ond' ella nasce, anzi che la bellezza, per esser cosa incorporea, e, come avemo detto, un raggio divino, perde molto della sua dignità trovandosi congiunta con quel subjetto vile e corruttibile; perchè tanto più è perfetta quanto men di lui partecipa, e da quello in tutto separata è perfettissima; e che così come udir non si può col palato, nè odorar con l'orecchie, non si può ancor in modo alcuno fruir la bellezza nè satisfar al desiderio ch'ella eccita negli animi nostri col tatto, ma con quel senso del qual essa bellezza è vero objetto, che è la virtù visiva. Rimovasi adunque dal cieco giudicio del senso, e godasi con gli occhi quel splendore, quella grazia, quelle faville amorose, i risi, i modi e utti gli altri piacevoli ornamenti della bellezza; medesimamente con l'audito la soavità della voce, il concento delle parole, l'armonia della musica (se musica è la donna amata); e così pascerà di dolcissimo cibo l'anima per la via di questi dui sensi, i quali tengon poco del corporeo, e son ministri della ragione, senza passar col desiderio verso il corpo ad appetito alcuno men che onesto. Appresso osservi, compiaccia ed onori con ogni riverenza la sua donna, e più che sè stesso la tenga cara, e tutti i commodi e piaceri suoi preponga ai proprii, ed in lei ami non meno la bellezza dell'animo che quella del corpo; però tenga cura di non lasciarla incorrere in errore alcuno, ma con le ammonizioni e buoni ricordi cerchi sempre d'indurla alla modestia, alla temperanza, alla vera onestà; e faccia che in lei non abbian mai loco se non pensieri candidi ed alieni da ogni bruttezza di vizii: e così seminando virtù nel giardin di quel bell'animo, raccorrà ancora frutti di bellissimi costumi, e gustaragli con mirabil diletto; e questo sarà il vero generare ed esprimere la bellezza nella bellezza, il che da alcuni si dice essere il fin d'amore. In tal modo sarà il nostro Cortegiano gratissimo alla sua donna, ed essa sempre se gli mostrerà ossequente, dolce ed affabile, e così desiderosa di compiacergli, come d'esser da lui amata; e le voglie dell'un e dell'altro saranno onestissime e concordi, ed essi conseguentemente saranno felicissimi. —

LXIII. Quivi il signor Morello, Il generar, disse, la bellezza nella bellezza con effetto, sarebbe il generar un bel figliolo in una bella donna; ed a me pareria molto più chiaro segno ch'ella amasse l'amante compiacendol di questo, che di quella affabilità che voi dite. — Rise il Bembo, e disse: Non bisogna, signor Morello, uscir de' termini; nè piccoli segni d'amar fa la donna, quando all'amante dona la bellezza, che è così preziosa cosa, e per le vie che son adito all'anima, cioè la vista e lo audito, manda i sguardi degli occhi suoi, la imagine del volto, la voce, le parole, che penetran dentro al core dell'amante, e gli fan testimonio dell'amor suo. — Disse il signor Morello: I sguardi e le parole possono essere e spesso son testimonii falsi; però chi non ha miglior pegno d'amore, al mio giudicio, è mal sicuro: e veramente io aspettava pur che voi faceste questa vostra donna un poco più cortese e liberale verso il Cortegiano, che non ha fatto il signor Magnifico la sua; ma parmi che tutti due siate alla condizione di quei giudici, che dànno la sentenza contra i suoi per parer savii. —

LXIV. Disse il Bembo: Ben voglio io che assai più cortese sia questa donna al mio Cortegiano non giovane, che non è quella del signor Magnifico al giovane; e ragionevolmente, perchè il mio non desidera se non cose oneste, e però può la donna concedergliele tutte senza biasimo; ma la donna del signor Magnifico, che non è così sicura della modestia del giovane, deve concedergli solamente le oneste, e negargli le disoneste: però più felice è il mio, a cui si concede ciò ch'ei dimanda, che l'altro, a cui parte si concede e parte si nega. Ed acciò che ancor meglio conosciate che l'amor razionale è più felice che 'l sensuale, dico che le medesime cose nel sensuale si debbono talor negare, e nel razionale concedere, perchè in questo son disoneste, ed in quello oneste: però la donna, per compiacer al suo amante buono, oltre il concedergli i risi piacevoli, i ragionamenti domestici e secreti, il motteggiare, scherzare, toccar la mano, può venir ancor ragionevolmente e senza biasimo insin al bascio, il che nell'amor sensuale, secondo le regole del signor Magnifico, non è licito; perchè per esser il bascio congiungimento e del corpo e dell'anima, pericolo è che l'amante sensuale non inclini più alla parte del corpo che a quella dell'anima; ma l'amante razionale conosce che, ancora che la bocca sia parte del corpo, nientedimeno per quella si dà esito alle parole, che sono interpreti dell'anima, ed a quello intrinseco anelito che si chiama pur esso ancor anima; e perciò si diletta d'unir la suá bocca con quella della donna amata col bascio, non per moversi a desiderio alcuno disonesto, ma perchè sente che quello legame è un aprir l'adito alle anime, che tratte dal desiderio l'una dell'altra si trasfondano alternamente ancor l'una nel corpo dell'altra, e talmente si mescolino insieme, che ognun di loro abbia due anime, ed una sola di quelle due così composta regga quasi tui corpi: onde il bascio si può più presto dir congiungimento l'anima che di corpo, perchè in quella ha tanta forza, che a tira a sè, e quasi la separa dal corpo; per questo tutti gl'inamorati casti desiderano il bascio, come congiungimento d'anima; e però il divinamente inamorato Platone dice, che basciando vengli l'anima ai labri per uscir del corpo. E perchè il separarsi l'anima dalle cose sensibili, e totalmente unirsi alle intelligibili, si può denotar per lo bascio, dice Salomone nel suo divino libro della Cantica: *Bascimi col bascio della sua bocca*, per dimostrar desiderio che l'anima sua sia rapita dall'amor divino alla contemplazion della bellezza celeste di tal modo, che unendosi intimamente a quella abbandoni il corpo.—

LXV. Stavano tutti attentissimi al ragionamento del Bembo; ed esso, avendo fatto un poco di pausa, e vedendo che altri non parlava, disse: Poichè m'avete fatto cominciare a mostrar l'amor felice al nostro Cortegiano non giovane, voglio pur condurlo un poco più avanti; perchè 'l star in questo termine è pericoloso assai, atteso che, come più volte s'è detto, l'anima è inclinatissima ai sensi; e benchè la ragion col discorso elegga bene, e conosca quella bellezza non nascer dal corpo, e però ponga freno ai desiderii non onesti, pur il contemplarla sempre in quel corpo spesso preverte il vero giudicio; e quando altro male non ne avvenisse, il star assente dalla cosa amata porta seco molta passione, perchè lo influsso di quella bellezza, quando è presente, dona mirabil diletto all'amante, e riscaldandogli il core risveglia e liquefà alcune virtù sopite e congelate nell'anima, le quali nutrite dal calore amoroso si diffondono, e van pullulando intorno al core, e mandano fuor per gli occhi quei spiriti, che son vapori sottilissimi, fatti della più pura e lucida parte del sangue, i quali ricevono la imagine della bellezza, e la formano con mille varii ornamenti; onde l'anima si diletta, e con una certa maraviglia si spaventa e pur gode, e, quasi stupefatta, insieme col piacere sente quel timore e riverenza che alle cose sacre aver si suole, e parle d'esser nel suo paradiso.

LXVI. L'amante adunque che considera la bellezza solamente nel corpo, perde questo bene e questa felicità subito che la donna amata, assentandosi, lascia gli occhi senza il suo splendore, e conseguentemente l'anima viduata del suo bene; perchè, essendo la bellezza lontana, quell'influsso amoroso non riscalda il core come faceva in presenza, onde i meati restano aridi e secchi, e pur la memoria della bellezza move un poco quelle virtù dell'anima, talmente che cercano di diffondere i spiriti; ed essi, trovando le vie otturate, non hanno esito, e pur cercano d'uscire, e così con quei stimoli rinchiusi pungon l'anima, e dannole passione acerbissima, come a' fanciulli quando dalle tenere gingive cominciano a nascere i denti: e di qua procedono le lacrime, i sospiri, gli affanni e i tormenti degli amanti, perchè l'anima sempre s'affligge e travaglia, e quasi diventa furiosa, finchè quella cara bellezza se le appresenta un'altra volta; ed allor subito s'acqueta e respira, ed a quella tutta intenta si nutrisce di cibo dolcissimo, nè mai da così soave spettacolo partir vorria. Per fuggir adunque il tormento di questa assenza, e goder la bellezza senza passione, bisogna che 'l Cortegiano con l'ajuto della ragione revochi in tutto il desiderio dal corpo alla bellezza sola, e, quanto più può, la contempli in sè stessa semplice e pura, e dentro nella imaginazione la formi astratta da ogni materia; e così la faccia amica e cara all'anima sua, ed ivi la goda, e seco l'abbia giorno e notte, in ogni tempo e loco, senza dubio di perderla mai; tornandosi sempre a memoria, che 'l corpo è cosa diversissima dalla bellezza, e non solamente non l'accresce, ma le diminuisce la sua perfezione. Di questo modo sarà il nostro Cortegiano non giovane fuor di tutte le amaritudini e calamità che senton quasi sempre i giovani, come le gelosie, i sospetti, li sdegni, l'ire, le disperazioni, e certi furor pieni di rabbia, dai quali spesso son indotti a tanto errore, che alcuni non solamente batton quelle donne che amano, ma levano la vita a sè stessi; non farà ingiuria a marito, padre, fratelli o parenti della donna amata; non darà infamia a lei; non sarà sforzato di raffrenar talor con tanta difficoltà gli occhi e la lingua per non scoprir i suoi desideri ad altri; non di tolerar le passioni nelle partite, nè delle assenze: chè chiuso nel core si porterà sempre eco il suo prezioso tesoro; ed ancora per virtù della imaginazione si formerà dentro in sè stesso quella bellezza molto più bella che in effetto non sarà.

LXVII. Ma tra questi beni troveranne lo amante un altro ancor assai maggiore, se egli vorrà servirsi di questo amore come d'un grado per ascendere ad un altro molto più sublime; il che gli succederà, se tra sè andrà considerando, come stretto legame sia il star sempre impedito nel contemplar la bellezza d'un corpo solo; e però, per uscir di questo così angusto termine, aggiungerà nel pensier suo a poco a poco tanti ornamenti, che cumulando insieme tutte le bellezze farà un concetto universale, e ridurrà la moltitudine d'esse alla unità di quella sola, che generalmente sopra la umana natura si spande: e così non più la bellezza particolar d'una donna, ma quella universale che tutti i corpi adorna, contemplarà; onde, offuscato da questo maggior lume, non curerà il minore, ed ardendo in più eccellente fiamma, poco estimerà quello che prima avea tanto apprezzato. Questo grado d'amore, benchè sia molto nobile, e tale che pochi vi aggiungono, non però ancor si può chiamar perfetto, perchè per esser la imaginazione potenza organica, e non aver cognizione se non per quei principii che le son somministrati dai sensi, non è in tutto purgata delle tenebre materiali; e però, benchè consideri quella bellezza universale astratta ed in sè sola, pur non la discerne ben chiaramente, nè senza qualche ambiguità, per la convenienza che hanno i fantasmi col corpo; onde quelli che pervengono a questo amore sono come i teneri augelli che cominciano a vestirsi di piume, che, benchè con l'ale debili si levino un poco a volo, pur non osano allontanarsi molto dal nido, nè commettersi a' venti ed al ciel aperto.

LXVIII. Quando adunque il nostro Cortegiano sarà giunto a questo termine, benchè assai felice amante dir si possa a rispetto di quelli che son sommersi nella miseria dell'amor sensuale, non però voglio che si contenti, ma arditamente passi più avanti, seguendo per la sublime strada drieto alla guida che lo conduce al termine della vera felicità; e così in loco d'uscir di sè stesso col pensiero, come bisogna che faccia chi vuol considerar la bellezza corporale, si rivolga in sè stesso per contemplar quella che si vede con gli occhi della mente, li quali allor cominciano ad esser acuti e perspicaci, quando quelli del corpo perdono il fior della loro vaghezza: però l'anima, aliena dai vizii, purgata dai studii della vera filosofia, versata nella vita spirituale, ed esercitata nelle cose dell'intelletto, rivolgendosi alla contemplazion della sua propria sostanza, quasi da profondissimo sonno risvegliata apre quegli occhi che tutti hanno e pochi adoprano, e vede in sè stessa un raggio di quel lume che è la vera imagine della bellezza angelica a lei communicata, della quale essa poi communica al corpo una debil'ombra; però, divenuta cieca alle cose terrene, si fa oculatissima alle celesti; e talor, quando le virtù motive del corpo si trovano dalla assidua contemplazione astratte, ovvero dal sonno legate, non essendo da quelle impedita, sente un certo odor nascoso della vera bellezza angelica, e rapita dal splendor di quella luce comincia ad infiammarsi, e tanto avidamente le segue, che quasi diviene ebria e fuor di sè stessa, per desiderio d'unirsi con quella, parendole aver trovato l'orma di Dio, nella contemplazion del quale, come nel suo beato fine, cerca di riposarsi; e però, ardendo in questa felicissima fiamma, si leva alla sua più nobil parte, che è l'intelletto; e quivi, non più adombrata dalla oscura notte delle cose terrene, vede la bellezza divina; ma non però ancor in tutto la gode perfettamente, perchè la contempla solo nel suo particolar intelletto, il qual non può esser capace della immensa bellezza universale. Onde, non ben contento di questo beneficio, amore dona all'anima maggior felicità; che, secondo che dalla bellezza particolar d'un corpo la guida alla bellezza universal di tutti i corpi, così in ultimo grado di perfezione dallo intelletto particolar la guida allo intelletto universale. Quindi l'anima, accesa nel santissimo foco del vero amor divino, vola ad unirsi con la natura angelica, e non solamente in tutto abbandona il senso, ma più non ha bisogno del discorso della ragione; che, trasformata in angelo, intende tutte le cose intelligibili, e senza velo o nube alcuna, vede l'amplo mare della pura bellezza divina, ed in sè lo riceve, e gode quella suprema felicità che dai sensi è incomprensibile.

LXIX. Se adunque le bellezze, che tutto dì con questi nostri tenebrosi occhi vedemo nei corpi corruttibili, che non son però altro che sogni ed ombre tenuissime di bellezza, ci pajon tanto belle e graziose, che in noi spesso accendon foco ardentissimo, e con tanto diletto, che reputiamo niuna felicità potersi agguagliar a quella che talor sentemo per un sol sguardo che ci venga dall'amata vista d'una donna: che felice maraviglia, che beato stupore pensiamo noi che sia quello, che occupa le anime che pervengono alla visione della bellezza divina! che dolce fiamma, che incendio soave creder si dee che sia quello, che nasce dal fonte della suprema e vera bellezza! che è principio d'ogni altra bellezza, che mai non cresce, nè scema: sempre bella, e per sè medesima, tanto in una parte, quanto nell'altra, semplicissima; a sè stessa solamente simile, e di niuna altra partecipe; ma talmente bella, che tutte le altre cose belle son belle perchè da lei partecipan la sua bellezza. Questa è quella bellezza indistinta dalla somma bontà, che con la sua luce chiama e tira a sè tutte le cose; e non solamente alle intellettuali dona l'intelletto, alle razionali la ragione, alle sensuali il senso e l'appetito di vivere, ma alle piante ancora ed ai sassi communica, come un vestigio di sè stessa, il moto, e quello instinto naturale delle lor proprietà. Tanto adunque è maggiore e più felice questo amor degli altri, quanto la causa che lo move è più eccellente; e però, come il foco materiale affina l'oro, così questo foco santissimo nelle anime distrugge e consuma ciò che v'è di mortale, e vivifica e fa bella quella parte celeste, che in esse prima era dal senso mortificata e sepolta. Questo è il Rogo, nel quale scrivono i poeti esser arso Ercole nella sommità del monte Oeta, e per tal incendio dopo morte esser restato divino ed immortale; questo è la ardente Rubo di Moisè, le Lingue dipartite di foco, l'infiammato Carro di Elia, il quale radoppia la grazia e felicità nell'anime di coloro che son degni di vederlo, quando, da questa terrestre bassezza partendo, se ne vola verso il cielo. — Indrizziamo adunque tutti i pensieri e le forze dell'anima nostra a questo santissimo lume, che ci mostra la l' via che al ciel conduce; e drieto a quello, spogliandoci gli affetti che nel descendere ci eravamo vestiti, per la scala che nell'infimo grado tiene l'ombra di bellezza sensuale ascendiamo alla sublime stanza ove abita la celeste, amabile e vera bellezza, che nei secreti penetrali di Dio sta nascosta, acciò che gli occhi profani veder non la possano: e quivi troveremo felicissimo termine ai nostri desiderii, vero riposo nelle fatiche, certo rimedio nelle miserie, medicina saluberrima nelle infermità, porto sicurissimo nelle torbide procelle del tempestoso mar di questa vita.

LXX. Qual sarà adunque, o AMOR santissimo, lingua mortal che degnamente laudar ti possa? Tu, bellissimo, buonissimo, sapientissimo, dalla unione della bellezza e bontà e sapienza divina derivi; ed in quella stai, ed a quella per quella come in circolo ritorni. Tu dolcissimo vincolo del mondo, mezzo tra le cose celesti e le terrene, con benigno temperamento inclini le virtù superne al governo delle inferiori, e, rivolgendo le menti de' mortali al suo principio, con quello le congiungi. Tu di concordia unisci gli elementi, muovi la natura a produrre, e ciò che nasce alla succession della vita. Tu le cose separate aduni, alle imperfette dai la perfezione, alle dissimili la similitudine, alle inimiche l'amicizia, alla terra i frutti, al mar la tranquillità, al cielo il lume vitale. Tu padre sei de' veri piaceri, delle grazie, della pace, della mansuetudine e benivolenza, inimico della rustica ferità, della ignavia, in somma principio e fine d'ogni bene. E perchè abitar ti diletti il fior dei bei corpi e belle anime, e di là talor mostrarti un poco agli occhi ed alle menti di quelli che degni son di vederti, penso che or qui fra noi sia la tua stanza. Però degnati, Signor, d'udir i nostri prieghi, infondi te stesso nei nostri cori, e col splendor del tuo santissimo foco illumina le nostre tenebre, e come fidata guida in questo cieco labirinto mostraci il vero cammino. Correggi tu la falsità dei sensi, e dopo 'l lungo vaneggiare donaci il vero e sodo bene; facci sentir quegli odori spirituali che vivifican le virtù dell'intelletto, ed udir l'armonia celeste talmente concordante, che in noi non abbia loco più alcuna discordia di passione; inebriaci tu a quel fonte inesausto di ontentezza che sempre diletta e mai non sazia, ed a chi beé elle sue vive e limpide acque dà gusto di vera beatitudine; urga tu coi raggi della tua luce gli occhi nostri dalla caliginosa ignoranza, acciò che più non apprezzino bellezza morale, e conoscano che le cose che prima veder loro parea non sono, e quelle che non vedeano veramente sono; accetta l'anime nostre, che a te s'offeriscono in sacrificio; abbrusciale in quella viva fiamma che consuma ogni bruttezza materiale, acciò che in tutto separate dal corpo, con perpetuo e dolcissimo legame s'uniscano con la bellezza divina, e noi da noi stessi alienati, come veri amanti, nello amato possiam trasformarsi, e levandone da terra esser ammessi al convivio degli angeli, dove, pasciuti d'ambrosia e néttare immortale, in ultimo moriamo di felicissima e vital morte, come già morirono quegli antichi padri, l'anime dei quali tu con ardentissima virtù di contemplazione rapisti dal corpo e congiungesti con Dio. —

LXXI. Avendo il Bembo insin qui parlato con tanta veemenza, che quasi pareva astratto e fuor di sè, stavasi cheto e immobile, tenendo gli occhi verso il cielo, come stupido; quando la signora EMILIA, la quale insieme con gli altri era stata sempre attentissima ascoltando il ragionamento, lo prese per la falda della roba, e scuotendolo un poco, disse: Guardate, messer Pietro, che con questi pensieri a voi ancora non si separi l'anima dal corpo. — Signora, rispose messer PIETRO, non saria questo il primo miracolo, che amor abbia in me operato. — Allora la signora Duchessa e tutti gli altri cominciarono di nuovo a far instanza al Bembo che seguitasse il ragionamento: e ad ognun parea quasi sentirsi nell'animo una certa scintilla di quell'amor divino che lo stimolasse, e tutti desideravano d'udir più oltre; ma il BEMBO, Signori, soggiunse, io ho detto quello che 'l sacro furor amoroso improvisamente m'ha dettato; ora che par più non m'aspiri, non saprei che dire: e penso che amor non voglia che più avanti siano scoperti i suoi secreti, nè che il Cortegiano passi quel grado che ad esso è piaciuto ch'io gli mostri; e perciò non è forse licito parlar più di questa materia. —

LXXII. Veramente, disse la signora DUCHESSA, se'l Cortegiano non giovane sarà tale che seguitar possa il cammino che voi gli avete mostrato, ragionevolmente dovrà contentarsi di tanta felicità, e non aver invidia al giovane. — Allora messer Cesare Gonzaga, La strada, disse, che a questa felicità conduce parmi tanto erta, che a gran pena credo che andar vi si possa. — Soggiunse il signor Gaspar: L'andarvi credo che agli uomini sia difficile, ma alle donne impossibile. — Rise la signora Emilia, e disse: Signor Gaspar, se tante volte ritornate al farci ingiuria, vi prometto che non vi si perdonerà più. — Rispose il signor Gaspar: Ingiuria non vi si fa, dicendo che l'anime delle donne non sono tanto purgate dalle passioni come quelle degli uomini, nè versate nelle contemplazioni, come ha detto messer Pietro che è necessario che sian quelle che hanno da gustar l'amor divino. Però non si legge che donna alcuna abbia avuta questa grazia, ma sì molti uomini, come Platone, Socrate e Plotino e molt'altri; e de' nostri tanti santi Padri, come san Francesco, a cui un ardente spirito amoroso impresse il sacratissimo sigillo delle cinque piaghe; nè altro che virtù d'amor poteva rapire san Paolo apostolo alla visione di quei secreti, di che non è licito all'uom parlare; nè mostrar a san Stefano i cieli aperti. — *Quivi rispose il Magnifico* Juliano: Non saranno in questo le donne punto superate dagli uomini: perchè Socrate istesso confessa, tutti i misterii amorosi che egli sapeva essergli stati rivelati da una donna, che fu quella Diotima; e l'angelo che col foco d'amor impiagò san Francesco, del medesimo carattere ha fatto ancor degne alcune donne alla età nostra. Dovete ancor ricordarvi, che a santa Maria Magdalena furono rimessi molti peccati perchè ella amò molto, e forse non con minor grazia che san Paolo fu ella molte volte rapita dall'amor angelico al terzo cielo; e di tante altre, le quali, come jeri più diffusamente narrai, per amor del nome di Cristo non hanno curato la vita, nè temuto i strazii nè alcuna maniera di morte, per orribile e crudele che ella fosse; e non erano, come vuole messer Pietro che sia il suo Cortegiano, vecchie, ma fanciulle tenere e delicate, ed in quella età nella quale esso dice che si deve comportar agli uomini l'amor sensuale. —

LXXIII. Il signor Gaspar cominciava a prepararsi per rispondere; ma la signora Duchessa, Di questo, disse, sia giudice messer Pietro Bembo, e stiasi alla sua sentenza, se le donne sono così capaci dell'amor divino come gli uomini, o no. Ma perchè la lite tra voi potrebbe esser troppo lunga, sarà ben a differirla insino a domani. — Anzi a questa sera, disse messer Cesare Gonzaga. — E come a questa sera? disse la signora Duchessa. — Rispose messer Cesare: Perchè già è di giorno; — e mostrolle la luce che incominciava ad entrar per le fissure delle finestre. Allora ognuno si levò in piedi con molta maraviglia, perchè non pareva che i ragionamenti fossero durati più del consueto; ma per l'essersi incominciati molto più tardi, e per la loro piacevolezza, aveano ingannato quei signori tanto, che non s'erano accorti del fuggir dell'ore; nè era alcuno che negli occhi sentisse gravezza di sonno: il che quasi sempre interviene, quando l'ora consueta del dormire si passa in vigilia. Aperte adunque le finestre da quella banda del palazzo che riguarda l'alta cima del monte di Catri, videro già esser nata in oriente una bella aurora di color di rose, e tutte le stelle sparite, fuor che la dolce governatrice del ciel di Venere, che della notte e del giorno tiene i confini; dalla qual parea che spirasse un'aura soave, che di mordente fresco empiendo l'aria, cominciava tra le mormoranti selve de' colli vicini a risvegliar dolci concenti dei vaghi augelli. Onde tutti avendo con riverenza preso commiato dalla signora Duchessa, s'inviarono verso le lor stanze senza lume di torchi, bastando lor quello del giorno; e quando già erano per uscir della camera, voltossi il signor Prefetto alla signora Duchessa, e disse: Signora, per terminar la lite tra 'l signor Gaspar e 'l signor Magnifico, veniremo col giudice questa sera più per tempo che non si fece jeri. — Rispose la signora Emilia: Con patto che se 'l signor Gaspar vorrà accusar le donne, e dar loro, come è suo costume, qualche falsa calunnia, esso ancora dia sicurtà di star a ragione, perch'io lo allego sospetto fugitivo. —

ALCUNI PASSI DEL CORTEGIANO

DIVERSI DALLO STAMPATO,

TRATTI DAI MANOSCRITTI ORIGINALI DALL'ABBATE PIERANTONIO SERASSI.

PROEMIO DEL CORTEGIANO
A MESSER ALFONSO ARIOSTO

Fra me stesso lungamente ho dubitato, messer Alfonso carissimo, qual di due cose più difficil mi fosse; o il negarvi quello che con tanta instanza e per parte di un tanto Re più volte mi avete richiesto, o il farlo. Perchè da un canto parevami durissimo negare alcuna cosa, e massimamente laudevole, a persona che io amo sommamente, e da chi sommamente mi conosco essere amato; aggiungendosi il desiderio e comandamento di così alto e virtuoso principe: dall'altro ancor pigliare impresa, la quale io conoscessi non poter perfettamente condurre a fine, non mi pareva convenirsi a chi estimasse le giuste riprensioni quanto estimar si devono. Al fine dopo molti pensieri ho eletto più presto esser tenuto poco prudente ed amorevole per compiacervi, che savio e poco amorevole per non compiacervi.

Voi adunque mi ricercate che io scriva, qual sia al parer mio quella forma perfetta e carattere di Cortegiania, che più si convenga a gentiluomo che viva in corte di principi, e che possa e sappia perfettamente servirli con dignità in ogni cosa laudevole, acquistandone grazia da essi e da tutti gli altri; in somma, di che sorte debba essere quello che meriti chiamarsi perfetto Cortegiano, tanto che cosa alcuna non vi manchi. Il che veramente difficilissima cosa è tra tante varietà di costumi, che si usano nelle corti di Cristianità, eleggere la più perfetta forma e quasi il fior di questa Cortegiania; perchè la consuetudine fa a noi spesso le medesime cose piacere e dispiacere; onde talor procede che li costumi, gli abiti, riti e modi che un tempo sono stati in prezzo, divengono vili; per contrario li vili divengono pregiati. Però si vede chiaramente, che l'uso più che la ragione ha forza d'introdurre cose nuove tra noi, e cancellare l'antiche, delle quali chi cerca giudicare la perfezione, spesso s'inganna. Conoscendo io adunque questa e molt'altre difficultati nella materia propostami a scrivere, sono sforzato a fare un poco di escusazione, e render testimonio, ch'io a tal impresa posto mi sono per non poter disdire, e più presto con volontà di esperimentare, che con speranza di condurla a fine: il che se non mi verrà fatto, voglio che ognuno intenda, questo errore essermi commune con voi, acciò che 'l biasimo che avvenire me n' ha sia anco diviso con voi; perchè non minor colpa si dee estimare la vostra, l'avermi imposto carico alle mie forze disuguale, che a me lo averlo accettato. Ma penso che l'errore del giudicio mio debba esser compensato con la laude d'avere obedito alle vertuose voglie del Re Cristianissimo, al quale non obedire saria grave fallo; attesochè felici chiamar si possono tutti quelli, a'quali esso comanda. E se a Sua Maestà è parso ch'io a tal'opra sia sofficiente, troppo prosonzione sarebbe la mia, volere col negarlo correggere e quasi condennare il giudicio suo, il quale potria, quando io mai non fossi, farmi bastante ad ogni difficile impresa; tanto sarebbe lo stimolo di ben fare e tanta la confidenzia di me stesso che io piglierei, sapendo tale opinione di me essere nell'alto core del maggior Re, che già gran tempo sia stato tra Cristiani. Però siccome molta laude mi serà il verificare questa credenza, molto maggior biasimo mi saria lo ingannarla, per la ingiuria ch'io al mondo farei, essendo causa che errasse colui il quale pare che errar non possa, per essere dotato di quelle divine condizioni, che così rade volte in terra tra' mortali si ritrovano. Io adunque assai felice mi chiamo, essendo nato a tempo che lecito mi sia vedere un così chiaro Principe, che d'ogni virtute e di famosa grandezza possi non solamente agguagliare gli più celebrati che mai siano vissi al mondo, ma ancor superarli.

E piaccia a Dio, che questo animo eccelso e glorioso
volga gli alti suoi pensieri a danni degli perfidi avversarii
i Cristo; chè in vero un tanto Principe ragionevolmente
legnar si deve di vincere minor nemico che un re di Asia
tutto l'Oriente, e far minor effetto che rimover dal mondo
na così inveterata e potente setta, com'è la Maumettana.
lè ad altro più si conviene vendicare le ingiurie fatte alla
ede di Cristo, che al Re Cristianissimo; e se questo nome
neritamente si hanno acquistato i suoi maggiori con le glo-
iose opere, e con tante vittorie che sempre saranno cele-
oratissime, esso deve chiaramente mostrare a tutto il mondo
li essere degno successore non solamente dello stato e del
10me, ma ancora delle vertuti. E certo niente di più hanno
ivuto di grandezza, di regno, di tesoro, di uomini, li altri
egi di Francia, che s'abbia questo; forse molto meno di
valor d'animo e di buona fortuna, sotto l'ale della quale
sempre felicemente combatteranno tutti quelli che seguir lo
vogliono: e pur tante volte hanno portate le lor vittoriose
insegne in Oriente, con gravissimo danno degl'Infideli. Chè,
lasciando li maravigliosi fatti di Carlo Magno, molti altri principi della nazione franzese, come Gottifredo, Balduino, Ugo,
passorno in Asia, e per forza d'arme soggiogorno dal Bo-
sforo e Propontide fino allo Egitto, e nella santa città di
Jerusalem posero la sede del suo regno. Ragione è adunque,
che questo magnanimo principe s'indirizzi a tanta gloria
non per esempii alieni, ma domestici, e segua gli onorati
vestigi de' suoi maggiori: dalli quali se l'Asia è stata con
l'arme acquistata, e molti anni posseduta, non so come esso
essendo vero erede, possa restar di non recuperarla dalle mani
di chi con tanta ignominia del nome cristiano la tiene occupata. E se lo acceso desiderio di gloria dentro nel magnanimo cuor del Cristianissimo così si nutrisce, come a tutto
il mondo pare, debbesi sforzar di provedere, che una tal
occasione di farsi immortale non gli sia di mano tolta: perchè niuna espedizione al mondo ha in sè tanto di laude e
di onore, e così poco di fatica. Nè dirò quanto più vaglia la
nostra milizia che la loro, e come in quella regione siano
pochissimi lochi forti, e che tutta la Grecia e la maggior

parte dell'Asia sia piena di Cristiani, li quali non aspettano altro nè altro con tante lacrime giorno e notte pregano Dio, che levarsi dal collo il giogo gravissimo di così misera servitute. Potria adunque, per questi e per altri rispetti, una così onorata preda movere l'animo di qualch'altro potente Principe; come già videro i padri nostri Mattia Corvino di Ungaria, il quale con dodici mila Ungari ruppe e disfece sessantamila Turchi, ed entrato nel lor paese con foco e ferro in gran parte lo rovinò, e con essi sempre mantenne mortal guerra, e così spesso li vinse e con tanta uccisione, che non osavano pur accostarsi al Danubio. Ma oltre gli altri stimoli che punger devono il cor del Cristianissimo, non è ancor asciutto il sangue di quelli poveri Franzesi, che all'età nostra così crudelmente e con tanti inganni furono morti a Metelin da questi perfidi cani; nè conviene a Sua Maestà lasciar quelle anime senza vendetta, e massimamente contra tali e così universali inimici. E se 'l re d'Aragona, che ancor vive, così lungamente ha avuta guerra con Infideli, e per forza subjugato il reame di Granata, e ridottolo alla fede di Cristo; dipoi, mandato esercito di là dal mare, con tanto onor della nazion spagnuola e danno de' Mori, ha preso per forza porti e nobilissime città d'Africa: che pensiam noi che debba fare il Cristianissimo, giovane magnanimo, potentissimo, sull'arme, avendo inanzi agli occhi una molto più gloriosa impresa, cioè tutta l'Asia, e la recuperazione del Sepolcro di Cristo, della quale tante volte dagli suoi maggiori gli è stato mostrato il cammino? Seguasi dunque ormai dove chiama il cielo e la fortuna, e le meschine voci degli afflitti popoli cristiani di Grecia ed Asia, li quali tosto che il nome solo di Franza giunga tra loro, levarannosi in arme, ed apriranno il cammino a quella benavventurata vittoria, che agli vincitori darà fama immortale, ed agli vinti eterna salute: di modo che al Cristianissimo più presto incontra si verrà con feste, pompe, doni ed infinite ricchezze, delle quali più ch'altra parte del mondo quella regione è piena, che con armi.

E certamente già parmi vedere quel tanto desiderato giorno, che 'l Cristianissimo, dopo l'aver traversato tanti paesi, anti mari, e vinto tante barbare e strane nazioni, e dilatato lo imperio e il nome suo per tutto il mondo, giungerà agli confini di Jerusalem. Qual felicità sarà che si possa agguagliare a quella, che Sua Maestà nell'animo tra sè dentro sentirà? Dopoi, quando cominciaranno da lontano apparire le alte torri della Santa Città, che pensieri, che voglie, che devoti affetti saranno quelli, che floriranno nel suo magnanimo core! Che allegrezza in tutto lo esercito, il quale già inginocchiato parmi vedere con alta voce e pietose lacrime salutare ed adorare le benedette mura e la Santa Terra, nella quale con tanti divini misterii fu il principio della salute nostra! Quando poi in mezzo di tanti principi in abito regale a cavallo ornato accosterassi a quelle porte, e con le sue proprie mani onoratamente dentro vi riporterà come da lungo esilio quella Croce, che già tanto tempo li è stata vilipesa e in obbrobrio; appresso con la medesima pompa ed ordine armato, e senza pur levarsi di dosso la polvere o il sudor del cammino, se n'andrà al sacratissimo Sepolcro di Cristo, ed ivi prostrato in terra con tanta riverenza umilmente adorerà quel loco, ove giacque morto Colui che a tutto 'l mondo diede la vita: qual cor umano allor sarà, che in sè possa capere tanta allegrezza? qual animo che non desideri finir la vita, per non corrompere mai più questa dolcezza di qualche amaritudine? che fiumi vedransi di devotissime lacrime! che gusto d'immortale consolazione si sentirà! come parranno leggeri e dolci le passate fatiche del lungo cammino e della guerra! Questa è la vera gloria e vero trionfo, conveniente all'altezza di così nobil animo; questa è la scala per salire alla immortalitate in terra e in cielo. Ben desiderare si debbono li regni, i tesori, le grandezze, per poterne trar così onesti e gloriosi frutti.

O felicissimo ciascuno che potrà aver grazia, se non di vedere ed essere presente a così divino spettacolo, almen sentirne li ragionamenti da chi veduto l'arà! E certo niun altro desiderio mai sarammi tanto stabilito nel core, nè con maggior instanza dimanderò grazia a Dio, che di potere a tale impresa servire il Cristianissimo, vedendo con gli occhi proprii e forse scrivendo una parte di così gloriosi fatti, e accompagnando con l'arme l'alta persona, per servigio della quale molta gloria e grazia mi serà spendere questa vita, che più nobil fine aver non potria. E benchè io sia certissimo nè con la penna nè con l'arme poter mai accrescer laude a tanta laude, come nè ancor i picciol rivi accrescono acqua al mare: pur penso che'l buon volere mio debba meritar commendazione; perchè Dio così ha grato un denaro offertoli di buon core da un povero mendico, come un gran tesoro da un ricco signore.

Frattanto se per sorte, messer Alfonso mio, vi parrà mai trovare il Cristianissimo disposto a rilassar l'animo dalli maggiori pensieri, e quasi ad abbassar la mente e rivolgere gli occhi alle cose terrene: allor non v'incresca pigliar pena di fargli fede, come io, per quanto mi hanno concesso le debil forze mie, sonomi sforzato di obedirlo, scrivendo questi libri del Cortegiano; li quali quando io saprò essere pur solamente giunti al suo cospetto, crederommi di questa fatica avere conseguito grandissimo premio.

—

ALTRO PROEMIO DEL CORTEGIANO
tratto dalla prima bozza dell'Autore.

Non senza molta maraviglia può l'uomo considerare, quanto la natura, così nelle cose grandi come nelle piccole, di varietà si diletti. E cominciando da questa machina del mondo, la quale contiene tutte le cose create, veggiamo nel suo infinito corso sempre volgere il cielo; e benchè con perpetuo ordine par che giri, pure in quell'ordine ha tante mutazioni, che prima passano molte e molte migliaja d'anni, ch'esso in quel proprio sito si ritrovi, ove una volta è stato. Veggiamo poi li continui successi della notte al giorno, della estate alla primavera, dello inverno allo autunno, e le stagioni varie degli tempi, pioggie, sereni, freddi, caldi, appresso la permistione degli quattro principii, che noi chiamiamo elementi; il flusso de'quali fa che la corruzione di una osa sia generazione di un'altra, onde procede il nascimento d'incremento di tante erbe, piante, arbori, e di tanti varii animali in terra ed in mare, e ancor la destruzione di essi. Queste medesime varietà veggiamo nel piccol mondo che è l'uomo; chè tra tanto numero d'uomini, li quali tutti sono di una medesima forma, non si possano trovare due, che totalmente siano tra sè simili nè di volto nè di voce, e molto manco di animo. In noi è ancora il continovo successo della notte al giorno, se non altrimenti, almen negli pensieri; benchè nello spazio del nostro corso spesso le notti lunghissime e tenebrose senza lume di stella alcuno proviamo, e molto più torbidi e nubilosi giorni che sereni. Così in noi avemo tutte le varietadi delle stagioni dell'anno: chè nella tenera età puerile veggiamo quasi fiorire una lieta primavera, piena di fiori e di speranza, debole però e bisognosa di soccorso altrui, e spesso fallace; sentimo poi lo ardente fervore estivo della gioventù, la quale già gagliarda ci mostra frutti, ma non maturi, e le tenere raccolte in erba; appresso succede lo intepidito autunno della quieta virilità, il quale di noi porge quegli più mézzi frutti, che in vita nostra sperare si possino; vien poi il nivoso inverno della gelida vecchiezza, il quale in tutto di forza e vigore, e di quegli beni che tanto al mondo si desiderano, ci spoglia, non meno che si faccia Borea ed Ostro le conquassate e nude cime degli alberi nel più eminente giogo dell'Apennino. Ma oltre a queste ordinarie e note varietà, che la natura per suo consueto corso produce, veggiamo li siti de' paesi per lunghezza di tempo mutarsi, e pigliare nuove forme; onde lo Egitto, che già fu mare, ora è terra fertilissima; Sicilia, già congiunta con Italia, ora è dal mare divisa; medesimamente Cipro con Soria, Euboea con Beozia; e molti lochi che già furono insule, or sono terra continente; e molti fiumi, che 'l suo antico corso hanno mutato. Non veggiamo noi il ghiaccio per ispazio di tempo divenire cristallo? e negli altissimi monti spesso trovarsi granchi e conche marine già sassificate; la qual cosa è assai fermo argomento, in quella parte essere altre volte stato il mare? Che direm noi, che mi raccorda aver veduto un legno, una parte del quale era pietra, e dove l'uno con l'altro si congiungeva era una mistura, che nè legno nè pietra dir si poteva, e pur era l'uno e l'altro! Vediamo tante nobilissime città distrutte, Troja, Sparta, Micene, Atene; e molt'altre, che già fur vili, ora essere florentissime. Roma, che già fu regina del mondo per la virtù dell'arme, e temuta fin negli estremi confini della terra da tante barbare e strane nazioni, ora solo si nomina per la religione, ed è abitata da gente in tutto alienissima dall'arme. Lo emporio quasi di tutto il mondo, che un tempo fu in Oriente, ora è trasferito alle parti di Occidente e Settentrione. E non solamente nelle città, siti, e paesi si veggono queste mutazioni, ma negli costumi ancora della vita umana; chè, oltra li diversi modi che ora si tengono da quelli che soleano tenere gli antichi *circa* il governo delle republiche, e delle cose dell'arte militare, dello espugnare e difendere le città, degli abiti e vestimenti, di riti, leggi e instituti d'ogni sorte, grandissima diversità si conosce nel modo del conversare; e molti sono ora degli costumi antichi, che fur già pregiati assai, che a noi pajono inetti e mal composti: e ciò procede dall'uso, il quale la natura come ministro adopra in introdurre cose nuove tra noi e scancellare le antiche, e con l'usare e disusare fa le medesime a noi piacere e dispiacere, approbandole e riprobandole non con altro testimonio, che con la consuetudine.

Però tra l'altre cose, che nate sono a' tempi oltre li quali noi abbiam notizia, e non molto da' nostri secoli lontani, veggiamo essere invalsa questa sorte d'uomini che noi chiamiamo Cortegiani, della qual cosa quasi per tutta cristianità si fa molta professione: chè, comechè da ogni tempo siano stati gli principi e gran signori da molti servitori obediti, e sempre n'abbiano avuti dei più cari e meno cari, ingeniosi alcuni, alcuni sciocchi, chi grati per il valore dell'arme, chi nelle lettere, chi per la bellezza del corpo, molti per niuna di queste cause, ma solo per una certa occulta conformità di natura; non è però forsi mai per lo addietro, se non da non molto tempo in qua, fattasi tra gli uomini professione di questa Cortegiania, per dire così, e ridottasi quasi in arte e disciplina come ora si vede; talmente che come d'ogn'altra scienza, così ancor di questa si potrebbono dare lcuni precetti, e mostrare le vie per conseguirne il fine, uale noi estimiamo che sia il sapere e potere perfettamente ervire e con dignità ogni gran principe in ogni cosa laudabile, acquistandone grazia e laude da esso e da tutti gli ltri.

E perch' io omai, vinto dalle continue preghiere vostre, enso di scrivere, secondo il mio debole giudizio, quello che on tanta instanza e lungamente m'avete richiesto, cioè quale la quella perfetta forma e carattere di Cortegiania, e di che orte debba essere quello che meriti chiamarsi perfetto Coregiano, tanto che nulla non vi manchi: sono sforzato fare n poco di escusazione del mio forsi temerario proponimeno, acciò che ognuno intenda, me aver accettata questa impresa più presto con volontà di esperimentare, che con isperanza di condurla a fine; ma voglio fare questo piccolo estimonio, che io da voi sono stato sforzato a scrivere, acciò he sendomi questo errore commune con voi, se io non potrò scusarmene a bastanza, minor biasimo sarà il mio così diviso, che non seria se tutto sopra di me fosse; essendo non minor colpa la vostra d'avermi imposto carico alle mie forze iseguale, che a me lo averlo accettato.

Temo ancora, s'io esprimo quello che voi mi imponete, cioè questa perfetta forma di Cortegiano, la quale io più presto spero poter dire che veder mai in alcuno, ritrarrò molti, i quali, diffidandosi di poter giungere a questa perfezione, non si cureranno averne parte alcuna; la qual cosa io non vorrei che accadesse, perchè in ogni arte sono molti lochi oltre il primo laudevoli, e chi tende alla sommità rade volte interviene che non passi la metà. Oltre che io non dico chi sia questo Cortegiano, ma quale dovria essere quello perfetto; il quale io non ho mai veduto, e credo che mai non sia stato, e forsi mai non serà: pur potria essere. La idea dunque di questo perfetto Cortegiano formaremo al meglio che si potrà, acciò che chi in questa mirerà, come buono arciero si sforzi d'accostarsi al segno, quanto l'occhio e il braccio suo gli comporterà: il che molto meglio potrà fare proponendosi un objetto, che se non avesse la fantasia indrizzata ad alcuno terminato fine. Ma difficilissimo è in ogni cosa esprimere quella più perfetta forma; e questo, per la varietà de'giudicii, come nell'altre cose, così ancor in questa nostra materia: chè sono molti a cui serà grato un uomo che parli assai, e quello chiameranno per piacevole; alcuni si dilettaranno più della modestia; alcuni altri di un uomo più attivo; e già sonosi trovati di quelli che hanno avuti grati soli quelli che dicono mal d'altri: e così ciascun lauda e vitupera secondo il parere suo, sempre coprendo il vizio col nome della propinqua virtù, e la virtù col nome del propinquo vizio; come un prosontuoso chiamarlo libero, un modesto arido, un nescio buono, uno scelerato prudente, e così nel resto. Pur io estimo in ogni cosa esser la sua perfezione, avvegna che nascosta, e questa potersi conoscere da chi di tal cosa s'intende. Ma, per venire a quello ch'è nostra intenzione, ho pensato, rinovando la grata memoria d'un felice tempo, recitare certi ragionamenti atti a quello che noi intendemo di scrivere; li quali sforzaròmmi a puntino, per quanto la memoria mi comporta, ricordare, acciò che conosciate quello che abbiano giudicato e creduto di questa materia singularissimi uomini, i quali io tra gli altri ho conosciuti d'ogni egregia laude meritevoli.

MOTTO DI BERNARDO BIBIENA.
(Lib. II, cap. LXIII, pag. 135, lin. 35, dopo le parole
Passi la Signoria Vostra. —)

Andando io ancor da Firenze a Siena, ed essendo già l'ora tarda, dimandai un contadinello, s'ei credeva ch'io potessi entrare dentro della porta; ed esso subito, con volto meraviglioso e sopra di sè, mi rispose:—E come dubitate voi di non potervi entrare? v'entrarebbono due carri di fieno insieme. —

DI PAPA GIULIO II.
(Lib. II, cap. LXIII, pag. 136, lin. 18, dopo le parole *in Bologna.*)

Quando ancor il Papa a questi dì andò a Bologna, giunto in Perugia, ad uno de' suoi antichi servitori morì una mula,

ual sola avea. Gli altri compagni, desiderosi che il Papa
i rifacesse questo danno col donargliene un'altra, subito
li lo dissero. Il Papa allora fecesi chiamar questo servitore,
dimandogli come così gli era morta la mula, e di che
iale. Esso rispose:—Padre Santo, credo sia stata la cru-
ezza di queste acque di Perugia, che le hanno generati
olori, onde ella si è morta. — Allor il Papa, mostrando che
iolto gl'increscesse, e quasi che rimediare volesse, fatto
hiamare il suo maestro di stalla, in presenza di quello e di
utti gli altri, che aspettavano certissimo che volesse coman-
are che se gli desse una mula, disse:—Noi intendemo, che
queste acque sono molto crude e nocive alle bestie; però vo-
emo che tu abbi rispetto alle nostre; e perchè non patisca-
10, fa che bevino l'acqua cotta. —

DEL CONTE LUDOVICO DA CANOSSA.

(Lib. II, cap. LXXVIII, pag. 148, lin. 3, dopo le parole *abito da savio.*—)

Disse ancora ad un altro, che dicea che non osava
andare a Napoli, perchè sapeva certo che quelle Regine non
lo lascierìano di poi partire, e farìano guardare li passi:—Tu
le potrai gabbare benissimo; perchè esse hanno concesso per
una sua patente licenza a Monsignore di Aragona di cacciare
buon numero di cavalli del reame: e però tu ancor potrai
metterti in frotta con quell'altre bestie, e passerai sicuramente. —

LODI DI FRANCESCO MARIA DELLA ROVERE.

(Lib. IV, cap. II, pag. 244, lin. 27-33, invece delle parole *il Signor Francesco
Maria Rovere* fino a *lodevoli costumi.*)

Fu ancora il signor Prefetto Francesco Maria della Rovere fatto duca d'Urbino; benchè molto maggior laude attribuire si possa alla casa dove nutrito fu, che in essa sia
riuscito così raro ed eccellente signore in ogni qualità di
virtù, come or si vede, che dello essere pervenuto al ducato
d'Urbino. Nè credo che di ciò picciol causa sia stata la nobile e rara compagnia, dove in continua conversazione sempre ha veduto ed udito lodevoli costumi; chè in vero senza
altro ajuto che di natura non pare che credere si possa, che

in un giovane sia congiunto con la grandezza dell'animo un tanto maturo e prudente consiglio, così nell'arme come nel governo de' stati, e in tutti li discorsi umani: chè, oltre la deliberata volontà ed inviolabile proponimento verso la giustizia, e mill'altre meravigliose condizioni, chi vide mai in signore di età di ventitrè anni tanta continenza, che non solamente da ogni atto lascivo e disonesto si astenga, ma dalle parole e da ogni cosa che generar ne potesse sospizione sia alienissimo? Nè però questo è proceduto perch' egli abbia l'animo tanto austero, che aborrisca quello che naturalmente ognuno desidera; anzi di teneri e dolcissimi costumi insieme con la modestia è tutto pieno. E già più ch'una volta raccordomi averlo veduto fieramente d'amore acceso, ed in questa passione aver fatto quello che così rare volte e con tanta difficoltà si fa, che per impossibile da ognuno è giudicato: e questo è, lo essere inamorato e savio, e metter legge e misura a quelli desiderii che patire non la possono; e non solamente negli gran signori, alli quali la libera commodità e la vita deliziosa danno gran licenza e causa di peccare, ma spesso traporta e sforza gli animi de' poveri e bassissimi uomini ad incorrere in gravi errori. Chi adunque può tanto di sè stesso, che domini e governi con ragione gli proprii appetiti, e massimamente quando hanno più forza, è ancor conveniente credere, che possi e sappia con la medesima ragione molto meglio governare gli popoli, come ben se ne vede nel signor Duca esperienza. —

LODI DI FEDERICO GONZAGA, MARCHESE DI MANTOVA.
(Lib. IV, cap. XLII, pag. 276, lin. 7-29, invece della parole *Rispose il Signor Ottaviano* fino a *questa vostra speranza*. —)

Rispose il signor OTTAVIANO: Se il signor Prefetto non fosse qui presente, io direi pur arditamente, che esso di sè stesso promette ciò che desiderar si può di degno principe; ma per fuggir ogni sospetto di adulazione, non voglio laudarlo in presenza. Dico bene, che se 'l conte Ludovico nostro è così veridico come suole, un altro ne avemo ancora, del quale con ragione sperar si deve tutto quello ch' io ho detto convenirsi a quel supremo grado di eccellenza: e questo non solamente è nato, ma comincia già a mostrare della vertute e valor suo verissimi argomenti. — E qual è questo felice signore? — rispose il FRISIO. Disse il signor OTTAVIANO: Il Federico Gonzaga, primogenito del Marchese di Mantua, nepote della signora Duchessa qui. — Allor il conte LODOVICO, Io, disse, confesso, non aver mai veduto fanciullo, che in così tenera etate mostri maggior indole di questo, nè più certa speranza di pervenire al colmo di quella virtute eroica che ha nominata il signor Ottaviano: onde penso che non solamente nel dominio suo, ma in tutta Italia, abbia da rinovare il secol d'oro, del quale già tanto tempo fra gli uomini non si vede più reliquia. Ed io essendo a questi dì passati ito a Mantua, feci quel giudicio di lui che si scrive che già fecero di Alessandro certi ambasciatori del re di Persia; li quali, venuti alla corte di Filippo essendo esso absente, furono da Alessandro suo figliolo, che ancor era fanciullo, ricevuti onoratissimamente; ed intertenendoli esso domesticamente, come si suole, non gli adimandò mai cosa alcuna puerile, come degli orti o giardini, nè delle altre delizie del loro re, che in quei tempi erano celebratissime; ma solamente, quanta gente a piedi e quanta a cavallo potesse mettere alla campagna il re di Persia, e che ordinanza e modo teneano nel combattere, e in qual parte dello esercito stava la persona del re, e chi stavano con lui, e come aveano modo di levar le vettovaglie alli nemici che venissero in Persia da una banda, e come dall'altra, e come di fare che a sè non mancassero, ed altre tai cose; di modo che quelli ambasciatori maravigliati dissero: Il nostro si può chiamare meritamente ricco re, ma questo fanciullo gran re; — e infino allora giudicorno, che avesse da essere quello che fu. Così io non senza chiaro indizio presi di questo fanciullo suprema speranza; chè, vedendolo ed udendolo ragionare, restai stupido, e parvemi comprender che la natura l'avesse prodotto attissimo ad ogni virtuosa grandezza. — Allor il FRISIO, Or non più, disse; pregarem Dio di vedere adempita questa vostra speranza; ma date oggimai loco agli altri di parlare. —

ANNOTAZIONI.

Il passaggio di Papa Giulio II, dopo il quale per quattro sere si finge tenuto il presente Dialogo del *Cortegiano*, ebbe luogo ai primi di marzo dell'anno 1507; essendo il Castiglione allora appunto ritornato dal suo viaggio in Inghilterra, dove era andato ambasciatore del Duca d'Urbino Guidubaldo da Montefeltro al re Enrico VII (vedi *Lettere Familiari*, 27, 28 e 29). Il Castiglione pose il suo Dialogo in quei giorni, onde aver modo di introdurre a prendervi parte molti insigni personaggi che non dimoravano abitualmente in Urbino, ma che vi si trovarono in occasione di quel passaggio: finse poi di essere tuttora assente, onde non trovarsi astretto a farsi interlocutore nel Dialogo, o porsi in mezzo agli altri muto spettatore.

Gl'Interlocutori del Dialogo sono i seguenti:

1. Duchessa **ELISABETTA**: Lib. I, cap. 6, 7, 12, 23, 32; Lib. II, cap. 5, 27, 35, 55, 85, 92, 99, 100; Lib. III, cap. 2-4, 49, 52, 60, 71, 77; Lib. IV, cap. 3, 25, 30, 43, 50, 55, 72, 73.

Figliola di Federico e sorella di Francesco Gonzaga marchese di Mantova, e moglie di Guidubaldo da Montefeltro duca d'Urbino; donna di singolar bellezza e virtù. Morì nel gennajo 1526, mentre il Castiglione si trovava Nunzio in Ispagna. Delle sue lodi veggasi il Castiglione in più luoghi del *Cortegiano* e delle altre opere, il Dialogo del Bembo *De Ducibus Urbini*, e le Annotazioni del Serassi alle Poesie Italiane e Latine del nostro Autore.

2. **EMILIA PIA**: Lib. I, cap. 6, 7, 9, 12, 13, 23, 39, 50, 55; Lib. II, cap. 17, 44, 45, 52, 53, 69, 97, 98, 99; Lib. III, cap. 17, 20, 22, 32, 46, 58, 61-64, 76; Lib. IV, cap. 30, 44, 50, 71-73.

Questa celebre principessa fu sorella di Ercole Pio signor di Carpi, e moglie del conte Antonio di Montefeltro, fratello naturale del duca Guidubaldo. Più ampie notizie intorno a lei si veggano nelle Annotazioni del Serassi alla stanza XXXV dell'Egloga Pastorale del Castiglione e del Gonzaga, il *Tirsi*.

3. **CESARE GONZAGA:** Lib. I, cap. 8, 13, 18, 23, 24, 28, 31, 53; Lib. II, cap. 10, 20, 27, 53, 56; Lib. III, cap. 3, 7, 40-52, 64, 70-72; Lib. IV, cap. 18, 30, 36, 60, 72, 73.

« Cugino ed intrinseco amico del conte Baldassarre. Questi
» alla gloria dell'armi univa con maraviglioso innesto l'ornamento
» delle lettere, e una incredibile prontezza e maturità di giudizio;
» talchè riuscì bon men valoroso guerriero, che leggiadro poeta, e
» grande ed accorto ministro. Dopo la morte del duca Guidubaldo
» fu con onoratissime condizioni trattenuto da Francesco Maria della
» Rovere, a cui prestò rilevanti servigi così in pace come in guerra.
» Ed avendo nel 1512 ridotta Bologna all'obedienza del Pontefice,
» sovragiunto da una gagliarda febre, vi morì assai giovane, lasciando
» a tutti coloro che l'avevano conosciuto acerba e dolorosa memo-
» ria della sua morte. » SERASSI.

4. **Conte LUDOVICO CANOSSA:** Lib. I, cap. 13, 14, 16-22, 25-29, 31-47, 49-55; Lib. II, cap. 44; Lib. III, cap. 34, 67, 71; Lib. IV, cap. 42, 55, 56, 60.

Stretto parente del Castiglione, fu poscia Nunzio Apostolico in Francia, vescovo di Tricarico e indi di Bajous, ed ambasciatore del re Francesco I presso la Republica di Venezia.

5. **FEDERICO FREGOSO:** Lib. I, cap. 12, 29-31, 37-39, 55; Lib. II, cap. 6-44, 84, 100; Lib. III, cap. 2, 53-56, 68; Lib. IV, cap. 56.

Figliolo della signora Gentile Feltria sorella del duca Guidubaldo, ed amicissimo del Castiglione. Fu poscia arcivescovo di Salerno e cardinale.

6. **OTTAVIANO FREGOSO:** Lib. I, cap. 40; Lib. II, cap. 91, 92; Lib. III, cap. 3, 51, 76, 77; Lib. IV, cap. 3-10, 12-14, 16-19, 21-35, 37-49.

Fratello del precedente; fu poscia doge di Genova. Morì infelicemente, prigione del Pescara.

7. **PIETRO BEMBO:** Lib. I, cap. 14, 45; Lib. II, cap. 27, 29, 43, 52-54; Lib. IV, cap. 45, 20, 50-54, 56-71.

Fu il Bembo amicissimo del Castiglione, essendosi conosciuti lungamente prima alla corte d'Urbino, poi in Roma durante il ponteficato di Leone X, che lo nominò suo secretario. Il Castiglione gli diede ad esaminare e correggere il suo Dialogo. Dopo la morte del Castiglione, fu da papa Paolo III creato cardinale.

8. BERNARDO DIVIZIO DA BIBIENA: Lib. I, cap. 19, 27, 31; Lib. II, cap. 33, 44-54, 56-90, 92-96; Lib. III, cap. 64, 68, 72; Lib. IV, cap. 38, 42.

Preso dal cardinale Giovanni de' Medici a suo secretario, essendosi poscia efficacemente adoperato per farlo eleggere papa, questi, asceso al pontificato sotto il nome di Leone X, lo creò cardinale sotto il titolo di Santa Maria in Portico. Fu uomo di molto ingegno, e sopratutto di maravigliosa destrezza nel maneggio degli affari politici; adoperato in varie importantissime legazioni, si mostrò uno dei più gran ministri che avesse la Sede Apostolica.

9. GASPARO PALLAVICINO: Lib. I, cap. 6, 7, 15, 18, 21, 31, 47; Lib. II, cap. 10, 13, 23, 24, 28, 31, 35, 40, 67, 69, 90, 92, 94-97, 99; Lib. III, cap. 3, 7, 10, 11, 15, 17, 21, 25, 28, 31, 33, 35, 37, 39, 41, 47, 51, 52, 56, 58, 64, 65, 71, 72, 74, 75; Lib. IV, cap. 11, 14, 19, 22, 25, 28-30, 35, 48, 49, 60, 72.

Valente cavaliere, ed amicissimo del Castiglione, che da lui finge essergli stati narrati questi ragionamenti sul Cortegiano tenutisi in sua assenza. L'Autore compiange l'immatura morte del Pallavicino in principio del Libro IV.

10. GIULIANO DE' MEDICI detto IL MAGNIFICO: Lib. I, cap. 28, 31, 42, 48, 55; Lib. II, cap. 14, 26, 55, 66, 98, 100; Lib. III, cap. 2, 4-10, 12-14, 16-38, 40, 52, 54-57, 59, 64-67, 69, 70, 72-74; Lib. IV, cap. 17, 44, 72.

Figliolo di Lorenzo il Magnifico, e fratello del cardinale Giovanni de' Medici, che fu poscia Papa Leone X; si tratteneva allora alla corte d'Urbino,

> Ove col formator del Cortegiano,
> Col Bembo, e gli altri sacri al divo Apollo,
> Facea l'esilio suo men duro e strano.
> (ARIOSTO, Satira IV.)

Rientrato in Firenze nel 1512, fu poscia capitan generale e gonfaloniere di Santa Chiesa, e duca di Nemours; ebbe in isposa Filiberta di Savoja, zia di Francesco I re di Francia. Morì li 17 marzo 1516. Più ampie notizie intorno al medesimo si troveranno nelle Annotazioni del Serassi alla stanza XLIII della Pastorale il *Tirsi*.

11. BERNARDO ACCOLTI detto L'UNICO ARETINO: Lib. I, cap. 9; Lib. II, cap. 5, 6; Lib. III, cap. 7, 60-63.

Bernardo Accolti d'Arezzo, detto l'Unico Aretino, di fama assai maggiore vivendo che non presso i posteri. Fu tuttavia cavaliere assai leggiadro, versato nelle buone lettere, e particolarmente nella poesia. Non si trattenne che di passaggio alla corte di Urbino, poichè era Scrittore Apostolico ed Abbreviatore sotto Giulio II.

12. FRANCESCO MARIA DELLA ROVERE, allora **PREFETTO DI ROMA**: Lib. I, cap. 54, 55; Lib. II, cap. 42, 43; Lib. IV, cap. 73.

Francesco Maria figliolo di Giovanni della Rovere, e di Giovanna sorella di Guidubaldo da Montefeltro duca d'Urbino, nacque li 24 marzo 1491, e perciò al tempo nel quale si finge tenuto il dialogo era giovane di soli sedici anni. Giulio II, suo zio, per assicurargli la successione al ducato d'Urbino, si adoperò in modo, che da Guidubaldo, il quale era senza prole, fu adottato per figliolo li 19 settembre 1504; poscia, per ottenere l'appoggio anche della duchessa Elisabetta, trattò che se gli desse per moglie Eleonora Gonzaga figliola di Francesco marchese di Mantova, e nipote perciò di Elisabetta; il qual matrimonio, conchiuso e pubblicato il 2 marzo 1505, per la tenera età degli sposi non si celebrò che il 25 novembre 1509, dopo che già Francesco Maria era succeduto al morto Guidubaldo. Espulso l'anno 1516 da papa Leone X, che concesse quel ducato a Lorenzo de' Medici suo nipote, si rifugiò a Goito nel Mantovano. L'anno seguente, con una mano di circa 9,000 soldati raccogliticci di varie nazioni, tentò di recuperare lo stato; ma costretto infine di abbandonare l'impresa, si ricoverò nuovamente in quel di Mantova. Finalmente, morto appena papa Leone (1521), posti insieme quattromila fanti e duemila cavalli, ajutato dall'amore dei popoli, recuperò in breve spazio tutte le terre del ducato. Nel 1527, al tempo della spedizione di Carlo Borbone contro Roma, era capitano generale dell'esercito della Lega; e vuolsi che ad arte lasciasse che le cose del papa (Clemente VII) andassero in rovina, in vendetta dei danni recatigli dalla famiglia dei Medici. Morì avvelenato al 20 ottobre 1538, in età di soli 47 anni. Di tale misfatto venne incolpato Cesare Fregoso, che, essendo generale della fanteria veneziana, aveva avuto briga col Duca, supremo capitano di quella Republica.

13. NICOLÒ FRIGIO o FRISIO: Lib. II, cap. 99; Lib. III, cap. 3, 19, 22, 24-26, 28, 37, 45, 49; Lib. IV, cap. 42.

Il Bembo lo dice *uomo Germano, ma avvezzo a' costumi della Italia.* Fu familiare dello imperatore Massimiliano, a nome del quale si trovò al chiuder della lega di Cambrai; uomo di grande esperienza negli affari, ma sopratutto d'una bontà e lealtà singolare. Tornato in Italia, entrò a' servigi di Bernardino Carvajal cardinale di Santa Croce; e passando per Urbino colla corte del Papa, vi si fermò alcun tempo, e vi contrasse amicizia col Bembo e col Castiglione, il quale già aveva conosciuto circa due anni prima in Roma. (Cast., *Lett. fam.*, 25.) Nel 1510 si rese monaco nella Certosa di Napoli, e fu allora che il Bembo gli scrisse il sonetto che incomincia:

Frisio, che già da questa gente a quella.

14. MORELLO DA ORTONA: Lib. I, cap. 34; Lib. II, cap. 8, 14, 15; Lib. IV, cap. 55, 63.

Il più vecchio tra i cavalieri della corte di Urbino. Il Castiglione nella Pastorale il *Tirsi* lo loda anche come poeta.

15. ROBERTO DA BARI: Lib. II, cap. 50; Lib. III, cap. 57, 58.

Amicissimo del Castiglione, che di lui parla con molta lode e ne compiange la perdita nel proemio del Libro IV del *Cortegiano*. Di lui parla il nostro Autore anche nella 58ª delle Lettere Familiari.

16. FRA SERAFINO: Lib. I, cap. 9.

Burlatore faceto (*Corteg.*, II, cap. 89), e gran mangiatore (I, 28).

17. LUDOVICO PIO: Lib. I, cap. 46; Lib. II, cap. 23, 37.

Figliolo di Lionello signore di Carpi; fu uomo di Chiesa.

18. GIOVANNI CRISTOFORO ROMANO: Lib. I, cap. 50.

Valente scultore, discepolo di Paolo Romano. Fu amico anche di Saba Castiglione, il quale di lui così ne' suoi Ricordi (Ricordo 109): « Oltra le altre virtù, e massimamente della musica, fu al suo tempo » scultore eccellente e famoso, e molto delicato e diligente, e mas- » simamente per la nobile ed ingegnosa sepoltura di Galeazzo Vis- » conte nella Certosa di Pavia. E se non che nella età sua più verde » e più fiorita fu assalito d'incurabile infermità, forse fra li due primi » (Michelangelo e Donatello) stato sarebbe il terzo. » — Sul monumento di Galeazzo Visconte si legge: IHOANNES CHRISTOPHORUS ROMANUS FACIEBAT.

19. VINCENZO CALMETA: Lib. I, cap. 56; Lib. II, cap. 21, 22, 39.

Fu a' suoi giorni poeta di poco prezzo. DOLCE.

20. PIETRO DA NAPOLI: Lib. I, cap. 46; Lib. II, cap. 18.

Nè presso il nostro Autore nè altrove mi venne fatto di trovar menzione di costui fra gli uomini insigni di quella età.

21. MARCHESE FEBUS: Lib. II, cap. 37.

Di costui parimente non trovai altro cenno che quello datoci dal nostro Autore in quest'Opera, Lib. I, cap. 54, e Lib. II, cap. 37.

22. COSTANZA FREGOSA: Lib. I, cap. 40.

Sorella di Ottaviano e di Federico Fregosi, e perciò nipote da sorella del duca Guidubaldo.

23. MARGHERITA GONZAGA: Lib. III, cap. 23.

Dama della duchessa Elisabetta.

Pag. 1, lin. 8. — *che in quegli anni.* Meno bene le tre prime Aldine *che io quegli anni.*

Pag. 1, lin. 18. — Donna celebratissima per ingegno, per bellezza e per virtù, figliola di Fabrizio e sorella di Ascanio Colonna, e moglie di Fernando d'Avalo marchese di Pescara.

Pag. 1, lin. 19. — Vedi la 299 fra le Lettere di Negozii del Castiglione.

Pag. 2, lin. 2. — Messer Alfonso Ariosto, gentiluomo bolognese, era cortegiano molto favorito del cristianissimo re Francesco I, e grande amico del Castiglione. SERASSI.

Pag. 5, lin. 26. — Questa fu opinione di molti, nata in parte dall'essere difatti il Castiglione adorno di quasi tutte le doti, delle quali vuole fregiato il perfetto Cortegiano; onde anche l'Ariosto, Canto XXXVII, st. VIII.

> C'è il Bembo, c'è il Cappel, c'è chi qual lui
> Veggiamo ha tali i Cortegian formati.

Pag. 6, lin. 5. — Questo è preso gentilmente da Cicerone. DOLCE.

LIBRO PRIMO.

Pag. 8, lin. 21. — Allude al proemio del dialogo dell'Oratore. DOLCE.

Pag. 9, lin. 22. — Vedi la descrizione di questo palazzo nel libro intitolato *Versi e prose di monsignor Bernardino Baldi da Urbino, abate di Guastalla*; in Venezia, 1590, in-4. GAETANO VOLPI.

ANNOTAZIONI. 327

Pag. 10, lin. 7. — Imita Ovidio nel fine delle Trasformazioni. DOLCE. — Metamorphos., lib. XV, v. 750, 751:

neque enim de Cæsaris actis
Ullum majus opus, quam quod pater extitit hujus.

Pag. 15, lin. 25. — Tale usanza dura anche oggi in Sardegna; vedi Lamarmora, Voyage en Sardaigne, 2ª édition, vol. I, pag. 179.

Pag. 16, lin. 15. — Frate in Roma, famigliare del Castiglione. Nelle sue facezie si fa cenno anche più sotto, Lib. II, cap. 44. Sembra che, tra l'altre stranezze, solesse fare l'elogio della pazzia, ed augurarla altrui quasi buona ventura; come appare e da questo passo, e più chiaramente dal seguente di una fra le lettere del Castiglione, che per la prima volta diamo alla luce (Lettere di Negozii, 74): « I medici . . . . . mi confortano a purgarmi diligentemente, » per essere quell'umore melancolia di malissima sorte; benchè » frate Mariano dice, che per modo alcuno non mi debbo medicina-» re: che se per mia avventura questo umore mi andasse alla testa, » io diventerei matto, e così avrei il miglior tempo che avessi mai » in vita mia. »

Pag. 17, lin. 26. — Questo sonetto fu per la prima volta stampato dal Rovillio, nell'edizione del Cortegiano fatta in Lione 1562; indi dal Volpi nell'indice del Cortegiano, dove fu conservato nelle edizioni posteriori; esso è il seguente:

Consenti, o mar di bellezza e virtute,
   Ch'io, servo tuo, sia d'un gran dubio sciolto.
L'S, qual porti nel candido volto,
   Significa mio Stento, o mia Salute?
Se dimostra Soccorso o Servitute?
   Sospetto o Securtà? Secreto e Stolto?
   Se Speme o Stride? se Salvo o Sepolto?
   Se le catene mie Strette o Salute?
Ch'io temo forte, che non faccia segno
   Di Superbia, Sospir, Severitate,
   Strazio, Sangue, Sudor, Supplicio e Sdegno.
Ma, se loco ha la pura veritate,
   Questo S dimostra, e con non poco ingegno,
   Un SOL Solo in bellezza e crudeltate.

Pag. 18, lin. 50. — *dolci li fa.* Così corresse il Dolce; le Aldine e le altre antiche hanno *dolci le fa.*

Pag. 21, lin. 57. — Allude a quello che dice Orazio. DOLCE. — *Sermonum, lib. I, Sat. III, v. 44-53.*

Pag. 22, lin. 16. — *se desvia.* Le Aldine degli anni 1528, 1541, 1545, hanno *si desvia.*

Pag. 22, lin. 32. — Imitato da Orazio, Od. IV, 4, v. 29:

> *Fortes creantur fortibus et bonis;*
> *Est in juvencis, est in equis, patrum*
> *Virtus, nec imbellem feroces*
> *Progenerant aquilæ columbam.*

Pag. 25, lin. 22. — *i giudicii*. Così lè Aldine degli anni 1528, 1533, 1538, 1545, e questa credo la vera lezione; le Aldine del 1541 e 1547, *i giudici*.

Pag. 27, lin. 24. — *si astien da laudar.* Le Aldine degli anni 1541 e 1547, *si astien di laudar*.

Pag. 30, lin. 5-34. — Questo passo intorno ai duelli fu conservato intatto nell'edizione espurgata dal Ciccarelli. Il Volpi nell'Indice, alle parole *Combattimenti privati o siano duelli*, aggiunge la seguente Nota: « In essi non solo, come consiglia l'autore, dee » il Cortegiano andar ritenuto, ma, se è buon cristiano, li dee af- » fatto fuggire, per aderire all'insegnamento dell'Apostolo nella sua » II.ª lettera ai Corinti, al capo VI, di dover seguitar CRISTO *per glo-* » *riam et ignobilitatem, per infamiam et bonam famam.* »

Pag. 31, lin. 36. — *compagnata*. Così le Aldine del 1528, 1533, 1545, voce usata anche altrove dal nostro Autore; le Aldine del 1538, 1541 e 1547, hanno *accompagnata*.

Pag. 33, lin. 24. — *i guida*. Così tutte le Aldine e le altre antiche, ed è lombardismo usato più volte dall'Autore. Simile forma troviamo presso Dante, Inferno, canto V, v. 78:

> e tu li chiama
> Per quell'amor che i tira, ed ei verranno.

Il Dolce mutò ad arbitrio *li guida*, lezione ripetuta nell'edizione dei Classici, e in quella del Silvestri. Simile modo di dire troviamo nuovamente a carte 58, lin. 36; a carte 87, lin. 25; a carte 118, lin. 34; a carte 123, lin. 33; a carte 200, lin. 20.

Pag. 39, lin. 5. — È da avvertire che la intenzion dell'Autore è appunto di rifiutar la opinion del Bembo espressa nelle sue prose intorno alla lingua; dove forse si potrebbe dire, che ambedue peccassero nel troppo, l'uno nell'osservare, e l'altro nello sprezzare. DOLCE.

Pag. 43, lin. 5. — Allude al celebre verso di Orazio:

> *Scribendi recte, sapere est principium et fons.*
> (De Arte Poetica, v. 309.)

Non so astenermi dal notare qui il grave errore in che nella spiegazione di questo verso è caduto il Botta, nella prefazione alla continuazione della Storia del Guicciardini; dove, collegando il *recte* col *sapere*, e non collo *scribendi*, ci ripete a sazietà quell' insulso *recte sapere*, quasi fosse possibile *sapere non recte*. Al qual proposito conviene avvertire, che la voce italiana *sapère* corrisponde piuttosto alla latina *scire*, e che manchiamo nella nostra lingua di un vocabolo che perfettamente esprima il *sapere* dei latini. Forse, ma pure imperfettamente, si potrebbe tradurre per *aver senno*.

Pag. 45, lin. 15. — Tolto da Cicerone. DOLCE.

Pag. 46, lin. 12. — *se gli trovi.* Così corresse il Dolce; le Aldine hanno, e forse il Castiglione scrisse *si gli trovi*. Del resto, questo pensiero parimente è tolto da Orazio:

> *ut sibi quivis*
> *Speret idem; sudet multum, frustraque laboret,*
> *Ausus idem.*
> (De Arte Poetica, v. 240-242.)

Pag. 47, lin. 2. — *italiana, commune.* Così tutte le Aldine; il Dolce, tolta la virgola, scrisse, forse non male, *italiana commune*.

Pag. 47, lin. 33. — *perchè dite, se qualche.* Così le Aldine degli anni 1538, 1541, 1547; le altre, *perchè dite, che se qualche*.

Pag. 47, lin. 37. — *Campidoglio* si usa in rima dal Petrarca nel primo capitolo del *Trionfo d'Amore*. GAETANO VOLPI.

Pag. 50, lin. 3. — *nella maniera del cantare.* Le Aldine degli anni 1528, 1538, 1541, hanno *nella maniera dal cantare*.

Pag. 50, lin. 14. — Intorno al Mantegna, vedi la Parte II della *Verona illustrata*, del celebre signor marchese Scipione Maffei, in-8, a carte 189. VOLPI.

Pag. 52, lin. 30, 33. — *non direste voi poi, che Cornelio nella lingua fosse pare a Cicerone, e Silio a Virgilio?* Così le Aldine del 1541 e del 1547; le altre Aldine, con manifesto errore, *non direste voi poi, che Cornelio nella lingua fosse pare a Cicerone, a Silio e a Virgilio?*

Pag. 53, lin. 19. — *attiche.* Le Aldine degli anni 1541 e 1547, *antiche*.

Pag. 55, lin. 11. — *non vi pare.* Male le Aldine degli anni 1538, 1541, 1547, *et vi pare*.

Pag. 58, lin. 7, 8. — *non estimandola tanto, ragionevol cosa è ancor credere.* Così corresse il Dolce; le edizioni anteriori hanno *non estimandola tanto ragionevol cosa, et ancor credere*, tranne l'Aldina del 1547, che ha *non estimandola tanto ragionevol cosa, è ancor credere*.

Pag. 59, lin. 34. — Il simile dice Cicerone nella orazione in difesa di Archia poeta. DOLCE.

Pag. 60, lin. 29. Versi tratti dal sonetto CXXXV del Petrarca.

Pag. 63, lin. 4. — *che or saria lungo a dir.* Così corresse il Volpi; le edizioni anteriori hanno *che lor saria lungo a dir.*

Pag. 63, lin. 27. — *tener certo.* Così scriviamo, colle Aldine degli anni 1538, 1541, 1547; quelle del 1528, 1533, 1545, *tener per certo.*

Pag. 63, lin. 21. — Il Volpi nota: « Anzi è certissimo per le » Divine scritture, fra le quali basti il salmo 150. »

Pag. 65, lin. 4. — *tra gli oratori.* Le Aldine degli anni 1541 e 1547, *tra oratori.*

Pag. 67, lin. 7. — *anco.* Seguiamo la lezione delle Aldine degli anni 1541 e 1547; le altre *ancora.*

LIBRO SECONDO.

Pag. 75, lin. 22. — È l'Oraziano *laudator temporis acti.* (De Arte Poetica, v. 173.)

Pag. 76, lin. 23. — *Plato in Phœdone, ed. Henr. Stephani.* Vol. I, pag. 60, B.

Pag. 76, lin. 28. — *precede.* Così le Aldine degli anni 1545 e 1547; male le quattro anteriori *procede.*

Pag. 78, lin. 7. — Forse il Signore alluse a ciò nella parabola della zizania con quelle parole: *Sinite utraque crescere usque ad messem.* Matth. XIII, 30. GAETANO VOLPI.

Pag. 80, lin. 29. — Leggi la prima commedia di Terenzio. DOLCE.

Pag. 81, lin. 15. — Comparazione tolta da Cicerone. DOLCE.

Pag. 83, lin. 20. — *asza.* Le Aldine degli anni 1533, 1538, 1541, 1547, *acchia;* e forse così scrisse l'Autore.

Pag. 84, lin. 6. — *barra.* Male le Aldine degli anni 1528 e del 1545, *bara.*

Pag. 88, lin. 37. — Dubito che dir voglia *due volte al giorno*, come fanno alcuni zerbini d'oggidì; chè a niuno parrà certo soverchio il farsi la barba due volte la settimana. Del resto, è degno di nota, che questa accusa appunto venne a' suoi tempi fatta da alcuni al Castiglione, come sappiamo dal Giovio, e dopo lui dal Marliani, *che si tingesse i capegli, e che sforzandosi di parer giovane, andasse pulitamente vestito.*

Pag. 90, lin. 23. — Tratto dal Virgiliano:

. . . . . *sed cruda Deo viridisque senectus.*
(Æn. VI, 304.)

Pag. 91, lin. 25. — *forse.* Così le Aldine del 1541 e del 1547; altre *forse.*

Pag. 92, lin. 17. — *presunzion sciocca.* Così l'ultima Aldina; altre *prosunzione sciocca.*

Pag. 94, lin. 23. — Luc. XIV, 8, 10.

Pag. 94, lin. 54. — *favor.* Così le Aldine degli anni 1541 1547; le altre *favore,* il che non concorda col seguente *meri-'argli.*

Pag. 98, lin. 19. — *se lo estimassi.* Così corresse il Volpi; le edizioni anteriori hanno *se lo estimasse.*

Pag. 102, lin. 10. — *nel vestire, voglio che 'l nostro Cortegiano.* Così le Aldine degli anni 1528, 1533 e 1545; le altre *del vestire, voglio che 'l Cortegiano;* e questa forse è la vera lezione.

Pag. 102, lin. 15. — *di denti.* Le Aldine degli anni 1525, 1533, 1545, *de denti.*

Pag. 103, lin. 16. — Bergamo abbonda nelle sue montagne di certi scimuniti gozzuti e mutoli, per alimentare i quali colà nel borgo Sant'Alessandro ha un ricco spedale detto *la Maddalena.* GAETANO VOLPI.

Pag. 105, lin. 23, 24. — *ragionaste.* Le Aldine del 1541 e del 1547, *ragionassi.*

Pag. 106, lin. 32. — Ossia una misura piena di ceci.

Pag. 107, lin. 13. — *se gli metteranno.* Così corresse il Volpi; le Aldine e le altre antiche *si gli metteranno,* e così forse, con forma latina, scrisse il nostro Autore.

Pag. 110, lin. 4. — Di questi innamoramenti per fama vedi esempio presso il Boccaccio, Giornata IV, Nov. IV, del Gerbino.

Pag. 110, lin. 38. — Josquin de Prez, nativo di Cambrai, o secondo altri di Condé, ed uno dei più valenti ingegni di che siasi vantata l'arte della musica, fu maestro di cappella sotto Sisto IV (1471-1484), e più tardi alla corte di Ludovico XII.

Pag. 112, lin. 2. — *vi vo' dir.* Le Aldine del 1538, 1541, 1547, *vi voglio dir.*

Pag. 115, lin. 5, 6. — *mettono.* Così fra le Aldine la sola del 1545; le altre *mettano.*

Pag 115, lin. 11. — Il Volpi congettura, che qui il Castiglione accenni a Leonardo da Vinci.

Pag. 115, lin. 20. — *che non è sua professione.* Male le Aldine degli anni 1538, 1541, 1547, *che è sua professione.*

Pag. 116, lin. 26. — Tolto da quello di Dante:

> Sempre a quel ver che ha faccia di menzogna,
> Dee l'uom chiuder le labra, quanto ei puote,
> Però che senza colpa fa vergogna.
>
> *Inf.* XVI, 22.

Pag. 116, lin. 33. — *partono.* Le due prime Aldine *partano*.

Pag. 117, lin. 20. — Nel resto di questo Libro, ossia in tutto il tratto relativo alle facezie, il nostro Autore segue principalmente Cicerone, *De Oratore, lib. II, cap.* 54-71, e ne trae alcune regole e molti esempii di facezie.

Pag. 117, lin. 30. — *queste.* Le Aldine degli anni 1541 e 1547, *questa*.

Pag. 118, lin. 15. — *de' mordaci.* Meno bene le Aldine degli anni 1541 e 1547, *ne' mordaci*.

Pag. 123, lin. 7. — Allude al carme LXVII di Catullo.

Pag. 123, lin. 32. — *porte.* Male l'Aldina del 1538 *parte*, e quelle del 1541 e 1547, *parti*.

Pag. 125, lin. 16. — Poesie di Strascino da Siena leggonsi nelle Raccolte di rime piacevoli. GIOVANNI ANTONIO VOLPI.

Pag. 129, lin. 29. — *la guerra che era tra 'l re.* Le Aldine del 1538, 1541 e 1547, e tutte le edizioni posteriori fino al Volpi, omettono le parole *che era*.

Pag. 129, lin. 33. — *di trovarvisi.* Così l'antica edizione senza data, il Dolce, e le edizioni posteriori; le Aldine *da trovarvisi*.

Pag. 132, lin. 4. — Antonio Alamanni pure scherza nello stesso modo sopra un tal vocabolo, in un sonetto a carte 82 delle rime del Burchiello dell'edizione fiorentina 1568:

> Vorrei costì dal Tibaldeo sapessi
> S'un crudo, senza legne, esser può cotto;
> E se quel ch'è d'un sol, può esser d'otto;
> O se non può aver letto un che leggessi.

GAETANO VOLPI.

Pag. 132, lin. 5. — *di quel non aver letto.* Male le due prime Aldine *di qual non aver letto*.

Pag. 133, lin. 11. — *domandar dell'ostaria.* Con supino errore le Aldine degli anni 1538, 1541, 1547, *domandar de l'historia*.

Pag. 133, lin. 14. — *terra di ladri.* Così primo il Dolce; le Aldine *terra de ladri*.

Pag. 133, lin. 18. — *lingua latrina.* L'Aldina del 1547 e parecchie posteriori hanno, per errore, *lingua latina*.

ANNOTAZIONI. 333

Pag. 133, lin. 22. — al medesimo proposito. Così primo il Volpi; le due prime Aldine *ad medesimo proposito;* le altre quattro *a medesimo proposito;* il Dolce *a un medesimo proposito.*

Pag. 133, lin. 25. — Virgil., Æneid. VI, 605, 606: *Furiarum maxima juxta Accubat.*

Pag. 133, lin. 30. — Verso d'Ovidio, *Artis Amatoriae,* I, 59.

Pag. 134, lin. 18. — Luc. IV, 2.

Pag. 134, lin. 20. — Matth. XXV, 20.

Pag. 135, lin. 52. — Monsignor Saba Castiglione ne' suoi Ricordi insegna, che nel guadare le acque e nel mangiare il cacio si ceda sempre il primo luogo al compagno. GAETANO VOLPI.

Pag. 136, lin. 5. — *Vino,* disse uno Spagnuolo alla tavola del gran Capitano, domandando da bere, la qual parola in ispagnuolo può dir anche *venne;* e Diego de Chignones subito rispose *Y no lo conocistes;* cioè (come dice il Dolce in una postilla) *venne il Messia, e voi non lo conosceste, perchè lo poneste in croce:* volendolo così tassare d'occulto ebraismo; come non di rado succede, che in Ispagna alligni tal razza di gente. GAETANO VOLPI.

Pag. 136, lin. 6. — Letterato celebratissimo, fu poscia secretario di Clemente VII e cardinale. SERASSI.

Pag. 137, lin. 11. — le disse. Le Aldine ed altre antiche *gli disse,* e forse così scrisse il Castiglione.

Pag. 137, lin. 32. — talor. Manca nelle Aldine degli anni 1541 e 1547.

Pag. 138, lin. 1. — dorargli. Male le Aldine degli anni 1538, 1541 e 1547, *dotargli.*

Pag. 139, lin. 7. — Il Volpi pensa che qui s'intenda o fra Serafino, del quale, Lib. I, cap. 29, e Lib. II, cap. 89; o fra Serafino Aquilano, poeta celebre. Ma quel primo era presente, laddove le parole qui *se ben vi ricordate* alludono a persona morta, o da lungo tempo assente; e nulla v'ha qui che paja alludere al poeta Aquilano. Nè questo Serafino è qui detto frate; e forse non è altri che il medico, del quale più sotto, al cap. 77.

Pag. 139, lin. 26. — cavatelo. Così emendò il Dolce; le edizioni anteriori *cavatilo.*

Pag. 140, lin. 28. — molto. Non male le Aldine degli anni 1538, 1541 e 1547, *e molto.*

Pag. 141, lin. 30. — quello che disse. Le Aldine degli anni 1541 e 1547, *quella che disse.*

Pag. 142, lin. 27. — diciate. Così primo il Dolce; le Aldine *dicate.*

Pag. 143, lin. 36. — Santo Ermo, certo fuoco fatuo che apparisce in su le antenne delle navi dopo le tempeste, ed è segno di tranquillità. GAETANO VOLPI.

Pag. 144, lin. 22. — Tolto da quello che Fabio Massimo disse di Marco Livio, che aveva lasciato occupare dai Cartaginesi Taranto, ma che, avendo conservata e difesa la ròcca, si vantava che Taranto era stato recuperato per opera sua: *Fateri se, opera Livii Terentum receptum....; neque enim recipiundum fuisset, nisi amissum foret.* Livii, Histor. XXVII, xxv.

Pag. 147, lin. 5. — *con quell'occhio.* Le Aldine degli anni 1528, 1533, 1545, *con quello occhio.*

Pag. 147, lin. 24. — Lo scherzo nasce dal dividere in due la parola *damasco.*

Pag. 148, lin. 12. — *maestro Stalla.* Così le Aldine ed altre antiche; il Dolce e le edizioni posteriori *maestro di stalla,* lezione priva di sale e di senso.

Pag. 148, lin. 27. — *se gli dice.* Così corresse il Dolce; le Aldine *si gli dice.*

Pag. 150, lin. 20. — *con minaccia.* Le Aldine degli anni 1528, 1533, 1545, *con minaccie.*

Pag. 150, lin. 25. — *escano.* Così le Aldine degli anni 1528, 1533, 1545; le altre *escono.*

Pag. 151, lin. 5. — *incrudiscono.* Male le Aldine degli anni 1538, 1541, 1547, *incrudeliscono*; lezione conservata anche dal Dolce.

Pag. 151, lin. 21, 22. — *dei miseri.* Le Aldine ed altre antiche *di miseri.*

Pag. 151, lin. 32. — A Montefiore era una magrissima osteria, ita in proverbio. GAETANO VOLPI.

Pag. 153, lin. 4. — *di chi io intendo.* Così l'edizione originale, e quella del 1545; l'Aldina del 1533 *di ch'io intendo;* onde quelle del 1538, 1541, 1547, *di che io intendo.*

Pag. 158, lin. 11. — Fu forse quel di San Giacomo; non essendocene altri che si possano circondare, ed essendo appunto dirimpetto ad esso una stradetta, che si chiama *Scalfura.* GAETANO VOLPI.

Pag. 158, lin. 32. — *tenea lo spago.* Le Aldine degli anni 1538, 1541, 1547, *tenea o teneva il spago,* che forse è la vera scrittura dell'Autore.

Pag. 159, lin. 26. — Notisi la voce *calunnia,* per imputazione maligna, ancorchè vera.

Pag. 160, lin. 19, 20. — Frase alquanto intricata; più chiaro :scirebbe il senso mutando l'ordine delle parole: *poiché non m'obli-|ano con lo amarmi ad amar loro.*

Pag. 160, lin. 30, 31; pag. 161, lin. 12, 18, 23. — In questo uogo nelle Aldine, e quindi nelle altre edizioni, è scritto *Boadiglia* : *Cariglio*, secondo la pronunzia spagnuola; sopra a pag. 145, lin. 19, 25; pag. 147, lin. 22, *Boadilla* e *Carillo*, secondo l'ortografia; e questa forma abbiamo preferto, attenendoci alla consuetudine dell'autore.

Pag. 164, lin. 16. — *bracciesca.* Così le Aldine del 1533, del 1545, e l'edizione originale o del 1528, ma questa con lettera majuscola *Bracciesca*; quelle del 1538, del 1541 e del 1547, hanno *bracesca.*

Pag. 165, lin. 36. — *quello di che io.* Male le Aldine degli anni 1538, 1541 e 1547, *quello che io.*

Pag. 166, lin. 11. — *Cortegiana.* S'astiene l'autore di chiamare la Dama di Corte con questo nome, chiamandola in vece *Donna di Palazzo;* perchè *Cortegiana* per lo più è preso in cattivo significato. Fra le Orazioni del nostro M. Sperone Speroni ve n'ha una scritta ne' giorni santi alle Cortegiane, per rimuoverle dalla pessima lor consuetudine. Alle volte però il Castiglione è pur caduto in ciò che non volea, chiamandola con un tal nome, come a carte 166 e 172, e forse in qualche altro luogo. GAETANO VOLPI.

Il Castiglione fa uso parimente di questa voce nella Lettera 8 fra le Famigliari: *Io mi parto assai accarezzato..... dalla Illustrissima Signora, che mi ha onorato ed accarezzato assaissimo più che non merito, e 'l medesimo tutte quest'altre Donne Cortegiane e non Cortegiane.*

Pag. 166, lin. 21. — *non mi vi sento.* Meno bene le Aldine degli anni 1538, 1541, 1547, *non mi sento.*

LIBRO TERZO.

Pag. 168, lin. 1. — Preso da Aulo Gellio, lib. I, cap. 1.

Pag. 169, lin. 25. — *Essendosi.* Meno bene le Aldine degli anni 1538, 1541, 1547, *Essendo.*

Pag. 170, lin. 8, 9. — *di chiarir.* Forse non male le Aldine degli anni 1541 e 1547, *dichiarir.*

Pag. 170, lin. 30. — *più s'appressano.* Così le Aldine e tutte le edizioni anteriori al Dolce; onde non osai ammettere la lezione da questo introdotta, e conservatasi in tutte le edizioni posteriori, *più si appressano.*

Pag. 170, lin. 33. — *chi le serve.* Così corresse il Volpi; le Aldine e le altre antiche hanno *chi li serve* o *chi gli serve.*

Pag. 171, lin. 27. — *nè fa.* Così tutte le edizioni; tuttavia forse meglio si leggerebbe *nè far.*

Pag. 172, lin. 17. — Pigmalione, secondo la favola, s'innamorò di una statua d'avorio da lui formata. GAETANO VOLPI.

Pag. 174, lin. 5. — *ritrovandovisi.* Le Aldine degli anni 1538, 1541 e 1547, *trovandovisi.*

Pag. 176, lin. 37. — *impudenza.* Male le Aldine del 1538, 1541 e 1547, *imprudenza.*

Pag. 177, lin. 8. — *tendano.* Così corresse il Volpi; le edizioni anteriori *tendono.*

Pag. 186, lin. 19. — *con questa secretezza.* Così le Aldine del 1528, 1533, 1538, 1545, l'edizione dei fratelli Volpi, e le posteriori; le Aldine del 1541 e del 1547, seguite dal Dolce e da altri antichi, hanno *con questa sceleratezza,* che forse è la vera lezione.

Pag. 188, lin. 38. — Novelletta nota, di una moglie, che collata in un pozzo dal marito che voleva indurla a cessare dal ripetere la parola *forbeci,* pur persisteva, ancorchè il marito la lasciasse attuffare a mano a mano, e già essa fosse nell'acqua fino alla gola; quando poi l'acqua le soverchiò la bocca, e più non potè parlare, elevato il braccio, pur contrafaceva colle dita il taglio delle forbeci. Il marito non potè tenersi dal ridere in vedere tanta ostinazione, e ritrasse la donna dal pozzo.

Pag. 190, lin. 38. — Novella a lungo e leggiadramente narrata dall'Ariosto nell'Orlando Furioso, Canto XXXVII, stanza 44 e seguenti.

Pag. 193, lin. 37. — *ed al marito.* Le Aldine degli anni 1528 e 1545 omettono la voce *ed.*

Pag. 196, lin. 11. — Tarpea, che tradì la ròcca ai Sabini, i quali appena entrati l'ammazzarono. Vedi Livio, lib. I, cap. XI.

Pag. 198, lin. 35. — *E, per uscir d'Italia.* Così corresse il Dolce; le edizioni anteriori hanno *et che per uscir d'Italia.*

Pag. 202, lin. 11. — *si trovan donne.* Nelle Aldine degli anni 1538, 1541 e 1547 manca la voce *donne.*

Pag. 208, lin. 48. — Se l'opera del Cortegiano dovea correggersi e spurgarsi da tutto ciò che in qualche maniera potesse guastare i buoni costumi, ragion voleva che in questo luogo principalmente fosse corretta e spurgata. Con ciò sia che alcune altre novelle, motti e facezie, che in essa qua e là s'incontrano, per lo più hanno sembianza di scherzi e di piacevolezze; ma qui parlandosi con serietà viene ad onorare col titolo d'immacolata, e si propone per esempio di costanza e di pudicizia una donna, che già si era data in preda l'amante, e avendosi posta sotto de' piedi l'interna onestà, e di più la verecondia o verginale o matronale, facea copia liberamente di sè medesima (dall'ultimo atto in fuori) ad un uomo libidinoso e dissoluto. Noi avremmo volentieri tolto via questo racconto scandaloso; ma vedendo, non senza qualche maraviglia, che il Ciccarelli avea lasciato, deliberammo di lasciarlo noi parimente, ma di contarlo altresì colla dovuta censura. Prima dunque d'ogni altra cosa noi diciamo, esser questa narrazione se non falsa, almeno inverisimile affatto, e perciò mancante d'ogni autorità..... Certamente negli antichi secoli della Chiesa non si dovea prestar fede a Paolo Samosateno vescovo di Antiochia, nè agli altri chierici suoi seguaci, i quali, accecati dal diavolo, erano usati di tenersi a fianco nel letto una o talor due vergini a Dio consacrate, scegliendo dal numero di esse le più amabili e per gioventù e per bellezza, comechè protestassero di non trascorrer giammai a verun atto d'impurità. Chi si espone a rischio sì manifesto di peccare, o non ama daddovero la castità, o egli è stolido e prosuntuoso, mettendosi a tentar Dio. Imperciocchè tanto è possibile che due di sesso diverso, infiammati di scambievole amore, conversando insieme da solo a solo, anzi nel medesimo letto, si astengano da peccati carnali, quanto è possibile che il fuoco s'accosti alla paglia senza abbruciarla ed incenerirla. *Numquid potest homo* (dice il Savio nei Proverbii, al capo sesto) *abscondere ignem in sinu suo, ut vestimenta illius non ardeant? aut ambulare super prunas, ut non comburantur plantæ ejus? Sic qui ingreditur ad mulierem proximi sui, non erit mundus cum tetigerit eam*. Ma dato ancor che la donna di cui parla il Castiglione, per paura di morte o d'infamia, così ferma fosse nel suo proposito, che non permettesse in tanto tempo all'amante l'ultimo sfogo de' suoi sfrenati appetiti: si dovrà perciò ella chiamare uno specchio di pudicizia, immacolata, illibata? Chi tal titolo volesse darle, verrebbe a pesare la pudicizia e l'onestà, per così dire, colla stadera del mugnajo, non colla bilancetta dell'orefice. Queste virtù sono di tempera dilicatissima, e somigliano appunto a que' fiori, che ad ogni fiato di scirocco appassiscono. La verginità e la continenza hanno lor sede principalmente nell'animo; ma quando poi una donna non disdice all'amante i baci, gli abbracciamenti, e l'altre sì fatte domestichezze, quand'anche più oltre non passi, queste nobilissime doti già sono affatto dissipate e perdute, nè altro di esse rimane che l'ombra sola e l'apparenza, la quale può bene ingannare la corta vista degli uomini, ma non isfuggire gli occhi penetranti ed acutissimi del grande Iddio. *Omnis qui viderit mulierem ad concupiscendum eam, jam mœchatus est eam in corde suo*, grida il Signore nel Vangelo (Matth. V, 32). Così ancora adunque *mulier quae viderit virum ad concupiscendum eum*; molto più *quæ tetigerit, quae amplexa fuerit, quae se illi contrectandam præbuerit*. Costei, oltre ai proprii peccati, venne a farsi complice de' peccati ancor dell' amante, i quali in sì lungo tempo saranno stati pressochè innumerabili. È certamente da stupirsi, come un uomo dotto e prudente, qual era il conte Baldessar Castiglione, abbia potuto prendere un granchio sì grosso, in materia di vera e soda virtù. Convien però dire, ch'egli abbia servito in questo luogo all'umore della persona da esso introdotta a ragionare; dimostrando egli per altro in varie parti di quest'Opera sentimenti più giusti e più ragionevoli, e discorrendo del dovere e dell'onesto con sottigliezza molto maggiore. GIOVANNI ANTONIO VOLPI.

Pag. 210, lin. 30. — *allopiato*. Le Aldine ed altre antiche *all'opiato*; male il Dolce *allopitato*.

Pag. 211, lin. 2. — *Tanti pœnitere non emo*: risposta data da Demostene a Taide, famosa meretrice in Corinto. GAETANO VOLPI.

Pag. 214, lin. 4. — Imitato da quel di Tibullo, Eleg. I, 1, 65:
Illo non juvenis poterit de funere quisquam
Lumina, non virgo, sicca referre domum.

Pag. 215, lin. 5. — *sempre non veda*. Le Aldine degli anni 1541 e 1547, *sempre non si veda*.

Pag. 216, lin. 2. — Allude al libro di Ovidio *Artis Amatoriae*. Un simile argomento nello scorso secolo fu trattato in Francia da Pietro Giuseppe Bernard, delfinate, conosciuto anche sotto il nome di *Gentil Bernard*.

Pag. 220, lin. 5. — Di essa parla Bernardo Tasso nell'Amadigi. GAETANO VOLPI.

Pag. 225, lin. 16. — *circa le difficoltà*. Così le Aldine degli anni 1538, 1541, 1547; quelle del 1528, 1533 e 1545, *circa la difficoltà*.

Pag. 228, lin. 13, 14. — *deve ancora cominciare a compiacere*. L'Aldina del 1538, e dietro essa tutte, tranne l'Aldina del 1545, le edizioni posteriori del secolo XVI e XVII, omettono le parole *cominciare a*; esse furono restituite dal Volpi, e conservate nelle seguenti edizioni.

Pag. 230, lin. 9. — Tratto da quel verso di Properzio:
Si nescis, oculi sunt in amore duces.
DOLCE.

Pag. 230, lin. 22. — *piglia le qualità*. Così le Aldine degli anni 1541 e 1547; meno bene le altre *piglia la qualità*.

Pag. 232, lin. 15. — *più che agli altri*. Così l'Aldina del 1545; le altre Aldine malamente *più che gli altri*.

Pag. 233, lin. 17. — Di costui vedi il Giornale de' Letterati d'Italia. VOLPI.

Francesco Colonna, religioso domenicano, pubblicò sotto il titolo di *Poliphili Hypnerotomachia* uno scritto pressochè impossibile ad intendersi, e per lingua e per argomento. Morì nel 1527, vecchio di 94 anni.

Pag. 235, lin. 27. — *meritino.* Le Aldine degli anni 1538, 1541 e 1547, *meritano.*

Pag. 234, lin. 29. — *aveva.* Male le Aldine degli anni 1538, 1541 e 1547, *avendo.*

Pag. 239, lin. 20. — dell'una parte. Forse *dall'una parte.*

LIBRO QUARTO.

Pag. 240, lin. 4. — Questa introduzione è imitata dal principio del terzo libro *De Oratore.*

Pag. 245, lin. 6. — *batteggia.* Così per *battezza* trovasi scritto in tutte le antiche edizioni, compresa la prima del Dolce (1556); la quale forma crederei derivata piuttosto da vezzo o da idiotismo di pronunzia, che non dall'aver forse l'autore, come sospetta il Volpi, voluto alquanto contraffare per riverenza il verbo *battezzare.* Il Dolce nell'edizione del 1559 mutò ad arbitrio *patteggia.* La stessa scrittura *batteggiare* troviamo presso il nostro autore nelle Lettere di Negozii 129 e 288. Similmente, come nota il Volpi, nelle note al Canto II del Paradiso di Dante fatte dagli Accademici della Crusca si legge *particulareggiare* per *particularizzare.*

Pag. 246, lin. 21. — In essa si facea un'annual festa a' tempi dell'autore. GAETANO VOLPI.

Pag. 248, lin. 25. — Tratto da quel celebre passo di Lucrezio, De Natura Deorum, lib. III, v. 11-17:

Nam veluti pueris absinthia tetra medentes
Quum dare conantur, prius oras pocula circum
Contingunt mellis dulci flavoque liquore,
Ut puerorum ætas improvida ludificetur,
Labrorum tenus; interea perpotet amarum
Absinthi laticem, deceptaque non capiatur,
Sed potius tali facto recreata valescat.

Leggiadramente imitato dal Tasso in quei versi, Gerusalemme Liberata, Canto I, st. 3:

Così all'egro fanciul porgiamo aspersi
Di soave licor gli orli del vaso;
Succhi amari, ingannato, intanto ei beve,
E dall'inganno suo vita riceve.

Pag. 249, lin. 20. — *si vede nei ciechi.* Così le Aldine degli anni 1538, 1541 e 1547; quelle del 1528, 1533, 1545, *si vede dei ciechi.*

Pag. 252, lin. 53. — per salvarsi. Gl' incontinenti adunque. Così corresse il Dolce nell'edizione del 1559; le edizioni anteriori hanno *per salvarsi. Incontinente adunque*, tranne l'Aldina del 1545, che ha *per salvarsi incontinente. Adunque.*

Pag. 254, lin. 22. — delle cupidità. Non male le Aldine degli anni 1541 e 1547, *della cupidità.*

Pag. 255, lin. 11. — renitente. Con manifesto errore le Aldine del 1541 e del 1547, *retinente.*

Pag. 255, lin. 19. — modificati. Non è da sprezzare la lezione delle Aldine degli anni 1538, 1541 e 1547, *mondificati.*

Pag. 256, lin. 25. — Lo stesso giudizio porta Cicerone in varii luoghi, e particolarmente nel cap. xxxv del lib. I *De Republica*. Al regio tuttavia antepone il governo composto e temperato dei tre, regio, degli ottimati e popolare: *Quartum quoddam genus reipublicae maxime probandum esse sentio, quod est ex his, quae prima dixi, moderatum et permixtum tribus.* De Rep. I, xxix. Simile opinione, solo forse fra gli scrittori del secolo XVI, espone il nostro autore sotto la persona di Ottaviano Fregoso nel cap. 31 del presente libro.

Pag. 259, lin. 2. — dal supremo principe. Meno bene le due prime Aldine e quella del 1545, *da supremo principe.*

Pag. 259, lin. 18, 19. — ed è protettor non di que' principi che vogliono imitarlo col mostrare gran potenza. Preferiamo questa lezione delle Aldine degli anni 1541 e 1547, a quella delle altre Aldine, che meno corrisponde al contesto, *ed è protettor di que' principi che vogliono imitarlo non col mostrare gran potenza.*

Pag. 261, lin. 5. — spargono. Meno bene, a parer nostro, *spargano* le Aldine del 1538, 1541 e 1547.

Pag. 261, lin. 22. — in tutto a questa. Male le Aldine degli anni 1528, 1533 e 1545, *in tutto questa.*

Pag. 264, lin. 4, 5. — per conseguirne il fine. Le Aldine degli anni 1541 e 1547, *per conseguire il fine.*

Pag. 265, lin. ult. — devemo. Così fra le Aldine la sola del 1545: le altre *deveno.*

Pag. 267, lin. 2. — come di membri. Così le Aldine degli anni 1538, 1541 e 1547; meno bene le altre *come de membri.*

Pag. 267, lin. 25. — A questo passo così nota il Volpi: « Quivi
» più che in altro luogo spiega l'autore il suo concetto intorno alla
» Fortuna. Questo passo (che lasciò il Ciccarelli intatto) se si fosse
» da lui, prima di spurgare il libro, ben avvertito, ne avrebbe la-
» sciati molti altri pure intatti. Vedi la nostra Protesta avanti il Cor-

»tegiano.» Questa Protesta od avviso, bastantemente prolisso, e che credemmo inutile di qui rapportare, espone le opinioni di alcuni antichi autori e riferisce il noto passo di Dante sulla Fortuna; e contiene la dichiarazione, che vediamo apposta a molti libri stampati circa quel tempo in Italia, che l'autore fu buon catolico, e che se talora parlò della Fortuna secondo l'uso popolare, e alla foggia de' poeti e degli altri scrittori gentili, sapeva per altro, non darsi altra fortuna che la Divina Provvidenza, ec. — Difficilmente si troverà cosa più strana ed insipida delle mutazioni introdotte dal Ciccarelli ovunque il Castiglione nominò la *fortuna*: spesso fu pago di sostituire a questa voce alcun sinonimo, e con un giro di parole fuggire il nome e non la cosa.

Pag. 268, lin. 28. — Conviene avvertire, che questa ed alcune altre regole di buon governo dettate dal Castiglione convengono forse a piccoli stati, quali tuttora a quel tempo erano molti nell'Italia superiore: ne' grandi stati, soli oramai possibili, la ricchezza dei cittadini è ricchezza e potenza dello stato intero.

Pag. 269, lin. 3, 4. — *sperano..... temano.* Così tutte le edizioni; si emendi o *sperano..... temono,* ovvero *sperino..... temano.*

Pag. 269, lin. 12. — *non diventino potenti.* Così corresse il Dolce; le Aldine e le altre antiche hanno *non diventano potenti.*

Pag. 271, lin. 8. — Vedi la lettera 6 fra quelle di diversi al Castiglione, dove Rafaello d'Urbino parla di questa grande opera, della quale da papa Giulio II gli era stata commessa la cura.

Pag. 271, lin. 17. — Bucefalia, città dell'India, edificata da Alessandro in memoria di Bucefalo suo dilettissimo cavallo. GAETANO VOLPI.

Pag. 271, lin. 18. — Atos, monte posto fra la Macedonia e la Tracia, detto ora *Monte Santo.* Dinocrate (come afferma Vitruvio nella prefazione del libro II) ovvero Stasicrate (al dir di Plutarco nella Vita d'Alessandro, e nel libro che scrisse Della virtù e fortuna dello stesso) diede per consiglio ad Alessandro di ridurre il detto monte in figura d'un uomo, e di edificargli nella sinistra un'amplissima città capace di dieci mila abitatori, e nella destra una gran coppa, nella quale si raccogliessero tutti i fiumi che da quello derivano, d'onde poi sboccassero in mare. Si compiacque Alessandro di sì bella e magnifica idea; ma quando intese che una tal città sarebbe senza territorio, e che dovrebbe alimentarsi colle sole provisioni d'oltre mare, ne abbandonò affatto il pensiero, comparando una tal città a un fanciullo che non può crescere per iscarsezza di latte nella sua balia. GAETANO VOLPI.

Pag. 272, lin. 55. — Fu poi Francesco I re di Francia. GAETANO VOLPI.

Pag. 272, lin. 57. — Fu poscia Enrico VIII, autore del Scisma d'Inghilterra. Il *magno padre* quivi indicato è Enrico VII, presso il quale poco prima il Castiglione era stato mandato ambasciatore dal duca Guidubaldo.

Pag. 273, lin. 9. — Questi fu poi Carlo V, e quivi gli vien pronosticato l'imperio. GAETANO VOLPI.

Pag. 274, lin. 19. — dal centro. L'Aldina del 1541 *del centro.*

Pag. 276, lin. 20. — Di lui, che fu marchese e poi duca di Mantova, avremo a parlare più volte nelle Annotazioni alle lettere del nostro Autore.

Pag. 279, lin. 29. — Allude a quello di Orazio, *De Arte poetica, v. 304, 305:*

. . . . . . fungar vice cotis, acutum
Reddere quæ ferrum valet, exsors ipsa secandi.

Pag. 283, lin. 6. — al valore. Forse è da preferirsi la lezione delle Aldine del 1541 e del 1547, *al valere.*

Pag. 285, lin. 2. — Quanto discorre il Bembo nel restante di questo libro in materia d'amore (eccetto l'ultimo tratto, dove parla di Dio, Spirito Santo, Amor sustanziale), è in massima parte derivato da Platone e da' suoi commentatori, come appare anche dalle annotazioni, che conserviamo, del Ciccarelli.

Pag. 285, lin. 9. — Il Ficino, nel quarto capitolo sopra il Convito di Platone, dice, tutti i filosofi concordarsi in questa diffinizion d'amore. CICCARELLI.

Pag. 285, lin. 23. — Si raccoglie tutto ciò da' Platonici, i quali sogliono dire, la bellezza esser cosa universale, e dividersi in tre specie: l'una è quella degli animi; l'altra dei corpi, tanto dalla natura quanto dall'arte fatti; la terza delle voci e suoni. La prima con la mente, la seconda con gli occhi, l'ultima con le orecchie dicono godersi. CICCARELLI.

Pag. 285, lin. 36. — Vogliono i Platonici, che il volto della divina bontà risplenda nell'angelo, nell'anima e nel corpo: in quello, come a esso più vicino, chiaramente; in questa con minor chiarezza; ma nel corpo un picciol raggio se ne veda, il quale da loro vien domandato la bellezza del corpo: il che più si scopre in quel corpo, le cui parti sono tra loro debitamente proporzionate. CICCARELLI.

Pag. 286, lin. 16. — *mosso non da vera cognisione.* Meno bene le Aldine degli anni 1538, 1541 e 1547, *mosso da non vera cognizione.*

Pag. 286, lin. 35. — *quello.* Le Aldine degli anni 1538, 1541, 1547, *questo.*

ANNOTAZIONI. 343

Pag. 287, lin. 1. — Qui si biasima con efficaci parole l'amor sensuale, siccome anco ciò si fa in molte altre parti di questo Dialogo. Questo istesso concetto è stato spiegato da Giovan Boccaccio nel suo Labirinto, dicendo: *Vedere adunque dovevi, Amore essere una passione accecatrice dello animo, disviatrice dell' ingegno, ingrossatrice anzi privatrice della memoria, dissipatrice delle terrene facultati, guastatrice delle forze del corpo, nemica della giovinezza, e della vecchiezza morte, generatrice de' vizii, abitatrice de' vacui petti, cosa senza ragione e senza ordine e senza stabilità alcuna, vizio delle menti non sane, e sommergitrice dell'umana libertà. Vien teco medesimo le istorie antiche e le cose moderne rivolgendo, e guarda di quante morti, di quanti disfacimenti, di quante ruine ed esterminazioni questa dannevole passione sia stata cagione.* CICCARELLI.

Pag. 287, lin. 24. — Quanto sieno fallaci i sensi, e come spesso ci empiano di false opinioni, lo dimostra Socrate appresso Platone nel Fedone. CICCARELLI.

Pag. 287, lin. 26. — ragione, e però. Le Aldine del 1541 e del 1547, ragione: però.

Pag. 288, lin. 5, 6. — che i vecchi. Così il Dolce; le Aldine hanno che vecchi.

Pag. 288, lin. 12. — sia malo. Così le Aldine del 1528, 1533, 1545; forse alcuno preferirà la lezione delle altre Aldine, sia male.

Pag. 288, lin. 12. — meriti. Tutte le edizioni merita.

Pag. 288, lin. 31. — connumerati. Male le Aldine degli anni 1538, 1541 e 1547, commemorati.

Pag. 289, lin. 8. — non l'intendo. Le Aldine degli anni 1541 e 1547, non intendo.

Pag. 290, lin. 15. — Platone nel Fedro riferisce, che Stesicoro perdè la vista per aver biasimato la bellezza di Elena; la quale lodando poi, ricuperò la perduta luce. CICCARELLI.

Pag. 290, lin. 17. — Gli antichi filosofi posero nel centro la bontà, e nel circolo la bellezza; la bontà in un centro solo, ma in quattro circoli la bellezza. Questo centro dissero esser Dio; i quattro circoli dissero esser la mente, l'anima, la natura, e la materia. CICCARELLI.

Pag. 290, lin. 19. — mala anima. Cioè *indole*; ed è ciò che forse intende il Savio nella Sapienza al cap. VIII, v. 19, col dire: *Sortitus sum animam bonam.* GAETANO VOLPI.

Pag. 290, lin. 24. — de' fiori. Così corresse il Dolce; le edizioni Aldine hanno di fiori.

Pag. 290, lin. 35. — Il Ficino, nel sesto libro della prima Enneade di Plotino, dice che gli animi nostri seguitano il bello e fuggono il brutto, poichè la bruttezza è una orrida faccia del male, e la bellezza è un volto lusinghevole del bene. CICCARELLI.

Pag. 291, lin. 9. — *se le allontana.* Forse *se ne allontana.*

Pag. 291, lin. 53. — Tutto tolto da Cicerone. DOLCE.

Pag. 292, lin. 12. — Plotino, nel sesto libro della Enneade prima, dice che l'anima essendo cosa divina e bella, tutto quello che tocca e sopra che essa signoreggia lo abbellisce, secondo la capacità della natura delle cose. CICCARELLI.

Pag. 293, lin. 35. — Maniere poetiche tolte da Platone; delle quali abonda quel gran filosofo. GAETANO VOLPI.

Pag. 294, lin. 29. — I Platonici affermano, che la bellezza è un raggio di divinità; di maniera che di qui dicono nascere che gli amanti, ancorchè alcune volte più potenti siano delle cose amate, nondimeno prendono terrore e riverenza dall'aspetto di esse. CICCARELLI.

Pag. 295, lin. 19. — Diotima, nel Convito appresso Platone, dice ch'Amor è un appetito, col quale ciascheduno desidera che 'l bene sia sempre seco: di qui nasce ch'Amore sia un desiderio d'immortalità; e perchè non si può in questa vita conseguir immortalità, se non per via della generazione, quindi ne avviene che amore abbia per fine di generare il bello nel bello, cioè il buono nel buono. CICCARELLI.

Pag. 296, lin. 19. — .... Opinione de' Platonici, che vogliono convenirsi nell'amor divino il bacio, in quanto è segno della congiunzion degli animi. CICCARELLI.

Pag. 296, lin. 28. — Questa è bella dottrina in teorica; ma non dee ridursi alla pratica, per lo pericolo che in quell'atto l'amor ragionevole non diventi sensuale. Anzi, quanto generalmente pericoloso sia questo amore, vien toccato dall' Autor nostro per bocca del Bembo in principio della seguente facciata. GAETANO VOLPI.

Pag. 296, lin. 35. — Allude a quello che dicono i filosofi, che Amore è una forza che congiunge e unisce. CICCARELLI.

Pag. 297, lin. 23, 24. — *preverte.* Probabilmente *perverte.*

Pag. 297, lin. 30. — Dicono i Platonici, che l'occhio e lo spirito che ricevono l'effigie della cosa bella sono a guisa di specchi, che per la presenza de' corpi ritengono l'imagine, e per la assenza la perdono; e però gli amanti che amano solo la bellezza del corpo, nell'assentarsi della cosa amata s'affliggono. La miglior parte di queste cose si raccolgono da Ficino, nel capitolo sesto dell'Orazion sesta che egli fa sopra il Convito di Platone. CICCARELLI.

ANNOTAZIONI. 345

Pag. 298, lin. 13. — *e i tormenti.* Le Aldine degli anni 1538, 1541 e 1547, *e tormenti.*

Pag. 298, lin. 27. — *l'accresce.* Meglio così le Aldine degli anni 1538, 1541 e 1547; quelle del 1528, del 1533 e del 1545, *le accresce.*

Pag. 299, lin. 12. — Diotima presso Platone nel Convito insegna, che si deve ascendere dalla bellezza d'un corpo alla bellezza universale di più corpi. CICCARELLI.

Pag. 299, lin. 34. — *possa.* Le Aldine, tranne quella del 1545, ed altre antiche, *possia;* e forse così scrisse l'autore.

Pag. 299, lin. 36. — *passi.* Meno bene le Aldine degli anni 1538, 1541 e 1547, *si passi.*

Pag. 300, lin. 4. — Socrate nel Convito appresso Platone. CICCARELLI.

Pag. 300, lin. 6. — *nella vita spirituale.* Le Aldine degli anni 1538, 1541 e 1547, e le edizioni a queste affini, comprese quelle del Dolce e del Ciccarelli, omettono la parola *vita.*

Pag. 300, lin. 10. — Dicono i Platonici, che la bellezza del corpo è una ombra della bellezza dell'anima, e quella dell'anima è ombra di quella dell'angelo, e questa è ombra della bellezza divina; nella maniera che alcuni sogliono dire, che la luce del sole ch'è nell'acqua è ombra di quella che è nell'aria, e quella dell'aria è ombra a rispetto dello splendore del fuoco; il quale parimente è un'ombra in comparazione della infinita luce che nel corpo solare si vede. CICCARELLI.

Pag. 300, lin. 16. — *nascoso.* Le Aldine degli anni 1541 e 1547, *nascosto.*

Pag. 301, lin. 6. — Diotima appresso Platone nel suo Convito dice, che se gli uomini mentre mirano un bel corpo sogliono rendersi molto maravigliosi, e, se possibil fosse, per contemplarlo sempre, eleggerebbono starsi senza alcuna sorta di cibo: quanto più felice e maraviglioso dobbiamo creder che sia il vedere l'istessa bellezza sincera, pura, intera, semplice, non contaminata da carne o da color umano, nè d'altra sorte di mortal sordidezza macchiata? CICCARELLI.

Pag. 301, lin. 20. — Platone nel suo Convivio. CICCARELLI.

Pag. 302, lin. 11. — Ragiona il Castiglione in fine di questo IV libro, per bocca di messer Pietro Bembo, di molti amori tra sè diversi: come del sensuale, ch'egli disapprova, e massime ne' vecchi, a' quali più che a' giovani si disdice; del depurato dai sensi, del quale tra' Gentili fu gran maestro Platone, le cui dottrine volentieri segue, e le cui maniere di esprimersi bene spesso usurpa il nostro

Autore, singolarmente in questo luogo (e di ciò potrà di leggieri accorgersi chiunque nella lettura de' Dialoghi di quel Filosofo anche mezzanamente versato sia); poscia dello spirituale, così propriamente detto, ovvero divino; all'ultimo del sustanziale, cioè di Dio Spirito Santo, del quale ben due volte dice apertamente il diletto Discepolo nel cap. IV della sua I.ª lettera, che *Charitas est*.... Questo passo.... è uno de' più belli del Cortegiano, e in cui gareggia la sublime eloquenza colla sincera religione di questo gran cavaliere e letterato. GAETANO VOLPI.

Pag. 302, lin. 27. — La bellezza, anche de' corpi, si è un raggio, come di sopra dicemmo, benchè tenuissimo, della divina bellezza. Ed è vero il concetto di Dante Alighieri là nel principio del suo Paradiso:

> La gloria di Colui che tutto muove
> Per l'universo penetra, e risplende
> In una parte più, e meno altrove.

GIOVANNI ANTONIO VOLPI.

Pag. 303, lin. 13. — Per l'ambrosia e nettare qui s'intende la visione e fruizione divina. CICCARELLI.

Pag. 303, lin. 32. — Ritorna di nuovo a ragionare secondo i Platonici, i quali pongono quattro sorte di furore: l'uno è delle poesie, l'altro dei misterii, il terzo de' vaticinii, il quarto degli amori, più potente ed eccellente di tutti gli altri. CICCARELLI.

Pag. 303, lin. 33. — *ora che par più non m'aspiri*. Preferiamo questa lezione delle Aldine del 1541 e del 1547, seguita dalla maggior parte delle antiche edizioni, a quella delle altre Aldine, restituita dal Volpi, e conservata nelle edizioni posteriori, *ora che par che più non m'aspiri*.

Pag. 304, lin. 8. — È detto per burla, che alle donne sia impossibile il camminare per la strada che conduce alla felicità; e poco di sotto efficacemente si confuta. CICCARELLI.

Pag. 304, lin. 26. — Diotima, fra l'altre cose amorose ch'insegnò a Socrate, come Platone riferisce, fu d'ascendere per grado dalla bellezza del corpo a quella dell'anima, e da quella alla bellezza angelica, donde poi alla somma bellezza divina si perveniva. CICCARELLI.

Pag. 304, lin. 31. — *dall'amor*. Così corresse il Dolce; le Aldine e le altre antiche *dell'amor*.

Pag. 307, lin. 13. — Da questo Proemio si vede, che il Conte s'era indotto a scrivere il suo libro per compiacere al re di Francia, e però si stende alquanto nelle sue lodi; ma essendosi poi dato interamente al partito degl'Imperiali, non solo perchè così portava l'interesse de' suoi Principi, ma ancora per secondare il proprio genio, come si vede in più luoghi delle sue lettere: così gli convenne levar via tutto questo pezzo che apparteneva al re Francesco, tanto più che al finissimo suo giudizio dovea questa digressione parer troppo lunga, e alquanto fuor di proposito, massime sul principio del libro. SERASSI.

Pag. 318, lin. 6. — Da ciò si comprende, che il Castiglione avea già stesa gran parte del suo Libro nel 1514, in cui il duca Francesco compiva appunto il ventitreesimo suo anno, essendo nato li 24 marzo del 1491. SERASSI.

Più sopra, dal Proemio, dove si parla di Ferdinando il Cattolico come tuttora vivente, appare che fu scritto prima del gennajo 1516.

CATALOGO CRONOLOGICO

DI MOLTE

FRA LE PRINCIPALI EDIZIONI DEL CORTEGIANO

DEL CONTE BALDESSAR CASTIGLIONE. [1]

I. 1528. *Il Libro del Cortegiano del Conte Baldessar Castiglione.*

Nello stesso frontispizio, dopo l'àncora attortigliata dal Delfino, chiusa d'ogni intorno da linee, così si legge: *Hassi nel privilegio, et nella gratia ottenuta dalla illustrissima Signoria che in questa, ne in niun'altra città del suo dominio si possa imprimere, ne altrove impresso vendere questo libro del Cortegiano per x. anni sotto le pene in esso contenute.*

Il libro è in foglio, senza numerazione di pagine, in bel carattere tondo, chiamato testo d'Aldo. In fine del volume si legge: *In Venetia nelle case d'Aldo Romano, et d'Andrea d'Asola suo suocero, nell' anno M. D. XXVIII. del mese d'Aprile.* È la prima edizione di quest'opera; molti ne sono, particolarmente in alcuni fogli, gli errori tipografici. Intorno a questa edizione, vedi le *Lettere familiari* 113 e 114 del Castiglione, dalle quali pare che l'edizione si traesse a mille esemplari, oltre trenta in carta *reale*, ed uno in pergamena.

II. 1528. Ristampa fatta *in Firenze per li eredi di Filippo di Giunta nell' anno M. D. XXVIII. del mese d'Ottobre;* in-8.

« Nell'esemplare da noi posseduto si vede impresso sotto al XXVIII il XXIX, e si crede, che il XXVIII sovra impresso sia della stampa, e non d'altro inchiostro; mentre, per quanto si sia tentato di rimuoverlo, non c'è stato rimedio: onde si può conghietturare che veramente i Giunta lo ristampassero lo stesso anno 1528, e che volessero poi così rimediare allo sbaglio d'essersi malamente impresso il XXIX. » GAETANO VOLPI.

III. 1531. Ristampa degli stessi *Giunta di Firenze;* in-8.

IV. 1531. *In Parma, per Maestro Antonio di Viotti;* in-8.

In fine si legge l'anno 1532.

---

[1] Questo Catalogo è fondato principalmente, ma con aggiunte e correzioni, su quello inserito dai fratelli Volpi nella loro edizione.

V. 1532. Il medesimo, *nuovamente stampato, e con somma diligenza corretto. In Parma, per Maestro Antonio di Viotti, nell' anno M. D. XXXII. del mese d'Aprile;* in-8.

« Cesare Aquilio, in una piccola prefazione ai lettori, dà avviso che il Viotti aveva cominciato a farne altra edizione l'anno precedente, e che, essendogli convenuto lasciarne la revisione ed altra persona, l'opera era uscita piena di errori: il che lo fe risolvere a intraprenderne poscia la presente edizione, la quale, dice egli, *in cosa alcuna, per minima ch' ella si sia,* non troverete dissimile dalla Veneziana. » GAETANO VOLPI.

VI. 1533. *Il libro del Cortegiano del Conte Baldesar Castiglione.*

Segue l'àncora d'Aldo, ma non chiusa fra linee, e indi il privilegio, come nella prima edizione. In fine si legge: *In Venetia nella casa delli heredi d'Aldo Romano, et d'Andrea d'Asola suo suocero, nel anno M. D. XXXIII. del mese di maggio.*

L'edizione è in-8 piccolo, in carattere corsivo; contiene 215 carte numerate da un sol lato, oltre un'ultima non numerata, nella quale si ripete l'àncora d'Aldo. Nella carta 2, che segue quella del frontespizio, si legge una lettera di *Francesco Asolano alle gentili Donne,* nella quale si dice, che il libro è dato più corretto del primo, secondo l' esemplare iscritto di mano propria d'esso Autore: in realtà tuttavia è questa una mera ristampa dell'edizione originale, correttine soltanto gli evidenti errori tipografici.

VII. Senza data. *Il Libro del Cortegiano del Conte Baldesar Castiglione;* in-12 piccolo.

Diciassette sesterni, segnati colle lettere A-R. Edizione tratta dalla precedente; pare stampata in Venezia; e forse perciò appunto non porta indicazione di tempo, di luogo, nè nome di stampatore, perchè publicata durante il privilegio degli Aldi.

VIII. 1537. Tradotto in francese da *Jehan Chaperon. A Paris, chez Vincent Sertenas, M. D. XXXVII,* in-8. « Du Verdier, Biblioth., pag. 671. »

« Questa traduzione è poco stimata. » GAETANO VOLPI.

IX. 1538. *Il libro del Cortegiano ec.* (Sotto il titolo v'è una Sirena coronata). *In Vinegia, per Vettor de' Rabani, e compagni. Nell' anno M. D. XXXVIII. del mese di Luglio;* in-8.

X. 1538. *Il libro del Cortegiano del Conte Baldesar Castiglione, novamente revisto. M D XXXVIII.*

Il frontespizio è chiuso fra rabeschi, aventi al basso la torre, fiancheggiata dalle lettere F T. In fine del libro si legge: *In Vinegia nella casa di Giovanni*

Padouano stampatore Ad instantia et spesa del Nobile homo M. Federico Torresano d'Asola, Nel anno della salutifera incarnatione humana M D XXXVIII.

L'edizione è in ottavo piccolo, in carattere corsivo; contiene 30 linee ogni pagina; le pagine non sono numerate. Questa edizione è fatta sull'Aldina del 1533, ma in molti luoghi è migliorata, evidentemente coll'ajuto del manoscritto originale: sono tuttavia parecchie mutazioni, che sembrano al tutto da attribuirsi al caso, ed a negligenza degli editori.

XI. 1538. Il medesimo. *In Vinegia. Per Curzio Navo e fratelli*; in-8.

Edizione dedicata dal Navo *al Magnifico e Nobilissimo Aluigi Giorgio, Gentiluomo Viniziano.*

XII. 1539. Ristampa della suddetta colla stessa dedicazione. *In Vinegia. Per Alvise Tortis*; in-8.

XIII. 1539. *Opera singularissima del Cortegiano in brevità redutta nuovamente per il Nobil Scipio Claudio Aprucese. MDXXXIX*; in-8.

L'abbreviatore dedica questo Compendio, che è di sole 15 carte, ai Nobili Aprucesi. In tutto il libricciuolo non si legge il nome del Castiglione, l'opera del quale è ridotta in compendio.

XIV. 1541. *Il libro del Cortegiano del Conte Baldesar Castiglione, nuovamente stampato, et con somma diligenza revisto.* Segue l'ancora d'Aldo attortigliata dal delfino, e poscia la data *M. D. XLI*. In fine si legge: *In Vinegia, nell' anno M. D. XLI. In casa de' figliuoli d'Aldo*; in-8.

Bella e nitida edizione in corsivo, di carte 195 numerate da un sol lato, oltre carte 5 in principio non numerate, contenenti il frontespizio, e la dedica dell'Autore. L'edizione è fatta su quella del Torresani del 1538, della quale questa è una ripetizione pagina per pagina, e spesso linea per linea. Il testo tuttavia ne è talora diverso, e le mutazioni appare esser fatte per la maggior parte mediante un nuovo confronto coll' originale dell'Autore.

XV. 1541. *Il Cortegiano del Conte Baltassar Castiglione, nuovamente stampato, et con somma diligentia revisto, con la sua Tauola di nuovo aggiunta. In Vinetia, Per Gabriel Jolito de Ferrarii. M. D. XXXXI.*

Così ha un primo frontespizio, dietro il quale segue in cinque carte non numerate (oltre due carte bianche) un indice delle materie, non alfabetico, ma secondo l'ordine dell'Opera. Il quaderno contenente quanto sopra, sembra essere stato stampato ed aggiunto posteriormente. Segue un nuovo frontespizio simile nel resto a quello della precedente Aldina, ma collo stemma e col nome dello stampatore e la data come nel primo frontespizio. L'edizione è una nitida ed accurata ristampa della precedente Aldina, in simile formato, e ad essa risponde pagina per pagina, ma non linea per linea, essendo in questa le pagine di sole linee 29. Trovansi tuttavia alcune leggiere varietà, che sembrano doversi attribuire ad arbitrio od incuria dei correttori.

XVI. 1544. Ristampa della precedente edizione, *in Venetia, Appresso Gabriel Giolito di Ferrarii. M D XLIIII;* in-8.

— 1544. Vedi 1564.

XVII. 1545. *Il libro del Cortegiano del Conte Baldessar Castiglione, Nuovamente ristampato.* Segue l'áncora d'Aldo inchiusa in un fregio di forma ovale, e sotto: *In Venetia, M. D. XLV.* In fine si legge: *In Vinegia, nell' anno M. D. XLV. nelle case de' figliuoli d'Aldo;* in fol.

È una ristampa dell'edizione originale, in simile formato e caratteri; essa vi è ripetuta pagina per pagina e linea per linea. Anche il testo seguito è quello della prima edizione, non delle due Aldine del 1538 e del 1544; ha tuttavia alcune poche lezioni sue proprie. Vi sono corretti i numerosi errori tipografici dell'edizione principe; all'incontro alcuni pochi errori sfuggirono in questa, che non si trovano in quella del 1528; come, *a fol.* gⁱⁱ verso, *Pascue* per *Pascua*.

XVIII. 1546. *In Vinezia, per Gabriel Jolito de' Ferrarii. M.D.XLVI,* in-8. Bultell. pag. 225.

XIX. 1547. *Il libro del Cortegiano del Conte Baldesar Castiglione, di nuovo rincontrato con l' originale scritto di mano de l' auttore: Con la tauola di tutte le cose degne di notitia: et di più, con una brieve raccolta de le conditioni, che si ricercano a perfetto Cortegiano, et a Donna di Palazzo.* Segue l'áncora d'Aldo fra ornati, e sotto *M. D. XLVII.* In fine si legge: *In Vinegia, nell' anno M. D. XLVII. In casa de' figliuoli d'Aldo;* in-8.

Pel testo del Cortegiano, ossia fino a tutto il fol. 195, è una ristampa pagina per pagina e linea per linea dell'edizione del 1544, correttine soltanto alcuni errori di stampa: le lezioni proprie di questa edizione sono poche, e di poco rilievo. Seguono 16 carte non numerate, contenenti 1°. una *Tavola alfabetica delle cose più notabili, che nel libro del Cortegiano si ritrovano;* 2° *Conditioni et qualità de l'huomo et della Donna di Corte, brievemente raccolte de tutto'l libro;* 3° Il registro, la data, e l'áncora d'Aldo. Da questa, o dall'Aldina del 1544, o direttamente o indirettamente, derivano tutte le edizioni posteriori,

fino a quella del 1733. « Il chiarissimo P. Zeno.... ne possedeva un esemplare
» corredato di postille mss. di Alessandro Tassoni ; in una carta bianca in fine del
» quale si leggea manoscritto.... il Sonetto dell'Unico Aretino sopra la *S* portata
» in fronte dalla Duchessa d'Urbino. » GAETANO VOLPI.

XX. 1547. *En Vinecia, por Gabriel de Ferrari, en italiano.*
« Index Lib. Prohib. et Expurg. Hisp., pag. 116. »

« Dalla quale e da varie altre edizioni si troncano pochi passi solamente
nel libro II. » GAETANO VOLPI.

XXI. 1549. *In Venezia, appresso il Giolito. M. D. XLIX;* in-12.

XXII. 1549. *Libro llamado* el Cortesano, *traduzido agora
nuevamente en nuestro vulgar Castellano por Boscan.
M. D. XLIX;* in-4.

Non si accenna nè il luogo dell'impressione, nè il nome dello stampatore.
« Giovanni Boscan, poeta insigne Spagnuolo, dedica questa sua traduzione
Alla muy magnifica Sennora Donna Geronima Palova de Almogavar; alla
quale pure con altra lettera lo accompagna *Garcilasso de la Vega,* poeta non
meno celebre, e grande amico del Boscan.... Il libro è stampato in carattere
tondo tirante al gotico. » GAETANO VOLPI.

XXIII. 1550. *Il Cortegiano del Conte Baldessar Castiglione, di
nuovo rincontrato con l'originale scritto di mano de l'autore. Con una brieve raccolta delle conditioni, che si ricercano
a perfetto Cortegiano, et a Donna di Palazzo. In Lyone,
appresso Guglielmo Rouillio.* 1550; in-12 piccolo.

Bella ed accurata ristampa dell'Aldina del 1547.

XXIV. 1551. *In Vinegia, appresso Gabriel Giolito de' Ferrari e
fratelli. M. D. LI;* in-12.

XXV. 1552. *Corretto e riveduto da M. Lodovico Dolce. In Vinegia, appresso li Gioliti;* in-8.

XXVI. 1552. *In Venezia, appresso Domenico Giglio;* in-12.

XXVII. 1553. *In Lyone, appresso Guglielmo Rouillio,* 1553;
in-12 piccolo.

Ristampa dell'edizione del 1550.

XXVIII. 1556. *Il libro del Cortegiano del Conte Baldessar Castiglione. Nuovamente con diligenza revisto per M.* Lodovico Dolce, *secondo l'esemplare del proprio auttore, e nel margine apostillato: con la tavola. In Vinegia, appresso Gabriel Giolito de' Ferrari. M. D. LVI;* in-8 piccolo.

Precede la dedica del Dolce *Alla mag. e valorosa S. la S. Nicolosa Losca Gentildonna Vicentina.* In essa così l'editore: *La qual opera (del Cortegiano) come che più volte sia stata impressa dall'honoratiss. S. Gabriel Giolito, con quella diligenza e correttione ch' egli suol far usare in tutte le cose che escono dalle sue stampe; hora per maggior commodità di ciascuno che prende diletto della lettione di così degna fatica, ha voluto che io le faccia alcune apostille, con aggiungervi una nuova Tavola, affin che ciascuno con agevolezza possa trovar qualunque cosa più le aggradisce.* Falso è ciò che si asserisce nel frontespizio, che la edizione sia revista secondo l'esemplare del proprio Autore, se pure sotto questo nome non s'intende qui semplicemente alcuna delle Aldine: la maggior parte delle mutazioni e correzioni da lui introdotte nel testo sono fatte ad arbitrio: la tavola delle materie è mal redatta, quantunque assai più diffusa che quelle delle precedenti edizioni.

XXIX. 1559. Ristampa somigliante, ma *Con l'aggiunta degli argomenti. In Vinegia, appresso Gabriel Giolito de' Ferrari. M. D. LIX;* in-8 piccolo.

Gli Argomenti dei Libri comparvero per la prima volta in questa edizione. Le postille marginali sono a un di presso le stesse che nella edizione precedente, della quale nel resto questa è quasi una ripetizione pagina per pagina e linea per linea. Tuttavia anche nel testo il Dolce fece alcune nuove mutazioni, esse ancora ad arbitrio, e non col soccorso di alcun manoscritto. L'edizione è dedicata *Al Magnifico signor Giorgio Gradenico;* la quale dedica è conservata nella maggior parte delle edizioni degli anni seguenti, tratte dalla presente del Dolce.

XXX. 1559. Ristampa della traduzione spagnuola del Boscan; *Toledo, M. D. LIX,* in-4. Niccol. Ant. Bibl. Hisp. T. I, pag. 504.

XXXI. 1560. Replica dell'edizione del Giolito del 1559, e probabilmente la stessa col frontispizio mutato.

XXXII. 1561. Ristampa della traduzione spagnuola del Boscan, *In Anversa, presso la Vedova di Martino Nuzio. M. D. LXI;* in-8. Nicol. Ant., loc. cit.

XXXIII. 1562. *Il libro del Cortegiano ecc., aggiuntavi la vita del Castiglione tratta dagli Elogi di Paolo Giovio; in Vinegia* (senza nome di stampatore); in-8.

XXXIV. 1562. *Il libro del Cortegiano ecc. revisto da M. Lodovico Dolce sopra l'esemplare del proprio Autore; e nel margine annotato; con una copiosissima Tavola. In Lione, appresso Guiglielmo Rovillio*, 1562; in-16.

La Tavola è assai diversa da quella posta nelle precedenti edizioni. In fine si legge il Sonetto dell'Unico Aretino sopra la S d'oro che portava in fronte la Duchessa d'Urbino; il quale dice il Rovillio di aver ritrovato mercè di M. Baccio Tinghi, suo amicissimo.

XXXV. 1562. Ristampa dell'ultime del Giolito, *in Venezia, appresso il Giolito, M. D. LXII;* in-12.

XXXVI. 1563. La stessa edizione, facilmente col principio mutato; ivi; in-12.

XXXVII. 1564. In mezzo a non dispregevole cornice intagliata in legno: *Il Cortegiano del C. Baldessar Castiglione novamente stampato e con somma diligenza revisto; con la sua Tavola di nuovo aggiunta. M. D. XLIV.* Non si accenna nè il luogo, nè il nome dell'impressore. In-8.

Abbiamo posto questa edizione sotto il 1564, benchè porti la data del 1544, perchè, contenendo gli argomenti a cadaun libro, deve necessariamente essere posteriore a quella del Dolce del 1559. Del resto, un saggio della scorrezione di questa edizione può aversi dal principio dell'Argomento del libro IV, dove in vece di *Nel Proemio* leggesi *Nel Petrarca*.

XXXVIII. 1565. *Il libro del Cortegiano ecc.* secondo la revisione del Dolce; *in Venezia, appresso Giovanni Cavalcabovo;* in-12.

XXXIX. 1569. *Aulicus Balthasaris Castilionei in latinam linguam conversus ab Hieronimo Turlero; Wittebergæ;* in-8.

XL. 1574. *In Vinecia por Gabriel de Ferrari, en Italiano,* se crediamo all'Indice di Spagna, a carte 116; benchè il Volpi pensi che il detto Indice equivochi con una delle seguenti due edizioni.

XLI. 1574. Ristampa somigliante a quella del 1560; *in Venesia, per Comin da Trino;* in-8.

XLII. 1574. Altra; *in Vinegia, appresso Domenico Farri, M. D. LXXIIII;* in-12.

Ristampa questa pure dell'edizione del Dolce 1560.

XLIII. 1574. *El Cortesan ecc. traduzido por Boscan. En Amberes. M. D. LXXIV;* in-8. *Menars. pag.* 538.

XLIV. 1577. *Baldessaris Castilionii de Aulico, Joanne Ricio, Hannoverensi, interprete, Liber primus. Argentorati, excudebat Bernhardus Fobinus, Anno M. D. LXXVII;* in-8.

Il traduttore dedica il libro all'Imperatore Rodolfo II con una lunga prefazione, nella quale dà inoltre un'analisi di tutti i quattro Libri dell'Opera. Dalle seguenti parole del Negrini, tratte de' suoi Elogi, a c. 425, pare che il Riccio abbia tradotto l'Opera intera: *ella riesce bellissima nella Latina traduzione di Giovanni Riccio; come nella lingua Castigliana parimente pare che sia nata in quello idioma.*

XLV. 1577. *Balthasaris Castilionis Comitis, de Curiali sive Aulico Libri quatuor, ex Italico sermone in Latinum conversi: Bartholomæo Clerke Anglo Cantabrigiensi interprete. Novissime editi Londini apud Henricum Binneman typographum; Anno Domini* 1577; in-8; in carattere corsivo, e con postille ne' margini.

Elegante traduzione, dedicata dal Clerke alla Regina Elisabetta. Dalla dedica e da varie lettere premesse alla traduzione, le quali tutte portano la data del 1571, si può conghietturare che questa sia una ristampa.

XLVI. 1580. *Le Parfait Courtisan du Comte Baltasar Castillonnois, es deux langues, respondant par deux colonnes, l'une à l'autre, pour ceux qui veulent avoir l'intelligence de l'une d'icelles. De la traduction de Gabriel Chapuis Tourangeau. A Lyon, par Loys Cloquemin;* in-8.

Gabriel Chapuis fu nativo d'Amboesa in Tarena, e intendentissimo della nostra lingua, dalla quale traslatò varii libri.

XLVII..... La stessa, italiana e francese, fu ristampata *A Paris, de l'imprimerie de Nicola Borfou,* senza data, in-8.

XLVIII. 1584. *Il Cortegiano del Conte Baldassarre Castiglione, riveduto e corretto da Antonio Ciccarelli da Fuligni, Dottore in Teologia; con le Osservazioni sopra il IV libro fatte dall'istesso. Al Sereniss. Sig. Duca d' Urbino.* Segue un bello scudo con l'arme de' Duchi, e poi: *In Venezia, appresso Bernardo Basa. M. D. LXXXIV;* in-8.

Trovansi esemplari di questa edizione con variato frontispizio, nel quale sono omesse le parole *Con le Osservazioni sopra il IV libro fatte dall' istesso*, ed invece dell'arme de' Duchi d'Urbino è l'impresa del Besa, una base di colonna: in essi altresì leggesi la Dedicazione in più luoghi differente.

Il Ciccarelli dedica questa sua edizione a Francesco Maria II della Rovere duca d'Urbino; dopo la Dedica segue la Tavola delle materie, quasi affatto simile a quella del Dolce; indi alcuni *Errori da emendarsi;* finalmente una lunga e diligente vita del Castiglione scritta da *Bernardino Marliani* (e non *Mariani*, come quivi falsamente si legge), preceduta da una Prefazione al Lettore.

Questa edizione, fatta del resto su quella del Dolce dell'anno 1556, è, come dicesi, *espurgata;* ed anni sono vidi in Parigi presso il chiarissimo Signor Guglielmo Libri l'esemplare stampato, che servì a questa edizione, che aveva manoscritte a suoi luoghi le mutazioni fatte dal Ciccarelli, ed in fine l'approvazione originale dell'Inquisitore. Il modo tenuto dal Ciccarelli nello espurgare la presente opera fu questo: che i pochi passi i quali pur si trovano in questo Dialogo pericolosi o poco morali, furono dal Correttore conservati; all'incontro si sforzò di togliere ogni menzione della *fortuna*, e sopratutto ogni scherzo che avesse rapporto, anche lontano, a preti o frati. Alcune mutazioni poi sono, delle quali sarebbe, credo, impossibile render ragione: come nel Libro III (cap. 47 della nostra edizione), dove alle parole del Castiglione *ornata d'un bellissimo sepolcro, per memoria di così gloriosa anima*, sostituì quelle *ornata d'un bellissimo marmo, per memoria di così casto e generoso animo*. I passi aggiunti o mutati dal Ciccarelli non sono in troppo buona lingua, e l'edizione è deformata da molti errori di stampa, mancando spesso parole ed anche mezzi periodi.

XLIX. 1585. Ristampa della traduzione francese del Chapuis, *A Lyon, par Jean Huguetan*; in-8.

L. 1587. *In Venezia, per Domenico Giglio;* in-12.

LI. 1599. *Los nuevos del anno 1599; 8° Venecia, estan emendados por Antonio Citarelli* (sic). Index Lib. Prohib. et Expurg. Hisp., pag. 116.

LII. 1606. *Il Cortegiano del Conte Baldassarre Castiglione. Rivedutto et corretto da Antonio Ciccarelli da Fuligni, dottore in Teologia. Al Serenissimo Signor Duca d'Urbino. In Venezia, MCDVI* (sic). *Appresso Gioanni Alberti;* in-8.

Brutta e scorrettissima edizione.

LIII. 1727. *Il Cortegiano or the Courtier written by Conte Baldassar Castiglione, and a new version of the same into English. Together with several of his celebrated Pieces, as well Latin as Italian, both in Prose and Verse. To which* is prefix'd the Life of the Author. By A. P. Castiglione, of the same Family. London, printed by W. Bowyer, for the Editor. M. DCC. XXVII; in-8.

Dirimpetto al frontespizio si vede un bel Ritratto dell'Autore, cavato dall'originale di mano di Raffaello; coll'arma dei Castiglioni nel giro dell'ornato. Il libro è dedicato a Giorgio Re della Gran Brettagna, e la lettera di dedicazione è scritta prima in italiano, poi in inglese. Siegue il Catalogo degli Associati; indi la vita dell'Autore, descritta di nuovo da A. P. Castiglione nell'una e nell'altra lingua, sopra i vestigi e della lunghezza di quella del Marliani; ma non apporta alcuna rara notizia. Il Cortegiano è impresso in due colonne, l'una italiana e l'altra inglese. Seguono alcuni fra gli scritti in prosa ed in verso, latini ed italiani, del Castiglione; ed in fine una traduzione dell'*Alcon* in versi inglesi, lavorata dallo stesso A. P. Castiglione.

LIV. 1733. *Opere volgari e latine del Conte Baldessar Castiglione Novellamente raccolte, ordinate, ricorrette ed illustrate, come nella seguente Lettera può vedersi* (nella lettera di Dedicazione), *da Gio. Antonio, e Gaetano Volpi. Dedicate all' eminentissimo e reverendissimo Signor Cardinale Cornelio Bentivoglio d'Aragona, ministro per sua Maestà Cattolica alla Corte di Roma. In Padova.* CIƆIƆCCXXXIII. *Presso Giuseppe Comino, Con Licenza de' Superiori, e col privilegio dell' Eccellentissimo Senato Veneto;* in-4.

Segue una lunga *Lettera Dedicatoria*, che serve di Prefazione all'edizione; indi la Dedica dell'edizione del Ciccarelli, secondo l'esemplare colle armi ducali; indi la Vita del Castiglione del Marliani, con note di Gaetano Volpi; poscia parecchi scritti minori, relativi al Castiglione; indi gli Argomenti del Dolce ai IV libri del Cortegiano; e finalmente un Avviso degli Editori al Lettore, su alcuni passi del Cortegiano cancellati dal Ciccarelli, e da essi restituiti. Indi comincia il testo del *Cortegiano:* nel libro III e nel IV sono aggiunte alcune note, sia dei fratelli Volpi, sia del Ciccarelli. Segue l'Indice alfabetico delle cose più notabili contenute nel Cortegiano, rifatto da Gaetano Volpi. Indi comincia la seconda parte del Volume, contenente le lettere e poesie del Castiglione allora conosciute, con note, e coll'aggiunta di varii scritti relativi al Castiglione ed alle sue opere. In fine è un *Catalogo di molte delle principali edizioni del Cortegiano*, di Gaetano Volpi. Dopo la *Tavola delle Materie*, e dopo chiuso il Volume, è aggiunta una *Lettera non più stampata del Conte Baldessar Castiglione a Papa Leone X*, communicata dopo finito il Volume ai fratelli Volpi dal Marchese Scipione Maffei.

Il Cortegiano è tratto dall'edizione del Ciccarelli (1584), ma corretto mediante un perpetuo e diligente confronto dell'Aldina originale (1528). Tranne poche eccezioni, non sono restituiti i passi omessi o mutati dal Ciccarelli, ma le omissioni vengono indicate con asterischi, e le mutazioni con carattere corsivo.

Alcune poche fra le buone lezioni proprie delle ultime Aldine si trovano conservate in questa edizione, quali si trovavano presso il Dolce e il Ciccarelli; corressero inoltre i fratelli Volpi alcuni pochi errori manifesti, che si trovavano in tutte le edizioni anteriori. Sebbene capace di maggior perfezione, sarebbe tuttavia questa, se fosse intera, la migliore edizione che finora si abbia del Cortegiano.

LV. 1766. *Il libro del Cortegiano del Conte Baldessar Castiglione, colla vita di lui scritta dal Sig. Abate Pierantonio Serassi. In Padova. CIƆIƆCCLXVI. Appresso Giuseppe Comino. Con licenza de' Superiori;* in-4.

Dopo la dedica *Al Nobile Signor Conte Antonmaria Borromeo Patrizio Padovano* viene un avviso dello Stampatore, nel quale dice, questa edizione del Cortegiano essere fedelmente ripetuta dalla precedente curata dai signori Volpi; aver tuttavia sostituito alla vita del Castiglione scritta dal Marliani quella del Serassi, redatta coll'ajuto delle lettere inedite del nostro Autore, delle quali promette la prossima publicazione. L'edizione è nitida ed elegante, se non che sfuggirono in essa alcuni pochi, ma gravi, errori di stampa, che non si trovano in quella del 1733. Si trassero di questa edizione alcuni esemplari col testo intero del Cortegiano, senza le correzioni del Ciccarelli, e le annotazioni di questo e dei Volpi. In questi esemplari, assai rari, il Cortegiano finisce a pag. 300, laddove negli espurgati e colle annotazioni finisce a pag. 303.

LVI. 1771. *Il libro del Cortegiano del Conte Baldessar Castiglione, restituito finalmente alla sua prima integrità. Impresso in quest'anno CIƆ IƆCC LXXI;* in 2 tomi in-8.

Al fine di ciascun tomo si legge: IMPRESSO IN VICENZA DA GIAMBATTISTA VENDRAMINI MOSCA. Questa edizione venne dedicata da un *Giovanni-Vincenzio Benini* alla *N. Donna Morosina Cornaro Gradinico*, per le seguenti ragioni, non saprei dire se più adulatorie, o speciosamente curiose. *Un libro avvezzo*, dice quel dedicante, *sin dal secolo sedicesimo a comparire sul teatro del mondo fregiato dell'illustre nome* GRADINICO (Vedi il n° XXIX), *egli è quello, Eccellenza, ch'ora io mi fo l'onore di presentarvi. Voi avete tanto diritto su questo libro, che non è egli un dono ch'io vi faccia, ma un tributo ch'io vi rendo. Il vostro genio sublime s'interessò a far nascere questa edizione, e la vostra felice potenza a farle vedere la pubblica luce. Altre volte si vide una Gradinico a favorire la famiglia del Conte da Castiglione, e due secoli e mezzo dopo si vede Voi a proteggere i di lui scritti. Se tutte le donne fossero qual voi siete, la parte di quest'opera in cui vien formata* La perfetta Dama *non sarebbe stata già scritta. Ma in quest'opera appunto voi pure, Eccellenza, siete vivamente rappresentata* ec. — In quanto alle cure letterarie che vennero impiegate in essa stampa, poco in verità conosciute, ma che sappiamo essere stata in pregio presso i dotti lombardi vissuti al tempo dei padri nostri: essendoci mancata la commodità di esaminarla, ci è forza rimetterci alle parole di quegli stessi editori: « Eccovi.... l'Edizione.... che vi si è con un manifesto fin dal- » l'anno scorso promessa.... L'apparecchiarla, l'eseguirla, il pubblicarla, fu » tutto difficile.... Voi ricevete più di quello che vi fu promesso. Il manife- » sto non vi promise che il testo del CORTEGIANO intero, e vi si è aggiunta » la Vita dell'autore, e l'Indice ad ambedue i Tomi.... Si è copiata la prima » edizione d'Aldo del 1528 tratta dall'Autografo Ms., e si è seguita la lezione » della Volpi-Cominiana del 1733, riducendo alla lezione medesima ciò che » in quella mancava, ed avendovi fatto ancora qualche picciolo migliora- » mento. » La Vita dell'Autore, è quella scritta dal Serassi.

LVII. 1803. *Il libro del Cortegiano del Conte Baldassar Castiglione. Volumi due. Milano, dalla Tipografia dei Classici Italiani; anno* 1803; in-8.

Questa edizione, che forma parte della Collezione Milanese dei Classici Italiani, è quanto alla Vita del Castiglione ed al testo del Cortegiano una ristampa assai scorretta della Cominiana del 1733 (per errore nell'Avviso degli Editori è detta del 1735), ma coll'aggiunta dei passi omessi dal Ciccarelli e dai Volpi.

LVIII. 1822. *Il libro del Cortegiano del Conte Baldassar Castiglione, edizione formata sopra quella d'Aldo,* 1528, *riscontrata con altre delle più riputate, ed arricchita di un copioso indice delle materie. Milano, per Giovanni Silvestri,* M. DCCC. XXII; in-12.

Per la vita dell'Autore e la prima metà del Libro I l'edizione è fatta su quella dei Classici, della quale si conservano quasi tutti gli errori, coll'aggiunta di nuovi parecchi; indi dalla metà del Libro I il testo è, assai negligentemente, riscontrato colla prima Aldina. L'indice delle materie è quello del Volpi, ma accresciuto. Del resto, è questa di gran lunga la più scorretta di quante edizioni non mutilate abbiamo del Cortegiano; come apparirà dal seguente indice dei principali errori della medesima.

ED. SILVESTRI	errori	da emendarsi
Pag. lin.		
23, 17	quella	quello
25, 12	queste	questo
30, 12	vita e morte	vita o morte
49, 11	nell'animo	nell'animo mio
63, 31	quanto	quando
74, 7-8	l'hanno, la qual	l'hanno, trovo una regola universalissima, la qual
88, ult.	pigliarle	pigliar le
100, 9-10	a Silio e a Virgilio	e Silio a Virgilio
113, 13	queste	questa

DELLE PRINCIPALI EDIZIONI DEL CORTEGIANO.

ED. SILVESTRI		errori	da emendarsi
Pag.	lin.		
117,	21	ad	da
143,	15	o quasi	e quasi
145,	21	conduca	conduce
185,	23	troppa passione	troppa passione
200,	6	falso	salso
239,	25	ad alta voce	alta voce
244,	7	un maestro di stalla	un maestro Stalla
253,	22	essendo mascherato	essendo maschera
291,	11	ancor più caute	ancor poi più caute
294,	11	un istinto	un certo istinto
300,	31	fatto nome	fatto il nome
304,	4	care intime	care ed intime
319,	33	hanno fede	fanno fede
326,	5	poichè poi volete così	poichè voi volete così
—,	3	essendosegli collocata accanto	essendosegli colcata accanto
329,	2	bastimi	bastami
344,	26	altro di compiacerle	altro che di compiacerle
347,	3	del re di Spagna Ferrando ed Isabella	dei re di Spagna Ferrando ed Isabella
363,	8	questa	questo
369,	13	di modo	di tal modo
370,	17	non usasse	usasse
375,	7	possono	possano
376,	24	intiepido	intiepidito
379,	29	dell'altra	l'altra
385,	8	che vi si poria	che dir vi si poria
396,	ult.	ma non hanno	ma hanno
400,	27	separata	superata
402,	9	combatta	combatte
403,	3	possono	possano
421,	15	dei sudditi	dei suoi sudditi
434,	14	ai più famosi	ai famosi
447,	5	è un farlo	ed un farlo
—,	12	chiamano per dolci sdegni	chiamano per dolci li sdegni
461,	6	perchè e negli occhi	e perchè negli occhi
—,	30	con ragione	con la ragione
470,	15	concerto	concetto
—,	26	vi giungono	vi aggiungono
475,	3	te a quella.... ritorni	ed a quella.... ritorni
—,	21	dei bei corpi e delle anime	dei bei corpi e belle anime

Delle edizioni del Cortegiano espurgate ad uso della gioventù, che si pubblicarono nel corso del presente secolo, non teniamo parola, perchè nessuna si distingue per alcun proprio pregio.

INDICE DELLE MATERIE

CONTENUTE

NEL CORTEGIANO DEL CONTE BALDESSAR CASTIGLIONE.

A

Abbate, sciocca opinione di certo Abbate, 127.
Abbracciare i parenti perchè, incontrandosi in essi, solessero le donne romane, 195.
Abito conveniente al Cortegiano, 101, 102.
Abito non fa il Monaco, 102.
Abito proprio aveva anticamente l'Italia, 100.
Abiti come debba adattarsi la donna, 177.
Abiti di diverse nazioni introdotti in Italia, 100.
Accorta esser dee la Donna di Palazzo, 220.
Accortezza, differente dall'inganno, 115.
Accusar sè medesimo non è lodevole se non in qualche caso, 114. — Alle volte, ma con buona grazia, fa ridere, 149.
Achille impara musica da Chirone, 63. — In che fosse invidiato da Alessandro, 60. — Formato nelle azioni da Omero, 281.
Acqua, similitudine tratta da essa, 257.
Adulatore, suo officio, 116. — Non ama, 91. — Si fugga, 59. — Adulatori perchè divengano gli uomini, 245, 247.
Affabilità piacevole, è il più necessario requisito nella Donna di Palazzo, 173.
Affettazione dee fuggirsi, 35. — Biasimata nel Cortegiano, 53, 81, 129.
— Nella Donna di Palazzo, 175.
— Cagion difetti nelle donne, 54.
— Come si fugga e nasconda, 55.
— Affettazione di certi vani, 36. — Affettazioni estreme muovono il riso, 129.
Affetto deriva dal corpo, e come diventi virtù o vizio, 253. — Affetti non si debbono svellere, ma temperare, 255. — Ajutano le virtù, ivi.
Affezione inganna nel giudicare, 69.
Afflitti non gustano alle volte d'esser trattenuti con facezie, 154.
Affrica, vittorie in essa di Ferdinando il Cattolico re d'Aragona, 310.
Agesilao godeva d'esser ammonito da Senofonte, 247.
Aggraziati naturalmente, hanno in ciò bisogno di pochi ammaestramenti, 33.
Agone (d'). (Vedi Piazza.)
Agnello, comparato colla temperanza, 254.
Agnello (Antonio) Mantovano, suo giudizio sopra due papi, 124.
Agricoltura, bella similitudine tolta da essa, 279.
Alamanni. (Vedi Altoviti.)
Alcibiade lodato, 31. — Rifiuta gl'istrumenti da fiato, 87. — Amato onestamente da Socrate, 209.
Aldana combatte con Peralta, 148.
Alessandra moglie d'Alessandro Re dei Giudei; fatto illustre di essa descritto, 188.
Alessandria in Egitto fabricata da Alessandro Magno, 271.

Alessandrino Cardinale, 138.
Alessandro VI, papa per la forza, 124.
Alessandro Magno lodato, 271.— Pronostico che di lui fanciullo fanno gli ambasciatori del Re di Persia, 319. — Piange per non avere ancor vinto un sol mondo di infiniti che avea udito ritrovarsi, 28. — Discepolo d'Aristotele, 34. — Venera Omero, 57.— Quanto amasse e onorasse Apelle, 67, 68. — Perchè una volta piagnesse in udire le vittorie di Filippo suo padre, 139. — Sua continenza, 204.— Estenuata, 208. Sue imprese, 272. — Quanto bene facesse a molti popoli barbari, cogl'insegnamenti d'Aristotele, 281. 282. (Vedi Dario.)
Alessandro re de' Giudei, uomo crudelissimo, 188.
Alfonso I, d'Aragona, ironicamente faceto, 143. — Si compiacea d'esser burlato, 152. — Sua risposta, 150. (Vedi Anella.)
Allegrezza; morte di Argentina gentildonna pisana proceduta da subita ed estrema allegrezza, 193.
Altoviti nemico d'un Alamanni; casetto ridicolo, 146.
Amabilità produce amore, 227.
Amalasunta regina de' Goti, lodata, 198.
Amare; chi ama assai, parla poco, 221. — Con minor pericolo possono gli uomini mostrar d'amare che le donne, ivi. — Maniera di farsi amare da' principi, 267 e seg.
Amato; sue condizioni necessarie, 223.
Amatori; loro differenti costumi, 18.
Ambigui motti di varie sorte, 132.
Ambiguità rende le facezie acutissime e maravigliose, 131.
Ambizione delle donne, 236.
Amici celebrati presso gli antichi, 103.
Amici veri pochi si trovano, 103. — Si debbono eleggere con molto studio, ivi.
Amici de' principi come si portino con essi per lo più, 245.
Amicizia affettata, 116.— Amicizia non dee tralasciarsi di coltivare a cagione de' falsi amici, 104.
Ammonizioni dissimulate quai siano, 147.
Amore; sua definizione, 285. — Non pare che possa stare colla ragione, 293. — Mezzi cattivi che inducono amore, detestati, 182. — Ragionamenti d'amore, e come in essi debba diportarsi la Donna di Palazzo. 219, 220. — Amore di amicizia solo conviene alle maritate, 222. — Amore ne' vecchi, ridicolo, 87. — Amore pubblico è cosa durissima; per qualche volta giova, 230. — Amor quieto e ragionevole, accennato, 284. — Sue lodi, 293. — È pericoloso anch'esso, 220, 297. — Amor sensuale è malo in ogni età, 288. — Suoi mali effetti, 298. — Amor vero dal falso è difficile a discernersi, 220. — Segni del vero, 221. — Danni e pregiudici del falso, 286. — Amor verso la bellezza in astratto, e universale, 299. — Amore sustanziale, cioè lo Spirito Santo, sue lodi, e suoi maravigliosi effetti, 302 e seg.
Ancille liberano Roma, 196. (Vedi Giunone.)
Anconitani due che combattono insieme a Perugia, derisi, 30.
Anella; curioso fatto di certe anella rubate ad Alfonso I d'Aragona, 143.
Angeli; come l'uomo con essi communichi, 285. — Perchè ad essi comparata una bella, ancorchè attempata, gentildonna, 137.
Angolem (d') Monsignor, lodato, 56, 272.
Anima bella, cagione per lo più della bellezza de' corpi, 292. — Anima, divisa in due parti, 265. — Sua cura, ivi. — Dee contemplar sè medesima, 300. — Anima, per indole, 290. — Anime delle donne più ingombrate dalle passioni che quelle degli uomini, 304.
Animali imperfettissimi a gran torto si dicon le donne, 179.
Animali; loro vario instinto come si conosca, 290.
Animo; beni dell'animo e lor natura, 269. — L'animo e non il corpo il vero amante tenta di possedere, 162.
Animosi. (Vedi Arditi.)
Anna regina di Francia, lodata, 198.
Annibale scrisse un libro in greco, 57.
Anteo biasimato, 271.
Antichi scrittori imitavano, ma non in

INDICE DELLE MATERIE.

ogni cosa, 49. — Antichi si hanno in maggior concetto da chi legge, di quello che si rilevi dalla stessa lettura, 169.

Antichi stimavano molto la pittura e i pittori, 65.

Antonello da Forlì, lodato e motteggiato, 144.

Apelle, molto amato e onorato da Alessandro, 67. — A lui solo era lecito il dipingerlo, 68. — Perchè biasimasse Protogene, 37.

Api; loro re d'altra specie, 257.

Appetito; sua cura, 265.

Aragona (Monsignore di), ottiene licenza di trarre certo numero di cavalli del Reame di Napoli, 317.

Aragona (re di). (Vedi Ferdinando.)

Arcieri, comparati a chi attende alle virtù, 274.

Arcivescovo di Firenze; suo detto, 138.

Arditi e animosi veramente quai sieno, 184, 185.

Aretino, detto l'Unico, propone il IV giuoco sopra la lettera S che la Duchessa d'Urbino portava in fronte, 17.

Argentina, gentildonna pisana, quanto amasse M. Tommaso suo consorte, 193. (Vedi Allegrezza.)

Arguzia cosa sia, 118. — Arguzia della Duchessa d'Urbino in difesa delle donne, 110.

Ariosto (Alfonso), lodato, 2. — A sua instanza il Castiglione scrive il libro del Cortegiano, 7, 307, 315.

Aristodemo tiranno Argivo, dove dormisse per timore, 261.

Aristotele; institutore d'Alessandro Magno, 57. — Perfetto Cortegiano del medesimo, 281, 282. — Quanto amato e stimato da lui. (Vedi Stagira.) Esso e Platone vogliono che l'uomo ben disciplinato sia anche musico, 63. (Vedi Artefici.)

Arme; prima e principal professione del Cortegiano, 26, 31, 173. — Ornamento, secondo il Bembo, dell'altre sue virtuose qualità, 60. — Se le armi superino in eccellenza le lettere, 57. — Motto piacevole intorno all'una e all'altra professione, 59. — Armi; sopra esse convengono colori aperti ed allegri, 101.

Armonia, figliola di Gieron Siracusano, e sua impresa, 188.

Arrischiare; chi si arrischia in guerra o per guadagno o per altra vil cagione, merita d'essere stimato mercatante vilissimo, 57.

Arte, necessaria nelle facezie, 118. — Arte, non dee apparire, 35.

Artefici varii che cosa ammirino in Platone ed Aristotele, 282.

Artemisia, lodata, 202.

Arti delle donne per mantenersi gli amanti, 236 e seg.

Ascensione. (Vedi Sposalizio.)

Asco, vocabolo spagnuolo, cosa significhi, 147.

Asdrubale più di sua moglie teme la morte, 188.

Asino comparato ad un Tullio, 126.

Aspasia lodata, 194.

Aspettazione; far contra l'aspettazione, è la sostanza delle burle, 152.

Aspetto nel Cortegiano quale dovrebbe essere, 29.

Astuzia è falsa prudenza, 267.

Atarantati, o sieno morsicati dalla tarantola, come risanino, 15. (Vedi Puglia.)

Atene. (Vedi Peste.)

Ateniesi; loro industrie per tenere il popolo allegro, 120, 121. (Vedi Leona.)

Atos, monte, 271.

Attillature varie di Cortegiani biasimate, 101 e seg.

Avarizia d'alcuni detestata, 211.

Augelletti che cominciano a volare, con quali amanti comparati, 299.

Aurora, sua descrizione, 305.

Autori imitati dal Castiglione in quest'opera, tanto degni quanto il Boccaccio, 4.

Autorità de' principi quando sarebbe rispettata, 269.

B

Bacio; sua natura ed effetti, 296, 297.

Baje; abondano di reliquie di antichi edifici, 271.

Bajare. (Vedi Litigante.)

Barbari in gran numero mansuefatti con

molta loro utilità da Alessandro Magno, 272, 281 e seg.

Barletta, musico e danzatore celebre, 72, 85.

Barraria dee fuggirsi da chi burla, 159.

Bartolommeo. Motto ridicolo, nato dalla discrepanza che passa tra questo nome, e qualsiasi sorta di pazzia, 148.

Basse persone spesso d'alti doni di natura dotate, 24.

Bastonate avute da un gentiluomo, spesso da lui sciocamente ricordate, 114.

Battaglia del piacere e del dolore contra il giudicio, 252.

Battra; suoi ferini abitatori accennati, 282.

Beatrice duchessa di Milano, lodata, 201.

Beccadello (Cesare) finto pazzo dal Bibiena; curiosa novelluccia, 157.

Becco di bella razza comparato a San Paolo, 126.

Belle cose diverse, naturali e artificiali descritte, 290.

Belle donne più caste che le brutte, e perchè, 292.

Bellezza è nome generico; e a quali cose ella si convenga, 285, 286. — Che cosa sia, 290 e seg. — È cosa buona, ivi. — L'amor vero di essa è buonissimo, ivi. (Vedi Dio.) — Perchè chiamata sacra dal Bembo, ivi, 292. — Rare volte senza bontà, 290. — Suoi effetti, 292. — Qual sia la vera, 294, e quale la falsa, ivi. (Vedi Generare.) — In due modi si può desiderare, 285. — Bellezza angelica, 300. — Bellezza astratta da'corpi si dee amare, 299. — Bellezza biasimata dal signor Morello, 289. (Vedi Morello.) — Bellezza divina, e suoi effetti, 292. — Cagione d'immensa gioia, 301. — Nascosta agli occhi profani, 302. — Bellezza e utilità. (Vedi Utilità e Bellezza.) — Bellezza grave ed austera spaventa per lo più gli amanti; alcuni però ne invita, 225. — Bellezza invisibile si contempla cogli occhi della mente, 300. — E così pure l'assente, ivi. — Bellezza presente, 298. — Bellezza sopra tutto desiderata dalle donne, 223. — La fa superbe, 224. — Necessaria alla Donna di Palazzo, 173. — È di diverse sorte, 177. — Bellezza umana, che consiste principalmente ne'volti, che cosa sia, 285. — Si conosce meglio dagl'intendenti di pittura, 68.

Bellicosi i popoli perchè esser debbano, 263.

Belvedere; strada in Roma, da chi fabbricata, 271.

Bembo (Pietro) propone il VI giuoco; da chi dovrebbe voler l'amante che nascesse piuttosto lo sdegno della persona amata, da sè, o da essa, 19. — Motteggiato destramente dall'autore, 60. — Non voleva amicizia intrinseca con alcuno, e perchè, 103, 104. — Secretario di Papa Leone X, 241. — Teme d'essere stimato vecchio, 284. — Tassato di disobedienza, e da chi, ivi. — Suo ragionamento intorno a varie specie di amore, 285. (Vedi Platone.) — Sua orazione allo Spirito Santo, 302 e seg.

Bene, quando è vero, genera quiete nel possessore, 286. — Bene senza male non può essere quaggiù, 76.

Benevolenza de' principi perchè acquistar si debba, 247 e seg.

Ben fare; sua laude, consiste in due cose, 244.

Beni diversi dee procurare il principe ai sudditi, 269.

Beni infiniti cagionati dalle donne, 137.

Bergamasco contadino. (Vedi Castiglio.)

Bergamo abbonda nelle sue montagne di certi scimuniti gozzuti e mutoli, 103.

Beroaldo (M. Filippo), sua pronta e curiosa risposta ad un tedesco, 136. — Motteggiato dal Sadoleto, e perchè, ivi.

Berto; bravo, 26. — Buffone, 135.

Bestialità di alcuni popoli abolite da Alessandro Magno, 272.

Bevazzano (Agostino) sua facezia d'un avaro, 141.

Biante; sua bella sentenza circa i Magistrati, 260.

Biasimar troppo il rivale non è sicura cosa in amore, 236.

Biasimo; l'amante non dee parlare in biasimo di sè stesso, 233.
Biastemare, benchè facetamente, detestato, 140.
Bibiena (Bernardo), che fu poi Cardinale di Santa Maria in Portico, 241. — Lodato, 2. — Era di bello aspetto, 28. — Facetissimo, 119. — Propose di scrivere un trattato delle Facezie, ivi. — Credè, essendo mascherato, di burlare un frate, ed in vece restò burlato, 155, 156.
Bidon; musico eccellente, 50.
Bischizzi che cosa sieno, 133.
Boadilla, dama spagnuola, morde Alfonso Carillo, e qual risposta ne riportasse, 155, 160. — Motteggiata un'altra volta, ma troppo villanamente, dallo stesso, 161.
Boccaccio; perchè non imitato dal Castiglione, 3. — Quando abbia scritto meglio, e come s'ingannò di giudicio, ivi. — Usò parole di varie nazioni, ivi. — Altre pur oggi rifiutate, 42. — Mirabile nelle circostanze delle facete narrazioni, 124. — Raccolta di belle e brutte burle, 158, 161. — Nemico delle donne, 163.
Boccaccio e Petrarca, se ora vivessero, lascerebbero d'usare molte parole, 42. — Non si debbono soli imitare, 51.
Bontà; per lo più non va scompagnata dalla bellezza, 190.
Borgogna. (Vedi Cavalieri.)
Boristene, fiume che divide la Polonia dalla Moscovia, 129.
Borso, duca. (Vedi Cortegiani.)
Botton da Cesena; due volte, ma con diverse parole, allo stesso proposito motteggiato, 148.
Bracciesca licenza, 164.
Bravure non convengono al Cortegiano, 26.
Bresciano; qual sorta d'istrumento musicale lodasse, e perchè, 128.
Bruttezza che cosa sia, 290.
Bucefalia, città dell'India, edificata da Alessandro Magno, 271.
Bucentoro, navilio unico in Venezia, 123.
Buffoni; benchè stian nelle corti, non meritano d'esser chiamati Cortegiani, 121.
Bugia, detestata, 245. — Il principe deve odiarla, 266. — Quanto gli nuoccia, 245. — Qual sia la maggior di tutte, ivi.
Bugie bene accozzate insieme, muovono il riso, 129.
Buonarroti (Michelangelo), pittore eccellente, 2, 50. — E scultor simile, 46.
Buon compagni, alcuni tengonose stessi falsamente, 111. (Vedi Sciocchene.)
Burlatori alle volte premiati da'principi, 152.
Burle che cosa sieno, 123, 152. — Di quante sorte, 152. (Vedi Detti, ove ne ha gran copia, ed anche Novelle.)

C

Caccia, conviene a'gran signori e ai buoni Cortegiani, 31.
Cacciatori; lor costume, 161.
Cacco, biasimato, 271.
Caglio, vocabolo spagnuolo, che cosa significhi, 134.
Caldo, più perfetto del freddo, 183.
Calfurnio; faceta interpretazione di tal nome, 135.
Calidità del maschio; e suoi effetti, 183.
Callistene, buon filosofo, ma cattivo Cortegiano, 282. — Quanto danno da ciò a lui e ad Alessandro Magno risultasse, ivi.
Calmeta (Vincenzo), 70. — Sua bella avvertenza, 72.
Calvizio, in lode di esso fu scritto un libro, 91.
Camma, suo maraviglioso amore verso il marito, novella, 190 e seg.
Campanile in Padova che diede la commodità al siciliano Ponzio scolare di far la burla de'capponi, 158. (Vedi Capponi e Ponzio.)
Canossa (da) conte Lodovico, eletto per formare il perfetto Cortegiano, 20 e seg. — Facetissimo, 119. — Sua faceta risposta, 148. — Eloquentissimo, 165. — Della costui famiglia fu la contessa Matilda, 198. — Vescovo di Bajous, 241.
Cantare; perchè cantino di notte i fanciulli, 90.

Capitani antichi come venissero onorati, 248. — Capitani antichi letterati, 57. — Che diedero opera alla musica, 63. — Capitano motteggiato, 148.

Capitolio vuol che si dica, e non Campidoglio, il Castiglione, 47.

Capitolio, tradito da Tarpea, 196.

Cappellano. (Vedi Messa.)

Capponi rubati astutamente da certo Ponzio secolare siciliano in Padova ad un contadino, 158. (Vedi Campanile e Ponzio.)

Cappusso, proprio de' Fiorentini, 102.

Capua saccheggiata da' Francesi, 211.

Capuana gentildonna, castissima; sua maravigliosa costanza in morire per conservarsi intatta, 212.

Cara (Marchetto) eccellente cantore, 50.

Cardinal di Pavia motteggiato, 142, 143, 148.

Cardinale giovane, sua usanza singolare, 84. — Cardinali, perchè non nominati nelle preghiere della Chiesa il venerdì santo, 135. — Altro motto contro i medesimi. 142. — Altro di Raffaello d'Urbino, 145, 146.

Carestia di ciò di che avrebbero più bisogno, patiscono i principi, 245.

Carillo (Alonso), sua acuta e mordace risposta alla signora Boadilla, che l'avea motteggiato, 145, 161. — Altra faceta alla regina, 147. — Villanamente morde la suddetta signora Boadilla, 161.

Carlo principe di Spagna, lodato, 273.

Carlo re di Francia, lodato, 199. (Vedi Parmegiana.)

Casi nuovi muovono a riso, 150.

Castellina; suo assedio accennato, 127.

Castigare non si dovriano gli uomini de' vizii, se fossero affatto naturali, 250. (Vedi Leggi.)

Castiglia; regno di Castiglia dato in dote da Isabella a Ferrando, fu minor della riputazione che ella gli diede, per cagione delle maravigliose sue virtù, 199. — Fu avanti ad Isabella occupato da' grandi, ivi.

Castiglione (conte Baldessar) scrisse il libro del Cortegiano ad istanza di Alfonso Ariosto, 7, 307, 315. — E per suggerimento del re di Francia,

308. — Perchè si movesse a pubblicarlo, 1. — Ribatte alcune accuse mosse contro il suo libro, 3. — Quali norme si sia proposto nella scelta delle parole, 4. — Sue opinioni intorno alla lingua ed alla ortografia italiana, 3 e seg. 46 e seg. — Fu in Inghilterra, 8, 273. — Sua modestia, 169. — Sua molta pietà, 287. — Biasima l'amor sensuale, 287.

Castiglio spagnuolo, ottimo Cortegiano; per tale è mostrato a certe gentildonne un vaccaro bergamasco, 153.

Castità necessaria tanto nelle donne, quanto negli uomini, per la certezza de' figlioli, 202.

Catilina; sua congiura scoperta da una donnicciuola, 196. (Vedi Cicerone, e Donnicciuola.)

Catone ironicamente faceto, 143. — Sua curiosa domanda, 146.

Catoniana severità, 205.

Catri; monte di Catri, 305.

Cattivi non possono essere amici, 104.

Cavalcatori non buoni, di qual usione, 127.

Cavaliere; officio suo è difender la verità, 204.

Cavalieri del Gartier, sotto 'l nome di San Giorgio, nella casa d'Inghilterra, 170.

Cavalieri del Toison d'oro, nella casa di Borgogna, 170.

Cavalieri di San Michele, nella casa di Francia, 170.

Cavallereschi esercizii ben praticati da alcune gentildonne, 176.

Cavalli, come debbansi disciplinare, 255.

Cavallo; volteggiare a cavallo conviene al Cortegiano, 32.

Cavallo che fuggiva dall'arme quanto dovesse stimarsi; facezia acuta, 134.

Caucaso monte; suoi efferati abitatori, 282.

Causa; dee esser maggior del suo effetto, 277.

Causidiche eloquenti furono alcune donne, 181.

Causidici; loro arte e sottilità son la ruina delle leggi e de' giudicii, 267.

Caute più degli uomini perchè sogliano esser le donne, 180.

Cauto e prudente debb'esser il Cortegiano, 80, 115, 116.

Centro; punto di esso difficile a ritrovarsi nel circolo, 274.

Cerere, lodata, 194.

Cervi si prepongono un capo; non sempre però lo stesso, 256.

Cervia; Vescovo di Cervia deluso dal papa, 150.

Chie donne, o vogliam dire di Chio, liberano la patria, 197. — Altra lor prodezza in Leuconia, *ivi*. — Chii vinti dagli Eritrei, ajutati dalle lor donne a diminuire la vergogna della resa, 197.

Chio assediato. (Vedi Filippo.)

Chirone insegna musica ad Achille, 63.

Cianciatori, biasimati, 92.

Cibi stomacosi e schifi mangiati imprudentemente, che effetto facciano risapendosi, 253.

Cicerone; imitato nel proemio dell'Oratore dal Castiglione in quello del suo Cortegiano, 7 e seg. — Altrove pure imitato, come a 119, 122, 132, 145, 151, 168 e seg., 240. — Sua dottrina intorno all'imitazione, 50. — Il Castiglione piglia da Cicerone varie avvertenze circa le facezie, 118. 119. — Cicerone molto si lauda per avere disvelata la congiura di Catilina; la quale scoperta però ebbe origine da una donnicciuola, 196.

Cicuta; veneno temperato con cicuta a qual fine publicamente si conservasse in Massilia, 189.

Cieco. (Vedi Giuocatore.) — Cieco d'un occhio; facezia insolente intorno ad esso, 132.

Cimone tassato di bevitore, 247.

Cipro, già congiunta alla Soria, 313.

Circe; bella argomentazione tolta dalla favola di Circe, intorno alla grandezza vera de' principi, 269.

Circolo. (Vedi Centro.)

Cirignola; sua giornata accennata, 143.

Ciro rompe i Persiani, 197. — Ma subito è rotto da essi, per opera delle loro donne, *ivi*.

Città; si assegna da Platone nella sua Republica alle donne da custodirsi, 178. — Buono stato di essa qual sia, 275. — Come vada in ruina, *ivi*. — Città già floride, ora distrutte, o cadute dall'antico onore, 314.

Civita Vecchia di che abbondi, 271.

Clearco, tiranno di Ponto, a che fosse indotto dal timore, 261.

Cleopatra, lodata, 202.

Cognizioni diverse necessarie alla Donna di Palazzo, 177.

Collera eccessiva cagiona il riso, 150.

Colombo impiccato; facezia, 144.

Colonna (Marco Antonio) lodato, 137.

Colonna (Vittoria) Marchesa di Pescara, lodata, 1.

Colossi di stoppa e di strazzi comparati ai cattivi principi, 246. (Vedi principi.)

Colpa primiera perchè si chiami dalla Chiesa felice, 135.

Comandare, *esser comandati per esser governati*, dice l'Autore, 269. — Comandare chi sa, è sempre obedito, 262. — Comandare a' virtuosi come si debba, 258, 259. — Come comandi l'anima al corpo, *ivi*. — La ragione all'appetito, *ivi*.

Comandi de' principi, 97.

Combattimenti privati, o sieno duelli, 30.

Comici, esprimono l'imagine della vita umana, 73.

Comedia di certo M. Antonio motteggiata, 149.

Comparazioni facete quali esser debbano, 139.

Compiacere si deve al principe, 91. — È necessario all'amante, 228.

Complession temperata è quella della donna, 184.

Commune lingua qual fosse presso i Greci, per sentenza del Castiglione, 47.

Communicare le sue passioni è uno sfogo di esse, 236.

Communità delle mogli introdotta da Platone nella sua republica, toccata per ischerzo, 266. (Vedi Platone, e Mogli.)

Concordia ed amore regnavano nella corte d'Urbino, 11.

Confessione; novelletta d'uno che si lodava nel confessarsi, 135.

Confessor di Monache: avventura galante, 134.

Conoscere in tre modi può l'anima nostra, 285. — Ciascun conosce l'error del compagno, e non il suo, 15.

Consalvo (Ferrando), detto il gran Capitano, da chi eletto; sue lodi, 200. — Suoi detti, 138.

Consuetudine buona, quanto sia necessaria, 265. — Consuetudine, si dee conservare nel parlare e nello scrivere, 3. — Sua forza in tutte le cose, 8. — Maestra nelle lingue, 49. — Consuetudini male quanto importi al principe tener lontane dai sudditi, 269.

Contadinella di Gaenolo in Mantovana; suo estremo amore verso la castità, 212.

Conte di Pianella, 139.

Contemplativa vita è più propria dei principi; è in essi divisa in due parti; è il fine dell'attiva, 262.

Contemplazione, e sua forza, 300.

Continenza, perchè si chiami virtù imperfetta, 253, 254. — Comparata ad un capitano che si mette a pericolo d'esser vinto, benchè vinca, ivi. — Perchè tanto si ricerchi nelle donne, 160. — Frequente e mirabile in esse, 210, 211. — Continenza maravigliosa di donna giovane, 207, 208, 210.

Contrafare come si debba, 125.

Convenevolezza dee servarsi dal Cortegiano, 83.

Conversare; chi ha a conversare, dee guidarsi col giudicio proprio, 92. — Conversare cogli eguali come debba il Cortegiano, 105.

Coraggiosi dove spesso più si conoscano, 26.

Corinna poetessa eccellente, 194.

Cornelia figliuola di Scipione, lodata, 187.

Corpo; sua cura, 265. — Qual debba essere, ivi, 266. — Non è il fonte della bellezza, 294, 298. — Anzi la estenua e diminuisce, ivi.

Correggere; le donne hanno corretti molti errori degli uomini, 187.

Corrispondenze d'amore innocenti quai sieno, 294, 295.

Cortegiana, 166, 172. (Vedi Donna di Palazzo.)

Cortegiania, o sia profession del Cortegiano, 243 e seg. (e in molti altri luoghi.) — È buona riguardo al fine, ivi. — Qual sia questo fine, ivi. — È arte nuova, 314.

Cortegiano, opera del Castiglione; occasione che mosse l'Autore a scriverla, 1. (Vedi Castiglione.)

Cortegiano è nome onorevolissimo, 281. — Cortegiano qual debba essere, 113 e seg. — Dee fare tutto ciò che gli altri fanno con maniere lodevoli, 31. — Dee parlare e scriver bene, 42. — Debb'essere uomo da bene e intero, 55. — Come debba adoperar la musica, 64. — Dee saper disegnare, e aver cognizion di pittura, ivi. — Come debba portarsi co' signori, 95. — Come nelle conversazioni, 116. — Suo vero officio qual sia, 279, 280. — È buono non per sè, ma per lo suo fine, 243 e seg. — Cortegiano tanto perfetto com'è formato in quest'opera, non può ritrovarsi, 5, 315. — Varietà di giudizii intorno alle qualità che costituiscono il perfetto Cortegiano, 316.

Cortegiani adulatori, e corruttori dei principi quanto gran castigo meritino, 248.

Cortegiani del duca Borso, lodati. 75. — E del duca Filippo, ivi.

Coscia (Andrea); sua facezia, 149.

Cose buone; loro distinzione, 243.

Costanza. (Vedi Ostinazione.)

Costumi buoni, quanto necessarii, 265. — Costumi da fuggirsi dal Cortegiano, 105. — Costumi varii nelle Corti di Cristianità, 8.

Cote che non taglia, e pur fa acuto il ferro, comparata al Cortegiano che ammaestra il suo principe, 279.

Credere; mostrar di creder fatta una cosa che dovea farsi, fa ridere, 149.

Credula non debb'esser la donna, 220.

Credulità de'principi più dannosa che l'incredulità, 275.

Crivello (Biagino); sua facezia, 149.

Crotone. (Vedi Fanciulle e Zeusi.)

Crudeltà orribile d'un giovane romano, 213.

Curie trenta in Roma nominate da Romolo co' nomi delle donne Sabine, 196.

Curioso non debb'essere il Cortegiano d'entrare ne' gabinetti de' principi, colà ritirati per attendere alla quiete dell'animo, 93.

D

Damasco; sorta di drappo di seta, come interpetrato da Alonso Carillo, 147.
Denari, fanno prevaricar molti, 211, 215. — Bella metafora tratta da una specie di denari falsi, 137. (Vedi Fiorentino.)
Dannare, ove e come si debba, 38, 85.— Nei vecchi è cosa ridicola e disconveniente, 88.
Dario fa acconciar la sua spada persiana alla macedonica, prima di combattere con Alessandro; ciò fu pronostico di servitù, 100, 101. — Donne bellissime di Dario non toccò Alessandro, benchè giovane e vincitore, 204.
Debatto; rissa, contrasto, 157.
Debito dee prevalere a tutti i rispetti, 97.
Decrepiti si escludono dall'amare, 288.
Deformità non mala partorisce il riso, 121.
Demetrio lascia di prender Rodi per non abbruciare una pittura di Protogene, 68.
Democrito disputa del riso, 121.
Demostene, cosa rispondesse ad Eschine che avea tassate di poco attiche alcune parole in una sua orazione, 53.
Desiderare. (Vedi Impossibili.)
Desiderii strani delle donne, 226.
Detti; cosa sieno presso gli antichi, 118. — Per esprimere chi operi meno bene con riflessione che all'improvviso, 21. — D'una signora ad un millantatore di combattimenti, 26, 27. — Di due sciocchi millantatori, 28. — Di Alessandro Magno sull'aver udito che vi erano più mondi, ivi. — Di Demostene sopra alcune parole, 53. — Di doppio opposto senso, 122. — Verso una signora che, senza parlare, venne tacciata di crudeltà, superbia e vanità, 123. — Sopra due iscrizioni di due pontefici, 124. — Su di un becco paragonato a San Paolo, 126. — D'un che paragonò due suoi figliuoli a due sparvieri, ivi. — D'uno ammonito a camminar presto, mentre veniva frustato, ivi.— D'uno sciocco abate, che insegnò come e dove collocar un'enorme quantità di terra scavata, 127. — D'un che voleva avvelenar le palle d'artiglieria, ivi. — D'uno che domandò chi fosse il Prelibato, ivi. — D'uno che, per trovar gran quantità di denari, consigliò si raddoppiassero le porte della capitale e le zecche dello Stato, 128. — Di un che disse aver visto un suonatore a ficcarsi in gola più di due palmi di tromba, ivi. — D'uno cui dispiaceva dover comparir ignudo il dì del giudizio, 129. — D'un che narrò aver col fuoco fatte liquefar le parole congelatesi nel mezzo del Boristene, 130. — D'uno che narrò una strana azione d'una scimia, ivi. — Sul doppio significato del vocabolo letto, 132. — Sulla spezzatura del vocabolo mattonato, ivi. — Ad un cieco, e ad un altro senza naso, ivi. — Di un litigante che trattò l'avversario da ladro, e d'un da Narni che trattò pur da ladri i Sanesi, 133. — Con aumento o mutazion di lettere a qualche vocabolo, ivi. — D'uno che avea bruttissima moglie, ivi. — Sulle donne e su i giovani di Roma, ivi. — Sulla parabola dei cinque talenti, 134. — Sull'equivoco significato di due Offic. ivi. — Sul nome di Calfurnio, 135. — Sulla preghiera Oremus pro hæreticis et scismaticis, ivi. — Sul volto lucido d'una signora, ivi. — Su d'una bizzarra confessione, ivi. — Su d'un cavallo che fuggiva dall'arme, ivi. — Su di un atto in apparenza riverente d'un trombetta, ivi. — Su d'un augurio di bene e male, 136.—Sulla parola Vino, ivi. — Sull'equivoco significato di tre conti, ivi. — D'un prodigo ad un usuraio, ivi.— Sul sermone d'un prete in forma di confessione, 137. — Sulla vecchiezza assomigliata agli Angeli, ivi. — Di Palla Strozzi e Cosimo De' Medici sul covar delle galline, ivi. — Sulle laudi impartite ad un valoroso, e paragonate a monete false, ivi.

— Sul far mangiare chi ne avea procurato altrui, 138. — Sulla paura in guerra, *ivi*. — Di Luigi XII sulle offese ricevute mentr'era duca d'Orléans, *ivi*. — Di Geir Ottomani sul giostrar degl'Italiani, *ivi*. — Del medesimo, sulla differenza delle azioni proprie degli schiavi e de'signori, *ivi*. — Su la roba, il corpo e l'anima degli uomini; e su i giureconsulti, i medici e i teologhi, *ivi*. — Su d'una valigia comparata ad un uomo, 139. — Sul perdere e vincere di due Alessandri, *ivi*. — Su di Siena sposa, e Fiorenza dote, 140. — D'un prelato che si credea grand'uomo, 141. — D'uno magrissimo portato via dal fumo su per il camino, *ivi*. — D'un avaro che volea gli fosse pagata la fune colla quale erasi appiccato, *ivi*. — Di Lorenzo de' Medici ad un freddo buffone, e ad un che il riprendea di troppo dormire, 141, 142. — Del marchese Federico ad un mangione, 142. — Su d'un tiranno falso liberale, *ivi*. — Sul forzarsi a credere verità una bugia, *ivi*. — Sulla fortuna de'cardinali in Roma, *ivi*. — Su d'un impiccato invidiato, 143. — D'Alfonso d'Aragona ad un che avegli trattenute alcune anella, *ivi*. — Su di Sant'Ermo, comparato ad un militar vigliacco, *ivi*. — Sulla sollecitudine d'un soldato partitosi, 144. — Del duca d'Urbino al castellano di San Leo, *ivi*. — Su di uno morto, mentre incominciava a divenir ricco, *ivi*. — Del Marchese di Mantova, su d'un colombo impiccato, 145. — Di Scipione ad Ennio, sull'essere o no in casa, *ivi*. — Di Alonso Carillo alla signora Boadilla, con cui trattolla da publica meretrice, *ivi*. — Di Rafaello d'Urbino ad alcuni Cardinali, 145, 146. — D'uno che domandò un ramo d'un fico, al quale erasi una donna impiccata, 146. — Di Catone ad un contadino che urtollo con una cassa, *ivi*. — D'uno degli Altoviti, il quale rispose a ciò che udito non avea, *ivi*. — D'un medico, il quale promise ad un contadino di rimettergli un occhio, 146, 147. — Di Alonso Carillo, su di un cavaliero bruttissimo che aveva una moglie bellissima, 147. — Su d'un soprascritto d'una lettera, *ivi*. — Di Cosimo de'Medici ad un ricco ignorante, 148. — Del Conte Ludovico Canossa ad uno che volea vestirsi in incognito, *ivi*. — Sul cardinal di Pavia, *ivi*. — Su di cose discrepanti, e che pajon consentanee, *ivi*. — Su due gobbi, *ivi*. — Su d'uno imputato non aver divozione o fede alcuna, *ivi*. — Di Marc'Antonio a Bottone, sul capestro e la forca, 149. — D'un sajo solito a portarsi da un capitano dopo le vittorie, *ivi*. — D'uno non invitato a sedere e che sedette, *ivi*. — D'un prete sul perchè dicesse una messa cortissima, *ivi*. — D'un che chiedeva un beneficio, *ivi*. — D'un che bramava che lo starsi in letto fosse un esercizio militare, 150. — D'Alfonso d'Aragona, ad un suo servitore non contento d'un ricco donativo, *ivi*. — Del papa al vescovo di Cervia, ch'esser volea governatore, *ivi*. — D'uno, al quale una donna domandò gran prezzo di sè, 216. — Di un contadino Sanese a Bernardo Bibiena, 316. — Di papa Giulio II, 317. — Ad altro, che diceva temere non poter uscire del Reame di Napoli, *ivi*.

Detrazione d'altre donne, non ascolti volentieri la Donna di Palazzo, 174.

Deviare se alle volte si possa da'comandi dei Signori, 97. — Belle avvertenze intorno a ciò, 98.

Diana, parole di Camma a Diana, 191.

Diego de Chignones, suo detto mordace ad uno spagnuolo, 136. — (Vedi Vino. *Y no lo conocistes*.)

Difetti de'principi, benchè picciolissimi, notati, 247.

Difetti naturali si possono in gran parte emendare, 23. — Perchè nascosti dall'uomo, 249.

Dimostrazioni d'amore quanto alle volte nocive, 237.

Dio, è protettore de'buoni principi, 259, 267. (Vedi Fortuna.) — Tesoriere de'principi liberali, 270. — Similitudine di Dio ne'cieli, in quai cose si ritrovi, 259. — E così in terra, *ivi*. — Da esso nasce la bellezza, 290. (Vedi Bellezza.)

INDICE DELLE MATERIE. 373

Diomede, biasimato, 271.
Dione Siracusano, formato da Platone, 282.
Dionisio tiranno, abbandonato da Platone come disperato, 282.
Diotima, lodata, 194. — Sua impresa, *ivi*. — Rivela a Socrate gli amorosi misteri, 304.
Discepolo, suo officio, 34 e seg.
Disciplina, adorna le operazioni, e aiuta le virtù, 251.
Disconvenevolezze generali, 79, 80.
Discorso della ragione non ha luogo nella perfetta contemplazione, 300.
Discrepanze ridicole, e varii esempii di esse, 148. (Vedi Bartolommeo.)
Discrezione, condimento d'ogni cosa, 87.
Diseccare; perchè nel generare si disecchi più l'uomo che la donna. 184.
Disegnare, conviene al Cortegiano, 64.
Disoneste cose, di esse l'amata dee levare affatto ogni speranza all'amante, 224.
Disperare, in significato attivo, per far perdere la speranza, 269.
Dissimili, molte cose dissimili degne di laude, 50, 51.
Dissimulazione gentile qual sia, 142.— Necessaria agli amanti è la dissimulazione, 231.
Disobidire per qualsivia motivo a' lor Signori, è sempre cosa pericolosa per li Cortegiani, 98.
Dolcezza e utilità della virtù, 248.
Dolor vero è sempre malo; come s'intenda, 252.
Dominio è di tre sorte, 257. — Corruzion pur triplice di esso, 258.
Dominio più secondo la natura, e più simile a quel di Dio, qual sia, 256. — Felicissimo per li sudditi e per lo principe, 264. — Vero e grande, 270, 271.
Donato (Ieronimo). Sua risposta ad un verso d'Ovidio, 133.
Doni fra gli amanti, si biasimano, 162.
Donna tanto perfetta come l'uomo, 178. 179, 180. — Sua proprietà e distintivo. 172. — Sue virtù necessarie, 173. — Perchè dicasi amare sopra tutti il primo uomo da lei carnalmente conosciuto, 182. — Perchè desideri esser uomo, *ivi*.

Donna di Palazzo formata nel III libro dal Magnifico, 169. — Sue qualità necessarie, 173 e seg. — Potrebbe instituire la sua Signora, 278. (Vedi Cortegiana.)
Donne sono di naturali assai diversi, 224, 225. — Donne, lodate, 171.— Utilità che da esse si traggono, 216 e seg. — Loro merito e dignità, 218. — Falsamente biasimate, 110, 159, 160, 163 e *altrove*. — In che principalmente si debbano rispettare, 151, 159, 165. — Desiderano d'essere o di parer belle, 53, 54. — Debbono fuggir l'eccesso nell' adornarsi, *ivi*. — Varie loro maniere, indoli e portamenti, 225. — Rare volte sanno amare, 226. — E più lecito ad esse mordere gli uomini di disonestà, che agli uomini le donne, e perchè, 159. — Donne belle, biasimate, 289. (Vedi Belle donne.) — Donne, eguali agli uomini di dignità e virtù, 165. — Donne grandi, amano da dovero i minori di sè, e perchè, 162. — Donne maritate non possono amare oltre il marito, alcun altro, se non con amor di amicizia, 222. — Donne non maritate possono alle volte lecitamente amare, dentro i termini però dell'onesto, 221. — Quai debbano amare, 222. — Donne oneste, lodate, 140, 141. — Che resistono a tutti gli stimoli degl'importuni amanti, mirabili, 214, 215.—Donne sante molte si trovano, benchè nascoste agli occhi degli uomini, 185. — Donne sante de' tempi del Castiglione come favorite da Dio, 304. — Donne valorose in armi, in lettere, e in ogni altra cosa, accennate, 180, 185.
Donniccinola, origine dello scoprirsi la congiura di Catilina, 196. (Vedi Cicerone.)
Dono il più pregiato che possa fare il Cortegiano al suo principe, qual sia, 256. — Doni degli sciocchi a' principi quai sieno, 266.
Doti delle mogli si debbono moderare dai principi, 275.
Duca di Calavria. (Vedi Fiorentino commessario.)
Ducati falsi. (Vedi Denari.)
Due soli debbono essere i veri amici, 104.

E

Ebrietà, dee fuggirsi da' vecchi, 210.
Eccellenza suprema, benchè l'uomo non possa giugnervi, non dee sgomentarsi di operare, 113.
Eccessi ridicoli, tanto in grandezza, quanto in picciolezza, 141.
Edifici grandi si convengono a' principi, 270.
Educazione del principe qual esser debba, 265.
Effeminatezza degli animi da quai cose venga cagionata, 243, 244.
Effeminati uomini sbandir si dovrebbero, dal commercio delle persone discrete, 29.
Effetti delle cause contrarie, tra sè pur contrarii, 258. — Effetti lodevoli alle volte nascono da causa degna di biasimo, 288.
Egitto, già mare, ora terra fertilissima, 313.
Egnasio Catulliano, 55.
Eguali. (Vedi Conversare.)
Eleonora d'Aragona, duchessa di Ferrara, lodata, 301.
Elia, suo carro infiammato, 301.
Elide. (Vedi Olimpici giochi.)
Empietà, detestabile benchè faceta, 140. (Vedi Biastemare.)
Ennio, 145. (Vedi Scipion Nasica.)
Enrico principe di Waglia, assai lodato, 272.
Epaminonda, udiva volentieri le ammonizioni di Lisia Pitagorico, 247.
Epicari, libertina romana, sua costanza, 189.
Epimeteo, sua favola descritta, 249.
Equalità pari con chi debba usare il principe, 268.
Ercole, sua statura, come e da chi ritrovata, 168. — Lodato, 272. (Vedi Pitagora.) — Suo rogo, che cosa signifìchi, 301.
Eremita del Lavinello di M. Pietro Bembo, accennato, 284.
Eritrei, muovono guerra a' Chii, 197.
Ermo (Sant'), facezia gentile del Gran Capitano, 143.
Errore nostro quando ci diletti, 136.— Errori infiniti de' cattivi principi,
246. — Errori non sono tutti eguali, 79.
Esempio, chi fallando dà mal esempio, merita doppio castigo, 32.
Esempio faceto, 21.
Esercizii cavallereschi come debba fare il Cortegiano, 83.
Esiodo imitato, ma non sempre, da Virgilio, e perciò da questo superato, 49.
Esopo tassato da Socrate presso Platone per aver tralasciato certo Apologo, 76.
Estense (Ippolito) cardinal di Ferrara, lodato, 23.
Estensi donne celebri, accennate, 198.
Estremo, ad esso s'attaccano le donne, 193. — Estremi, come da essi dobbiamo discostarci, 274.
Età de' Principi e de' Cortegiani, varie difficoltà che nascono dalla diversità di essa, 278. — Età matura, più capace dell'amor onesto e ragionevole, 287. — Età, tutte hanno qualche peculiar virtù e vizio, 89.
Età d'oro. (Vedi Saturno.)
Euboea, già congiunta alla Beozia, 313.
Eva col suo fallo, accennata, 185.
Evangelio, luogo di esso circa l'essere invitato a nozze, allegato, 94. — Facezia intorno un altro passo dell'Evangelio, 134.

F

Fabio pittore, perchè così cognominato, 64.
Faceto, chi propriamente chiamar si possa, 151.
Facezie. (Vedi Detti, ove ne ha gran copia, ed anche Novelle.)
Facezie sono di due sorte, 113. — Anzi di tre, 123. — Ciò che in esse debbasi osservare, 168. (Vedi Arte. Giudicio. Ingegno. Rispondere.)— Facezie giudiciose, proprie d'un buon Cortegiano, 117. — Luoghi varii donde si cavano, enumerati, 150. — Effetti diversi delle medesime, ivi. — Avvertenze notabili nell'usarle, 125, 151.
Facilità nel parlare, difficile, 46.
Fallare, chi falla, e dà mal esempio, dee doppiamente esser punito, 32.

Fama buona o cattiva quanto importi, 25. — Quanto giovi mandar innansi la buona, prima d'entrar nelle corti, 108. — Quanto si debba procurare di conservarla, 35.

Fanciulle cinque bellissime di Crotone. (Vedi Zeusi.)

Fanciulletti a cui spuntano i primi denti, con quali amanti dell'autore comparati, 298.

Fanciulli, perchè cantino di notte, 90.

Fatiche, lor fine qual sia, 262, 263. — Utilissimo ad ognuno il tolerarne, 264.

Favori de'principi, sodi e veri quai sieno, 94. — Non si debbono uccellare, 93. — Come in essi debba diportarsi il Cortegiano, 94.

Favorire, i principi favoriscono talvolta chi non lo merita, 25.

Federico duca d'Urbino, lodato, 9, 271. — Gustava che gli fossero fatte delle burle, 152. — Sua sentenza, 262.

Federico Marchese di Mantova; sua gentil riprensione, 142. — E faceta risposta, 144, 145.

Federico. (Vedi Gonzaga.)

Felicità de'sudditi dee procurarsi dal principe, 259, 260.

Femina e maschio intende di produr la natura, 181.

Fenice, perfetto Cortegiano presso Omero, 281.

Ferdinando. (Vedi Ferrando.)

Fermezza della donna in amare il primo compagno del suo letto, donde nasca, 182.

Ferrando re di Spagna, marito d'Isabella, lodato, 199. — Soggioga il regno di Granata, e toglie parecchie città ai Mori in Affrica, ivi, 310.

Ferrando minore d'Aragona, re di Napoli, eccellente negli esercizii cavallereschi, 138. — Sua avvertenza, 116. — Sciaccamente imitato da un mal avveduto in un suo difetto, 35.

Ferro non esercitato, comparato con alcuni principi, 263.

Festività, che cosa sia, 118.

Fetide cose. (Vedi Mangiar.)

Fico, novelletta di certa donna impiccata ad un fico, 146.

Filippo di Demetrio assedia Chio; e suo iniquo bando, 197.

Filippo Duca. (Vedi Cortegiani.)

Filippo il Macedone, sua cura di trovare un ottimo maestro ad Alessandro, 34. (Vedi Alessandro.)

Filosofe celebri, 181.

Filosofia più nobile qual sia, 281.

Filosofi antichi, come definiscano l'amore, 285. — Filosofi paiono e non sono alcuni poeti, 214. — Filosofi severi intervenivano a' pubblici spettacoli ed a' conviti, e perchè, 121. — Filosofo morale qual sia, ivi.

Fine nobilissimo della Cortegiania descritto, 243, 244.

Fiore della Cortegiania qual sia, 244.

Fiorentini guerreggiano contra Pisani, 127. — Usavano il cappaccio, 102.

Fiorentino commessario, sua sciocca minaccia al duca di Calavria, 127. Due ridicole proposte d'un Fiorentino per far danari, 128. — Oscena facezia d'un altro, 140.

Fiorenza ha XI porte, 128.

Fisionomi, lor dottrina accennata, 290.

Foglietta (Messer Agostino), sua gentil dissimulazione, 142.

Folli chiama l'Autore questi suoi ragionamenti, in comparazione delle cose sacre e divine, 185.

Fonte publico comparato al principe, 249.

Forbici, novelletta accennata, 188.

Forche, in alcuni paesi quando uno condannato alle forche venga richiesto per marito da una publica meretrice, resta libero, con questo che la sposi; facezia curiosa alludente a ciò, 145.

Forestieri, quando non sieno necessarii per custodire il principe, 263.

Forma, ad essa s'assomiglia l'uomo generante, 182.

Fortezza che cosa sia, 255. — Viene ajutata dall'ira, ivi. — Nasce dalla temperanza, ivi. — Più propria dell'uomo che della donna, 180. — Qual sia la vera nella guerra, 264.

Fortuna seconda e avversa, ministra di Dio, 267. — Perchè mandata da Dio, ivi.

Fortuna e suoi effetti, 2, 10, 24, 106, 240 e altrove.
Francesco (San) riceve il sigillo delle cinque piaghe, 304.
Francesco I re di Francia, sue lodi, 308. — Esortato a mover le armi contro gl'Infedeli, 309.
Francesi in che sieno eccellenti, 31. — A'tempi del Castiglione disprezzavano le lettere, 56. — Modesti, 95. — Lodati, 112. — Saccheggiano Capua, 211. — Francesi uccisi a Metelin, 310.
Francia, sua corte lodata, 95. (Vedi Cavalieri.) — Re di Francia, loro guerre contro gl'Infedeli, 309.
Frate Goto, che da burlato divien burlante: novella curiosa, 155, 156.
Frati, lor mali costumi, 186.
Freddo non è infuso da' cieli e non entra nelle opere di natura, 183.
Fregoso (Federico) propone il VII giuoco, cioè di formare un perfetto Cortegiano; e questo solo viene abbracciato, 19, 20. — Per comando della Signora Emilia Pia seguita il ragionamento del Cortegiano, 71. — Era eloquentissimo, 166. — Arcivescovo di Salerno, 241.
Fregoso (Ottaviano) lodato, 2, 262, 266. — Propone il V giuoco, cioè per qual cagione vorrebbe l'amante che la sua donna s'adirasse seco, 18. — Nemico delle donne, 160. — Duce di Genova, 241. — Si fa aspettare, 242. — Era magro, 266.
Frequenza eccessiva nelle facezie si biasima, 151.
Frigida è la donna; effetti di tal qualità, 183.
Frigio (Nicolò), 165. — Deride la Donna di Palazzo che si andava formando, 171. — Sua facezia, 193.
Frustato, ciò che rispondesse a chi esortavalo a camminare in fretta, 126.
Frutto della Cortegiania, qual sia, 214.

G

Gagliardi, nelle guerre i più gagliardi non sono i più pregiati, 180.
Gaja Cecilia, moglie di Tarquinio Prisco, lodata, 187.

Galeotto da Narni motteggiato per essere assai corpulento, acutamente risponde, 133.
Galeotto (Giovantommaso) notato di viltà, e da chi, 135.
Galline mal covano fuori del nido; acuta risposta di Cosimo de' Medici, 137.
Gartier. (Vedi Cavalieri.)
Garzia (Diego), 138.
Gazuolo. (Vedi Contadinella.)
Gelosi, loro difetti, 232.
Generar bellezza nella bellezza cosa sia, 295. — Come ciò intendesse il signor Morello, ivi.
Generar figlioli, è falso che non si abbia dalle donne altra utilità che questa, 203, 205, 217 e seg.
Genovese prodigo, ciò che rispondesse ad un avaro che 'l riprendesse, 136.
Georgio (San). (Vedi Cavalieri del Gartier.)
Georgio da Castelfranco, pittor celebre, 50.
Gerione, biasimato, 271.
Germane donne lodate, 198.
Giocatore, che si crede divenuto cieco: novella curiosa, 153 a 155.
Giocatore di dadi, perchè comparato colla prudenza, 267.
Giochi varii proposti nella corte d'Urbino, 13 e seg.
Giochi, quali approvati nel Cortegiano, 106.
Giostra famosa; come in essa si portasse un gentiluomo, 114.
Giostre, come debba in queste diportarsi il Cortegiano, 82.
Giovane ciascun si studia d'apparire, 88.
Giovane donna di maravigliosa continenza, 207.
Giovanetti due sciaccamente comparati nel canto a due sparvieri, 126.
Giovani come debbansi diportare, 89. — Ripresi da' vecchi in molte cose, 77. — Perchè inclinati all'amor sensuale, 288. — Quai si possan chiamar divini, ivi.
Gioventù comparata alla primavera, 74.
Giove, secondo Orfeo, era maschio e femina, 182. — Nella sua rocca qual sapienza fosse custodita, 249. —

Senza qual virtù non potesse governare il regno suo, 255.
Giovenale. (Vedi Juvenale.)
Girolamo. (Vedi Jeronimo.)
Giudicare si possono alcune cose subito e in un'occhiata, non così la virtù e i costumi degli uomini, 108.
Giudici, che cosa facciano alle volte per parer savii, 296.
Giudicio, maestro di chi scrive, 49. — Più perfetto diventa per la lunga esperienza, 73. — Necessario nelle facezie, 118.
Giulio Cesare perchè portasse la laurea, 116.
Giulio II pontefice ricevuto magnificamente in Urbino, 43. — Suoi magnifici edificii accennati, 271. — Sua faceta risposta, 317.
Giunone, festa detta delle Ancille in onore di tal dea perchè instituita, 196.
Giureconsulti. (Vedi Jurisconsulti.)
Giustizia che cosa sia, 255. — Da chi, e per cui comando portata in terra, secondo i poeti, 249. — Ajutata dall'odio contra i cattivi; sue lodi; nasce dalla temperanza, 255. — Massima cura de' buoni principi, 267.
Golpino, servo del Magnifico, facezia intorno ad esso, 141. (Vedi de' Medici Giuliano.)
Gonfiarsi ne' favori non dee il Cortegiano, 94.
Gonnella faceto burlatore, 158.
Gonzaga (Alessandro) gentilmente comparato ad Alessandro Magno, 139.
Gonzaga (Cesare) propone il II giuoco, cioè, se l'uomo fosse necessitato d'impazzire, qual sorta di pazzia, essendo ciò in sua potestà, dovrebbe eleggere, 15 e seg. — Fu uomo raro e di belle qualità, 240 e 241.
Gonzaga, donne celebri di tal casa accennate, 198.
Gonzaga (Eleonora) duchessa d'Urbino, lodata, 242.
Gonzaga (Elisabetta) duchessa d'Urbino, lodata, 2, 169. — Sua modestia e grandezza d'animo, 11, 12.— Sua forte castità ad onta dell'impotenza del marito, 214, e altrove lodata.

Gonzaga (Federico) marchese di Mantova. (Vedi Federico.)
Gonzaga (Federico) figliuolo di Francesco marchese di Mantova, lodato, 276, 318.
Gonzaga (Francesco) Marchese di Mantova, lodato, 271.
Gonzaga (Giovanni), sua piacevole comparazione di suo figliuolo Alessandro con Alessandro Magno, 139.
Governare, dal non saper governare i popoli quanti mali nascano, 246 e seg.
Governator buono, è gran laude d'un principe l'esser così chiamato, 275.
Governo ottimo qual sarebbe, 266, 267.
Grammatico che non aveva letto, come ciò fosse interpretato da Annibale Paleotto, 131, 132. (Vedi Letto.)
Granata, e suo regno, conquistato da Ferdinando re di Aragona, 310. — Per cagione e virtù di chi, 199, 217.
Gran Capitano. (Vedi Consalvo Ferrando.)
Grandezza di animo conveniente a' principi qual sia, 270. — Suoi effetti, ivi.
Grasso de' Medici, e scherzo intorno ad esso, 62.
Grati universalmente, non si debbono motteggiare, 122.
Gravità nelle donne moderata, induce riverenza, 225. — Gravità faceta, lodata, 138.
Grazia non s'impara, ma è dono di natura, 33 e seg. — Si può rubare e come, 35.
Grazia, o sia favore, quanto importi al Cortegiano essere in grazia del suo Signore, 107. — Come debba da esso guadagnarsi prima di volergli insegnar la virtù, 270. — Della sua donna come debba mantenersi l'amante, 232.
Graziati alcuni nascono, altri no, 23. — Graziato deve essere il Cortegiano, ivi.
Grazie come debbansi dimandare a' principi, 92. (Vedi Favori.)
Grecia, sua consuetudine trasportata in Massilia, 189.
Grue, hanno il lor principe, vario però, 256.

Guerra, suo fine è la pace, 262. — Senza di esso non è lecita, 263. — In sè sola considerata è mala, 264. — Disordine che spesso in essa succede, ivi. — Le cose notabili in essa faccia il Cortegiano al cospetto di pochi e segnalati, 82. (Vedi Gagliardi. Pace. Turchi.)
Guerre di donne, 180.
Guerrieri debbono sopra tutti gli altri esser letterati, 61.
Guidubaldo, duca d'Urbino, infermo di podagre, lodato, 10. — Sotto quai principi militasse, ivi. — Dottissimo e di gran giudicio in tutte le cose, 11. — Impotente nel matrimonio, 214. (Vedi Gonzaga Elisabetta.)

I

Idea del perfetto Cortegiano, simile a quella della republica di Platone, del re di Senofonte, e dell'Oratore di Cicerone, 5.
Ignoranza è cagione di tutti gli errori e vizii, 252, 253, 262. — In quai cose non nuoccia, 246. — È una dei maggiori errori dei principi, 245. — Come pure la più enorme fra tutte le bugie, ivi. 247.
Ignoranti si saziano delle cose spesso vedute, 86.
Imitare i difetti altrui è sciocchezza, 35.
Imitazione, necessaria per iscriver bene, 41.
Impossibili cose desiderate inducono altrui a riso, 149.
Impressioni prime sono di gran forza, 25, 168.
Imprudenza di molti, descritta e biasimata, 206.
Impudenza fucata di certe donne presa alle volte per bellezza, 293. — Impudenza intolerabile d'alcuni principi, 246.
Incontinenza, differente dall'intemperanza, 252. — Perchè si chiami vizio diminuto, 253.
Inconvenienti cose, toccate, 255.
Incredulità. (Vedi Credulità.)
India, suoi efferati abitatori, accennati, 282.
Indiscretezza d'un cavaliere nell'intertenere una dama, 83.

Industria dell'uomo in mansuefare gli animali, 250. — Della stessa dee servirsi in domar le passioni, ivi.
Inequalità ragionevole con chi debba usare il principe, 268.
Infamare donne, anche di colpe vere, è cosa degna di gravissimo castigo, 203 e seg.
Infermi che sognano di bere a un chiaro fonte, comparati a' cattivi amanti, 286.
Infermità perchè date a noi da natura, 76.
Ingannar l'opinione è il forte di tutte le facezie, 150.
Inganno da non biasimarsi qual sia, 115. — Grande degli uomini qual sia, 251, 252. — Inganni grandi e miserabili de' principi, toccati, 246.
Ingegnero punito con troppa severità da Publio Crasso Massimo, 99.
Ingegno, maestro di chi scrive, 49. — Tiene le prime parti nelle facezie, 118.
Inghilterra. (Vedi Cavalieri.)
Ingratitudine di alcuni Cortegiani verso i principi loro benefattori, 92.
Inimici, come si portino co' principi, 245.
Innamoramento curioso di molte donne nobili in un sol gentiluomo, 108, 109.
Innamoransi gli uomini per altre cagioni, oltre alla bellezza, 69. — Anche per fama, 109.
Innamorati sensualmente sono infelicissimi, 286 e seg.
Insegnare, non sempre chi sa insegnare qualche cosa, sa anche eseguirla, 34.
Instabilità d'amare nell'uomo onde nasca, 153.
Institutore del principe qual esser debba, 269. — Chi meriti un tal nome, 270.
Institution del principe come abbia a farsi, 264, 265.
Intellettiva virtù come si perfezioni, 265.
Intelletto particolare non può esser capace dell'immensa bellezza universale, 300.
Intelligenza, sua virtù, 265.
Intemperanza quanto differente dall'incontinenza, 252.
Intemperati, e loro infelicità, 260.

Interpretare un detto in senso non inteso da colui che 'l dice, è cosa graziosa, 136, 137.
Interpretazioni giocose, 147.
Intertenersi con chi debba il Cortegiano, 105.
Invenzioni molte degli uomini per muovere il riso, 120.
Invisibili cose veramente sono, 303.
Ipocriti esagitati, 185, 186. — Loro costumi descritti, ivi.
Ira aiuta la fortezza, 255.
Ironie facete, proprie de' grandi, 148. — Loro doppio uso, ivi.
Isabella d'Aragona, duchessa, sorella del re Ferrando di Napoli, lodata, 201.
Isabella marchesa di Mantova, lodata, 201.
Isabella duchessa d'Urbino, lodata copertamente, 243. (Vedi Gonzaga Elisabetta.)
Isabella regina di Napoli, lodata, 201. — Suoi infortuni accennati, ivi.
Isabella regina di Spagna, esaltata con somme laudi, 199, 200, 317. — Godeva delle burle fattele, 152. (Vedi Ruota.)
Isola Ferma, chi ad essa dovrebbe mandarsi, 220.
Istrione antico, perchè volesse sempre in iscena comparire il primo, 85.
Istrumenti musicali da fiato, poco convenienti al Cortegiano, 87. — E meno alla Donna di Palazzo, 176.
Italia avea anticamente il suo abito proprio, 100. — Suo frequente commercio con Francia e Spagna, 112. — Per qual cagion rovinata, 268. — Re d'Italia chi si poteva chiamare, 271.
Italiani in che più vagliano, 31. — Posposero un tempo l'armi alle lettere, 58. — Si confanno più cogli Spagnuoli, 112. — Malamente imitano i Francesi, ivi.
Italiano nome per quai cagioni ridotto in obbrobrio, 344.
Invidia, si fugge colla mediocrità, 416.

J

Jeronimo, e non Girolamo, vuol che si scriva l'Autore, 47.
Jeronimo (San) celebra molte sante e maravigliose donne, 185.
Josquin di Pris, musico eccellente, 110. (Vedi Mottetto.)
Jurisconsulti avari, 211. — Non litigano, 139.
Juvenale (Latino), sua facezia, 148.

L

Lamenti increscevoli in amore, 232.
Latina lingua si variò in diversi tempi, 44.
Latine cose del Petrarca, non sono molto stimate in paragone delle toscane, 218.
Latini, da chi apprendessero le lettere, 194.
Laude, come possa acquistarsi dal Cortegiano, 80.
Lavinello. (Vedi Eremita.)
Laura del Petrarca, di quanto bene fosse cagione, 218.
Laurea. (Vedi Giulio Cesare.)
Legge ingiusta fatta dagli uomini, 159.
Leggi, perchè castighino i delinquenti, 250. — A qual fine debbano indirizzarsi, 203. — Quando sarebbon volentieri obedite, 268.
Leggere i fatti degli antichi celebri capitani e imperadori, quanto giovi, 57.
Leggiadria delle donne, 225.
Legno col volger del tempo impietrisce, 313, 314.
Leona, meretrice ateniese, suo mirabil silenzio, come onorato dagli Ateniesi, 189.
Leona di bronzo senza lingua, cosa significasse in Atene, 189.
Leonardo da Vinci, pittore, lodato, 50, 115.
Leonico (M. Niccolò) sua gentil riprensione, 142.
Lettere, lodate, 56 e seg. — Se sieno più eccellenti che l'armi, 57.
Letto, ec. 132. — Scherzo sopra questa parola pel suo doppio significato. (Vedi Grammatico.)

Leuconia. (Vedi Chie donne.)

Liberalità falsa qual sia, 273. — È di varie specie, *ivi*. — Liberalità s'insegna fra i Turchi ai fanciulli nobili, 138.

Libertà, supremo dono di Dio agli uomini, 257. — Qual sia la vera, 258. — Libertà troppa ne' popoli quanto nociva al principe, 268. — Segno di libertà perduta dalla maggior parte d'Italia, non avere abito proprio, 100. (Vedi Abito.)

Libertine donne, o sieno immodeste, biasimate, 174.

Libreria insigne de' Duchi d'Urbino, 9.

Licenza ingiusta presasi dagli uomini, 159, 202.

Licurgo nelle sue leggi approvò la musica, 63.

Lingua, in ogni lingua alcune cose sono sempre buone, 48. — Lingua italiana, o volgare: sua origine e suoi incrementi, 43.

Lingue dipartite di fuoco che comparvero sopra gli Apostoli, 301.

Liscio, perchè ripresa una gentildonna che usava certo liscio, 135.

Lisia Pitagorico ammoniva Epaminonda, 247.

Litigante, ciò che rispondesse all'avversario che l'avea motteggiato di bajare, 133.

Livio, notato di Patavinità, 47.

Lodar sè stesso come si possa onestamente, 27. — Avvertenza in ciò del buon Cortegiano, *ivi*. — Lodano sè stessi molte volte gli uomini eccellenti, *ivi*. — Lodarono sè stessi gli antichi scrittori, *ivi*.

Lombardia, paese di libertà, 84.

Lombardo vestire a'tempi del Bembo, assai curioso e bizzarro, 101, 102.

Lombardi, affettati, 38.

Lucchese mercatante, novella curiosa, 129.

Lucullo avuto da alcuni per mangiatore, 247.

Ludovico re di Francia, lodato, 190. — Suo motto, 138.

Luigi re di Francia. (Vedi Ludovico.)

M

Macchia, tutti abbiamo qualche macchia, 14.

Maestà, dee conservarsi dal principe, 270.

Maestro, è necessario nelle arti, e nelle virtù, 251. — Maestri ottimi in tutte le cose si debbono scegliere, 34. — Debbono considerare essi la natura de' discepoli, 51.

Magistrati, a chi si debbono dare, 258, 259. — Magistrati cattivi, loro errori, 260. — A chi si debbano attribuire, 267.

Magnanimità non può darsi senza altre virtù, 255. — E queste quali sieno, 256.

Magnifico (il), così si chiamava Giuliano de' Medici. (Vedi De' Medici Giuliano.)

Malfattori perchè castigati, 250. (Vedi Leggi.)

Malignità si fugga ne' motti, 131. — E nelle facezie, 151.

Malvagi, amano d'esser tenuti buoni e giusti, perchè, 249.

Mangiar cose fetide e schifose; prodezza sciocchissima d'alcuni francesi e italiani, 112.

Maniche a comèo. (Vedi Veneziani.)

Maniera riposata si loda ne' giovani, 89, 90.

Maniere diverse di donne, 225.

Manlio Torquato perchè uccidesse il figliuolo, 98. — Non si approva tanto suo rigore, *ivi*.

Mansuetudine conveniente al Cortegiano, 81. — Al principe, 270. — Soave, propria della Donna di Palazzo, 178.

Mantegna (Andrea), pittor celebre padovano, 50.

Mantua, vescovo di Mantua, e sue bel disegno, 212, 213.

Maraviglia d'alcuno fa ridere, 150.

Margherita, figliola di Massimiliano imperatore, lodata, 199.

Maria Vergine accennata, sue lodi, 185.

Maria (Santa) Maddalena, 304.

Mariano, certo frate faceto, 158. — Sua

piacevolezza accennata, 120. — Soleva far l'elogio della pazzia, 16.

Mario rompe i Tedeschi, 198.

Mario da Volterra, sua facezia, 141.

Maritare, bestialità di alcuni padri nel maritar le figliole, 207, 222.

Marito, orazione di un marito al senato per ottener licenza di morire a cagion di sua moglie, 190. — Mariti cattivi accennati, ivi. — Mariti, non sempre amati dalle mogli, 163. —

Martiri invittissime accennate, 185. —

Maschere, loro uso e utilità, 85.

Maschio e femina intende di produr la natura, 181. — Maschio e femina formò Dio gli uomini a sua similitudine, 182.

Massilia, costanza mirabile di una sua cittadina, 189. (Vedi Cicuta.)

Materia, ad essa s'assomiglia la donna, 183.

Materia di questo Trattato, 7. — Sua utilità, 8.

Matilda contessa, lodata, fu di casa Canossa, 198.

Mattia Corvino re d'Ungheria, lodato, 201. — Batte più volte i Turchi, 310.

Mattonato, facezia su tal parola divisa, 132.

Medicina, bella similitudine del modo di dar medicina a' fanciulli, 248.

Medico eccellente può darsi senza ch'abbia infermi da guarire, 280. — Medico solo serve a molti infermi, 250. — Medici, quali infermità debbano principalmente curare, ivi. — Medici avari, 211. — Scherzo intorno ai medici, 139.

Medici (Cosimo de'), sua risposta a M. Palla Strozzi, 137. — Sua ammonizione dissimulata, 147.

Medici (Giuliano de'), duca di Nemours, detto il Magnifico, 241. — Lodato, 2. — Protettor delle donne, 140, 164. — Sua facezia. (Vedi Golpino.) — Sua modestia, 169, 171.

Medici (Lorenzo de'), suoi detti, 141.

Mediocrità, le virtù sono mediocrità, 274. — Difficile a ritrovarsi, ivi. — Mediocrità non soggiace ad invidia, 116. — Mediocrità nel giocar agli scacchi più laudabile dell'eccellenza, 106. (Vedi Spagnuoli.)

— Mediocrità ne' sudditi, molto giovevole al principe, 268.

Meliolo, burlator celebre, 158.

Memoria, le cose che risvegliano la memoria de' gustati piaceri, sono grate, 74, 75.

Mercatanti debbono essere ajutati dai principi, 275. — Mercatanti giudiziosi imitar deve chi pensa di discostarsi alcuna volta dai comandi del suo principe, 99.

Mercurio quali virtù recasse in terra, secondo le favole, 249.

Meretrice publica come potesse liberare un condannato alle forche, 145.

Merito è la vera via d'ottenere i favori dei principi, 94. — Meriti come debbano essere rimunerati dai principi, 268.

Messa frettolosa, facezia d'un prete, 149.

Metafora, lodevole, 46. — Metafore ben accomodate e loro uso, 137. — Metelino, Francesi uccisi dai Turchi a Metelino, 310.

Metrodoro, filosofo e pittore, 68.

Michele (San). (Vedi Cavalieri.)

Millantatore cavaliere come fosse mortificato da una dama, 27.

Minacce alle volte fanno ridere, 150.

Minerva quai musici istromenti rifiutasse, 87.

Ministri buoni. (Vedi Principe.)

Minuzia non si dee chiamare cosa alcuna che possa migliorare un principe, 274.

Miseri non si motteggino, toltone un sol caso, 122.

Mitridate teme la morte più che non la temesser sua moglie, e le sue sorelle, 188.

Modestia nel Cortegiano, lodata, 37, 59. — Sola non fa l'uomo grato, 96. — Non diventi rusticità, ivi.

Moglie brutta motteggiata, 133. — Mogli. (Vedi Communità, ec.) — Mogli cattive accennate, 190.

Moisè, rubo ardente da esso veduto, 301.

Molart, capitano, come motteggiasse il Peralta, 148.

Molli di carne, atti della mente; assioma filosofico, 180.

Moltitudine, naturalmente ha odore del bene e del male, 5. (Vedi Valore.)

Mondo è una pittura, 65. — Descritto come bello, 291. — Mondo piccolo si dice l'uomo, ivi.

Montefeltro (di). Donne insigni di questa famiglia accennate, 198.

Montefiore, osteria, 151.

Monte (Pietro), lodato, 34, 171.

Mò quarta sera, cioè ora è la quarta sera, 272.

Morali virtù non sono totalmente da natura, 250. — Come si perfezionino, 264.

Mordacità eccedente dee fuggirsi, 125.

Morello da Ortona, cavalier molto vecchio, 285. — Suoi scherzi e bizzarrie, 288, 289, 295, 296.

Mori e Turchi troverebbero la lor salute nella propria ruina, 273. (Vedi Turchi.) — Mori uccisi in grandissimo numero dagli Spagnoli per causa di chi, 218.

Morte, che facciano alcuni per paura di essa, 211.

Mosca, fu lodata con un libro intero da certo ingegnoso scrittore, 91.

Moscovia produce quantità di zibellini, 129.

Motteggiare all'improviso è più conveniente, che dopo d'avervi pensato sopra, 161.

Motletto non istimato prima che si sapesse essere composizione di Josquin di Pris, 110. (Vedi Josquin.)

Motti. (Vedi Detti, ove ne ha gran copia, ed anche Novelle.)

Motti di due sensi, quai sieno, 122. — Motti ridicoli onde nascono, 121.

Musica lodata, 62, 63. — Sua forza, ivi. — È probabile che sia grata a Dio, ivi. — È di molta consolazione, ivi. — Conviene al Cortegiano, 62. — Quando optar si debba, 86, 87. — Qual sia la più lodevole, ivi. — Suo difetto, 37.

Musico deve esser l'uomo ben disciplinato. (Vedi Platone ec.) — Musico eccellente divenuto pessimo poeta, 115. — Musico quando diletti e si stimi, 38.

Mutazion di Stato da quai cagioni originata, 268, 269.

N

Napoli abonda di vestigi di grandi edifici degli antichi, 271. — Due regine di Napoli di gran virtù accennate, 200.

Narrar facezie come si debba, 123.

Nascono per lo più i buoni dai buoni, 24.

Naso, facezia troppo acerba intorno ad un senza naso, 83.

Natura, e sua proprietà, 179. — Dee seguirsi nello scrivere, 52. — Legge di natura qual sia, 263. — Sempre la stessa, e sempre diversa nelle sue opere, 312 e segg.

Nave che parte dal porto comparata alla vecchiaja, 74. — Bella similitudine d'una nave colla ragione, 252. — E d'un governator di nave colla stessa, 255. — Navi, perchè abbruciate da certe donne Trojane presso Roma, 194.

Nero colore, abiti di color nero, o tirante al nero, più convenienti nel vestire ordinario, 101.

Nerone, congiura contr'esso accennata, 189.

Nicoletto, buon filosofo, ma niente intendente di leggi, sua opinione contraria ad una di Socrate, 114. — Suo detto, 138, 139.

Nicolao V, papa, scherzo su una sua iscrizione, 124.

Nicostrata, madre d'Evandro, mostrò le lettere ai Latini, 194.

Nobile è tenuto a operar virtuosamente, 22. — Nobili molti viziosi, 24. — Consiglio de' nobili qual esser dovrebbe, 266. — Nobili in che maniera debban giocar coi villani, 84. — Nobile sia il Cortegiano, 22.

Nominar con oneste parole una cosa viziosa e modo faceto, 143.

Novelle, del Proto da Lucca, 134. — D'un giocatore che si crede divenuto cieco, 154. — D'un frate finto che da burlato divenne burlante, 156. — D'uno che fu creduto pazzo, 157. — D'un tal Ponzio, che involò ad un contadino un pajo di capponi, 158. — D'una tal Carma, che perir volle, e fece perir di

veleno il suo amante uccisor del di lei marito, per serbarsi a questo fedele 190 e seg. — Di Madonna Argentina, che morì d'improviso per l'allegrezza d'avere a riveder il marito già schiavo dei Mori, 198. — Di rara onestà in una giovane donna, 207, 208. — E d'altre due donzelle, 212. — E d'altra, 213. — D'uno che volea farsi pagar l'osteria dalla sua innamorata, 234.
Novità, sempre cercata dagli uomini, 1.
Nozze, costume in esse degli antichi, 191.
Numeri nello scrivere donde nascano, 52.

O

Obedire è tanto naturale, utile e necessario, quanto il comandare, 258. — Obedito è sempre chi sa comandare, 262.
Obelisco intorno a' sepolcri cosa significassero presso certi antichi, 263.
Occhi della mente da tutti si hanno, e da pochi si adoprano, 300. — Quando divengano acuti e perspicaci, ivi.
Occhi, loro efficacia, 229, 230. — Diversità, ivi. — Guida in amore, ivi. — Occhio infermo guasta gli altri, ivi. — Novella di uno che avea perduto un occhio, 146, 147.
Odio contro gli scelerati aiuta la giustizia, 255.
Officii, scherzo gentile su questa parola, 134, 135.
Oglio, fiume che passa accanto Gazuolo in Mantovana, in esso perchè si gittasse una fanciulla, 212. (Vedi Contadinella.)
Olimpici giochi dove si celebrassero, 168.
Omero in che imitato da Virgilio, 44. — Venerato da Alessandro, 57. — Formò due uomini eccellenti per esempio della vita umana, e quali, 281. (Vedi Achille. Ulisse. Fenice.)
Onestà delle donne non s'offenda, 159, 164. — Come si scuopra, 174. — Quanto si stimi, ivi. — Amata più della vita da alcune, 211.
Opera migliore che possa farsi dal Cortegiano qual sia, 248.

Operazioni, di varie sorte, 102, 103. — Per esse si viea in cognizione del valore di chi le fa, ivi.
Opinione, credesi alle volte più all'altrui che alla propria, 116.
Opinione, facezie fuor d'opinione quai sieno, 132. (Vedi Ingannare.)
Oratori diversi tra loro, benchè tutti perfetti, 50.
Orazione del Bembo allo Spirito Santo, 302.
Orazione d'uno annoiato sì della moglie, fin a voler morire di veleno, accennata, 190. (Vedi Marito.)
Orazio riprende gli antichi per aver troppo lodato Plauto, 44.
Ordine, cose dette fuor d'ordine fanno ridere, 150.
Orfeo, una sentenza intorno a Giove, 182.
Orma di Dio si trova nella contemplazione, 300.
Osca lingua, affatto perduta, 48.
Oscenità nelle facezie detestata, 140.
Oscurità nel parlare si dee fuggire, 47. — Nello scrivere, alle volte apporta grazia, 40, 41.
Osterie, curiosa novelletta d'un amante che volea che gli fosse pagata l'osteria dalla sua amata, 234. (Vedi Sciocchezza d'un gentiluomo.)
Ostinazione propria delle donne, 188.
Ostinazione tendente a fine virtuoso si dee chiamar costanza, 189.
Ottavia, moglie di Marc'Antonio, e sorella d'Augusto, lodata, 187.
Ottimati, sorta di governo, 257.
Ottomani (Gem), suoi detti, 138.
Ovidio, gran maestro d'amore, 235. — Alcuni costumi rozzi de' suoi tempi, ivi.
Ozio, e suoi mali, 264.

P

Pace è in sè buona, deve essere il fine della guerra, 262. — Disordine che suole avvenire in essa, 263. — Il suo fine è la tranquillità, ivi. — Principi gloriosi in guerra, perchè vadano in ruina in tempo di pace, 263, 264.

Padoa, il Podestà dispensava anticamente alcune letture di quello studio, 114. (Vedi Campanile.) — Vescovo di Padova. (Vedi Della Torre.)

Palazzo publico d'Urbino, il più bello di tutta Italia, 9.

Palazzo (Donna di).(Vedi Donna di Palazzo.)

Palazzo (Uomo di) per Cortegiano. (Vedi Cortegiano.)

Paleotto (Annibale). (Vedi Grammatico.)

Paleotto (Camillo), 135. — Suo detto, 144.

Palla, gioco conveniente al Cortegiano, 31.

Pallade, lodata, 194.

Pallavicino (Gasparo), propone il giuoco, cioè di qual virtù vorrebbe chi ama che l'amata sua fosse più adorna, e qual vizio in lei più dovesse comportare, supposto che di tutti priva non potesse essere, 14. — Nemico delle donne, 160. — Gran guerriero, 163. — Lodato; sua morte immatura, 240.

Panezio ammoniva Scipione, 247.

Pari, conversazione co' pari più frequentata di tutte, 99.

Parlare, ciò che ad esso si richieda, 45. — Tolera alcune cose che aborrisce lo scrivere, 39, 40. — Bellissimo è quello che è simile alle belle scritture, 40. — Onde nasca la buona consuetudine di esso, 48. — Parlare e scriver bene deve il Cortegiano, 42. — Di che debba parlare, 45, 46. — Come la Donna di Palazzo, 175.

Parmegiana, o sia distretto di Parma, prodezza d'un gentiluomo nel fatto d'arme che ivi si fece contra il re Carlo, 114.

Parole senza le sentenze, disprezzevoli, 44. — Detto di Cicerone, ivi. — Lor mutamento, 48. — Parole di diverse nazioni usate dal Boccaccio, 3.

Passioni perchè date a noi da natura, 76.

Patavinità ripresa in Tito Livio, 47.

Patria come debba amarsi dal principe, 267, 268.

Patria universale, voleva Aristotele, che Alessandro facesse divenir tutto il mondo, 281.

Pavia. (Vedi cardinale di Pavia.)

Paolo (San) a che paragonato, 126. — Rapito al terzo cielo, 304.

Paolo gentiluomo pisano, come liberasse Tommaso suo padre dalle mani dei Mori, 193.

Paura vana cagiona il riso, 153.

Pazzia delle donne in che si conosca, 275.

Pazzie diverse, 15.

Pazzi, divenuti tali in grazia di Dio, secondo l'opinione di fra Mariano, si salvano sicuramente, 16.

Pazzi (Rafaello De'), sua giocosa interpretazione, 147.

Peccare procede quasi sempre da ignoranza, 253.

Pedagoghi buoni, cosa insegnino a' fanciulli, 251.

Peggiori (a') sempre s'attaccano le donne, 110.

Peleo padre d'Achille, 281.

Pentirsi, detto di un tale, che non comprava sì caro il pentirsi, 211.

Pepoli conte, discepolo del Beroaldo, 136.

Peralta capitano, motteggiato, 148. — (Vedi Molart. Aldana.)

Perdonar troppo a chi falla, è ingiurioso a chi non falla, 33.

Perfezione, chi più ad essa s'avvicina, è più perfetto, 5. — Quanto sia difficile a conoscersi, 21. — Di tutte le cose, non si trova nella natura umana, 113.

Pericle, sua continenza lodata, 204. — Oppugnata, 210.

Persia, ambasciatori del re di Persia presso Filippo, quale pronostico facciano di Alessandro fanciullo, 319.

Persiana spada di Dario accommodata alla Macedonica prima ch'egli combattesse con Alessandro, cosa pronosticasse, 100, 101. — Persiane donne col riprendere i loro uomini fuggitivi per la rotta di Ciro, sono cagione di lor vittoria, 197.—Persiani gentiluomini, molto gentili, 170.

Persuasion falsa di sè stessi, un de' maggiori errori de' principi, 245, 247.

Peste la più mortale al mondo qual sia, 247. — Peste per dieci anni tenuta lontana da Atene per mezzo di chi, 194.

Pestiferi alle città quai sieno; loro castigo, 250.

Petrarca e Boccaccio, usarono parole oggidì rifiutate, 42. — Se fossero stati vivi a' tempi dell'autore, avrebbero tralasciato d'usar molte parole, 48. — Non si debbono soli imitare, 51.

Petrarca si rese immortale coll'avere in grazia di Laura scritto, in lingua volgare, il suo Canzoniere, 218. — Suoi versi in lode delle lettere, 60. — Acutamente interpretati, 61.

Piacer falso qual sia, 286. — Piacer vero è sempre buono, 252.

Piazza d'Agone in Roma; in essa si facea un'annual festa a' tempi dell'autore, 246.

Pietà verso Dio quanto necessaria nei principi, 267.

Pietro (San), suo tempio in Roma da chi rifabricato con gran magnificenza, 271.

Pii (Emilia De'), dama di grande spirito nella Corte d'Urbino, 11. — Ordina che si propongano i giochi, 13. — Donne valorose di quella casa accennate, 198.

Piccinino (Niccolò), suoi detti celebri accennati, 75.

Pierpaolo, affettato nel danzare per troppo studio, 36.

Pigmalione s'innamorò d'una statua d'avorio da lui formata, 172.

Pindaro, discepolo d'una donna, 194.

Piramidi d'Egitto, e loro origine, 264.

Pisane donne, lodate, 201. — Celebrate da' poeti, ivi. — Pisani guerreggiano co' Fiorentini, 127, 128.

Pistoia, cognome d'uno che scherza con fra Serafino, 139.

Pitagora sentiva nella musica certa divinità, 88. — Come ritrovasse la misura del corpo d'Ercole, 168.

Pittori, molto stimati dagli antichi, 64, 67 e seg.

Pittori tra sè diversi, benchè tutti perfetti nella lor maniera, 50.

Pittura quale esser debba, 37. — Se sia più nobile della scultura, 64, 65, 66, 67. — Sua utilità, ivi. — Deve intendersi dal Cortegiano, ivi. — Assai stimata dagli antichi, 67 e seg. — Chi non la stima, è privo di ragione, 65. — Pittura, similitudine di essa, 45. 81.

Platone, fu perfetto Cortegiano de' re di Sicilia, 281. — Assegna alle donne la custodia delle città nella sua Repubblica, 178. — Esso ed Aristotele vogliono che l'uomo ben disciplinato sia anche musico, 63.

Plauto, troppo lodato dagli antichi, al parere di Orazio, 44.

Poemi greci e latini, nati per cagion delle donne, 218.

Poetesse insigni, accennate, 180.

Poeti che paiono e non sono filosofi, 114.

Polifilo, parole di esso troppo ricercate, 233.

Pompe in ogni genere di cose debbonsi reprimere dal principe, 275.

Pontremolo (Giovan-Luca da), Auditor di Rota, motteggiato, 148.

Ponzio scolare siciliano in Padova, gran burlatore, 158. (Vedi Campanile.)

Popolar Consiglio dovrebbe istituirsi, ed a qual fine, 266. — Popolare amministrazione; sorta di governo, 257, 258.

Popoli buoni, indizio del principe buono, 260. — Popoli, come debbano amare il principe, 267.

Porcaro (Antonio), 135.

Porcaro (Camillo), molto gentilmente loda M. Antonio Colonna, 137.

Porcia, figliuola di Catone, e moglie di Bruto, lodata, 187.

Porta (Domenico Dalla), Auditor di Rota, motteggiato, 148.

Portamenti delle donne, diversi, 225.

Porte, che parlavano senza lingua e udivano senza orecchie, facezia, 123.

Porte XI sono in Firenze; si propose una volta di farne altrettante, da chi e perchè, 128.

Porto, abonda di vestigi di gran fabbriche degli antichi, 271.

Potenti non si debbono motteggiare, 122, 151.

Potenza, nelle cose puramente naturali precede l'operazione, 251.
Potenza de' sudditi, nociva al principe, 268. — È più facile impedirla da principio, che cresciuta reprimerla, 269.
Povero importuno che diede occasione a tre diversi motti, 122.
Povertà de' sudditi, nociva al principe ed al governo, 268.
Pozzuolo, abonda di vestigi dell'antica magnificenza, 271.
Precetti, molto giovano, 80.
Prefetto di Roma, sopragiunge nella Corte d'Urbino in tempo di questi ragionamenti, 70. — Lodato, ivi, 241. — Suo motto, 149. (Vedi Della Rovere Francesco Maria.)
Preghiere degli amanti debbono esser modeste, 229.
Prelato che pensava sciocamente d'esser grandissimo di statura, ciò che facesse, 141. — Prelati avari, 211.
Prelibato, termine forense, che significa sopraccennato, suddetto, preso goffamente da un fiorentino forse per qualche gran Prelato, 127.
Presenza de' principi è spesso necessaria, 262.
Presuntuosi, per lo più favoriti da' principi, 95. — Presuntuosi che vogliono giudicare di ciò che non sanno, 53, 59.
Presunzione affettata d'alcuni, 100.
Prete. (Vedi Messa.) — Prete da Varlungo innamorato della Belcolore, 124. — Prete di villa come motteggiato, 136, 137.
Primo dee procurar di comparire nelle pubbliche feste il Cortegiano, 82.
Principe, condizioni in esso richieste, 270 e seg. — Cose a lui convenienti, toccate sommariamente, 266 a 271. — Cure e cognizioni allo stesso necessarie, 275 e seg. — Principe buono qual sia, 273. — Quanto sia giovevole al mondo, 248. (Vedi Squadro.) — Principe cattivo quanto noccia, ivi. — Quando si conosce incorrigibile, dee abbandonarsi dal Cortegiano, 282. — E perchè, ivi. — Principe, elegger buoni ministri è proprio ufficio di esso, 200. — Virtù de' principi necessarie, ivi. —

Convenienti, 244. — Con esso dee principalmente conversare il Cortegiano, 91. — E come possa in ciò essergli grato, ivi. — Principe mascherato come debba portarsi, 85.— Principi, aborriscono per lo più d'udire la schietta verità, e però nel porgerla loro si richiede gran destrezza, 247. — Di che cosa abbiano essi più bisogno, 245. — Loro principal incumbenza, 260.—Principi cattivi e ignoranti, peggiori di certi colossi fatti di stoppa e di stracci, e perchè, 246. — Principi eccellenti quanto sien rari, 276. — Principi, quando sono di buona natura, facilmente s'institùiscono, 279.
Procuste, biasimato, 271.
Profession di colui con cui si parla, attender si dee, 83.
Prometeo, qual sapienza fingesi che rubasse a Minerva e a Vulcano, 249.
Propinqui come debbansi amare dal principe, 268.
Prosperità de' principi da che dipenda, 267. — Prosperità, pericoli di essa, 264.
Proto da Lucca, sua novella, 134.
Protogene, perchè biasimato da Apelle, 37. (Vedi Demetrio.)
Provenzal lingua antica non s'intende dagli stessi paesani, 48.
Prudenza che cosa sia, 256, 267. — Corregge la mala fortuna, 267. — Necessaria a tutte l'altre virtù, 274.
Prudenza del Cortegiano, 113 e seg.
Publio Crasso Muziano punisce troppo severamente un ingegnero, 99.
Pudicizia nelle donne quanto sia laudabile, 205. — È più commune in esse che negli uomini, ivi. — Per quai cose spesso da esse si venda stoltamente e vergognosamente, 275.
Puglia, come si risanino colà gli attratati, ovvero morsicati dalla tarantola, 15.

Querele, il Cortegiano dev'essere intendente delle querele che insorgono tra i nobili, 30.

INDICE DELLE MATERIE. 387

Quartana febre, lodata con un libro, da un ingegnoso scrittore, 91.
Quattro viole da arco, musica di esse lodata, 87.

R

Rafaello d'Urbino, eccellentissimo nella pittura, 2, 66. — Sua risposta acuta e libera a due cardinali, 145, 146.
Ragione umana, sua meravigliosa forza, 253. — Aiutata dagli affetti, 255. — Cura che di essa dee prendersi, 265. — Sua legge come sempre debba osservarsi dal principe, 260.
Rangone (Conte Ercole) discepolo del Beroaldo, 136.
Ratti, perchè odiati dalle donne, questione proposta da fra Serafino, 16.
Re di nobile stirpe, qual dovrebbe essere, aiutato da un perfetto Cortegiano, 259.
Re di Francia e di Spagna, lodati, 112, 307 e seg.
Regina perfetta più facile a formarsi, che una perfetta Cortegiana, 171, 172.
Regnare, più contrastar dovrebber gl'ignoranti principi per non regnare, che per regnare, 246.
Regno, se sia migliore della republica, 256.
Religioso, cioè pio, deve essere il principe, 267.
Remunerazioni fatte da' principi quali esser debbano, 268.
Republica. (Vedi Regno.)
Ricchezze eccessive cagionano gran ruine, 268.
Ricreazione, cercata da tutti gli uomini, 120.
Ridere, far sempre ridere non si conviene al Cortegiano, 121. (Vedi Riso.) — Ridere senza proposito provoca il riso altrui, 150.
Ridicoli. (Vedi Motti.)
Riposo, dev'essere il fine delle fatiche, 262.
Riprendere, senza parer di ciò fare, è grazioso, 142.
Risguardi utilissimi che debbono aversi dai principi, 270, 271.

Riso, quanto sia proprio dell'uomo, 120. — Dee muoversi a tempo, 121. — È difficile a saper cosa sia, ivi.
Rispondere al contrario, lentamente, e con certo dubbio, provoca il riso, 150. — Rispondere all'improviso motteggiando, è più conveniente, che dopo d'aver ben pensato, 161. (Vedi Motteggiare.)
Rispondere al non detto, fa ridere, 149. — Rispondere altramente di quello ch'aspetta l'uditore, è la sostanza delle facezie, 150.
Risposta argutissima d'una dama ad un cavaliere millantatore, 27.
Rivali, come debbano trattarsi; scherzo, 233.
Riverente e rispettoso dev'essere il Cortegiano verso il suo principe, 92 e seg.
Rizzo (messer Antonio), suo detto discrepante, 148.
Roberto da Bari, eccellente nel contrafare, 124. — Affettato nel danzare per troppa sprezzatura, 36. — Morto giovane; sue lodi, 241.
Rodi. (Vedi Demetrio.)
Roma, tradita da Tarpea, s'accenna, 196. — Moderna, feracissima di reliquie di grandi edifici degli antichi, 271. — Già regina del mondo, ora non si nomina che per la religione, 314.
Roma si chiamò una donna, capo di alcune valorose Troiane, 194.
Romana giovane morta gloriosamente per difesa della sua castità, 213. — Romana republica molto aiutata da Cicerone, 196. — Romane donne. (Vedi Abbracciare.) — Romani ciò che facessero per tenere il popolo allegro, 120, 121. — Loro magnificenza nel fabricare, 271.
Romolo, sue imprese accennate, 195.
Rovere (Signora Felice Della), sua mirabile deliberazione per conservare la castità, 214.
Rovere (Francesco Maria Della), Prefetto di Roma, e poi duca d'Urbino, lodato, 241. (Vedi Prefetto di Roma.)
Rota, magistrato celebre in Roma; indrizzar la Rota volea il papa con due gobbi; curioso scherzo, 148.

Ruota, bella comparazione d'una ruota con Isabella regina di Spagna, 200.
Rusticità non dee diventar la modestia, 96.

S

S, lettera geroglifica, portata in fronte dalla duchessa d'Urbino, 17. (Vedi Aretino.)
Sabine donne, come giovassero all'aumento di Roma, 195, 196.
Sadoleto (M. Jacomo), suo ingegnoso motto al Beroaldo, 136.
Saffo, poetessa eccellente, 194.
Sagacità nelle donne piace ad alcuni, 225.
Saguntine donne, lodate, 198.
Sallaza dalla Pedrada, suo gentil motto, 137.
Salomone, sua Cantica accennata, 218.
Sannazaro, vario effetto che cagionarono certi versi recitati come del Sannazaro, quando si scoperse che non erano di lui, 110.
Sanese, suo detto, 140.
Sanesi, motteggiati, 127. — Si danno sotto la protezione dell'imperatore, 140.
San Leo, fortezza perduta, scherzo intorno a tal perdita, 144.
Sansecondo (Jacomo) eccellente in cantare alla viola, 120.
Sanseverino (Galeazzo), lodato, 34.
Santacroce (Alfonso), sua facezia, 142, 143.
Sapere, è l'origine del parlare e scriver bene, 45. — Sopra tutte le cose è desiderato dalla natura, 56.
Sapienza artificiosa qual sia, 249. — E qual la civile, ivi.
Sardanapali infiniti si trovano al mondo, 202.
Sasso, sua natura, 250.
Saturno, età d'oro che fingesi essere stata a' tempi di lui, come si potrebbe far ritornare, 256.
Scacchi, mediocrità nel saper giocare ad essi, più lodevole della eccellenza, 106. — Costume di chi gioca a scacchi, 130, 131. (Vedi Scimia. Spagnoli.)
Scelerati non muovono a riso, 122. — Non si motteggino, 151.

Scienza vera qual sia, 253.
Scimia che giocava eccellentemente a scacchi, descritta, novella graziosa, 130, 131.
Scioccherie di alcuni che per esse si stimano buon compagni, 111.
Sciocchezza fingere, modo faceto, 144, 146.
Sciocchezza di certo cardinal giovane, 84, 85. — D'un gentiluomo amato da una gran signora, 234 (Vedi Osteria.) — Sciocchezze nelle facesie lunghe si fuggano, 131.
Scipione Africano ironicamente faceto, 143. — Sua continenza, 204, 206. — Oppugnata, 209. — Negata da alcuni scrittori, ivi. — Tenuto per sonnolente, 247. — Gustava delle ammonizioni di Panezio, ivi.
Scipione Nasica ciò che rispondesse ad Ennio, 145.
Scirone, biasimato, 271.
Scizia, suoi efferati abitatori, 282.
Sciti, lor barbaro costume, 263.
Scrittori, da chi si conoscano, 58, 59. — Scrittori antichi, in che consista la lor differenza, 52. — Diversi da Cicerone in alcuni termini, 53.
Scrittura altresì aborrisce le parole che si fuggono nel parlare, 39.
Scrivere, quali utilità apporti, 58, 59. — Scrivere e parlar bene deve il Cortegiano, 42. — In che consista lo scriver bene, 3.
Scultura se sia più nobile che la pittura, 65. — Sua difficoltà, 66. — Non può mostrar molte cose, ivi.
Scurrilità dee fuggirsi dal Cortegiano, 159.
Secretezza in amore quanto giovi, 231.
Secreto come debba tenersi l'amore, 235.
Sedulità, propria delle donne, 180.
Semiramis, lodata, 202.
Semplicità nelle donne piace ad alcuni, 225.
Senile età, inetta a gustare i piaceri, 74.
Senocrate, sua continenza, 204. — Negata, 209, 210. — Dedito all'ubbriachezza, ivi.
Senofonte ammonitore di Agesilao, 267. — Sua sentenza, 267.
Senso, suoi errori nel giudicare, e suoi danni, 286. — Ne' giovani è poten-

tissimo, 287. — Sensi che tengono poco del corporeo nell'uomo, quai sieno, 295.

Serafino (Frate) propone il III gioco, perchè le donne abbiano in odio i ratti, e amino le serpi, 16. — Burlatore faceto. 158.

Serafino, medico Urbinate, novelletta di esso, e d'un contadino, 146, 147.

Serafino, motteggiato per esser simile ad una valigia, 139.

Serpi, perchè amate dalle donne, 16. — — Servi naturalmente quai sieno, 258. — Ad essi è più utile l'ubbidire, che il comandare, ivi. — Servi, non debbono essere oziosi, antico proverbio, 264.

Servire a' principi fin a qual segno si debba, 97.

Servitù troppa ne' popoli quanto nociva al principe, 267, 268.

Sesto Pompeo spettatore in Massilia della meravigliosa costanza d'una donna, 189, 190.

Severi uomini debbonsi obedire appuntino, 99.

Sibille, lodate, 194.

Sicilia, già congiunta all'Italia, 313.

Signore veramente degno degli uomini in terra qual esser dovrebbe, 257.

Signori che intervennero a' ragionamenti del Cortegiano, enumerati, 12, 13.

Signori buoni debbonsi eleggere da servire, 96, 97. — Signori, favoriscono alle volte chi non lo merita, 25.

Signoreggiare è di due modi, 258.

Simulazione dell'animo impossibile a conoscersi, 104.

Sinatto maravigliosamente amato da Camma sua moglie, 190 e seg.

Sinorige, infelice esito de' suoi amori verso di Camma, cui ucciso avea il marito Sinatto, 192.

Socrate vecchissimo impara musica, 62. — Sente in essa certa divinità, 88. (Vedi Pitagora.) — Si diletta delle ironie facete, 143. — Ama Alcibiade, 209. — Si maraviglia presso Platone che Esopo abbia tralasciato certo Apologo, 76.

Sofì re di Persia, sua Corte lodata, 170.

Sole, bella similitudine d'un raggio di sole. 285, 286.

Sonetto dell'Unico accennato, 17. (Vedi S.)

Spagna, costume di Spagna e d'altri luoghi, 145.

Spagnoli lodati, 112. — Loro abilità, 31. — Maestri della Cortegiania, 95. — Gli stimati sono modestissimi, 96. — Eccellenti nel gioco degli scacchi, 106. (Vedi Mediocrità.) — Buoni motteggiatori, 117. — Per cagion di chi uccidessero tanti Mori 218.

Spagnolo. (Vedi Diego.)

Spartane donne, lodate, 198.

Sparvieri. (Vedi Giovanetti.)

Specie umana senza donne non può conservarsi, 181.

Speranza nutrisce amore, 225. — Speranza di cose disoneste dee levarsi affatto dalla donna amata all'amante, 224. — Sperienza perfeziona il giudicio, 73.

Sposalizio del mare si fa in Venezia il giorno dell'Ascensione, 128.

Sprezzatura lodevole qual sia, 37. — La troppo affettata si biasima, 36.

Squadro degli architetti comparato al buon principe, 260.

Stadio di quanti piedi sia, 168.

Stagira, patria d'Aristotele, da chi e per qual cagione riedificata, 281.

Statue di varii metalli fecero gli antichi per onorare i celebri capitani, e per istimolo alla loro imitazione, 248.

Statura più conveniente dell'uomo e del Cortegiano qual sia, 29.

Stefano (San) vede i cieli aperti, 304.

Stile, donde nasca, 53.

Strascino, buffone, 125.

Strozzi (Messer Palla), sua minaccia a Cosimo de'Medici, 137.

Studii del Cortegiano, 58, 59.

Sudditi buoni, rendono grande e felice il principe, 269. — Che essi sieno più savii di lui, è cosa perniciosa e difforme, 246.

Superbia dee fuggirsi dal Cortegiano, 113.

Superstizioni dee fuggir il principe, 267.

Suspizion di ridere, i motti che in sè la racchiudono, sono arguti, 140.

T

Taciturnità con maraviglia fa ridere, 150.
Taciturnità di Leona meretrice, come significata dagli Ateniesi, 189. — (Vedi Leona di bronzo.)
Tarpea, si accenna il suo tradimento di Roma nella guerra di Tito Tazio, 196.
Tatto, non è a proposito per fruir la bellezza, 264.
Tedeschi, superati da Mario, 198. (Vedi Germana.) — Tedesco come salutasse il Beroaldo, e come da esso risalutato, 135.
Temistocle, suo detto intorno a' vecchi, 74. — Sua bella sentenza, 272.
Temperanza libera da ogni perturbazione, a qual sorta di capitano comparata, 254. — È virtù perfetta, ivi. — Dovrebbe possedersi da' principi, ivi. — Da essa nascono molte virtù, 255.
Tempo, giusto giudice del merito degli scritti, 5. — Scuopre d'ogni cosa gli occulti difetti, ivi.
Tempi passati, lodati alle volte non senza errore, 73.
Teodelinda regina de' Longobardi, lodata, 198.
Teodora, greca imperatrice, lodata, ivi.
Teofrasto, conosciuto forestiero in Atene per parlar troppo ateniese, 4.
Teologi, scherzo intorno ai medesimi, 138.
Terra scavata nel far i fondamenti del palazzo ducale d'Urbino, dove s'avesse a riporre per sciocca opinione di certo Abbate, 126, 127.
Tesauriero. (Vedi Dio.)
Teseo, lodato, 271.
Tevere, ove il Tevere entra in mare, vennero dopo la guerra alcuni Troiani, 194.
Timidità, alle volte cagiona il riso, 150. — Timidità, nelle donne onde nasca, 184.
Timore de' buoni principi è per li popoli, non per sè stessi, 261.
Tirannide, è il pessimo de' tre governi mali, 258.

Tiranni, detestati, 271. — Temono per loro, non per i sudditi, 261.
Tito Tazio, re de' Sabini, lodato, 195. (Vedi Tarpea.)
Toison d'oro. (Vedi Cavalieri.)
Tolosa (Paolo), motteggiato, 147.
Tomiris, regina di Scizia, lodata, 202.
Tommaso, gentiluomo pisano, schiavo de' Mori: come liberato da un suo figliolo, e quanto amato dalla moglie, 192, 193. (Vedi Argentina.)
Torello (Antonio), sua facezia, 148.
Torneamenti, come in essi debba diportarsi il Cortegiano, 82.
Torre (Marcantonio Dalla), sua novelletta, 133.
Toscane parole antiche rifiutate, debbonsi fuggire dal Cortegiano, 39. — Toscane voci quai sieno da tralasciarsi, secondo il Castiglione, 47, 48.
Toscani, acuti ne' motti e nelle facezie, 117.
Tradimenti anche amorosi si dannano, 162.
Traditori de' principi, accennati, 211.
Tranquillità, è il fine della pace, 264.
Trofeo della vittoria dell'anima qual sia, 202.
Troia perchè resistesse dieci anni a tutta Grecia, 217. — Ruina di essa di chi cagionata, 289.
Troiano cavallo comparato colla Corte d'Urbino, 241. — Troiane donne come influissero alla grandezza di Roma, 194. — Troiani si dispersero dopo la guerra, ivi.
Trombetta, lepida risposta d'un di costoro, 135.
Trombone, suonator di esso perchè lodato da un goffo Bresciano, 128.
Tullio. (Vedi Asino.)
Turchia, il Castiglione esorta il re di Francia a muoverle guerra, 309 e seg.
Turchi, cosa più stimano nelle persone grandi tra di loro, 138. — Battuti più volte da Mattia Corvino re d'Ungheria, 310.
Turchi e Mori troverebbero la lor salute nella propria ruina, 272. (Vedi Mori.) — Guerra contra di essi desiderata, e lodata, ivi.
Turco, sua Corte accennata, 170.

U

Ubaldino Ottaviano, 144.
Ulisse, nelle passioni e toleranze formato da Omero, 281.
Ungheria.(Vedi Mattia Corvino.)—Regina d'Ungheria, moglie del re Mattia Corvino, lodata, 201.
Unico (l') o l'Unico Aretino, Pietro Accolti, uno degli Interlocutori del presente Dialogo; suo sonetto sulla lettera S portata in fronte dalla duchessa di Urbino, 17.
Universal bellezza fa rivolger l'amante in sè stesso, 300.
Un solo in molte cose preposto a governare, 256. — Un solo più facile a pervertirsi che molti, si prova con una similitudine dell'acqua, 257.
Uomo, che si può dir picciolo mondo, descritto, 291.
Uomo, sua proprietà e distintivo, 172. — Perchè dicasi odiare la prima donna con cui si sia mescolato, 182.
Uomini, sempre cupidi di novità, 1. — Si dilettano di riprendere, 2, 3. — Più bisognosi di tutti gli altri animali, 249. — Uomini belli alle volte degni di biasimo, 289, 290. — Uomini di grande statura, per lo più di poco ingegno e di poca agilità, 29.
Urbanità, cosa sia, 118.
Urbino descritto, 8, 9. — Sua Corte lodata, 19, 77, 168, 169, 241, 242.
— Acuto detto del duca d'Urbino, 144. — Palazzo pubblico di quella città, lodato, 271. (Vedi Federico. Palazzo ec.)
Uso, sua forza, 8.
Utilità e bellezza vanno del pari, tanto nelle cose della natura, come dell'arte, 290, 291.

V

Vaccaro bergamasco. (Vedi Castiglio.)
Valore (il), e non la moltitudine de' sudditi, rende grandi e felici i principi, 269. — Valore proprio dee considerare il Cortegiano, 95.
Valorosi uomini come si portino con le donne, 163, 165.

Vantatori due; lor detti, 28.
Vasi fessi ripieni di liquore, leggiadramente comparati agli uomini posti nei magistrati, 260.
Vecchiaia, comparata all'inverno, 74. — Ad una nave che si parte dal porto, ivi.
Vecchiezza verde e viva, lodata, 90.
Vecchi, lor natura, 74. — Loro industrie per parer giovani, 88. — Lodano i tempi passati, biasimando i presenti, e perchè, 73, 74. — Dannano molte cose, 75. — Loro sciocchi detti, 77. — Alle volte buoni musici, 88. — Da che debban guardarsi, ivi. (Vedi Viola.) — Quali esercizii debban fuggire, 278, 280. — Cose a loro disdicevoli, 283. — sensualmente innamorati, quanto degni di biasimo, 288. — Come debbano amare 294 e seg.
Vendetta nobile, detto per ironia, 206.
Veleno, comparazione di esso con amore, 109. (Vedi Cicuta.)
Venere Armata, perchè con questo titolo fosse un tempio in Roma a lei sacro, 196.
Venere Calva, tempio in Roma con tal nome, e perchè, 196.
Veneziani, non ottimi cavalcatori, 37. — Portavano le maniche a comèo, 102. — Amichevolmente motteggiati, 127.
Vergogna nobile, propria delle donne ben nate, 176. — È gran virtù, 205. Da chi, e per ordine di chi, al mondo recata, secondo le Favole, 249.
Verità, il difenderla è officio di buon cavaliere, 204. — Dirla al principe sempre ed in ogni cosa è il vero fine del perfetto Cortegiano, 244, 245, 247, 280. — Quanto dovrebbe essere a cuore al principe, e quanto dovrebbe esso industriarsi per conoscerla, 266.
Versi. (Vedi Petrarca. Sannazaro.)
Vescovo di Potenza, proposto a farne un mattonato ad una stanza, 132.
Vestiti bene, seguiti dagli sciocchi, 100.
Vicende umane accennate, 281.
Viduità, vivente il marito, in che consista, 214.
Villani. (Vedi Nobili.)

Vinci (Leonardo da) pittore eccellente, 50. (Vedi Leonardo.)

Vino. *I no lo conocistes*; scherzo di Diego de Chignones, 136.

Vino d'una stessa qualità, lodato e biasimato per falsa opinion che fosse diverso, 111.

Viola, cantare alla viola, lodato, 87. — I vecchi lo facciano in segreto, 88. (Vedi Sansecondo.)

Viole, musica delle quattro viole da arco, lodata, 87.

Virgilio, ripreso perchè non parlasse romano, 47. — In che imitasse Omero, 44. — Imitò Esiodo, ma non in tutto, e perciò il superò, 49.

Virile età, è la più temperata, 89.

Virtù vera qual sia, 185, 251. — Non nuoce mai ad alcuno, 273. — Virtù, una e principale in tutte le operazioni, 81. — Virtù (la) esser femina, e il vizio maschio; gentile scherzo d'Emilia Pia, 165. — Virtù che paiono date agli uomini dalla natura e da Dio, 249. — Virtù, si possono imparare, 250, 251. — Virtù, utili e necessarie debbonsi esercitare nella guerra, 264. — Della guerra, e oneste della pace (che sono il fine delle utili) enumerate, *ivi*. — Virtù d'un buon principe, 248. — Tutte non si possono esercitare dal perfetto Cortegiano, 279. — Virtù necessarie alla Donna di Palazzo, 177. —

Visiva virtù, ha per proprio obietto la bellezza, 294.

Vita, non dee mettersi a pericolo per cose di poco momento, 82. — Vita più lunga, secondo l'autore, vivono le donne, e perchè, 184. — Vita attiva e contemplativa, qual di esse più convenga al principe, 261, 262. (Vedi Contemplativa.) — Vita del buon principe qual esser debba, 261.

Vittoria dee avere in pugno chi si mette a qualche impresa cogli inferiori, 84.

Vittorie gloriose di donne, 180.

Vivaci più degli uomini sono le donne, e perchè, 184.

Vizio che cosa sia, 251. — Esser maschio, e la virtù feminina; gentile scherzo d'Emilia Pia, 165. — Ove non fu gran vizio non fu gran virtù, 76, 77. — Levando i vizii, si levano le virtù, 78. — Vizii non sono affatto naturali, 250. — Sopravvennero alle virtù, 76, 77. — Vizii che debbonsi fuggire nelle professioni di ciascuno, 84.

Vocaboli stranieri alle volte si debbono usare, 46. — Vocaboli toscani corrotti dal latino, 4.

Voci nuove e formate da' vocaboli latini e greci, si lodano, 46.

Volgar lingua, sua origine, 43 e seg. — In che consista la sua bontà, 52. — Ancor tenera e nuova a'tempi dell'autore, 43. — Più colta in Toscana che in tutto il resto d'Italia, *ivi*.

Z

Zaffi, bergamasco parlare, 153.

Zenobia, lodata, 202.

Zeusi elegge cinque bellissime fanciulle di Crotone per trarre da esse una sola pittura eccellentissima, 69.

Zibellini, gran copia d'essi trovasi nella Moscovia, 129.

SOMMARIO.

DEDICA DELL'AUTORE.
Perchè il Castiglione scrivesse questi libri del Cortegiano, e quale motivo lo inducesse a publicarli . . . . Pag. 1
Elogio di alcune fra le persone mensionate nell'opera. 2
Ribatte le accuse mosse contro questi suoi Libri: che non siano scritti colla lingua del Boccaccio. 3
Che, per essere quasi impossibile trovare un perfetto Cortegiano, debba dirsi superfluo il descriverlo. 5
Infine, che nel perfetto Cortegiano abbia voluto ritrarre sè stesso. ivi

Libro Primo.

I. — Il Castiglione scrive il Dialogo del Cortegiano ad instansa di Alfonso Ariosto. 7
II-III. — Elogi del duca Federico, e del suo figliolo Guidubaldo. 8
IV-V. — Corte d'Urbino. Uomini insigni che vi praticavano. 11
VI. — In quale occasione vi si tenessero i seguenti ragionamenti. 13
VII. — Primo gioco, proposto da Gaspar Pallavicino. 14
VIII. — Secondo gioco, proposto da Cesare Gonzaga. 15
IX. — Terzo gioco, proposto da fra Serafino. 16
    » Quarto gioco, proposto dall'Unico Aretino. ivi
X. — Quinto gioco, proposto da Ottavian Fregoso. 17
XI. — Sesto gioco, proposto da Pietro Bembo. 18
XII. — Settimo gioco, proposto da Federico Fregoso: Formare con parole un perfetto Cortegiano. È scelto ad argomento dei discorsi di quella sera. 19
XIII-XVI. — Il Conte Ludovico da Canossa, al quale ne è dato l'incarico dalla Signora Emilia, descrive le qualità che si richiedono in un perfetto Cortegiano: ed in prima vuole che sia nato nobile; nel che gli contradice Gaspar Pallavicino. 20
XVII-XVIII. — Principale e vera occupazione del Cortegiano sia quella delle arme. Si guardi tuttavia dal fare il bravo ed il millantatore. 26
XIX-XXII. — Sia ben formato della persona, ed abile nella lotta, nella caccia, nel volteggiare a cavallo, ed in simili esercisii. 28
XXIII-XXVI. — Come si acquisti grazia negli esercisii del corpo, ed in ogni cosa che si faccia o dica. 32

XXVII-XXVIII. — Sopratutto e con sommo studio si fugga l'affettazione. . . . . Pag. 36
XXIX-XXXIX. — Discussione tra LUDOVICO DA CANOSSA e FEDERICO FREGOSO sull'uso di parole e di modi antiquati nel parlare e nello scrivere italiano. 39
XL-XLI. — LUDOVICO DA CANOSSA ripiglia il discorso dei danni dell'affettazione. 53
XLII-XLVI. — Il Cortegiano sia uomo di lettere. Discussione tra il CANOSSA e il BEMBO, se le lettere o le armi tengano il primo luogo. 56
XLVII-XLVIII. — Sia conoscitore di musica, e sappia di varii istrumenti. Lodi della musica. 62
XLIX. — Sappia disegnare e dipingere. 64
L-LIII. — Quale sia di maggior pregio, se la pittura o la statuaria. . . . 65
LIV-LVI. — Sopragiunge FRANCESCO MARIA DELLA ROVERE Prefetto di Roma, con altri gentiluomini. La continuazione del ragionamento del Cortegiano è rimandata alla seguente sera, ed affidata a Federico Fregoso. 69

Libro Secondo.

I-IV. — Consuetudine dei vecchi di laudare i tempi passati, onde provenga. La Corte di Urbino non essere di minor laude degna, che quelle celebrate dai vecchi. 73
V-VIII. FEDERICO FREGOSO ripiglia il ragionamento del Cortegiano: in che modo e tempo debba questi usare le sue buone condizioni. 78
IX-XI. — Armeggiare, giostrare, danzare, ed altri esercizii che si fanno in publico. 83
XII-XIV. — Quando ed a qual sorta di musica debba dar opera il Cortegiano. I vecchi non attendano alla musica fuorchè in secreto. 86
XV-XVI. — Vecchi e giovani pongano cura in fuggire i vizii proprii della loro età. 89
XVII. — Abbia una gentile e amabile maniera di conversare. 90
XVIII-XX. — Come debba comportarsi nella conversazione col suo principe. 91
XXI-XXII. — E quale sia miglior via per ottenerne i favori. 95
XXIII. — Non doversi obedire il principe, ove comandi cosa disonesta. . . . 97
XXIV. — Quando si possano a buon fine oltrepassare i termini del comandamento. 98
XXV. — Non si cerchi affettatamente la conversazione dei maggiori, nè quella del principe. 19
XXVI-XXVII. — Quale foggia d'abito meglio convenga al Cortegiano. . . 100
XXVIII. — Spesso da indizii esterni farsi anticipato giudizio delle persone. 101
XXIX-XXX. — Elezion degli amici. Lodi dell'amicizia. 103
XXXI. — Dei giochi. 105
XXXII-XXXV. — Procuri nei principii, ed ove non sia conosciuto, di dar buona impressione di sè. Forza delle opinioni preconcette. 106

SOMMARIO.

XXXVI. — Si astenga da ogni atto o parola disonesta o grossolana. . Pag. 111
XXXVII. — Comparazione dei costumi francesi e spagnoli. Utilità della conoscenza di varie lingue. 112
XXXVIII-XL. — Il Cortegiano procuri di porre in vista le sue buone condizioni, e di coprire le meno laudevoli. 113
XLI. — Fugga di parer bugiardo o vano. 116
XLII-XLIII. — Delle FACEZIE. Se siano dono di natura o d'arte. Due sorti di facezie: *festività* od *urbanità*, e *detti* od *arguzie*. 117
XLIV. — Il ragionamento delle facezie è commesso a BERNARDO BIBIENA. . 119
XLV-XLVI. — Il riso onde proceda. Non ogni cosa ridicola è idoneo argomento di facezia. 120
XLVII. — D'onde si traggono motti ridicoli, si possono trarre anche sentenze gravi. 122
XLVIII-XLIX. — Terza sorte di facezie, le *burle*. Esempii di facezie della prima sorte, ossia delle *festività*, o narrazioni continuate. 123
L. — Norme da osservarsi in questo genere di facezie. 124
LI-LII. — A questa sorte di facezia appartiene la narrazione di alcun difetto o sciocchezza di altra persona. 125
LIV-LVI. — Affettazioni e bugie fuor di misura. 129
LVII. — Facezie della seconda sorte, consistenti in un detto solo, od *arguzie*. Non siano sciocche nè maligne. 131
LVIII-LIX. — Detti ambigui. Talora sono più ingegnosi che ridicoli. Non siano freddi; nè acerbi e discortesi. ivi
LX-LXIII. — Bischizzi. Parole o detti presi in senso diverso. Falsa interpretazione e finzione di nomi e di cose. 133
LXIV-LXVI. — Detti gravi; loro natura ed uso. 136
LXVII. — Comparazioni ridicole. 139
LXVIII-LXIX. — Il motteggiare non sia empio nè oscuro. 140
LXX. — Iperboli ed esagerazioni. 141
LXXI. — Riprensioni dissimulate. 142
LXXII. — Detti contrarii. ivi
LXXIII-LXXIV. — Ironia. Conviene principalmente alle persone gravi ed estimate. 143
LXXV. — Sciocchezza simulata. 144
LXXVI. — Pronte e mordaci risposte. 145
LXXVII-LXXVIII. — Motti aventi una nascosta suspizion di ridere. . . . 146
LXXIX. — Cose discrepanti. 148
LXXX-LXXXII. — Fingere di non intendere, e simili detti di nascosta o simulata significazione. ivi
LXXXIII. — Regole da osservarsi nelle facezie. 150
LXXXIV-LXXXVIII. — Delle *burle*. Sono di due spesie. 151
LXXXIX. — Non passino alla barraria, nè rechino offesa alla onestà delle donne. 157

XC-XCVI. — Perchè più disconvenga punger le donne che non gli uomini in fatto di onestà. . . . . Pag. 159
XCVII-C. — Il Magnifico Giuliano è incaricato di formare, nell'adunanza della seguente sera, una perfetta Donna di Palazzo. 164

Libro Terzo.

I. — Quanto la Corte di Urbino fosse sopra ogni altra eccellente, ed ornata di uomini singolari. 168
II-III. — Della utilità di trattare della perfetta Donna di Palazzo. 169
IV. — Molte fra le qualità onde ha ad essere ornato il Cortegiano, convengono altresì alla Donna di Palazzo. 171
V-VI. — Sopra ogni cosa le è necessaria una certa affabilità piacevole, onde gentilmente intertenere. Non sia nè troppo ritrosa, nè di modi troppo liberi; fugga la maldicenza; sappia all'uopo tener discorsi gravi o festevoli. 173
VII-IX. — Come ed a qual fine debba far uso delle sue buone qualità. . . . 175
X-XVIII. — Contendendo Gaspar Pallavicino, essere impossibilità ridicole quelle di che il Magnifico Giuliano vuole ornata la Donna di Palazzo, questi passa alle lodi delle donne; ed in prima contende, non essere animali imperfettissimi, come asseriva Gaspar Pallavicino. 178
XIX. — Oltre la Vergine Nostra Signora, molte donne furono insigni per santità. 185
XX. — Digressione del Magnifico Giuliano contro i frati. ivi
XXI-XXVII. — Esempii di donne insigni per virtù, per coraggio, o per pudicizia. 187
XXVIII-XXXII. — Esempii di donne, che furono agli uomini causa di bene. 193
XXXIII-XXXVI. — Altri esempii di donne celebri, fra le quali Isabella regina di Spagna. 197
XXXVII-XLIX. — Della castità delle donne comparata con quella degli uomini. Esempii di donne pudiche. 202
L. — A quali e quante prove resista l'onestà delle donne. 214
LI-LII. — Nuovi esempii di donne insigni; e quanto bene dalle donne derivi agli uomini. 216
LIII-LV. — Come la Donna di Palazzo debba comportarsi con chi le tenga ragionamenti di amore. 219
LVI-LIX. — Quando e come sia lecito alla donna di amare. 221
LX-LXIII. — Come si ottenga amore, e quali ne siano gli effetti. 226
LXIV-LXXIII. — Dimostrazioni di amore. Secretezza. Come si acquisti e si conservi l'amore di donna. 228
LXXIV-LXXV. — Nuove accuse di Gaspar Pallavicino contro le donne. 236
LXXVI-LXXVII. — Ottaviano Fregoso conchiude, essere state le donne troppo biasmate da Gaspar Pallavicino, e troppo laudate dal Magnifico.

Vuole si trovino nel Cortegiano altre qualità oltre le già dette, ed è incaricato di esporle nella seguente riunione. . . . . Pag. 238

Libro Quarto.

I. — L'Autore compiange la morte di Gaspar Pallavicino, di Cesare Gonzaga, e di Roberto da Bari. 240
II. — Elogio di altri fra i cavalieri della corte di Urbino. 241
III-VI. — Il signor Ottaviano, ripigliando il ragionamento del Cortegiano, dice, le buone qualità del medesimo allora essere veramente degne di lode, se indirizzate a guadagnarsi la grazia del principe, onde dirigerlo al bene. 243
VII-VIII. — Quanto difficilmente la verità giunga al principe, e danni che ne derivano. 245
IX-X. — Officio del Cortegiano è di guidare il principe per l'austera strada della virtù, e rendergliela più agevole. 247
XI-XVI. — Se la virtù possa insegnarsi. Dall'ignoranza nascere tutti i mali. 249
XVII-XVIII. — La continenza essere virtù imperfetta. Non doversi però svellere gli affetti, ma dirigere al bene. 253
XIX-XXIV. — Se sia più felice dominio quello di un buon principe, o di una buona repubblica. 256
XXV-XXVI. — Quale vita più convenga al principe, se l'attiva o la contemplativa. 261
XXVII-XXVIII. — Fine della guerra deve essere la pace. Virtù necessarie nell'una e nell'altra. 263
XXIX. — L'educazione doversi incominciare colla consuetudine, proseguire colla ragione. 265
XXX. — Altri consigli, che un buon Cortegiano dovrebbe dare al principe. . ivi
XXXI. — Di formare un consiglio dei più nobili e savii: far eleggere un altro consiglio dal popolo; sì che il governo, nascendo dal principe, partecipi del reggimento degli ottimati e del popolare. 266
XXXII-XXXV. — Di essere giusto, pio, non superstizioso, amante della patria e dei popoli; di non tenerli nè in troppa servitù nè in troppa libertà; di cercare l'amore dei sudditi, procurando di renderli buoni e felici. 267
XXXVI-XLII. — Utili e laudevoli essere le grandi opere, ma più utile la giustizia e il ben governare i popoli. Lodi di Francesco di Francia, di Enrico d'Inghilterra, di Carlo di Spagna, e di Federico di Mantova. . 269
XLIII-XLVIII. — Eccellenza di un buon principe. Quanto anche il nome e le qualità di perfetto Cortegiano siano degni di laude. Esempii di Fenice, di Platone e di Aristotele cortegiani. 276
XLIX-LII. — Essendosi mossa questione, se il Cortegiano abbia ad essere innamorato, Pietro Bembo si fa a parlare dell'amore e della bellezza. 283

LIII-LIV. — Errori di che i sensi sono cagione in amore, principalmente nei giovani. . . . . Pag. 287

LV-LVI. — A Morello da Ortona, il più vecchio fra i cavalieri della corte di Urbino, il quale non vuole che l'amore sia trattenuto fra i limiti postigli dal Bembo, rispondono Ludovico Canossa e Federico Fregoso. 288

LVII-LX. — Il Bembo ripiglia il suo ragionamento: la bellezza essere cosa sacra, ed in sè buona; non doversi col nome di bellezza chiamare le blandizie disoneste, nè l'impudenza. 290

LXI-LXIV. — Come abbia ad amare il Cortegiano non giovane, e quanto l'amor rasionale sia più felice dell'amor sensuale. 293

LXV-LXVI. — Rendersi l'amore più felice e meno pericoloso considerando la bellezza in sè stessa, semplice e pura, astratta da ogni materia. . . . 297

LXVII. — Dall'amore e dalla contemplazione di una bellezza si passi a quello della bellezza universale. 299

LXVIII. — E da questo all'amore e alla contemplazione della bellezza dell'anima, e dell'angelica. ivi

LXIX-LXX. — Onde si ascenda alla contemplazione della divina bellezza. Preghiera del Bembo a DIO, Amor santissimo, fonte di vera e sola felicità. 301

LXXI-LXXIII. — Gaspar Pallavicino oppone, la strada che a questa felicità conduce essere tanto erta, che l'andarvi riesce agli uomini difficile, alle donne impossibile. Onde essendo accusato di far ingiuria alle donne, si rimette la questione al giudizio di Pietro Bembo. 303

ALCUNI PASSI DEL CORTEGIANO DIVERSI DALLO STAMPATO,
TRATTI DAI MANOSCRITTI ORIGINALI DALL'ABBATE PIERANTONIO SERASSI.

Proemio del Cortegiano a Messer Alfonso Ariosto. 307
Altro Proemio del Cortegiano, tratto dalla prima bozza dell'Autore. 312
Motto di Bernardo Bibiena (Lib. II, cap. 63). 316
Motto di Papa Giuljo II (Lib. II, cap. 63). ivi
Motto del conte Ludovico da Canossa (Lib. II, cap. 78). 317
Lodi di Francesco Maria della Rovere (Lib. IV, cap. 2). ivi
Lodi di Federico Gonzaga Marchese di Mantova (Lib. IV, cap. 42). . . . 318

Annotazioni. 321
Catalogo cronologico delle principali edizioni del Cortegiano. . . . 349
Indice delle materie. 361

CPSIA information can be obtained
at www.ICGtesting.com
Printed in the USA
BVHW052036271222
655044BV00011B/286